Germanische Sprachwissenschaft

von

Dr. Hans Krahe †

o. ö. Professor an der Universität Tübingen

III

Wortbildungslehre

7. Auflage bearbeitet von

Dr. Wolfgang Meid

o. Professor an der Universität Innsbruck

1969

Walter de Gruyter · Berlin · New York

SAMMLUNG GÖSCHEN 2234

 Druck: Arthur Collignon GmbH, Berlin 30. Buchbindearbeiten: Lüderitz & Bauer, Berlin 61 – Printed in Germany

Inhalt

Literatur zur germanischen Wortbildung

1. Den Gesamtbereich oder ein größeres Teilgebiet der germ. Wortbildung (als solcher oder im Zusammenhang mit der anderer idg. Sprachen) behandeln:

K. Brugmann — B. Delbrück, Grundriß der vergleichenden Grammatik der indogermanischen Sprachen. Zweite Bearbeitung. II. Band: Lehre von den Wortformen und ihrem Gebrauch; 1. Teil: Allgemeines, Zusammensetzung (Komposita), Nominalstämme. Straßburg 1906. 3. Teil (S. 41—583 über *verbale Stammbildung*). Straßburg 1916.

H. Hirt, Indogermanische Grammatik. Teil III: Das Nomen. Heidelberg 1927. Teil IV: Doppelung, Zusammensetzung, Verbum. Heidelberg 1928.

H. Hirt, Handbuch des Urgermanischen. Teil II: Stammbildungs- und Flexionslehre. Heidelberg 1932.

W. Wilmans, Deutsche Grammatik. Gotisch, Alt-, Mittel- und Neuhochdeutsch. II. Abteilung: Wortbildung. Straßburg 1896.

Sravnitelьnaja grammatika germanskich jazykov (*Vergleichende Grammatik der germanischen Sprachen*) Tom III: Morfologija. Moskva 1963. S. 39—131: E. S. Kubrjakova, Imennoje slovoobrazovanije v germanskich jazykach (*Die nominale Wortbildung in den germanischen Sprachen*).

F. Kluge, Urgermanisch. Vorgeschichte der altgermanischen Dialekte. 3. Auflage. Straßburg 1913. S. 220—261: Nominale Wortbildung; S. 154—184 (über *Stammbildung des Verbums*).

F. Kluge, Nominale Stammbildungslehre der altgermanischen Dialekte. 3. Auflage, bearbeitet von L. Sütterlin und E. Ochs. Halle 1926.

Ch. T. Carr, Nominal Compounds in Germanic. St. Andrews University Publications No. XLI. London 1939.

E. Prokosch, A Comparative Germanic Grammar. Philadelphia 1939. S. 147—204: The Verbal Stems.

2. Gesamt- oder Teildarstellungen der Wortbildung *einzelner* germanischer Sprachen:

H. Paul, Deutsche Grammatik. Band V = Teil IV: Wortbildungslehre. Halle 1920.

W. Henzen, Deutsche Wortbildung. 3. Aufl. Tübingen 1965.

H. Koziol, Handbuch der englischen Wortbildungslehre. Heidelberg 1937.

H. Marchand, The Categories and Types of Present-Day English Word-Formation. Wiesbaden 1960.

R. Cleasby — G. Vigfusson, An Icelandic—English Dictionary. 2nd edition. Oxford 1957. p. XXIX—XXXV: Formation of Words.

E. Hellquist, Svensk etymologisk ordbok. Lund 1922. S. I—LXXIII: Ordbildning.

E. Wessén, Svensk språkhistoria. II. Ordbildningslära. 3. upplagan. Stockholm 1958.

M. Hucko, Bildung der Substantiva durch Ableitung und Zusammensetzung im Altsächsischen. Straßburg 1904.

3. Über die Spezialliteratur zur germ. Wortbildung geben die meisten der genannten Werke mehr oder weniger erschöpfend Auskunft. Aus der Fülle der Literatur seien hier nur einige Arbeiten meist neueren Datums ausgewählt, die dazu dienen können, am konkreten Beispiel in Arbeitsweise und Problematik der Forschung einzuführen:

E. Benveniste, Noms d'agent et noms d'action en indo-européen. Paris 1948.

E. Benveniste, Les noms abstraits en *-ti-* du gotique. Die Sprache 6 (1960), 166—171.

E. Benveniste, Fonctions suffixales en gotique. Bulletin de la société de linguistique de Paris 56 (1961), 21—45.

D. Hofmann, Die *k*-Diminutiva im Nordfriesischen und in verwandten Sprachen. Köln–Graz 1961.

H. Krahe, Über *st*-Bildungen in den germanischen und indogermanischen Sprachen. Beiträge zur Geschichte der deutschen Sprache und Literatur 71 (1949), 225—250.

H. Krahe, Unsere ältesten Flußnamen. Wiesbaden 1964.

H. Kuhn, Vor- und frühgermanische Ortsnamen in Norddeutschland und den Niederlanden. Westfälische Forschungen 12 (1959), 5—44.

J. Kuryłowicz, Morphological Gemination in Keltic and Germanic. Studies presented to Joshua Whatmough on his 60th Birthday; 's-Gravenhage 1957, S. 131—144.

H. Marchand, Phonetic Symbolism in English Word-Formation. Indogermanische Forschungen 64 (1958), 146—168; 256—277.

W. Meid, Das Suffix *-no-* in Götternamen. Beiträge zur Namenforschung 8 (1957), 72—108; 113—126.

W. Meid, Über *s* in Verbindung mit *t*-haltigen Suffixen, besonders im Germanischen. Indogermanische Forschungen 69 (1964), 218—255.

R. Meißner, *Sunufatarungo*. Ein Beitrag zur Geschichte des *ng*-Suffixes, Zeitschrift für deutsches Altertum 70 (1933), 25—43.

H. H. Munske, Das Suffix **-inga/-unga* in den germanischen Sprachen. Marburg 1964.

W. Schulze, Ahd. *suagur*. Kleine Schriften (Göttingen 1933) S. 60—74 = Zeitschrift für vergleichende Sprachforschung 40 (1907), 400—418.

A. Sieberer, Das Wesen des Deminutivs. Die Sprache 2 (1950), 85—121.

G. R. Solta, Betrachtungen über die indogermanischen Komparationssuffixe. Die Sprache 9 (1963), 168—192.

G. Sommer, Abstrakta in der altisländischen Familiensaga. Diss. Göttingen 1964.

W. Wissmann, Nomina postverbalia in den altgermanischen Sprachen. 1. Teil: Deverbative *ō*-Verba. Göttingen 1932.

Abkürzungen

Ein Verzeichnis der Abkürzungen von Sprachenbezeichnungen findet sich in Bd. I, S. 8. An zusätzlich oder abweichend gebrauchten Abkürzungen sind zu merken:

abg.	=	altbulgarisch
agutn.	=	altgutnisch
aisl.	=	altisländisch
alb.	=	albanisch
and.	=	altniederdeutsch
anfränk.	=	altniederfränkisch
armen.	=	armenisch
ksl.	=	kirchenslawisch
lgb.	=	langobardisch
mnl.	=	mittelniederländisch
nl.	=	niederländisch
skr.	=	serbo-kroatisch

Beachte ferner:

FlN	=	Flußname
GN	=	Gottesname
ON	=	Ortsname
PN	=	Personenname
VN	=	Volksname

Zum Lautwert der Buchstabenzeichen vgl. ebenfalls die Bemerkungen in Bd. I, S. 9. In ahd. und mhd. Wörtern bezeichnet *z* (*zz*) sowohl die Affrikata (nhd. *z*) als auch die interdentale Spirans ʒ (ʒʒ), die nhd. als *ss* erscheint. Der Akzent ´ bezeichnet im An., auch im Air., die Vokallänge, sonst Betonung oder Intonation.

Einführendes

1. Begriff des Wortes und Arten der Wortbildung

§ 1. Sprache ist eine Verbindung von Form und Inhalt. Die formale Struktur der Sprache äußert sich in ihrer Laut- und Formenbildung und in ihren syntaktischen Schemata; die inhaltliche Seite der Sprache findet ihren Niederschlag in dem Vorrat an Begriffszeichen, die man gemeinhin „Wörter" nennt. Ein Wort ist somit Träger einer Einzelvorstellung, die für sich allein, meist aber in Verbindung mit anderen Wortvorstellungen, zur begrifflichen Darstellung eines Sachverhaltes in einem Satz dienen kann; denn erst im Satz als der Einheit menschlicher Rede verbinden sich sprachliche Form und sprachlicher Inhalt zu sinnvoller Aussage.

§ 2. An der allgemeinen Sprachentwicklung nimmt naturgemäß auch der Wortschatz teil. Als Folge von Verschiebungen im grammatischen oder im Begriffssystem einer Sprache können Wörter ihre Form bzw. ihre Bedeutung verändern, oder auch, falls die begrifflichen Voraussetzungen nicht mehr gegeben sind, ganz untergehen. Dem steht auf der anderen Seite ein stetiger Bedarf an neuen Begriffszeichen gegenüber, der, wo mit einer fremden Sache nicht zugleich auch das fremde Wort übernommen werden kann, durch Neuprägung von Wörtern gedeckt werden muß.

§ 3. Diese kann auf zwei verschiedene Weisen erfolgen. Einmal durch die gewöhnlich so genannte „Urschöpfung", bei der ohne Verwendung von bereits vorhandenem fertigem Wortmaterial ein neues Wortgebilde spontan, und zwar mit lautsymbolischen Mitteln, erschaffen wird; zum anderen durch konventionelle Wortbildung nach bereits vorhandenen Mustern und auf der Grundlage vorhandenen Wortgutes, wobei man weiterhin zwischen Wortbildung mittels Komposition, d. h. Wortzusammensetzung, und Wortbildung mittels Ableitung durch formantische Elemente, sogenannte Suffixe, zu unterscheiden hat. Die Wortbildungslehre hat es traditionellerweise nur mit der zweiten Art von Wortbildung, der mittels Komposition und Suffixen, zu tun, da nur ihre in gebahnten Geleisen verlaufenden Prozesse mit einiger Präzision beschrieben und in ihrer historischen Abfolge dargestellt werden können. Die sogenannte „Urschöpfung", die sich der Erforschung mittels der historisch-vergleichenden Methode weitgehend entzieht und eher in den Bereich der allgemeinen Sprachwissenschaft fällt, ist noch nie umfassend untersucht und dargestellt worden. Dennoch sind ihre Bedingungen in allgemeinen Zügen bekannt, und es lassen sich einige typische Merkmale aufzeigen.

2. *„Urschöpfung" von Wörtern*

§ 4. Der Prozeß der Urschöpfung von Wortgebilden ist niemals abgeschlossen; er vollzieht sich in modernen genauso wie in primitiven Sprachperioden, wenngleich in ausgebildeteren Stadien einer Sprache die Zahl der Urschöpfungen wegen der größeren Anzahl bereits vorhandener Wörter und der Produktivität der zweiten Art von Wortbildung notwendigerweise geringer ist als in ihren Anfangsstadien. Von der Urschöpfung werden vorwiegend wurzelhafte oder wurzelähnliche Gebilde hervorgerufen, so daß die formale und semantische Analyse von Urschöpfungen im wesentlichen einer Analyse von Wurzelstrukturen gleichkommt. Im Prinzip beruhen alle primären Verbal- und Nominalwurzeln auf zu irgendeiner Zeit erfolgter Urschöpfung, doch werden sie, einmal in Gebrauch gekommen, als fertige Wortformen weitergegeben und vererbt.

§ 5. Das Wesen der Urschöpfung, die man besser „lautsymbolische Wortschöpfung" nennen sollte, besteht in der Fähigkeit des sprechenden Menschen, eine sinnlich wahrgenommene Erscheinung mit den Ausdrucksmitteln der Sprachlaute nachzugestalten. Die direkteste und natürlichste Art solcher Nachgestaltung ist die von Gehörseindrücken, da hier der Laut durch den Laut nachgeahmt werden kann. So sind *kikeriki*, *wau* und *miau* darstellende Nachahmungen von charakteristischen Tierlauten, und Vögel wie *Kuckuck* und *Uhu*, die man mehr hört als sieht, sind in vielen Sprachen nach ihrem eigentümlichen Laut benannt worden (mhd. *kukuk*, engl. *cuckoo*, frz. *coucou*, gr. κόκκυξ, lat. *cucūlus*, russ. *kukúša*; an. *úfr*, ae. *ūf*, ahd. *ūvo*, mhd. *ūve*, *hūve*, nhd. neben *Uhu* auch *Buhu*, *Huhu*, *Schuhu*, lat. *būbō*, bulg. *buh*, gr. βύας). Zahlreiche Interjektionen wie *patsch*, *platsch*, *klatsch*, *bum*, *bums*, *plumps*, *wumm*, *schrumm*, *päng* sind in lautimitatorischer Nachbildung der betreffenden Geräusche entstanden und werden auch bei der schon konventionellen Reproduktion noch als adäquate Lautsymbole empfunden. Auf solchen Lautgebilden basieren Wörter wie *platzen*, *platschen*, *plätschern*, *klatschen*, *bumsen*, *plumpsen*, *blubbern*, *plappern*, *ballern*, *poltern*, *knarren*, *klirren* usw.

§ 6. Doch können nicht nur Gehörseindrücke, sondern auch visuell oder mit anderen Sinnesorganen wahrgenommene Erscheinungen lautsymbolisch nachgestaltet werden. Eine solche Nachgestaltung nicht-lautlicher Phänomene durch das Medium der Sprachlaute erfolgt durch Lautgebärden, die das Wahrgenommene nach einer gefühlten Analogie von Form und Ausdruck symbolhaft darstellen. So enthalten lat. *capere* „ergreifen", got. *hafjan* „heben" samt dem dazugehörigen Resultativum got. *haban* „haben" eine idg. Wurzel **kap-*, die den Vorgang des Greifens und Zupackens lautsymbolisch wiedergibt; denn diese oder eine ähnliche Lautgebärde (**ghabh-* in lat. *habēre*, air. *gab-*

„nehmen") entsteht, wenn durch entsprechende Bewegung der Sprachorgane die Greifbewegung der Hand nachgeahmt wird.

§ 7. Infolge der bei lautsymbolischen Wortschöpfungen noch unmittelbar gefühlten Analogie des lautlichen Ausdrucks zum objektiven Sachverhalt können beim Zusammenkommen mehrerer ähnlicher Bildungen sowohl ganze Lautgebilde als auch die Einzellaute oder Kombinationen von Einzellauten, aus denen sie bestehen, expressive Bedeutung erhalten und so auf dem Wege der Assoziation und durch das Mittel der Variation zu neuen Wortgebilden führen. Es kann also von einer gewissen Produktivität der Lautsymbole, nicht unvergleichbar der Produktivität von Suffixen bei der Schaffung neuer Wortableitungen (§ 56), gesprochen werden.

§ 8. So dient die Anlautgruppe Guttural + *r*, im Germanischen besonders *kr*-, vielfach dazu, unangenehme Geräusche auszudrücken; vgl. etwa ae. *crāwan*, ahd. *krāen* „krähen" samt Subst. ae. *crāwa*, as. *krāia* „Krähe", engl. *croak* „krächzen", an. *krákr* „Rabe" und mit *hr*- ahd. *hraban* „Rabe"; ae. *cracian*, ahd. *krahhōn* „krachen"; schwed. *kratta*, ahd. *krazzōn* „kratzen"; an. *krafsa* „schaben", mnd. *krabben* „kratzen", wozu auch (als scharrendes Vorwärtsbewegen) nisl. *krabba*, an. *krafla*, mnd. nhd. *krabbeln*; mnd. *krīten*, nhd. *kreißen* „scharf schreien", wozu auch *kreischen*; ae. *grist* „Mahlen", ahd. *gristgrimmōn* „mit den Zähnen knirschen", mit derselben Bedeutung auch aschwed. *krýsta*, ferner got. *kriustan* und mit *hr*- an. *hríka* „knirschen"; außergermanisch vgl. lat. *crepāre* „knarren", gr. κράζειν „schreien", κρώζειν „krächzen", κρίζειν „knirschen", lit. *krỹkti* „kreischen", mit *gr*- lit. *grukšėti* „knirschen", lit. *gróti*, ksl. *grajati* „krähen", lat. *grundīre*, gr. γρύζειν „grunzen".

§ 9. Guttural + *n*, germ. besonders *kn*-, steht vielfach lautsymbolisch für knollenhafte Rundung; vgl. etwa adän. *knag*, me. mnd. *knagge* „Knorren"; an. *knappr* „Knopf, Knorren", nd. *knubbe* „Knollen im Holz", nhd. *Knüppel*; an. *knǫttr* „Ball, Kugel"; norw. *knart* „Knoten", norw. dän. schwed. *knort*, ahd.

knorz „Knorren"; an. *knauss* „Bergkuppe"; norw. *knuke* „Knöchel", mnd. *knoke*, mhd. *knoche* „Knochen", mhd. auch „Astknorren". Auch hier variiert vielfach der anlautende Guttural; so stehen nebeneinander nisl. *knefi* und an. *hnefi* „Faust", an. *knútr* und *hnútr* „Knoten"; ahd. *hnac* und mhd. *knock* „Nacken", ferner in der Bedeutung „Hügel, Gipfel, Bergkuppe" ae. *cnoll* und *hnoll*, ahd. *hnol*, an. *knjúkr* und *hnjúkr*, nhd. dial. *knock* und *nock*, norw. *knatt* und *nut* (die *n*-Formen mit Verlust des *h*-). Außergermanisch vgl. air. *cnocc* „Hügel", *cnáim* „Knochen"; sonst selten. Es handelt sich also bei obigen Bildungen um typisch germanische Schöpfungen.

§ 10. Kompakte Rundung drückt auch der Anlaut germ. *kl-* aus, wie an. *klakkr*, schwed. dial. *klunk*, an. *kleppr*, adän. *klimp*, nd. *klampe*, nhd. *Klumpen*, norw. *klund*, sämtlich in der Bedeutung „Klumpen", veranschaulichen; vgl. (mit *gl-*) auch lat. *globus* „Kugel", *glēba* „Erdscholle", lit. *glė̃bti* „umfassen".

§ 11. Vokallänge kann mit langsamer, Vokalkürze mit schneller Bewegung assoziiert werden (engl. *seep*, dial. *sipe* „sickern", *sip* „nippen, einen kleinen Schluck trinken"), dunkler Vokal ist lautsymbolisch für dumpfe Geräusche (mhd. *gurren*), heller Vokal für helle Geräusche (*girren*), usw. usf.

§ 12. Neben vokalischer und konsonantischer Alternation ist besonders die Konsonantenverdoppelung ein im Germanischen häufiges Ausdrucksmittel (siehe auch I § 111). Verben mit geminiertem Wurzelauslaut haben intensive oder iterative Aktionsart; dabei drückt, soweit es sich nicht um reine Schallnachahmungen handelt, geminierte Tenuis aus, daß die Handlung in einem energischen Zug oder, bei Iterativen, in kurzen, energischen Teilabschnitten verläuft; vgl. etwa an. *hoppa* „hüpfen", d. h. „sich in kurzen, stoßweisen Sprüngen bewegen", aschwed. *hikka*, nl. *hikken* „den Schluckauf haben", mnd. mhd. *hacken* und den Gegensatz von nhd. *biegen*: *bücken*, *neigen*: *nicken*, *ziehen*: *zucken*. Im Gegensatz dazu drückt geminierte Media aus, daß die wiederholten Bewegungen schwacher, schlaffer, weniger präzis und abrupt sind, vgl. neben nhd. *hoppen* „hüpfen" nl. *hobben* „schwanken", engl. *hobble* „hinken", neben isl. *rukka* „rücken" norw. *rugga* „schwanken", neben norw. *skuppa* „stoßen" *skubba* „reiben". In diesen Ausdrucksbereich gehört auch der Gegensatz von engl. *tap*: *dab*, *pop*: *bob*, *pat*: *pad*, *tuck* (me. *tukken*): *tug* (me. *toggen*) u. dgl.

Beim Nomen drückt die Gemination vielfach Geringschätzung, Geringwertigkeit oder sonstige Affektbetontheit aus; vgl. etwa mhd. *tappe* „täppischer Mensch", ae. *loddere* „Bettler" (nhd. *Lotter-bube*), nd. *podde* „Kröte", ahd. *ratta*, *ratza* „Ratte", ae. *clodd*, *clott* „Klumpen", an. *flekkr* „Fleck", *þrekkr* „Dreck", nd. *drabbe* „Schmutz", me. *snotte* „Nasenschleim" usw. Aus anderen Sprachen vgl. lat. *flaccus* „schlapp", *muccus* „Nasenschleim", gr. βλέννος „Schlamm", δέννος „Schimpf, Schande". Die Vielfalt der Variationsmöglichkeiten (Konsonantengemination verbunden mit konsonantischer und vokalischer Alternation) veranschaulichen einige Wörter mit der Bedeutung „Zitze": ae. (Nom. Pl.) *tittas*, nd. *titte*, nhd. *Zitze*; ahd. *tuta*, *tutto*, *tutti*; ahd. *deddi*; schwed. *datte*, *tatte*; mit *p*-schwed. *patte*. Vgl. als Elementarparallelen gr. τιτθός und armen. *tit*.

§ 13. Durch Kombination und Variation all dieser Ausdrucksmittel entsteht somit eine weitreichende, feinabgestufte Skala lautsymbolischer Bildungen, bei denen der Übergang von einer Wurzelgestalt zur anderen fließend ist. So symbolisieren außer **kap*- und **ghabh*- auch **kagh*- (osk. *kahiad* „capiat"), **ghebh*- (ahd. *geban*), **ghlebh*- (lit. *glébti*), **ghrebh*- (ai. *grabh*-, mit Geminata mnd. *grabben*), **ghreib*- (as. *grīpan*), **ghed*- (as. *bi-getan*) und verschiedene andere Lautbild ·r den Vorgang des Zugreifens, Fassens u. dgl.; in der verwandten Bedeutung „raffen" (an. *hrapa*) gibt es auch Formen ohne anlautenden Guttural, so **rep*- in alb. *rjep* (< **repō*) „ich beraube", wozu ablautend lat. *rap*- in *rapere*, *rapiō*. Gerade die Vielfältigkeit und damit Vieldeutigkeit der Lautsymbole trägt jedoch letzten Endes dazu bei, daß ihr eigentlicher expressiver Wert mehr und mehr verblaßt, so daß vielen ursprünglich lautsymbolischen Wörtern ihre unmittelbare Anschaulichkeit nach und nach verloren geht und sie sich so zu reinen Begriffszeichen läutern, in denen eine Beziehung zwischen Laut und Bedeutung nicht mehr verspürt wird.

3. *Wortbildung im konventionellen Sinn*

§ 14. Die Darstellung hat es im Folgenden ausschließlich mit der Wortbildung im engeren, konventionellen Sinn zu tun. Sie behandelt zuerst die Komposition und im Anschluß daran die Bildung neuer Wortstämme durch Ableitung mittels Suffixen. Diese Reihenfolge empfiehlt sich deshalb, weil Suffixe sich nicht selten aus ursprünglichen zweiten Kompositionsgliedern entwickelt haben, somit die Komposition bis zu einem gewissen Grade voraussetzen. So ist z. B. westgerm. *-bāri-* im Ae. noch deutlich Kompositionsglied mit der Bedeutung „tragend, hervorbringend" (zu *beran*), wie aus Bildungen wie *appel-bǣre*, *corn-bǣre*, *blōstm-bǣre* „apfel-, korn-, blütentragend" hervorgeht, die z. T. Varianten mit partizipialem Hinterglied (*corn-berende*) neben sich haben. Im Ahd. entwickelt es sich jedoch sichtlich zum Suffix; neben *danc-bāri*, wo *-bāri* noch in seinem ursprünglichen Sinn verstanden werden kann, stehen bereits Bildungen mit adjektivischem Vorderglied wie *offan-bāri* „offenbar", und im Mhd. tritt *-bǣre* auch an Verbalstämme an (*unerforschbǣre*), womit der Übergang zum Suffix endgültig vollzogen ist. Die Auffassung, daß letzten Endes alle Suffixe, soweit sie nicht sekundäre Umbildungen sind, sich durch Verblassen der Eigenbedeutung aus ursprünglich selbständigen Wörtern entwickelt haben, läßt sich weder beweisen noch ist sie im Entferntesten wahrscheinlich.

Komposition

Begriff und Arten der Komposition

§ 15. Komposition ist die Zusammenfügung selbständiger Wörter zu einer höheren Worteinheit; das daraus resultierende Wort ist ein Kompositum.

Man unterscheidet zwei Arten von Komposition:

1. Nominale Komposition,
2. Verbale und Praefixkomposition.

Bei der nominalen Komposition unterscheidet man weiter echte und unechte Komposition. Erstere nennt man auch Zusammensetzung, letztere Zusammenrückung. Die verbale und Praefixkomposition ist prinzipiell unechte Komposition.

§ 16. Die echte Komposition, die im Altgermanischen immer zweigliedrig ist, verwendet als Vorderglied einen reinen Nominalstamm; so erscheinen got. *himin-s* (*o*-St.), *mat-s* (*i*-St.), *fōtu-s* (*u*-St.) im ersten Glied der Komposita *himina-kunds* „himmelentstammend", *mati-balgs* „Speisesack", *fōtu-baurd* „Fußschemel" in ihrer reinen Stammgestalt. Die so verwendeten Stammformen können sämtliche Funktionen vertreten, die sonst kasuell oder mittels Präpositionen ausgedrückt werden; so steht in ahd. *brūti-gomo* „Bräutigam" das Vorderglied in genetivischer Relation zum Hinterglied („Mann der Braut"), in *nahti-gala* vertritt es einen Dat.-Lok. („die in der Nacht singt"), in got. *himina-kunds* einen Dat.-Abl. („vom Himmel abstammend"), in *handu-waurhts* „handgewirkt" einen Dat.-Instr. („mit der Hand"); *auga-daurō* „Fenster" ist die „Tür für das Auge" usw. Die Prototypen dieser „Stammkomposita", wie sie auch genannt werden, reichen in eine sehr frühe Zeit der idg. Grundsprache zurück, da die Kasusflexion noch nicht ausgebildet war und wo ein noch undifferenzierter Wortstamm zum Ausdruck der verschiedensten Beziehungen dienen konnte.

§ 17. Von unechter Komposition oder Zusammenrückung spricht man, wenn eine aus mehreren Wörtern bestehende syntaktische Verbindung zur Worteinheit zusammengefügt wird, wobei die einzelnen Glieder dieselbe Form behalten, die sie in der syntaktischen Fügung hatten, also, soweit es sich nicht um flexionslose Wörter handelt, in flektierter Form erscheinen. Derart entstandene Komposita lassen sich daher zumindest grammatisch wieder in ihre Bestandteile auflösen, so nhd. *Langeweile* in *lange Weile*, *Muttergottes* in *Mutter Gottes*, *Vergißmeinnicht* in *vergiß mein nicht* usw. Obwohl mehrgliedrige Zusammenrückungen wie das letztgenannte Beispiel oder mhd. *neizwer* „irgendeiner“ < *ne weiz wer* „(ich) weiß nicht, wer“, *deiswār* < *daz ist wār*, nhd. *infolgedessen* besonders in jüngeren Sprachperioden nicht selten sind, ist auch die unechte Komposition normalerweise zweigliedrig. Abgesehen von der verbalen und Praefixkomposition, die ihrem Wesen nach immer Zusammenrückung ist (nhd. *fortgehen* < *fort gehen*, vgl. *fortzugehen*, *er geht fort*), ist der häufigste Typ der unechten Komposition das zweigliedrige Nominalkompositum mit genetivischem Vorderglied nach Art von nhd. *Gotteshaus*, ahd. *kuningeshof*, *tageszīt*, *kipurtitago* „Geburtstag“, *sunnūnlioht* „Sonnenlicht“, *snechinhūs* „Schneckenhaus“.

§ 18. Im Gegensatz zur echten Komposition, deren Haupttypen aus dem Idg. ererbt sind, kann die unechte Nominalkomposition nicht als altes Bildungsprinzip gelten. Die in verschiedenen idg. Sprachen vorkommenden Bildungen, z. B. gr. Διόσκουροι = „die Söhne des Zeus“ (Gen. Διός), Νεάπολις (älter Νέα Πόλις = „neue Stadt“), lat. *iūsiūrandum*, *senātūsconsultum*, *aquaeductus*, ai. *jā́s-pati-* „des Geschlechtes Herr“ (neben *jā́s páti-*) stehen vereinzelt und sind mehr oder weniger zufällig und zu verschiedenen Zeiten aus geläufigen syntaktischen Verbindungen hervorgegangen. Im Germanischen wird die unechte Nominalkomposition erst in späteinzelsprachlicher Zeit als Bildemittel produktiv. Für das Frühgermanische läßt sie sich nicht anhand von über mehrere Sprachen hinweggehenden Wortgleichungen nachweisen, und auch in den frühen Perioden der Einzelsprachen sind die Belege noch spärlich. Der zeitlich früheste Beleg ist got. *baurgs-waddjus* „Stadtmauer", das zugleich das einzige Beispiel des Gotischen ist. Mindestens ebenso alt sind jedoch die noch vor dem 4. Jahrhundert im westdeutschen Raum nach dem Vorbild der römischen Tagesbezeichnungen aufgekommenen Lehnübersetzungen, die sich über alle west- und nordgermanischen Sprachen verbreitet haben und die zu unechten Komposita geführt haben: ahd. *sunnūn-tag*, as. *sunnan-dag*, ae. *sunnan-dæg*, afries. *sunnan-dei*, an. *sunnu-dagr* „Sonntag" nach lat. *dies Solis*, das im 4. Jahrhundert durch *dies dominica* verdrängt wurde; mhd. *Zīes-tac*, ae. *Tīwes-dæg*, an. *Týs-dagr* „Dienstag" (= Tag des **Tīwa-*) nach lat. *dies Martis*, usw. Daneben finden sich im Ahd., And. und Ae. unechte Komposita hauptsächlich in Ausdrücken, die eine persönliche Beziehung ausdrücken (ahd. *phaffen-wīb*, *ōheimes-sun*, ae. *landes-mann*, *oxan-hyrde* „Rinderhirte"), in Pflanzennamen (ahd. *hanen-zunga*, *ohsen-wurz*, *storches-snabel*) und in Bezeichnungen von Wohnungen und Gebäudeteilen (ae. *nunnan-mynster* „Nonnenkloster", *helle-hūs*, ahd. *helle-phorta* „Haus, Pforte der Hölle"). Die Anfänge dieser später, besonders im Deutschen, sehr produktiven Bildungsweise reichen somit noch in westgermanische Zeit zurück, und als Möglichkeit eignete sie zweifellos auch dem Germanischen, da unechte Komposita auch ohne Muster jederzeit aus geläufigen syntaktischen Verbindungen erwachsen können.

§ 19. Ein prinzipieller Unterschied, was die Entstehung beider Arten von Komposition betrifft, besteht jedoch nicht zwischen echter und unechter Komposition, da die Urbilder der echten Komposition ebenfalls durch Zusammenrückung, allerdings noch unflektierter Wortstämme, entstanden sind. Auch die unechte Komposition, die ihrem Wesen nach eine erst allmählich sich festigende Worteinung ist, kann sich zur echten Komposition hin entwickeln, wenn nämlich das Vorderglied nicht mehr als Kasus-, sondern als Kompositionsform gefühlt wird wie in nhd. *Tinten-faß*, *Gersten-mehl*, *Ehren-sache*, deren Vorderglied als freie Genetivform nicht mehr möglich ist, oder in *Liebes-dienst*, wo das an ein feminines Wort angetretene genetivische *s* zum bloßen Merkmal der Komposition geworden ist.

I. Nominale Komposition

1. Form des Vordergliedes

§ 20. Die altgermanische Nominalkomposition ist, wie aus § 18 hervorgeht, wesentlich echte Komposition. Die Vorderglieder erscheinen im allgemeinen in der Form ihres Stammes, mit wenigen Ausnahmen: *ā*-Stämme und *n*-Stämme erscheinen in der Komposition als *o*-Stämme, und einige Konsonantstämme benutzen *o* als Kompositionsvokal[1]). Dies entspricht dem Gebrauch auch anderer idg. Sprachen. Die Vokale der Kompositionsfuge sind in altgermanischen Eigennamen, im Urnordischen und im Gotischen noch gut erhalten, während sie im Altnordischen restlos, im Ahd. und As. nach langer Silbe geschwunden sind. In der Kompositionsfuge der altgermanischen Namen ist idg. *o* vielfach noch als solches erhalten, besonders vor labialem Anlaut des zweiten Gliedes (vgl. auch I § 45). Die *i̯o*- und *i̯ā*-Stämme haben im Got. *ja* nach kurzer, *i* nach langer Silbe; *i* erscheint auch im Ahd. und As.

§ 21. Beispiele für die Gestalt des Vordergliedes:

o-Stämme (vgl. gr. ἱππό-δαμος „rossezähmend": ἵππο-ς „Pferd", gall. PN *Dēvo-gnāta*: *dēvo-* „Gott", abg. *vino-gradŭ*

[1]) Idg. *o*-, *ā*-Stämme = germ. *a*-, *ō*-Stämme, vgl. II §§ 3, 9 und zum Lautübergang idg. *o*, *ā* > germ. *a*, *ō* I § 30 f.

„Weinberg“: *vino* n. „Wein“): altgerm. PN. *Dago-bertus* (*daga-* „Tag“, vgl. II § 4), urnord. *fāra-wīsa* = „der Gefährliches Wissende“ (an. *fár* n. „Gefahr, Unheil“), got. *guda-faurhts* „gottesfürchtig“ (*guþ*), ahd. *glasa-faz* „Glasgefäß“ (aber *arm-boug* „Armring“).

ā-Stämme (vgl. gr. ὑλο-τόμος „Holz fällend“: ὕλη, abg. *vodo-nosъ* „Wasserkrug“: *voda*, gall. PN *Teuto-matus*: **teutā* = air. *túath*, got. *þiuda* „Volk“; ai. *ū́rṇa-mradas-* „weich wie Wolle“: *ū́rṇā-* „Wolle“); altgerm. PN *Theudo-ricus* (got. *þiuda*), got. *airþa-kunds* „von irdischer Abkunft“ (*airþa* „Erde“), ahd. *scama-lōs* „schamlos“ (*scama*).

i̯o-/i̯ā-Stämme: altgerm. PN *Chario-valda* = „der des Heeres (*harja-* m. II § 6) Waltende“, urnord. *alja-markiʀ* „Fremdling“ (= „aus anderer Mark“), got. *wadja-bōkōs* „Schuldschein“ (*wadi* n. „Pfand“), ahd. *helli-rūna* „Zauberei“ (*hella*, as. *hellia* f. „Hölle“); nach langer Silbe: agerm. PN *Hildi-bertus*, as. *hildi-scalc* „Krieger“ (*hild*, ahd. *hiltia* „Kampf“), got. *arbi-numja* (vgl. ahd. *erbi-nomo*) „der Erbe“ (*arbi* n. „das Erbe“), *þūsundi-faþs* „Anführer von Tausend“ (*þūsundi* f.).

i-Stämme (vgl. ai. *páti-juṣṭa-* „dem Gatten lieb“, abrit. ON *Mori-dūnum* = „Meerfestung“): urnord. PN *Sali-gastiʀ* = anfränk. *Sali-gast*, ae. *sele-giest* „Fremder in der Halle“, as. ahd. *seli-hūs* „Wohnhaus“ (ae. *sæl*, as. *seli* „Saal“), got. *mari-saiws* „See“ (ahd. *meri* „Meer“), *gasti-gōþs* „gastfreundlich“ (*gast-s* II § 13).

u-Stämme (vgl. ai. *vasu-dā́-* „Güter verleihend“, gr. εὐρυ-πυλής „breittorig“): urnord. PN. (Gen.) *A(n)su-gīsalas* (an. *áss* *u*-St. „Ase“), *Hagu-staldaʀ* = as. *hagu-stald*, ahd. *hagu-stalt* „Hagestolz“ (*hagu-* „Hag“), got. *filu-faihs* „vielfarbig“ (= ai. *puru-péśas-*).

n-Stämme (vgl. gr. PN Ἀπολλό-δωρος: Ἀπόλλων, ai. *rāja-putrá-* „Königssohn“: *rā́jan-*, lat. *sangui-sūga* „Blutsauger“: *sanguen*): altgerm. PN *Gomo-arius*, got. *guma-kunds* „männlichen Geschlechts“ (*guma*, Gen. *gumin-s* „Mann“), *qina-kunds* „weiblichen Geschlechts“ (*qinō*, Gen. *qinōns* „Frau“); as. *hano-krād*, ahd. *hana-chrāt* „Hahnenschrei“ (*hano*, Gen. *hanen* „Hahn“). In den Wörtern wie ahd. *hanen-fuoz* erscheint nicht etwa der *n*-Stamm im ersten Glied, sondern die ahd. Genetivform (unechte Komposition; siehe § 17).

Die Verwendung des *o*-Stammes in der Komposition hängt auch damit zusammen, daß viele *n*-Stämme, besonders im Germ., erst durch sekundäre Stammerweiterung aus *o*-Stämmen entstanden sind (vgl. § 91).

s-Stämme (vgl. ai. *rajas-túr-* „den Luftraum durchdringend", gr. σακεσ-φόρος „Schildträger"): altgerm. PN *Segis-mundus*, *Sigis-mērus*, got. *sigis-laun* „Siegeslohn", ahd. *siges-nemo* „Sieger" (got. *sigis* n. „Sieg"); as. *egis-līk*, ahd. *agis-līh* „schrecklich" (got. *agis*, Gen. *agis-is*, ae. *ege* „Schrecken"). In ahd. *sigi-nomo* u. dgl. erscheint im ersten Glied der *i*-Stamm ahd. *sigi*, in gall. *Sego-mārus* erscheint für den alten *s*-Stamm ein *o*-Stamm.

Konsonantstämme, die *o* als Kompositionsvokal benutzen, liegen vor in got. *brōþr-a-lubō* „Bruderliebe" (vgl. gr. πατρ-ο-φόνος „Vatermörder"), *naht-a-mats* „Nachtessen" (vgl. gr. νυκτ-ο-μαχία „Nachtkampf"), *mana-sēþs*, ahd. *mana-heit* „Menschheit", ahd. *mana-līhho*, ae. *mana-līca* „Menschenbild" neben unerweitertem Konsonantstamm in got. *man-leika*.

§ 22. Der Kompositionsvokal konnte bereits im Frühgermanischen schwinden:

1. wenn das zweite Glied mit Vokal, *h* (das schwach artikuliert war) oder *w* anlautete: got. *haim-ōþli* „Grundbesitz" (St. *haima-*); got.-lat. *carrago* „Wagenburg" < **carro-hago*, germ. ON *Boihaemum* „Böhmen" < **Boio-haima-* „Land der Bojer", got. *hauhhairts* „hochmütig" (St. *hauha-*); germ. PN *Dag-valdus* (St. *daga-* „Tag");

2. wenn er in dritter Silbe stand: frühgerm. VN (1. Jh. v. Chr.) *Ermun-duri*, PN *Ermen-rīchus* neben *Ermana-rīcus* (St. *ermana-*, *-una-* „erhaben, groß"), got. *þiudan-gardi* „Königreich" (St. *þiudana-*), *midjun-gards* „bewohnte Erde" (St. *midjuma-* „mittlerer"), *anþar-leikō* „anders" (St. *anþara-*).

2. *Gestalt des Hintergliedes*

§ 23. Das Hinterglied eines Nominalkompositums zeigt nicht selten eine Stammbildung, die von der des in freier Verwendung üblichen Wortes verschieden ist. So zeigt im Gegensatz zum starken Simplex ahd. *frost* das Komp. *grunt-frosto* „Bodenfrost" schwache Flexion des Hintergliedes, ebenso as. *ēn-dago* (= an. *ein-dagi*, ae. *ān-daga*) „der eine bestimmte Tag" gegenüber *dag*. In den meisten derartigen Fällen handelt es sich jedoch nicht um einen Flexionswechsel, sondern das Kompositum ist mit einer neben dem starken Simplex stehenden schwachen Variante gebildet, so etwa neben *wīn-gart* stehendes ahd. *wīn-garto* mit dem auch als Simplex geläufigen *garto* oder ae. *līc-hama*, ahd. *līh-hamo* „Körper, Leichnam" mit ae. *hama* statt *ham* „Hülle".

In Fällen, in denen das Hinterglied abweichend von der Stammbildung des Simplex als *i̯o-/i̯ā*-Stamm erscheint, liegen suffixale Weiterbildungen mit possessivem oder kollektivem Sinn vor, so in got. *aihva-tund-i* f. „Dornbusch" („etwas, was die Zähne eines Pferdes hat") gegenüber Simplex *tunþus* (vgl. ai. PN *phāla-dat-ī* „Pflugzähnige" mit genau entsprechendem Hinterglied idg. **-dn̥t-ī*) oder in kollektivem got. *haim-ōþli* (§ 22) gegenüber Simplex an. *óđal*, ahd. *uodal* „Eigentum", ahd. *niu-lenti* „Neuland" gegenüber *lant*. Häufig sind suffixale Erweiterungen bei Bahuvrīhi-Komposita (siehe § 40).

§ 24. Altertümlichen Suffixablaut gegenüber dem Simplex zeigt an. *Al-fǫđr* „Allvater" < idg. **-pətōr* (über germ. **-fađōr*, urnord. **-fǫđur*) gegenüber *fađer* „Vater" < idg. **pətḗr*; vgl. gr. πατήρ: εὐ-πάτωρ „einen guten Vater habend". Ebenso archaisch ist die dehnstufige Bildung des Hintergliedes in got. *fidur-dōgs* „vier Tage alt" gegenüber *dags*, die der von ai. *śatá-śārad-a-* „hundertjährig" gegenüber *śarád-* „Herbst, Jahr" entspricht. So wohl auch got. *sibun-tēhund* „70" gegenüber *taíhun* „10" mit Ablaut *ē: e*[1]). Vgl. ferner an. *Laxdølir* „Bewohner des *Laxár-dalr*", wo es deutlich wird, daß die Dehnstufe das Begleitmerkmal einer suffixalen Ableitung des Kompositums ist.

[1]) anders II § 65.

3. *Semantische Typen der Nominalkomposition*

§ 25. Die germ. Nominalkomposita lassen sich auf Grund ihres Bedeutungsinhaltes und des logischen Verhältnisses ihrer Glieder zueinander in drei Hauptgruppen einteilen:

1. Kopulativkomposita,
2. Determinativkomposita,
3. Exozentrische Komposita.

Diese Bedeutungsgruppen bestanden bereits in der idg. Grundsprache.

A. Kopulativkomposita

§ 26. Ein Kopulativkompositum liegt vor, wenn zwei verschiedene, aber gleichgeordnete oder paarig zusammengehörige Begriffe zu einem Wort zusammengeschlossen sind; nach einem Ausdruck der indischen Grammatik spricht man auch von einem Dvandva (ai. *dvandva-* n. „Paar“).

§ 27. Da die kopulative Komposition durch Zusammenrückung zweigliedriger asyndetischer Verbindungen wie ai. *pitā́ mā́tā*, russ. *otec matь* „Vater und Mutter“, lit. *tėtės mótės* „von Vater und Mutter“, *brolú seserú* „von Bruder und Schwester“, umbr. *veiro pequo* „Mensch und Vieh“ (vgl. aw. Komp. *pasu-vīra*) entstanden ist und auch einzelsprachlich auf diesem Wege neue Bildungen erwachsen (vgl. etwa lat. *ūsus-frūctus* „Nutznießung“), finden sich hier viele unechte Komposita, so die schon in idg. Zeit durch Zusammenrückung entstandenen Zahlwörter vom Typ *dreizehn*, ahd. *drī-zehan*, ai. *tráyo-daśa*, lat. *trē-decim* (aus **trēz-decem*), idg. **treįes* (Nom. Pl. des Stammes **tri-*) + **dekm̥* „zehn“, oder Bildungen wie ai. *pitā-putrā́ḥ* „Vater und Söhne“, ksl. *bratъ-sestra* „Bruder und Schwester“, russ. *chleb-solь* „Brot und Salz“ mit nominativischer Form des Vorderglieds. Daneben bestand jedoch sicher schon seit frühidg. Zeit auch Stammkomposition, wie die Gleichheit des neutralen Bildungstypus in ai. *yuga-śamyá-m* „Joch und Zapfen" (*śámyā* f.), air. *gaisced* n. < kelt. **gaiso-skēto-m* „Speer und Schild" (air. *sciath* m.), gr. νυχθ-ήμερον „Nacht und Tag" (ἡμέρα f.) nahelegt.

§ 28. Im Germ. finden sich, abgesehen von den Zahlwörtern 13—19 (II § 63), nur wenig Reste der kopulativen Komposition, die sämtlich ererbte ältere Bildungen vom Typ Substantiv + Substantiv sind:

ae. (Dat. Pl.) *āþum-swēoran* „Eidam und Schwäher" (Beow. 84); ae. (Nom. Pl.) *suhtor-fædran* „Neffe und Onkel" (Wids. 46); as. (mit kollektivem Praefix; § 44) *ge-sunfader* (Nom. Pl.) „Sohn und Vater" (Hel. 1176) und ahd. *sunufatarungo* (Hild. 4), wo von dem gleichen Kompositum eine Ableitung mit Suffix *-unga-* (§ 150) geschaffen ist: „der Leute von Sohn und Vater" (Gen. Pl.).

§ 29. Kopulative Verbindungen von Adjektiv + Adjektiv nach Art von gr. λευκό-μελας „schwarz-weiß", russ. *tonko-belyj* „dünn und weiß", air. *lethan-glas* „breit und grau" waren dem frühen Germanischen fremd. Bildungen wie nhd. *taub-stumm* (älter *taub und stumm*, vgl. engl. *deaf and dumb*) oder *blau-weiß*, neuisl. *blá-hvítr* (auch dreigliedrige wie *schwarz-weiß-rot*) sind moderne Schöpfungen.

Komposita aus Farbadjektiven waren in älterer Zeit (und sind auch heute zumeist) determinativ (§ 32), d. h. sie bezeichneten die Mischung einer Grundfarbe mit einer anderen Farbe: an. *blá-swartr* „blauschwarz", ahd. *rōt-brūn* „rotbraun". Kopulative Komposita wie *schwarz-weiß* unterscheiden sich von den determinativen durch stärkere Betonung des zweiten Gliedes.

§ 30. Auch die besonders in der ae. Dichtung häufigen tautologischen Komposita vom Typ *frēa-dryhten*, bei denen zwei synonyme Begriffe (hier „Herr") zur Einheit verbunden erscheinen, sind nicht zu den Dvandvas zu rechnen, da es sich bei ihnen (vgl. noch ae. *mægen-cræft* „Kraft", *mōd-sefa* = as. *mōd-sebo* „Sinn") nicht um Verbindung zweier verschiedener, sondern um pleonastische Charakterisierung eines einzelnen Begriffes handelt. Wie auch bei tautologischen Adjektivkomposita nach Art von mhd. *heiter-licht* handelt es sich vielmehr um Grenzfälle determinativer

Komposition, in denen die bestimmende Kraft des mit dem Hinterglied synonymen oder nahezu synonymen Vordergliedes sehr gering oder gleich Null ist.

Ein Determinativkompositum und kein Dvandva ist auch ae. *were-wulf*, mhd. *wer-wolf* „Werwolf" (Vorderglied = ahd. *wer* „Mann"), da es nicht zwei, sondern ein Wesen bezeichnet („Wolf, der eigentlich ein Mensch ist").

B. Determinativkomposita

§ 31. Determinativkomposita sind Komposita, in denen das Hinterglied, das den Begriff in seiner Allgemeinheit bezeichnet, durch das Vorderglied in irgendeiner Weise näher bestimmt wird. Sie heißen daher auch Bestimmungskomposita. Das Vorderglied kann dabei jede Funktion vertreten, die sonst kasuell, praepositional, attributiv oder appositionell ausgedrückt wird. Kasuelle bzw. praepositionale Beziehung des Vordergliedes zum Hinterglied liegt vor in as. *thiod-kuning* „Volkskönig", ahd. *marah-scalh* „Pferdeknecht", got. *arbi-numja* „Erbnehmer" (vgl. *arbi niman*), ae. *wull-camb* „Kamm für Wolle" und in den § 16 genannten Bildungen, attributive Beziehung in den Verbindungen von Adjektiv + Substantiv wie ae. *ful-bōt* „volle Buße", as. *grim-werk* „böse Tat". Appositionelle Beziehung liegt vor in Wörtern wie ae. *ceosol-stān* „Kieselstein", ahd. *hasal-nuz* „Haselnuß", ae. *gum-man*, *wīf-man* „Mann, Frau", d. h. „menschliches Wesen (*man*), das ein Mann (*guma*), eine Frau (*wīf*) ist", got. *þiu-magus* „Knabe, der ein Knecht ist", ae. *eofor-swīn* = mhd. *eber-swīn* „männliches Schwein", ae. *wine-mæg* (auch *mæg-wine*) „Freund und Verwandter", *frēa-dryhten* „Herr und Gebieter", *were-wulf* „Werwolf" (§ 30). Vgl. ai. *rāja-ṛṣi-* „ein Weiser (*ṛṣi-*), der König ist". In den Verbindungen von Adjektiv + Adjektiv liegt z. T. eine adverbielle Bestimmtheit des Hintergliedes vor: an. *ár-vakr* „früh wach".

§ 32. Formale Gruppen altgermanischer Determinativkomposita:

1. Substantiv + Substantiv (vgl. ai. *gṛhá-pati-* „Hausherr", gall. ON *Rīgo-magus* = „Königsfeld"):

Vorgermanisch wegen gall. PN *Epo-rēdo-rīx*, air. *ech-rad* Koll. „Pferde" ist germ. **eχwa-raidō* in as. *co-rid*, ae. *ēo-red*, an. *jó-reið* f. „Trupp von Berittenen" (ae. *coh* „Pferd", *rād* „Reiten, Zug"); gemeingermanisch ist z. B. das Komp. *Ohrring*, got. **ausa-hriggs* (erschlossen aus russ.-ksl. Lehnwort *userędzь*), as. *ōr-hring*, ahd. *ōr-ring*, ae. *ēar-hring*, desgleichen *Notdurft* = got. *naudi-þaurfts*, ahd. *nōt-durft*, as. *nōd-thurft* und (mit anderer Stammbildung des Hintergliedes) ae. *nīed-ðearf*, aschwed. *nöd-tharf*. Gotisch und westgerm. ist got. *auga-daurō* = ahd. *auga-tora*, ae. *ēag-duru* „Fenster" (an. dafür *vind-augi*), nord- und westgerm. an. *brúð-gumi* = ahd. *brūti-gomo*, as. *brūdi-gomo*, ae. *brȳd-guma* „Bräutigam" (got. *brūþ-faþs*).

a) Ein sehr alter Kompositionstyp ist die Verbindung eines Substantivs mit einem aus der Wurzel gebildeten Verbalnomen, das die Funktion eines Nomen agentis (§ 63) hat und zu dem das Vorderglied in dem Verhältnis des logischen Objekts steht. Die hierunter fallenden Bildungen wie etwa lat. *iū-dex* (**-dik̑-s*) „Rechtsprecher" (= „qui ius dicit"), *rem-ex* (**-aĝ-*) „Ruderer" (= „das Ruder führend"), gr. βοό-κλεψ „Rinderdieb" (**-klep-* „stehlend"), ai. *paśu-tṛ̥p-* „Vieh raubend", *ratha-yúj-* „den Wagen anspannend" bezeichnet man auch als verbale Rektionskomposita. Das Wurzelnomen, das im Wesentlichen auf die Verwendung in der Komposition beschränkt war, erscheint, soweit angängig, in schwundstufiger Gestalt, so im Germ. in den Ablautklassen 1—4 (I § 55). Es ist im Germ. stets mit dem individualisierenden Suffix *-an-* oder *-jan-* (vgl. § 91f.) erweitert.

Beispiele mit Suffix *-an-*: ae. *sǣ-lida* „Seefahrer" (*līðan* „reisen"), ahd. *heri-zoho*, as. *folk-togo* „Heerführer" (*ziohan* = lat. *dūcere*), as. *treu-logo*, ae. *trēow-loga* „Treuebrecher", as. *wār-logo*, ae. *wǣr-loga* „Lügner, Treuebrecher" (= „die Verträge leugnend", zu an. *várar* „Friedens-, Treuegelübde", ae. *wǣr*, ahd. *wāra* „Vertrag" und ahd. *liogan*), ahd. *erpi-nomo*, ae. *yrfe-numa*

„Erbe“ (*neman*), ahd. *ārunt-poro* „Nachrichtenbringer“ (*beran*); den Vokal des Praesensstammes zeigen as. *bōg-gebo*, ae. *bēag-gifa* „Ringspender“ (*geban*, Kl. 5), ae. *man-slaga* „Manntöter“ (as. *slahan*, Kl. 6).

Mit Suffix *-jan-*: got. *arbi-numja* „Erbe“, *wein-drugkja* „Weintrinker“ (*drigkan*), an. *val-kyrja*, ae. *wæl-cyrge* „Walküre“ (= „die die Toten erwählt“, zu *kjósa*, ae. *cēosan* „küren“); Praesensvokalismus zeigen ahd. *sculd-heizeo* (*heizan*, red. Verb.), *man-slecko* „Manntöter“ (*slahan*, Kl. 6), Dehnstufe die Bildungen von Kl. 5 wie ahd. *stuol-sāzzeo* „Stuhlsasse (Beisitzer, Schöffe)“, as. *land-sātio*, mhd. *land-sæzze* „Landsasse“ (zu *sizzen*).

2. Adjektiv + Substantiv (gr. ἀκρό-πολις „die obere Stadt“, lat. *angi-portus* „enges Gäßchen“, gall. ON *Novio-dūnum* = „Neustadt“):

Gemeingerm. ist got. *ala-mannans* m. Pl., an. *al-manna*, ahd. VN *Ala-manni*, mnd. *al-man* „alle Menschen, Menschheit“; ebenso got. *midjun-gards*, ae. *middan-geard*, an. *miđ-garđr*, ahd. *mittin-gard*, as. *middil-gard* „bewohnte Erde“ (= „mittlere Welt“); nord- und westgerm. ist an. *ná-vist*, ahd. *nāh-wist*, ae. *nēa-wist* „Nähe, Gegenwart“, nur deutsch ahd. *junc-herro* „Jungherr“ (> nhd. *Junker*). Alte Bildungen mit adjektivischem Vorderglied sind auch die westgermanischen Göttinnennamen *Fria-gabis* (wohl = „die liebe Geberin“) und *Garman-gabis* (vielleicht = „die willkommene Geberin“; *garman-* zu *gern*, *be-gehren*).

3. Substantiv + Adjektiv (vgl. gr. θεο-είκελος „den Göttern gleich“, ai. *yajñá-dhīra-* „opferkundig“, air. *cath-búadach* „im Kampfe siegreich“):

got. *faihu-gairns*, ae. *feoh-georn*, an. *fé-gjarn* „habsüchtig“; an. *snǽ-hvítr*, ae. *snāw-hwīt*, mnd. *snē-wīt* „schneeweiß“; an. *orđ-víss*, mhd. mnd. *word-wīs* „weise in Worten“; got. *gasti-gōþs* „gastfreundlich“. Dieser Bildungstyp ist nur geläufig mit einem Verbaladjektiv als Hinterglied: got. *handu-waurhts*, ae. *handworht* „mit der Hand gemacht“; ae. *wīn-druncen*, ahd. *wīn-trunchan* „trunken von Wein“; ae. *gold-hroden*, an. *gold-hrođinn* „goldgeschmückt“; ahd. *hand-haft* „mit der Hand genommen“, an. *her-numinn* „vom Heer gefangen“; vgl. ai. *uda-plutá-* „im Wasser schwimmend“, *grīva-baddhá-* „am Hals gebunden", *paraśú-vṛkna-* „mit dem Beil abgehauen".

4. Adjektiv + Adjektiv (vgl. ai. *sarvá-rohita-* „ganz rot", *bahu-paṭú-* „ziemlich gewandt", lat. *sēmi-vīvos* „halb lebendig, halb tot", air. *óg-ślán* „ganz gesund", *dub-glas* „dunkelblau"):

Gemeingerm. ist got. **alla-wērs* „ehrlich" (in Abstr. *allawērei*), an. *ǫl-vǽrr*, ahd. *ala-wāri* „freundlich", mnd. *alwār* „albern", nord- und westgerm. an. *al-hvítr*, as. *ala-hwīt*, ae. *eall-hwīt* „ganz weiß", nur westgerm. ae. *wīd-mǣre*, ahd. *wīt-māri* „weit berühmt" sowie in gleicher Bedeutung wie lat. *sēmi-vīvos* und etymologisch damit nahezu identisch ae. *sām-cwic*, ahd. *sāmi-quec*, as. *sām-quik*, wofür als jüngere Bildung dann eintritt an. *half-dauðr*, ahd. *halb-tōt*, ae. *healf-dēad*. Vgl. ferner Bildungen wie ahd. *rōt-brūn*, an. *rauð-brúnn* „rotbraun" oder ahd. *brūn-rōt*, afries. *brūn-rād* „dunkelrot".

§ 33. Determinativkomposita mit einem Verbalstamm im Vorderglied nach Art von nhd. *Bind-faden*, *Wetz-stein* (engl. *whet-stone*), *Bade-zimmer* waren im Frühgermanischen noch unbekannt; sie kommen erst in einzeldialektischer Zeit auf, wobei die Anfänge der Bildeweise im Deutschen und Englischen noch in westgerm. Zeit reichen. Die frühesten Gleichungen sind ahd. *brenn-īsarn* = ae. *bern-īsen* „Brenneisen" und ae. *hwete-stān* = mnd. *wet-stēn*, ahd. *wezzi-stein* „Wetzstein"; andere Übereinstimmungen sind ahd. *bach-hūs* = ae. *bæc-hūs* „Backhaus", ahd. *renni-weg* = ae. *ærne-weg* „Rennbahn". Im Got. ist der Typ nur durch *winþi-skaurō* „Worfschaufel" vertreten, welches vermutlich den Stamm von *-winþjan* „worfeln" enthält (vgl. in gleicher Bedeutung ahd. *wint-scufola*, *wint-worfa* zum Verb. *wintōn*), und auch im An. wird er erst später häufiger (*sendi-maðr* „Bote", *felli-sótt* „Fallsucht"). Muster der besonders im Deutschen stark produktiven Bildungsweise waren Komposita, deren Vorderglied ein Verbalnomen war, das gleichzeitig auch als Verbalstamm aufgefaßt werden konnte.

So konnte etwa das Vorderglied von ahd. *scelt-wort* als *scelta* „Schelte“ oder als der Stamm von *sceltan* „schelten“ aufgefaßt werden, während das von ahd. *slāf-hūs* ursprünglich wohl nominal, später verbal aufgefaßt wurde. Alte Bildungen mit nominalem Vorderglied sind auch ahd. *blās-belg* (vgl. ae. *blǣst-belg*, an. *blástr-belgr*) „Blasebalg“, as. *bū-land* „bebautes Land“ (= an. *bú-land*), ahd. *scīn-leih* „Trugspiel“ (= ae. *scīn-lāc*). Vielfach wurden alte nominale Bildungen nach Analogie des zugehörigen Verbums umgestaltet, so as. *sprāk-hūs* zu *sprek-hūs* nach *sprekan* „sprechen“, ahd. *scara-sahs* (= ae. *scear-seax*, as. *skara-sahs*) „Rasiermesser“ zu *scer-sahs* nach *sceran* „scheren“ oder ahd. *milih-faz* zu *melc-faz* nach *melkan*.

§ 34. Sehr häufig sind Determinativkomposita, deren bestimmendes Glied eine Partikel (Praeposition, Adverb) ist. Doch werden von solcher Komposition hauptsächlich solche Nomina betroffen, die in enger Beziehung zu einem Verbum stehen, wobei ein ursächlicher Zusammenhang zwischen komponiertem Verbalnomen und dem zugrunde liegenden komponierten Verbum besteht. So ist nhd. *Ausfahrt* nicht eigentlich Komposition aus *aus* + *Fahrt*, sondern Verbalabstraktum zu *aus-fahren*. Die so entstandenen Bildungen werden daher besser zusammen mit der Verbalkomposition behandelt (§ 43ff.). Verbindungen von Partikeln mit Hintergliedern, die nicht Verbalnomina sind, kommen weitaus seltener vor. Die Hinterglieder sind dabei teils alte Verbalia, deren Zusammenhang mit einem Verbum nicht mehr gefühlt wird, teils gehen die Muster der Komposition auf eine Zeit zurück, wo die betreffenden Nomina noch als verbal empfunden wurden; andere Komposita wiederum sind in rein formaler Analogie zu den Praefixkomposita mit Verbalnomen im Hinterglied gebildet.

Zusammensetzungen nicht verbaler oder nicht als solche empfundener Wörter finden sich besonders mit den selbständig nicht vorkommenden Praefixen *un*- und *ga*-, von denen das erste negative, das zweite vielfach kollektive Kraft hat; vgl. got. *un-hrains*

„unrein“, *un-hails* „ungesund“, *un-þiuþ* „das Böse“ (*þiuþ* „das Gute“) neben *un-kunþs* „unbekannt“ (lat. *ignōtus*, ai. *á-jñāta-*) mit noch fühlbarer verbaler Beziehung, oder mit *ga-* got. *ga-arbja* „Miterbe“ (= air. *com-arbe*, vgl. auch lat. *co-hērēs*), ahd. *gi-beini* (*bein*), mhd. *ge-tier* (*tier*), ahd. *gi-sunt*, ae. *ge-sund* (ae. *sund*, ne. *sound*), mhd. *ge-hiure* „geheuer“ (ae. *hȳre* „freundlich“). An anderen Bildungen vgl. etwa noch got. *ufar-fulls* „übervoll“ (Hinterglied altes Partizip, vgl. ai. *pūrṇá-*, air. *lán* „voll“ < idg. **pl̥nó-* „gefüllt“ zum Verbum ai. *pr̥ṇā́ti* „füllt“), ahd. *uber-ganoac* „übergenug“, ahd. *it-niuwi*, ‚erneuert“ (= „wieder neu“), mhd. *bī-wīp* „Nebenfrau“, nhd. *vor-laut*. Vgl. lat. *per-magnus* „sehr groß“, ai. *ati-dūra-* „sehr weit“, gr. προ-πάτωρ „Stammvater“.

C. Exozentrische Komposita

§ 35. Exozentrische Komposita sind solche, deren Bedeutungszentrum nicht wie bei den determinativen innerhalb des Kompositums liegt, sondern deren Glieder einen außerhalb des Kompositums liegenden Begriff entweder adjektivisch charakterisieren oder substantivisch bezeichnen. So bedeutet nhd. *bar-fuß* nicht etwa „bloßer Fuß“, sondern es charakterisiert jemand, der *bloße Füße hat*, *mit bloßen Füßen* geht; ebenso ist z. B. *Groß-maul* nicht gleichbedeutend mit „großes Maul“, sondern bezeichnet jemand, der ein solches hat.

Es gibt zwei Typen von exozentrischen Komposita: solche, die aus zwei nominalen Gliedern oder aus Partikel + Nomen bestehen und die gewöhnlich mit einem Terminus der indischen Grammatik als *Bahuvrīhi*-Komposita bezeichnet werden, und andere wie z. B. nhd. *Habe-nichts*, *Wage-hals*, deren Vorderglied verbal ist und das Hinterglied als Objekt regiert.

§ 36. Der letztere Typ ist für das Frühgermanische nicht nachweisbar; die frühesten Belege stammen aus mhd. und me. Zeit und bestehen überwiegend aus Spitznamen und vergleichbaren Personenbezeichnungen, die einer niederen sprachlichen und sozialen Sphäre angehören: mhd. *Vüll-en-sac*, *Lær-en-biutel* (Namen von

Räubern), me. *picke-purse*, *cutte-purse* „Beutelschneider“ (vgl. ne. *pick-pocket* „Taschendieb“), mhd. *Lær-en-napf* (ein Trinker), *lecke-spîz* „Leckermaul“, *hebe-strît* „Streitsüchtiger“, *rūme-lant* „Verstoßener“, auch *rūme-gazze* „räum' die Gasse“ als Bezeichnung eines Schwertes. Das verbale Vorderglied wird heute fast durchweg imperativisch aufgefaßt (vgl. solche Bildungen wie *Vergiß-mein-nicht*, *Rühr-mich-nicht-an*, engl. *kiss-me-at-the-garden-gate* „Viola tricolor“), hatte ursprünglich jedoch sicher nicht diese Geltung, sondern eher die des (mit dem Imperativ identischen) reinen Verbalstammes. Typologisch stellen sich *Wage-hals*, engl. *pick-pocket* zu gr. Bildungen wie ἀρχέ-κακος „unheilstiftend“ (vgl. mhd. *hebe-strît*), ἐχέ-θυμος „den Trieb zurückhaltend“, φερέ-οικος Adj. „das Haus mit sich führend“, Subst. „Schnecke“, doch können wegen ihrer späten Bezeugung die deutschen und engl. Bildungen nur unter der nicht ganz wahrscheinlichen Voraussetzung, daß der Typus mehrere Jahrhunderte latent gelegen hätte und erst in der populären Literatur des Mittelalters wieder zum Vorschein kam, als direkte Fortsetzer des durch das Griech. und andere Sprachen (vgl. ai. PN *Trasá-dasyu-* = „die Feinde erzittern machend“) bezeugten idg. Bildungstypus der Rektionskomposita mit verbalem Vorderglied angesehen werden.

§ 37. Bahuvrīhi-Komposita. Ai. *bahu-vrīhi-*, das Musterwort dieser Kategorie im Indischen, bedeutet „durch viel (*bahu-*) Reis (*vrīhi-*) charakterisiert“ = „viel Reis habend“ oder „dessen Reis viel ist“. Wegen der überwiegend possessiven Bedeutung dieser Bildungen spricht man auch von Possessivkomposita. Die Bahuvrīhi-Komposita sind formal gleich gebaut wie die Determinativkomposita; so bedeutet gr. καλλί-παις als Det.-Komp. „schönes Kind“, als Bahuvrīhi dagegen „wer schöne Kinder hat“. Im Ai., das sicher hier eine grundsprachliche Regelung bewahrt, sind beide Typen jedoch durch den Akzent geschieden: ai. *rāja-putrá-* (determ.) „Königssohn“; *rā́ja-putra-* (Bahuvrīhi) „Könige zu Söhnen habend“. Der Typus der Bahuvrīhi-Komposita, den als weitere Beispiele noch ai. *puruṣa-rūpá-* „menschengestaltig“, gr. ὁμο-πάτωρ = apers. *hama-pitā*

„den selben Vater habend“, gr. τρί-ποδ-, ai. *tri-pád-*, lat. *tri-ped-* „dreifüßig, Dreifuß“, gr. ῥοδο-δάκτυλος „rosenfingrig“, air. *nocht-chenn* „barhaupt“ illustrieren mögen, ist im frühen Idg. zu einer Zeit, als weder die Flexion noch der Unterschied zwischen Adjektiv und Substantiv voll entwickelt war, aus attributiven oder parenthetischen Nominalsätzen erwachsen, die zur Qualifizierung eines Subjekts dienten. So bedeutete ᾿Ηὼς ῥοδοδάκτυλος ursprünglich also „Eos, (wie) Rosen (ihre) Finger“, ai. *rā́ja-putra-* „ein König der Sohn“, ahd. *bar-fuoz* „bar (den) Fuß (geht er)“, usw. Die adjektivische Funktion dieser Komposita bei substantivischem Hinterglied führte vielfach zu ihrer grammatischen Adjektivierung mittels Suffixen, z. T. wohl schon in der Grundsprache. So wird gr. ὁμο-πάτωρ zu ὁμο-πάτριος (= an. *sam-feðr*), ai. *jīva-pitṛ-* „dessen Vater am Leben ist“ zu *jīva-pitṛ-ka-*, air. *cóel-chos* „dünnbeinig“ zu *cóel-chossach* und mhd. *bar-vuoz* zu *bar-vüeze* oder *bar-vüezic* adjektiviert. Andererseits konnten Bahuvrīhi-Komposita volle substantivische Kraft erhalten, in dem sie den außerhalb stehenden Begriff direkt bezeichneten (gr. τρί-ποδ- „Dreifuß“), wobei auch hier ein — diesmal substantivierendes — Suffix antreten konnte (ae. *ān-horna*, ahd. *ein-hurno* „Einhorn“ mit Suffix *-an-* gegenüber ae. *ān-horn*, ahd. *ein-horn*). Auch Abstrakta wie got. *frei-hals* „Freiheit“ gegenüber an. Adj. *frjáls* „frei“ (= „freien Hals habend“) oder neutrale Kollektivbildungen wie lat. *bi-duum* „Zeitraum von zwei Tagen“, ai. *dvādaśa-gav-á-m* „Gespann von 12 Rindern“ können sich auf diese Weise einstellen. Ein germ. Beispiel für letztere Kategorie ist an. *tvi-kvǽni* n. „Bigamie“, vgl. ai. *dvi-jāni-* „zwei Frauen habend“. Es sind somit adjektivische und substantivische Bahuvrīhis zu unterscheiden, wobei die ersteren im Frühgerm. den Normaltyp darstellen, später dagegen in unerweiterter Form außer Gebrauch kommen (nhd. nur noch Reste in *barhaupt*, *barfuß*), während umgekehrt die substantivischen Bahuvrīhis (Typ *Dickkopf*) an Häufigkeit zunehmen.

§ 38. Beispiele für frühgerm. Bahuvrīhi-Komposita:

Mit Numerale im ersten Glied got. *fidur-dōgs*, ae. *fēower-dōgor*, ahd. *fior-tagig* „vier Tage dauernd" (vgl. § 24), got. *twalib-wintrus*, ae. *twelf-wintre*, afries. *twelef-wintre* „12 Jahre alt"; mit anderem Vorderglied got. *manag-falþs*, ahd. *manag-falt*, as. *manag-fald*, ae. *manig-feald* „mannigfaltig" (vgl. auch got. *ain-falþs*, *fidur-falþs* usw.), an. *ber-fǿttr*, ae. *bær-fōt*, mnd. *bar-vōt*, mhd. *bar-vuoz* „barfuß", an. *lang-lífr*, ahd. *lang-lībi*, ae. *lang-līfe* „langlebig", as. *glad-mōd*, ae. *glæd-mōd*, ahd. *glata-muati* „frohgesinnt".

Für gleichgebildete substantivische Bahuvrīhis finden sich keine frühgerm. Gleichungen, doch ist der Typus einzelsprachlich gut belegbar. Es finden sich etwa ahd. *frī-hals* „freier Mann", *mana-houbit* n. „Sklave", *wuotan-herz* „Tyrann", *niun-ouga*, mhd. *niun-ouge*, mnd. *negen-ōge* „Neunauge" (ein Fisch), mhd. *grīs-bart* „Graubart", ae. *fīf-lēaf*, ahd. *finf-blat*, ae. *ān-horn*, ahd. *ein-horn*, letztere allerdings Nachbildungen von lat. *quinquefolium* und *unicornis*, die jedoch den Typ als solchen bestätigen. Dieser wird für das Germanische zudem erwiesen durch die z. T. über mehrere Sprachen gehenden Bildungen mit Praefix *ga-* „zusammen, mit" (§ 44); vgl. got. (Dat. Pl.) *ga-sinþam*, ahd. *ge-sind*, mhd. *ge-sint*, as. *gi-sīđ*, ae. *ge-sīđ* „Weggenosse, Gefolgsmann" (= „wer eine Fahrt mitmacht") zu ahd. *sind*, ae. *sīđ* „Weg, Reise"; as. *gi-nōt*, ahd. *gi-nōz*, ae. *ge-nēat* „Genosse" (= „wer seinen Besitz mit anderen gemeinsam hat") zu as. *nōt*, ahd. *nōz* „wertvolle Habe". Vgl. § 55.

§ 39. Erweiterte und unerweiterte Bahuvrīhis.

Reine, d. h. nicht mit einem Suffix erweiterte Bahuvrīhi-Komposita finden sich in den altgerm. Sprachen noch in größerer Zahl; vgl. außer den schon erwähnten Beispielen noch got. *ubil-waurds* „schmähsüchtig", *laus-qiþrs* „leeren Magens" (an. *kviđr* „Bauch"), *ubil-tōjis* „dessen Tun (*taui*) böse ist", an. *há-beinn*, *há-leggr* „hochbeinig", *rétt-orđr* „gerecht sprechend", ae. *gāl-mōd* = as. *gēl-mōd* „ausgelassenen Sinnes", as. *dol-mōd* „töricht", ahd. *falo-fahs* „mit blonden Haaren", *mihhil-muot* „großmütig".

Ein altertümlicher Zug ist, daß die Komposita mit „Herz" im zweiten Glied, got. *hauh-hairts* „stolz", *arma-hairts* = ahd. *arma-herz* „barmherzig", as. *gram-hert* „feindlich", ae. *hāt-heort* „heißen Herzens", nicht den *n*-Stamm des Simplex (got. *hairtō*, Gen. *hairtins*), sondern einen von dem ursprünglichen Wurzelnomen (lat. *cord-*) ausgehenden *a*-Stamm zeigen. Die Bildungsweise ist die gleiche wie die von gr. γαμψώνυχος „mit krummen Klauen" im Vergleich mit ὄνυξ.

§ 40. Neben diesen einfachen Bildungen kommen Erweiterungen hauptsächlich mit folgenden Suffixen vor:

1. Suffix *-an-*, Fem. *-ōn-* (substantivierend; vgl. § 91): got. *man-leika*, ae. *man-līca*, ahd. *mana-līhho* „Bildnis"; ae. *gylden-feaxa* „einer mit goldenem Haar" (vgl. ahd. *gold-fahs* „goldhaarig"), ähnlich ahd. *mihil-fahso* „Behaarter" (vgl. *lang-fahs* „langhaarig"); an. *gengil-beina* „Frau mit krummen Beinen".

2. Suffix *-ja-* (idg. *-i̯o-*, adjektivierend; vgl. lat. *acu-ped-ius* „schnellfüßig", ai. *dáśa-mās-ya-* „zehnmonatig"): an. *sam-feđr* = gr. ὁμο-πάτρ-ιο-ς § 37; an. *ein-eygr*, ahd. *ein-ougi* „einäugig"; an. *ber-fǿttr* (gegenüber mnd. *bar-vōt*) „barfuß"; an. *laus-hendr* (vgl. got. Akk. Sg. m. *laus-handjan*), ae. *īdel-hende* „mit leeren Händen".

3. Suffix *-īga-* (Adjektivsuffix, vgl. § 144): trotz Parallelen in anderen Sprachen (vgl. oben ai. *jīva-pitṛ-ka-*, air. *cóel-coss-ach*) kaum in dieser Verwendung aus der Grundsprache ererbt. Dem Got. ist diese Bildungsweise noch fremd, und auch im frühen Ahd. ist sie — im Gegensatz zu späterer Zeit — noch sehr selten. Ein frühes Beispiel ist *ōt-muotīg* „demütig" (unerweitert *ōt-mōt*). Selten ist das Suffix auch im Ae. und An. (hier auch ablaut. *-ugr*), etwas häufiger dagegen im As.: as. *gēl-mōdig*, *hardmōdig* = an. *harđ-móđigr*, *-ugr* (vgl. *gēl-mōd*, *hard-mōd*), *gram-hugdig* „feindselig" = ae. *gram-hydig*.

4. Suffix ae. *-ed(e)*, an. *-ađr* (idg. *-to-*, Versehensein mit etwas ausdrückend, vgl. § 118); in diesen Sprachen das normale Mittel zur Erweiterung von Bahuvrīhis: ae. *ān-ēagede* „einäugig" (vgl. *ān-ēage*), *gold-hilted* „mit goldenem Griff", *scearp-ecged* „mit scharfer Schneide", an. *harđ-hugađr* „mit festem Sinn", *lang-*

hofđađr „langköpfig". Die anderen Dialekte kennen das Suffix in dieser Verwendung nicht.

§ 41. „Umgekehrte" Bahuvrīhis. Ein anderes Mittel, ein aus Adjektiv + Substantiv bestehendes Bahuvrīhi-Komp. zu adjektivieren, bestand in der Vertauschung der Glieder, so daß das Adjektivum ins Hinterglied gelangte: ahd. *muot-geil* (vgl. as. *gēl-mōd*), as. *mōd-stark* „feindselig" (*stark-mōd*), ae. *mōd-glæd* (*glæd-mōd*) „frohgesinnt", ahd. *fahs-falo* (*falo-fahs*), an. *hár-fagr* (*fagr-hárr*) „schönhaarig", *orđ-góđr* (*góđ-orđr*) „gütig mit Worten", *orđ-stórr* (*stór-orđr*) „großsprecherisch". Durch diese Umkehrung werden die Bahuvrīhi-Komposita zu Determinativkomposita des Typus Substantiv + Adjektiv. Von anderen idg. Sprachen zeigt besonders das Keltische diese Umkehrung: air. *folt-lebor* „langhaarig" (= „haarlang"), mkymr. *bronn-wynn* „weißbrüstig", gall. PN *Nerto-mārus* = „groß an Kraft"; ferner das Albanische: *zemër-math* „großherzig" (= „herzgroß"). Vgl. noch gr. ποδ-ώκης „fußschnell" (ὠκύ-πους), heth. *pattar-palḫiš* „der Flügelbreite" (Bez. eines Vogels).

II. Verbale und Praefixkomposition

1. *Verbale Komposition*

§ 42. Die Verbindung eines Verbums mit einem Nomen im ersten Glied zu einem Kompositum ist im Germanischen wie auch in den anderen idg. Sprachen im allgemeinen nicht üblich, jedoch keineswegs unmöglich. Meist handelt es sich jedoch um unabhängig und relativ spät auftretende Zusammenrückungen nach Art von lat. *animadvertere*, *vendere* < *venum dare* „zum Verkauf geben": ahd. *wara neman* (*wara* „Aufmerksamkeit") > nhd. *wahrnehmen*; mnd. *war-schouwen*, mnl. *waerscuwen* „wahrschauen" (= „zur Obacht aufschrecken", zu ahd. *sciuhan* „erschrecken"); mhd. *hōn-lachen*, *lieb-kosen*, nhd. *lob-singen*; got. schon *faihu-geigan* „nach Geld gieren".

Die Verbindung eines Verbums in echter Komposition mit einem Verbalstamm liegt möglicherweise vor im germ.

schwachen Praeteritum, wenn nämlich got. *salbō-da*, 1. Pl. *salbō-dēdum* usw. als Zusammensetzungen des jeweiligen Verbalstammes mit Praeteritalformen des Verbums „*tun*" (idg. **dhē-/dhō-*) zu erklären sind (II § 90).

2. *Praefixkomposition*

§ 43. Normalerweise gehen Verben jedoch nur mit Adverbien, d. h. flexionslosen Wörtern partikelhaften Charakters, eine in ihren Anfängen immer nur lockere Verbindung ein, die jedoch zur festen Komposition führen kann. Diese Partikeln von meist lokaldeiktischer Bedeutung („Praepositionen" u. dgl.) nennt man, wenn sie in verbaler Komposition auftreten, Praeverbien. Da sie sich jedoch auch, einige sogar ausschließlich, mit Nomina verbinden, spricht man besser allgemein von Praefixen.

§ 44. Das Germanische verwendet eine Vielzahl von Praefixen, die zum großen Teil ererbte idg. Lokaladverbien sind. Die wichtigsten davon, die sowohl in verbaler als auch — meist davon abhängig — in nominaler Komposition vorkommen, sind, zusammen mit Beispielen für alte damit gebildete Komposita:

got. as. *af-*, ahd. *ab-*, ae. *of-* „ab, weg" (lat. *ab*, gr. ἀπό): got. *af-gaggan* „weggehen", Praet. *af-iddja* (vgl. lat. *ab-īre*); got. *af-giban sik* „sich fortbegeben", ae. *of-giefan*, as. *af-geban* „verlassen"; as. *af-unnan*, ae. *of-unnan* „mißgönnen" mit Subst. as. *aƀ-unst*, ahd. *ab-unst* „Mißgunst, Neid".

got. as. ahd. *ana-*, ae. *on-* „auf, an, hin" (gr. ἀνά): got. *ana-qiman*, ahd. *ana-queman* „hinzutreten" (vgl. gr. ἀνα-βαίνειν „hinaufgehen"); ahd. *anasehan* „ansehen", *ana-siht* „Angesicht", got. *ana-siuns* „sichtbar", ae. *on-sēon* „Anblick"; ae. *on-ginnan* „beginnen", as. ahd. *ana-gin* „Anfang".

got. *anda-*, *and-*, ahd. *ant-*, *int-*, as. *and-*, ae. *and-*, *on-* „entgegen, los, weg" (vgl. gr. ἀντί „gegenüber", lit. *añt* „zu, für"): got. *and-sakan*, ae. *on-sacan* „widerstreiten"; got. *anda-launi*, ae. *and-lēan* „Gegenlohn, Vergeltung"; got. *anda-waurdi*, ae. *and-*

wyrde, as. *and-wurdi* „Antwort"; got. *and-bindan*, ahd. *int-pintan* „losbinden"; got. *and-sitan*, ae. *on-sittan*, ahd. *int-sizzen* „sich entsetzen", got. *anda-sēts*, ae. *and-sǣte*, ahd. *ant-sāzig* „abscheulich". Damit ablautend got. *unþa-*, ae. *ūð-*, *oð-* in got. *unþa-þliuhan* „entfliehen" (vgl. ahd. *int-fliohan*), ae. *oð-gangan* „entgehen", *ūð-genge* „flüchtig" sowie got. *und-* in *und-rinnan* „zukommen".

got. *at-*, ae. *æt-*, ahd. *az-* „bei, hin" (lat. *ad-*): got. *at-gaggan* „hinzugehen", *at-gagg* „Zugang" (vgl. lat. *ad-īre*); got. *at-standan*, ae. *æt-standan* „hinzutreten, dabeistehen" (vgl. lat. *ad-stāre*); ahd. *az-queman* „herankommen" (vgl. lat. *ad-venīre*).

got. *fair-*, ae. *fyr-*, as. ahd. *firi-*, *fir-* (gr. περί, ai. *pári* „um", lat. *per*): got. *fair-weitjan* „umherspähen", *fair-weitl* „Schauspiel", ae. *fyr-wit*, as. *firi-wit*, ahd. *firi-wiz* „Neugierde, Wunder" (vgl. gr. περι-ιδεῖν „umherblicken").

got. *faur-*, ae. *fór-*, as. *far-*, ahd. *far-*, *fir-* (gr. παρά): got. *faur-gaggan* „vorübergehen", as. *far-gangan* „vergehen" (vgl. gr. παρ-ιέναι „vorbeigehen"); got. *faur-biudan*, ae. *for-bēodan*, ahd. *fir-biotan* „verbieten"; got. *faur-dōmeins* „Vorurteil". Daneben vollere Form got. *faura-*, ae. *fore* „vor" in ae. *fore-gān* „vorweggehen", *fore-genga* „Vorgänger", got. *faura-gagga* „Verwalter".

got. *fra-*, ae. *for-*, as. *far-*, ahd. *far-*, *fir-* „fort, weg" (gr. πρό, lat. *pro*): got. *fra-wairpan*, as. *far-werpan*, ahd. *fir-werfen* „verwerfen, wegwerfen"; got. *fra-liusan*, ae. *for-lēosan*, ahd. *fir-liosan* „verlieren", got. *fra-lusts*, as. ahd. *far-lust* „Verlust"; got. *fra-itan* „aufzehren", ae. *fretan*, ahd. *frezzan* „fressen".

Anm.: Die Entsprechungen von got. *fair-*, *faur-* und *fra-* sind im Westgerm. fast untrennbar zusammengefallen. Im Nhd. entspricht durchweg *ver-*.

got. *ga-*, ae. *ge-*, as. *gi-*, ahd. *ga-*, *gi-*. Häufigstes Praefix, etymologisch identisch mit lat. *con-*; hat wie dieses primär den Sinn der Vereinigung, des kollektiven Beisammenseins, ist bei Verben jedoch vielfach nur perfektivierende Partikel. Soziativ: got. *ga-qiman* „zusammenkommen" (lat. *con-venīre*), *ga-haitan* „zusammenrufen", *ga-bairan* „vergleichen" (lat. *con-ferre*); got. *ga-mains*, ahd. *gi-meini* „gemeinsam" (= lat. *com-mūnis*); got. *ga-juka* „Genosse" (vgl. lat. *con-iux* „Gatte, -in"); got. *ga-ligri* „Beilager", ae. *gi-liger* „Beischlaf" (vgl. air. *com-lige* „Beilager"); zu as. *gi-sīđ*, *gi-nōt*, ahd. *gi-beini* usw., vgl. §§ 34. 38. Perfektiv: got. *ga-slēpan* „einschlafen" (*slēpan* „schlafen"), *ga-bairan*, ahd. *gi-beran* „gebären"; got. *ga-nisan*, ae. *ge-nesan*, as. ahd. *gi-nesan* „geheilt werden", got. *ga-nists*, as. ahd. *gi-nist* „Rettung, Heilung"; nhd. *ge-rinnen*, *ge-frieren*.

got. *in-* „in, hin", *inn-* „hinein", ae. ahd. as. *in-* (lat. *in*, gr. ἐν): got. *in-saihvan* „hinsehen", *in-brannjan* „in Brand setzen", *in-sakan* „vortragen, *in-sahts*, ae. *insiht* „Erzählung"; got. *in-ahs* „verständig" (*aha* „Verstand"); ahd. *in-gangan* „hineingehen", *in-gang*, got. *inn-at-gāhts* „Eingang".

got. *dis-* (für **tis* = lat. *dis-*?), ae. *to-*, as. *te-*, ahd. *za-*, *ze-* neben *zar-*, *zir-*, *zur-* (nhd. *zer-*): got. *dis-skaidan* „trennen" (vgl. lat. *discindere*), ahd. *zi-sceidan*; ae. *to-brecan*, ahd. *zi-brechan* „zerbrechen"; ae. *to-gān* „auseinandergehen", as. *te-gangan*, ahd. *zi-*, *zir-gangan*, *zur-gang* „defectio". Vgl. auch *twis-* (= lat. *bis* < alat. *duis* „zweifach") in got. *twis-standan* „sich trennen", *twis-stass* „Zwiespalt".

got. *uf-* „unter", auch „auf, hin"; ahd. *oba-*, *ob-*, as. *of-* (ai. *úpa* „hinzu, an, auf", gr. ὑπό „unter"): got. *uf-hnaiwjan* „unterwerfen", *uf-hnaiweins* „Unterwerfung", *uf-ligan* „unterliegen", ahd. *oba-lickan* „obliegen", as. *of-liges* „Obliegenheit"; anfränk. *ob-grāvio* „Untergraf"; got. *uf-rakjan* „hinaufziehen", *uf-þanjan* „ausstrecken". Hier anzuschließen auch as. ae. *up-*, ahd. *ūf-* in as. *up-himil*, ahd. *ūf-himil*, ae. *up-heofon* „der Himmel droben", ahd. *ūf-gang* „Aufgang" usw.

got. *ufar-*, ae. *ofer-*, as. *obar-*, ahd. *ubar-* „über" (ai. *upári*, gr. ὑπέρ): got. *ufar-steigan*, ae. *ofer-stīgan*, ahd. *ubar-stīgan* „übersteigen" (vgl. gr. ὑπερ-στείχειν „darüber hinweggehen"); ae. *ofer-mōd*, ahd. *ubar-muoti* „übermütig"; as. *obar-āt*, ahd. *ubar-āzī* „Übermaß in Essen"; got. *ufar-gudja* „Oberpriester".

as. ahd. *umbi*, ae. *ymb-*, an. *umb-* „um" (gr. ἀμφί, ai. *abhí*, lat. *amb-*): as. *umbi-hwerƀan* „umringen", ahd. *umbi-hwerban*, ae. *ymb-hweorfan* „sich umdrehen", as. *umbi-hwarf* „Umlauf", an. *umb-hverfes* „ringsum"; ahd. *umbi-gangan*, ae. *ymb-gān* „herumgehen" (vgl. lat. *amb-īre*). Wohl als Kurzform (idg. **bhi*) hier anzuknüpfen ist got. as. ahd. *bi-*, ae. *be-* „bei, um": got. *bi-saihvan* „umhersehen", as. ahd. *bi-sehan* „ausschauen, besehen"; got. *bi-*

qiman „überfallen“, ahd. *bi-queman* „herankommen“; ae. *behātan*, ahd. *bi-heizan* „versprechen, drohen“, as. *bi-hēt* „Drohrede“, got. *bi-hait* „üble Nachrede“; got. as. *bi-windan*, ahd. *bi-wintan* „umwinden“.

got. *uz-*, *us-*, an. *ór-*, ahd. *ur-*, *ir-*, *ar-*, ae. *or-*, *ā-*, as. *or-*, *ur-*, *a-* „aus, hinaus, hinauf“ (**ud-s*, vgl. ai. *úd* „hinauf, hinaus“): got. *uz-anan* „aushauchen“ (vgl. ai. *ud-an-* „dass.“), ae. *or-ođ* (< **uz-anþa-*) „Atem“; ae. *ā-faran* „ausfahren“, ahd. *ar-faran*, *ir-faran* „ausgehen, hervorgehen, erfahren“, got. *us-farþō* „Ausfahrt“, an. *ór-fǫr* „dass.“; got. *ur-reisan*, ae. *ā-rīsan*, as. *a-rīsan*, ahd. *ar-rīsan* „aufstehen“, got. *ur-rists* „Auferstehung“; got. *us-lausjan*, ahd. *ar-lōsen* „erlösen“, got. *us-lauseins*, an. *ór-lausn* „Erlösung“; as. *a-dēlian*, ahd. *ir-teilen* „austeilen, (das Recht) zuteilen“, as. *ur-dēli*, ahd. *ur-teil*, ae. *or-dāl* „Urteil“. Hierher auch got. usw. *ūt*, ahd. *ūz* „aus“ in got. *ūt-gaggan*, ahd. *ūz-gangan* „hinausgehen“, *ūz-gang* „Ausgang“.

§ 45. Nur in nominaler Komposition kommen vor:

got. usw. *un-*, an. *ó-* Negationspartikel „un-“ (= ai. *a-*, gr. ἀ-, lat. *in-* < idg. **n̥-*, ablautend mit **ne* = got. ahd. *ni*, as. *ne* „nicht“, lat. *ne-* in *ne-sciō*): got. *un-kunþs*, an. *ó-kúđr*, ae. *un-cūđ*, ahd. *un-kund* „unbekannt“ (idg. **n̥-ĝn̥tos*, vgl. **n̥-ĝnōtos* in gr. ἄ-γνωτος, lat. *ignōtus*); got. *un-mahts*, ae. *un-meaht*, ahd. *un-maht* „Schwäche, Ohnmacht“; got. *un-qēniþs*, an. *ó-kvǽndr* „unbeweibt“ (vgl. ksl. *ženatъ* „beweibt“). Siehe auch § 34.

got. *tuz-*, an. ae. *tor-*, ahd. *zur-* „schlecht“ (= ai. *dus-*, gr. δυσ-): got. **tuz-wērs* (in Abl. *tuzwērjan* „zweifeln“) = ahd. *zur-wāri* „argwöhnisch“ (= „schlechten Glauben habend“, vgl. abg. *věra* „Glaube“ = ahd. *wāra* „Bündnis, Vertrag, Treue“); an. *tor-tryggr*, ahd. *zur-triuwi* „treulos“; ae. *tor-begīete* „schwer zu erlangen“; ahd. *zur-lust* „Unlust“. Vgl. gr. δυσ-μενής „übel gesinnt“, ai. *dur-manas-* „traurig“.

3. *Charakter der Praefixkomposita*

§ 46. Die Praefixkomposition ist primär unechte Komposition, d. h. sie ist beim Verbum, wo sie ihren Ursprung hat, durch Zusammenrückung in direktem Kontakt erwachsen. Wo, wie in bestimmten syntaktischen Stellungen, ein Kontakt ursprünglich nicht gegeben war, hat sich die freie Stellung des Adverbs z. T. bis heute unversehrt erhalten, so bei den Adverbien nhd. *an*, *auf*, *aus*, *bei* usw. die freie Endstellung im Hauptsatz (*er kommt heute abend an*) gegenüber der im Nebensatz und Infinitiv erfolgten Worteinung mit dem Verbum (*wenn er ankommt*; *er wird heute ankommen*). Auch die wie in anderen idg. Sprachen so auch im älteren Germanischen noch vorhandene Trennbarkeit von Praeverb und Verbum durch dazwischentretende enklitische Partikeln, Pronomina und andere Satzteile (sog. „Tmesis") zeugt für die ehemalige Selbständigkeit der beiden Teile; vgl. got. Syntagmen wie *ga-u-laubjats* „glaubt ihr"? (*ga-laubjan*), *us-nu-gibiþ* „gebt nun hin" (*us-giban*) oder *ga-u-ƕa-sēƕi* „ob er etwas sähe" (*ga-saiƕan*) mit analogen Konstruktionen aus anderen idg. Sprachen: lat. *ob vōs sacrō* (= klass. *obsecrō vōs*), air. *do-s-beir* „er gibt sie", gr. πρό μ' ἔπεμψεν „er schickte mich", ai. *prá tám . . . nayanti* „sie führen ihn". Parallel gebildete komponierte Verben in mehreren idg. Sprachen wie etwa got. *fra-bairan*, formal = lat. *pro-ferre*, ai. *pra-bharati*, zeugen somit nicht notwendigerweise für die Existenz entsprechender untrennbarer Verbalkomposita schon in idg. Zeit, sondern sind eher in unabhängiger, aber paralleler einzelsprachiger Entwicklung durch Univerbierung aus beweglicher syntaktischer Fügung oder durch produktive Neuschöpfung entstanden.

§ 47. Im Gegensatz zu den Verbalkomposita ist bei den entsprechenden Nominalbildungen das Praefix immer fest mit dem zweiten Glied verbunden. Es liegt somit hier, wenngleich keine „echte", da Bildungen wie got. *af-lēt* „Erlaß", *fra-lusts* „Verlust", *ga-qiss* „Verabredung" erst im Anschluß an die praefigierten Verben *af-lētan*, *fra-liusan*, *ga-qiþan* entstanden sind, so doch feste Komposition vor. Feste Komposition im Gegensatz zu lockerer Komposition im Altgermanischen hat sich im Laufe der Sprachentwicklung auch bei einer Gruppe von verbalen Komposita herausgebildet, nämlich denen, die im Nhd. mit den Praefixen *be-*, *ent-*, *er-*, *ge-*, *ver-* und *zer-* zusammengesetzt sind.

§ 48. Bildungen mit solchen unselbständigen Praefixen wie nhd. *behalten*, *entdecken*, *gehorchen*, auch Nominalbildungen wie *un-rein* sind vom Standpunkt der beschreibenden Grammatik keine eigentlichen Komposita im Sinne der Definition (§ 15), da ihre ersten Glieder nicht als „Wörter" gelten können, sondern eher den Status von unselbständigen Ableitungselementen haben. Die historische Betrachtungsweise lehrt jedoch, daß auch die unselbständigen Praefixe aus ehemals selbständigen Wörtern hervorgegangen sind, so beispielsweise *be-*, ahd. *bi-* durch Schwächung im Vorton aus *bī* (= nhd. *bei*) oder *un-* < idg. **n̥* schon in idg. Zeit auf ähnlichem Wege (Ablaut) aus der volleren Negation **ne* (= got. ahd. *ni*), so daß in historischer Sicht die Behandlung dieser Bildungen als Komposita gerechtfertigt ist.

4. Betonung der Praefixkomposita

§ 49. Grundsätzlich gilt für das Altgermanische, daß in der verbalen Komposition die Praefixe unbetont, in der nominalen dagegen betont sind.

Es ist daraus zu schließen, daß — was auch schon aus den erwähnten got. Bildungen mit Tmesis wie *ga-u-laubja's* hervorgeht — der feste Zusammenschluß von Praefix und Verbum erst nach der Zeit der für das Germ. allgemein geltenden Akzentfestlegung auf die Anfangssilbe des Wortes erfolgt ist, da sonst auch hier das Praefix den Ton hätte erhalten müssen. Bei den nominalen Praefixkomposita bestand die feste kompositionelle Verbindung dagegen schon in idg. Zeit. Vgl. auch I § 27.

§ 50. Die unterschiedliche Betonung der Praefixkomposita äußert sich vielfach, besonders im Westgerm., in verschiedener Lautgestalt der Praefixe. So hat das betonte Nominalpraefix vielfach eine vollere und stabilere Lautgestalt als das entsprechende unbetonte Verbalpraefix: vgl. z. B. got. *anda-hait* „Bekenntnis": *and-haitan*, ahd. *ant-segida* „Verteidigung": *int-sagēn*, ae. *and-saca* „Gegner":

on-sacan „widerstreiten"; ahd. *fra-tāt* „Verbrechen": *fir-tuon* „sich versündigen", ae. *fra-cođ* „verachtet": *for-cunnan*; ahd. *ga-scaft* „Schöpfung, Geschöpf": *gi-scepfan*; ahd. *ur-teil, ur-loub*: *ir-teilen, ir-louben*; ahd. *zur-gang* „defectio": *zir-gangan* „zergehen", usw. Auf diese Weise erklärt sich auch der Vokalschwund der Partikel *at-* in unbetonter Stellung in as. *t-ōgian*, ahd. *z-ougen* gegenüber got. *at-augjan*, ae. *æt-ȳwan* „zeigen", ferner in ahd. *z-agēn* „zagen", das durch air. *ad-águr* „ich fürchte" seine Deutung findet.

§ 51. Im Gegensatz zur altgerm. Regelung kommt jedoch in den westgerm. Sprachen das Prinzip auf, die Nominalkomposita mit *ga-, fra-, bi-* auf der Wurzelsilbe zu betonen. So treten an Stelle der nur noch vereinzelt in Formen wie ahd. *gá-skaft, frá-tāt, frá-sez* „Rost", *frávali* = ae. *fræ-fele* „verwegen", ahd. *bí-giht* „Beichte", *bí-derbi* „nützlich" (= nhd. *bieder*) überlieferten Betonungsweise jüngere Bildungen, die die gleiche Praefixform und Betonung wie die Verbalkomposita zeigen; so ahd. *gi-skáft* an Stelle von *gá-skaft, fer-séz* anstelle von *frá-sez*, ae. *be-hǣt* an Stelle von as. *bí-hēt*, ahd. *fir-lúst* an Stelle von got. *frá-lusts*, usw.

§ 52. Im Nordgermanischen, in dem die gleiche Tendenz noch stärker wirksam gewesen ist, schwinden sowohl beim Verbum als auch beim Nomen sämtliche unbetonten Praefixe entweder völlig oder werden stark reduziert. So ist an. *gefa* auch = *vergeben*, *láta* auch = got. *af-lētan*, an. *sinni* „Gefährte", *namni* „Namensvetter" entsprechen got. *ga-sinþa* und ahd. *gi-namno*. Stärkere Spuren des Praefixes finden sich etwa noch in *glíkr* (neben *líkr*) „gleich" = got. *ga-leiks*, *granni* „Nachbar" = got. *ga-razna*, *frýja* „tadeln" = got. *fra-wrōhjan* sowie in den Restformen *for-bjóđa* „verbieten", *fyr-telja* „aufzählen".

5. *Bedeutung der Praefixkomposita*

§ 53. Für die Praefixkomposita gelten ähnliche Bedeutungsgruppen wie für die sonstigen Komposita. Alle Verbalkomposita sind determinativ, wobei der Verbalbegriff durch das Praefix adverbiell bestimmt wird: *ausgehen* ist *ein Gehen*, das *nach außen gerichtet* ist usw. Vielfach verblaßt jedoch die lokale Eigenbedeutung der Partikel in der Komposition (dies gilt besonders für diejenigen Praeverbien, die nicht zugleich selbständige Adverbien sind) zugunsten einer mehr grammatischen Funktionsbedeutung, die dazu dient, den perfektiven Aspekt bzw. die punktuelle Aktionsart eines Verbums (d. h. Anfangs- oder Endpunkt einer Handlung) gegenüber dem nichtperfektiven (durativen) Grundverbum auszudrücken. Dies gilt besonders für das Praefix *ga-*, vgl. got. *haban* „haben": *ga-haban* „in Besitz nehmen", *taujan* „tun": *gataujan* „vollbringen" (vgl. lat. *facere*: *con-ficere*) und die Beispiele in § 44, aber auch für *us-*, vgl. got. *us-saiahn* „sehend werden" (Ausgangspunkt der Handlung), ahd. *ir-singan* „zu Ende singen", nhd. *erbitten*, *erfrieren*, *erjagen* (Endpunkt), für *ent-* (nhd. *entbrennen*, *entfliehen*), für *fra-* (got. *fra-itan* „aufessen") u. a.

§ 54. Die meisten nominalen Praefixkomposita sind ebenfalls Determinativkomposita mit adverbialer Bestimmung, vgl. etwa as. *up-himil* „der Himmel droben". Bei Komposita, die nicht von einem Verbum motiviert sind (wie etwa ahd. *ur-teil* von *ir-teilen*), hat das Praefix vielfach steigernde Kraft, so z. B. *ur-* in ahd. *ur-māri* „sehr berühmt", *ur-alt* = ae. *or-eald*, *for-* in ae. *for-manig* „gar viele", an. *for-ljótr* „sehr häßlich", *ana-* in got. *ana-mahts* „Übermacht" = an. *á-máttr*; vgl. lat. *per-magnus*, air. *ro-már* „sehr groß". Pejorativ ist *af-* in got. *af-ētja* „Fresser", *af-drugkja* „Trunkenbold", an. *af-át* „Fresserei".

Sehr charakteristisch für das Germ. sind die neutralen Kollektivbildungen mit *ga-* und Suffix *-ja-* (idg. *-i̯o-*), Typus nhd. *Gebirge*: got. *ga-skōhi*, ae. *ge-scȳ*, as. *gi-scōhi* „Schuhwerk" (got. *skōhs*), ae. *ge-wǣde*, as. *gi-wādi* „Kleidung" (*wād*), ae. *ge-filde*, ahd. *gi-fildi* „Gefilde" (*feld*), got. *ga-waurdi* „Gespräch", ae. *ge-wyrde* „Wortschwall" (*word*), vgl. lat. *con-vīcium* „Geschrei" (*vōx*), *con-finium* „Grenzstreifen" (*fines*).

-*ja*- als Kompositionssuffix kommt auch in anderen Praefixbildungen vor, etwa in got. *anda-nahti* „Abend" (*nahts*), *at-aþni* „Jahr" (*aþn*), *faura-filli* „Vorhaut" (*fill*), ahd. *ab-grunti* „Abgrund" (*grunt*). Vgl. lat. *prō-verbium*, *pō-mērium*.

§ 55. Neben den häufigeren Determinativkomposita spielen auch die Bahuvrīhis eine Rolle, die einen alterebten Typ darstellen; vgl. gr. ἔν-θεος „gottvoll" (= „der Gott in sich hat, in welchem Gott ist"), lat. *prae-ceps* „den Kopf voran habend", ai. *abhí-vīra-* „von Helden umgeben", ai. *a-pád-* = gr. ἄ-πους „fußlos". Im Germ. werden Bahuvrīhis vor allem mit *ga*-, *ab*- und *uz*- gebildet: got. *ga-guds* „fromm" (= „mit welchem Gott ist", vgl. gr. ἔν-θεος), Gegensatz *af-guds* „gottlos"; ahd. *gi-herz* „beherzt", *gi-fahs* = ae. *ge-feax* „behaart", got. *ga-skōhs* = mhd. *ge-schuoch* „beschuht"; got. *af-haims* „nicht zu Hause", *us-wēna* = ae. *or-wēna* „ohne Hoffnung", ahd. *ur-sorg* = ae. *or-sorg* „ohne Sorge"; got. *in-ahs* „verständig" (*aha* „Verstand"), *in-kilþō* f. Adj. „schwanger" (*kilþei* „Mutterleib").

Substantivische Bahuvrīhis sind got. *us-liþa* „Gichtbrüchiger" (= „dessen Glieder außer Gebrauch sind"), mhd. *ur-liuge* „Krieg" (= „Gesetzlosigkeit"), vor allem die persönlichen Genossenschaftswörter mit *ga*- wie as. *gi-sīđ*, ahd. *gi-nōz* (§ 38) und (erweitert mit substantivier. Suffix -*an*- bzw. -*jan*-) got. *ga-hlaiba* „Genosse" (= „der das Brot mit jem. gemeinsam hat"), *ga-razna* = an. *granni* „Nachbar" (*razn* „Haus"), ahd. *gi-namno* „Namensvetter", *gi-sellio* „Geselle", *gi-verto* „Gefährte".

Wortbildung durch Ableitung

I. Nominale Stammbildung

1. Funktion des Suffixes und Mechanismus der suffixalen Ableitung

§ 56. Neubildungen einfacher Wörter erfolgen, soweit sie nicht auf Urschöpfung beruhen, zumeist durch Ableitung aus vorhandenen Wortstämmen mittels Suffixen. Suffixe sind formantische Elemente ohne selbständige Existenz und Eigenbedeutung, die jedoch in Verbindung mit vorhandenen Wortstämmen neue Wörter von bestimmten formalen und semantischen Eigenschaften zu bilden vermögen. So bildet im Deutschen das Suffix *-in* Feminina zu maskulinen Personenbezeichnungen: *Freund-in*, *Sänger-in*; das Suffix *-er* bildet aus Verben typische Berufsbezeichnungen (*Maler*) oder Bezeichnungen von Personen, für die die durch das Verbum ausgedrückte Tätigkeit charakteristisch ist (*Trinker*); das Suffix *-chen* bildet aus beliebigen Substantiven affektbetonte Verkleinerungsformen: *Häus-chen*, *Kind-chen*, *Hüt-chen*; mit *-sam* werden Adjektiva gebildet, die von charakteristischen Tätigkeiten herrührende menschliche Eigenschaften bezeichnen: *spar-sam*, *streb-sam*, *wach-sam*, mit *-bar* solche, die ein Zugänglichsein gegenüber einer menschlichen Handlung ausdrücken: *fahrbar*, *betretbar*, *gangbar*, *verschließbar*, usw. Suffixe haben also, wenngleich keine semantische Eigenbedeutung, so doch gewissermaßen funktionale Bedeutung: sie sind Abstrakt-, Konkret-, Feminin-, Adjektiv-, Deminutivsuffixe mit mehr oder minder präzis umrissenen Funktionen. Diese Funktionsbedeutung ist dem Suffix jedoch nicht von vornherein gegeben, sondern sie resultiert aus der entsprechenden Interpretation einer oder mehrerer zu einer Gruppe vereinten Bildungen, die als Muster für weitere Bildungen gleicher Art dienen. Die Wortbildung mittels Suffixen ist nämlich ein analogischer Vorgang, der darauf beruht, daß nach vorhandenen Mustern neue Ableitungen gebildet werden, wobei begünstigend wirkt, daß Wörter verwandter Bedeutung und gleicher grammatischer Funktion auch in ihrer Bildung aneinander Anschluß suchen. So löst eine Bildung wie *eß-bar* auf assoziativem Weg ohne weiteres eine parallele Bildung *trink-bar* aus; der analogische Vorgang, der der Neubildung zugrunde liegt, läßt sich durch folgende Proportion veranschaulichen: *essen*: *eßbar* = *trinken*: *x*; *x* = *trinkbar*. Durch das Umsichgreifen einer Bildungsweise in einem bestimmten Bereich entsteht somit allmählich ein lebendiger Bildungstyp mit fest umrissener Suffixfunktion; so dienen heute die Bildungen mit *-bar* ganz allgemein der Beeigenschaftung von Begriffen, die der menschlichen Wirksamkeit zugänglich sind (*durchführbar* = „was man durchführen kann").

Diese lebendige Fähigkeit eines Suffixes zur Prägung typischer Begriffe nennt man seine Produktivität. Ein Suffix ist solange produktiv, als neue Ableitungen damit geschaffen werden; ist dies nicht mehr der Fall, so ist die betreffende Bildungsweise unproduktiv geworden, d. h. es können nur noch bestehende Bildungen weiterverwendet und weitergegeben, aber keine neuen mehr geschaffen werden. So sind die Adjektivabstrakta mit Suffix *-iþō-* im Altgermanischen ein noch durchaus produktiver Typ (vgl. got. *hauhiþa* „Höhe", *diupiþa* = engl. *depth* „Tiefe", ahd. *breitida* = engl. *breadth* „Breite", *strengida* = engl. *strength* „Stärke"), der jedoch spätestens seit dem Mhd. seine Produktivität verloren hat und im Nhd. nur noch in wenigen überkommenen Resten existiert (*Gemeinde*, *Freude*, *Zierde*).

§ 57. Suffixe können primär an eine Wurzel antreten, aber auch sekundär an einen bereits abgeleiteten Stamm. Im ersten Fall liegt primäre, im zweiten Fall sekundäre Ableitung vor. So ist z. B. ahd. *maht* eine primäre Bildung, weil sie direkt von der Verbalwurzel *mag-* (*magan* „vermögen") abgeleitet ist, während andererseits ahd. *mahtīg* „mächtig" auf *maht* basiert, somit eine sekundäre Ableitung darstellt. In gleicher Weise zwischen primären und sekundären *Suffixen* zu unterscheiden, hat indes wenig Sinn, da viele gängige Suffixe sowohl primäre als auch sekundäre Ableitungen bilden.

Ableitungen, denen ein Nomen zugrunde liegt, nennt man

auch *denominal* oder *denominativ*, solche, denen ein Verbum zugrunde liegt, *deverbal* oder *deverbativ*.

§ 58. Ein Wort besteht somit gewöhnlich aus drei Teilen: 1. der *Ableitungsgrundlage*, die entweder (bei primärer Ableitung) von der Wurzel oder (bei sekundärer Ableitung) von dem sogenannten Grundwort der Ableitung gebildet wird; 2. dem *ableitenden Element* (Suffix) und 3. dem *flexivischen Element* (Flexionsendung). In der Verbalbildung spielen auch sogenannte Infixe eine Rolle, vgl. das Infix *-n-* in lat. *li-n-qu-ō* gegenüber Perf. *līqu-ī*, got. *sta-n-d-an* „stehen" gegenüber Praet. *stōþ*.

Den vor dem flexivischen Element befindlichen Komplex heißt man den Wortstamm (vgl. auch II § 2).

Im Indogerm. konnten Wortformen in gewissen Fällen auch ohne Flexionsendung gebildet werden, so z. B. der Nom. Sg. gewisser Stammklassen (*ā*-, *n*-, *s*-, *r*-Stämme), der Vokativ und beim Verbum der Imperativ. So besteht z. B. ahd. *fater* usw. im Nom. Sg. nur aus Wurzel + Suffix *-ter-* (in ursprünglich dehnstufiger Form): idg. **pə-tēr* (vgl. gr. πα-τήρ). Ebenso, sogar sehr häufig, konnten Wörter auch ohne ableitendes Suffix gebildet sein, vgl. lat. *rēx*, *dux*, *vōx*, gr. φώρ „Dieb" (Wz. **bher-* „tragen"). Solche Wörter, deren Stamm somit gleich der Wurzel war, nennt man Wurzelwörter (Wurzelnomina, -verba). Das Germanische kennt sie nur noch in Resten, etwa in ae. *fōt* „Fuß" (gr. πώς, Gen. ποδ-ός) oder *mūs* „Maus" (= lat. *mūs*, *mūr-is*).

Wurzeln sind somit im Grunde nichts anderes als *Wörter einer weit zurückliegenden Sprachepoche*, wenngleich in fortgeschritteneren Stadien der Sprachentwicklung sie nicht viel mehr sind als eine Abstraktion, der formale und semantische Kern, der einer Reihe etymologisch verwandter Wörter gemeinsam ist. Als ehemalige Wörter oder Wortformen zeigen jedoch auch Wurzeln noch vielfach die Spuren von Wortbildungsprozessen. Es gibt einfache und erweiterte Wurzeln. So zeigen gegenüber lat. *valēre* „stark sein, gelten" (Wz. **u̯al-*) die germ., balt. und slaw.

Verwandten got. *waldan*, lit. *valdýti*, abg. *vladǫ*, *vlasti* „herrschen" eine mit *-dh-* erweiterte Wz. **u̯al-dh-*. Solche Erweiterungen, eigentliche Suffixe, deren Funktion nicht mehr nachweisbar ist und die darum zur Wurzel gerechnet werden, nennt man Wurzelerweiterungen oder Determinative. Vielfach bildet die Wurzel mit ihrer Erweiterung eine einheitliche Ablautbasis; so ist **ĝnō-* (in got. *knō-þ-s* „Geschlecht") Wurzelform einer Basis **ĝenē-*, die ihrerseits eine Erweiterung von **ĝen-* ist (in ahd. *kind* < **ĝen-to-m*, got. *kuni* „Geschlecht < **ĝn̥-i̯o-m*).

§ 59. Der Ursprung der Suffixe liegt weitgehend im Dunkeln. Einige Suffixe sind erst im Germ. aus zweiten Kompositionsgliedern, deren Eigenbedeutung verblaßt war, erwachsen, so ahd. *-bāri*, nhd. *-bar* (§ 14), ahd. *-heit* in *man-heit*, *kind-heit*, das noch als selbständiges Wort in der Bedeutung „Stand, Charakter" erhalten ist, oder germ. *-līka-* (nhd. *-lich* in *weib-lich*, *männ-lich*), das identisch ist mit got. *leik* „Körper" und somit ursprünglich Bahuvrīhi-Adjektiva mit dem Sinn „die Gestalt von etwas habend" bildete. Auch im Idg. können Suffixe auf diese Weise entstanden sein; sicher nachweisen läßt sich dies jedoch in keinem Fall. Die meisten Suffixe des Germ. sind als solche aus dem Idg. ererbt, und ihr oft nur geringer Körper (idg. *-o-*, *-ā-*, *-u-*, *-i-*; *-n-*, *-no-*, *-ni-*; *-t-*, *-to-*, *-ti-* usw.) läßt es wenig wahrscheinlich erscheinen, daß hier ehemalige Wörter zugrunde liegen. Eher darf man an deiktische Partikeln denken, wie sie auch im Aufbau der Pronomina eine Rolle spielen. Es treten nämlich im Idg. als Suffixe vielfach solche Lautgebilde auf, die auch als Pronominalstämme fungieren; so ist etwa *i̯o* Suffix und Pronominalstamm „welcher", *to* Suffix und Pronominalstamm „dieser", usw.

Neue Suffixe entstehen zumeist durch Kombination oder Erweiterung bestehender Suffixe. So werden konsonantische Suffixe vokalisch erweitert, etwa *-n-* zu *-no-*, *-k-* zu *-ko-*, vokalisch endende Suffixe dagegen häufig mittels *-n-*; *-s-* und *-lo-* verbinden sich zu *-slo-*, ein *n-* und ein *k*-Suffix zu dem Kombinat *-enko-* (germ. *-inga-*). Solche Suffixkombinationen entstehen meist durch falsche Abtrennung. So ist das Verbalsuffix *-inōn* in got. *skalk-inōn* „dienen“ aus Bildungen wie *fraujin-ōn* „herrschen“ abstrahiert, wo *-ōn* an ein *n*-stämmiges Grundwort angefügt war. Auf falscher Abtrennung beruht auch das Suffix nhd. *-keit* in *Tapferkeit*, das seinen Ausgangspunkt in Bildungen wie mhd. *ēwic-heit* hat.

Ein komplexes Suffix kann auch entstehen, wenn eine Ableitung auf eine ihrem Grundwort vorausliegende Bildung bezogen, somit eine Zwischenstufe der Ableitung übersprungen wird. *Bäckerei*, *Brauerei*, *Färberei* sind Ableitungen von *Bäcker*, *Brauer*, *Färber*, konnten aber auf die diesen Bildungen zugrunde liegenden Verba *backen*, *brauen*, *färben* bezogen werden, was zur Ablösung eines Suffixes *-erei* führte (in *Malerei*, *Hehlerei*, *Rauferei*, *Tanzerei* u. dgl.). Ahd. *redin-āri* „Redner“ ist von *redina* „Rede“ abgeleitet, wurde aber im Mhd. auf das Verbum *reden* bezogen, so daß danach an Stelle der älteren Bildungen ahd. *scaff-āri*, mhd. *bild-œre* zu *schaffen* ein *schaff-enœre* (nhd. *Schaffner*), zu *bilden* ein *bild-enœre* (nhd. *Bildner*) treten konnte.

Ganz geläufig ist, daß der Stammvokal des Grundwortes zum ableitenden Suffix gezogen wird. So wird im Sprachbewußtsein got. *hauhiþa* „Höhe“ nicht mehr korrekt als *hauhi-þa* (d. h. mit idg. Suffix *-tā-*, vgl. ai. *nagná-tā-* „Nacktheit“ zu *nagná-*) interpretiert, sondern die Suffixtrennung wird vor dem Stammvokal des Grundworts (= idg. *-e-*, ablautend mit *-o-*) vollzogen, so daß auf diese Weise ein Suffix mit Bindevokal abgelöst wird, das nun auch an Konsonantstämme antreten kann: got. *weitwōd-iþa* „Zeugnis“ zu *weitwōþs* (kons. St.) „Zeuge“. Beim Antritt an vokalische Stämme drängen solche bindevokalischen Suffixe den Stammvokal aus, d. h. die Wortbildungsgrenze liegt im Sprachgefühl hinter dem letzten Konsonanten des Grundwortes. So lautet zum *u*-

Stamm got. *tulgu-s* „fest" das Abstraktum *tulg-iþa* (vgl. dagegen die ältere, korrekte Bildungsweise in ai. *vasú-tā-*, Abstraktum von *vásu-* „gut").

Daß der Stammcharakter des Grundwortes auch im Germ. ursprünglich berücksichtigt wurde, zeigen zahlreiche „korrekte" Bildungen, wie etwa die got. Verbalabstrakta mit Suffix *-ni-*, das je nach dem Stammauslaut der zugrunde liegenden schwachen Verba als *-aini-*, *-eini-* (= *īni-*) oder *-ōni-* erscheint, so *þahai-n-s* „das Schweigen" zu *þahan*, St. *þahai-*, *laisei-n-s* „Lehre" zu *laisjan*, St. *laisi-*, *mitō-n-s* „das Denken" zu *mitō-n*, oder bei Bildungen mit Suffix *-na-* (idg. *-no-*) got. *þiuda-n-s*, as. *thioda-n* „König" (<**teuto-no-s*) mit für den *ā*-Stamm des Grundwortes (got. *þiuda* < **teutā*) regulär eingetretenem praesuffixalen *o* gegenüber praesuffixalem *i* in ae. *dryhten*, as. *drohtin*, ahd. *truhtin* „Gefolgsherr", dem der *i*-Stamm germ. **druhti-* (ae. *dryht*) zugrunde liegt. Das Suffix *-aga-* ist bei *o*-Stämmen, *-ĭga-* dagegen bei *i*-Stämmen ursprünglich, vgl. got. *mōdags* „zornig" zum *a*-Stamm *mōþ-s*, *mahteigs*, ahd. *mahtīg* zum *i*-St. *maht-s*, so daß an sich *mōda-g-s*, *mahtī-g* zu analysieren ist. Im letzteren Fall liegt Dehnung des *i*-Stammes in der Wortbildungsfuge vor, eine Erscheinung, die außerhalb des Germ. nicht selten ist, vgl. lat. *antīcus* „der Vordere" zu *ante* < **anti*, ai. *yāṣṭīká-* „mit einer Keule bewaffnet" zu *yaṣṭi-* „Keule". Auch das Suffix *-īna-* (idg. *-īno-*) ist auf diese Weise (durch Anfügung von *-no-* an ein *i*-stämmiges Vorderstück mit gleichzeitiger Vokaldehnung) entstanden (vgl. § 95).

§ 60. Eine Folge der Loslösung bindevokalischer Suffixe von verschiedenen vokalischen Stämmen ist die Entstehung von Suffixvarianten mit verschiedenem Bindevokal. Diese Vokalvarianten wurden trotz ihres verschiedenen Ursprungs als korrelat empfunden, da sie dem wurzelhaften Ablaut *a/i/u* (in *ul* < *l̥* usw.) gleichen. Man spricht daher von „Suffixablaut". Beispiele sind *-ala-*, *-ila-*, *-ula-* (§ 87.2) oder *-ana-*,

-ina-, *-una-*, belegbar in dem Gottesnamen as. *Wōdan* (< **Wōđana-*) neben ae. **Wǣden*, **Wēden* (< **Wōđina-*) in engl. *Wednes-day* und mnorw. *Óđon* (<**Wōđuna-*, vgl. den *u*-St. in an. GN *Óđr*, urnord. *wōđu-rīđē*). Die anfangs selteneren *u*-Varianten haben sich vor allem auf analogischem Wege vermehrt, indem beispielsweise zu *-ala-*, *-ila-* nach dem Muster des Wurzelablauts auch *-ula-* hinzutrat.

Auf dem Ablaut des darin verbauten *n*-Stammes beruht die Suffixvariation *-inga-/-unga-* (< idg. *-enko-/-n̥ko-*).

§ 61. Auch das praesuffixale Element zeigt sehr häufig Ablaut als Begleiterscheinung der Wortbildung, und zwar vornehmlich bei primären Bildungen, die von Hause aus oft eine Wurzelform verlangen, die von der des Infinitiv- oder Praesensstammes verschieden ist, so daß sie mit diesem in Ablaut stehen. So stehen etwa nhd. *Bund*, *Band* in Ablaut zu *binden*, sind jedoch von der gleichen Wurzelform abgeleitet, die im Praet. *band* bzw. im Part. Perf. Pass. *ge-bund-en* zum Vorschein tritt. In gleicher Weise verhalten sich *Trunk*, *Trank* zu *trinken*, *Rauch*, mhd. *ruch* „Geruch" zu *riechen*, ahd. *boug* „Ring" zu *biogan* „biegen", *steig* „Steg" zu *stīgan*, *kuri* „Kür" zu *kiosan*, *bāra* „Bahre" zu *beran*, *fluh-t* zu *fliohan* bzw. zu den anderen Stämmen dieser Verba. Aus anderen Sprachen vgl. das Verhältnis von lat. *tego*: *toga*, gr. φεύγ-ειν „auf der Flucht sein": φυγ-ή „Flucht" (Wurzelform wie Aorist φυγ-εῖν „entfliehen"), ai. *bhár-a-ti* „trägt": *bhr̥-tí-* „Tragen, Unterhalt" (= ahd. *gi-burt*). Bei gleichem Suffix weisen verschiedene Ablautformen (wenigstens ursprünglich) auf verschiedene Funktion oder Bedeutung: *Trunk* ist der Vollzug, *Trank* der Gegenstand des Trinkens. Infolge des Schwundes vokalischer Suffixe in den germ. Sprachen bleibt in den so gebildeten Wörtern nur der Ablaut als Wortbildungsmittel bewußt.

Auch in sekundären Bildungen kann gegenüber dem Grundwort Ablaut auftreten. Bei den wenigen, sämtlich altertümlichen

Bildungen dieser Art ist stets die Ableitung durch Dehnstufe charakterisiert, bei einigen ist sie sogar das einzige Ableitungsmerkmal, so daß man hier von „innerer Ableitung" sprechen kann. Die Bildungsweise, die nur im Ai. eine größere Produktivität erlangt hat, nennt man nach dem ai. Terminus für Dehnstufe *Vṛddhi*-Bildung; die einzelnen Bildungen haben entweder Zugehörigkeits- oder Kollektivbedeutung. Beispiele aus dem Ai. sind *brāhmaṇ-á-* „Brahmane" zu *bráhmaṇ-* „das Brahman", *pārśv-á-* „Rippengegend" zu *párśu-* „Rippe", *śvāśurá-* „zum Schwiegervater gehörig" zu *śváśura-* „Schwiegervater". Die letztere Doppelheit hat eine genaue Entsprechung im Germanischen: zu ahd. *swehur* „Schwiegervater" (= ai. *śváśura-*) gehört als Ableitung ahd. *swāgur* „Schwager" (d. h. „zum Schwiegervater gehörig", „Sohn des Schwiegervaters" = ai. *śvāśurá-*); sie ist somit schon idg. (**su̯éḱuro-s*: **su̯ēḱuró-s*). Weiter gehören hierher aus dem Germ. mhd. *buost* (germ. **bōsta-*) „Strick aus Bast" (germ. **basta-*), ahd. *muor* „Gewässer, Meer", ae. *mōr*, an. *mǫrr* „Sumpfland" zu ahd. *mari*, as. *meri* „Meer" (**mori-*: *mōri-*), ahd. *huon* „Huhn", an. *hǿna* „Henne" zu ahd. *hana* „Hahn", mhd. *gruose* Kollekt. zu *gras* „Gras", an. *kváđa* „Harz" (germ. **kʷēþu̯-ōn-*) zu ae. *cwidu* „dass." (germ. **kʷeđu-* = ai. *jatu-* „Gummi" < idg. **gʷetú-*). Vgl. ferner § 24 zu got. *fidur-dōgs* usw.

§ 62. Ein anderes Begleitmerkmal der Ableitung ist der ehemals oft vom Grundwort verschiedene Akzent, der sich im Germ. noch durch grammatische Wechselformen zu erkennen gibt; vgl. etwa ahd. *fang* gegenüber *fāhan*, *hang* gegenüber *hāhan*, *wurt* „Schicksal" zu *werdan*, *quiti* „Rede" zu *quedan*, *kuri* „Wahl" zu *kiosan* sowie das Verhältnis von ahd *swāgur* zu *swehur* (§ 61).

Eine Folge des im Idg. vielfach innerhalb derselben Bildungsweise wechselnden Akzentes ist auch, daß viele Suffixe mit idg. *k* und *t* als charakteristischen Konsonanten im Germanischen grammatische Wechselformen zeigen; d. h. idg. *-ti-* erscheint im Germ. als *-þi-* und *-đi-*, *-ko-* als *-ha-* und *-ga-*, usw. Die Wechselformen geben jedoch nur bedingt Aufschluß über den ehemaligen Akzentsitz, da in größerem Umfang mit analogischen Ausgleichserscheinungen gerechnet werden muß. Auch Dissimilationserscheinungen sind zu beobachten; so kann eine stimmlose Spirans in der Wurzelsilbe eine stimmhafte im Suffix bewirken, vgl. got. *auþida* „Öde" gegenüber *-iþa* in *mildiþa* „Milde".

2. Semantische Typen der nominalen Stammbildung

§ 63. Nach Funktion und Bedeutung fallen die suffixalen Wortbildungen meist in bestimmte Kategorien. Man kann zunächst ganz allgemein unterscheiden zwischen *Bildungen, die Personen und Lebewesen bezeichnen* (Personalia), solchen, *die konkrete Dinge bezeichnen* (Konkreta) und solchen, *die Abstraktes bezeichnen* (Abstrakta). Im einzelnen ergeben sich jedoch bestimmte Gruppen, von denen die wichtigsten im folgenden genannt sind.

Wichtig im Bereich der primären Bildungen ist die Unterscheidung von Nomina agentis und Nomina actionis. Dies sind primäre Bildungen von Verbalwurzeln oder Verbalstämmen, die den Täter einer Handlung bzw. die Handlung selbst (ihren Verlauf oder Vollzug) als abstrakten Nominalbegriff bezeichnen. Die Nomina actionis heißen daher auch Abstrakta, speziell Verbalabstrakta (zum Unterschied von den Adjektivabstrakta wie *Güte*, die auf Eigenschaftsbegriffen beruhen und außerdem sekundäre Bildungen sind). Geläufige Suffixe für Nomina agentis sind *-an-* und *-jan-* (§§ 91, 92), vgl. ahd. *ezz-o* „Esser", *fer-io* „Fährmann" (zu *fer-ien*, got. *far-jan* „hinübersetzen"); wichtige Suffixe für Nomina actionis sind idg. *-tu-*, *-ti-* und *-ni-* (§§ 123ff.; 98): got. *kus-tu-s* „Prüfung" (*kiusan*), ae. *cwyl-d* „Mord" (*cwelan* „töten"), got. *frijō-n-s* „Liebe". Es kommt jedoch auch vor, daß dasselbe Suffix sowohl Nomina agentis als auch Nomina actionis bildet, so im Germ. das Suffix *-tu-* (vgl. got. *hlif-tu-s* „Dieb" zu *hlifan* „stehlen") oder im Idg. das Suffix *-o-* (vgl. gr. φορ-ό-ς „tragend, darbringend", φόρ-ο-ς „das

Dargebrachte, Abgabe"), wo allerdings die Funktion durch den Akzent unterschieden wurde. Vielfach gehen Nomina actionis durch Bedeutungswandel in Konkretbezeichnungen über (vgl. etwa an. usw. *set*, ahd. *sez* „das Sitzen, Sitz" > „Sessel, Wohnsitz, Gesäß" u. dgl.). Bezeichnungen konkreter Dinge treten andererseits oft als Nomina agentis auf, wenn sie selbsttätig oder instrumental wirksam sind (nhd. *Zeiger*, *Bohrer*, *Träger*).

§ 64. Eine andere, besonders bei sekundären Ableitungen nützliche Unterscheidung ist die zwischen *exozentrischer und endozentrischer Suffixfunktion.* Endozentrische Bildungen tragen ihre Bedeutung bereits im Grundwort, das durch das Suffix nur modifiziert wird. Dies ist der Fall bei den Deminutiven, d. h. Verkleinerungsformen, deren wesentliches Merkmal ihre *Gefühlsbetontheit* ist. Ein *Häuschen* ist, bei aller Niedlichkeit, wesensmäßig doch ein *Haus*, got. *magu-la* „Knäblein" wesentlich dasselbe wie *magu-s* „Knabe". Bei exozentrischen Bildungen erzeugt die Verbindung vom Grundwort und Suffix einen *von ersterem verschiedenen Begriff*; die Bedeutung der Ableitung existiert nur in Hinblick auf den wesensmäßig verschiedenen Begriff des Grundwortes. Hierunter fallen alle sekundären Ableitungen, die eine *Zugehörigkeit zu etwas*, ein *Versehensein* oder eine *Verbundenheit mit etwas* ausdrücken oder in denen das Suffix eine allgemeine Relation zu einem anderen Begriff herstellt, im Hinblick auf den die Ableitung ihre Bedeutung erhält; so etwa got. *hairdeis*, ahd. *hirti* (germ. **herđija-*) „der zur Herde (got. *hairda*, germ. **herđō*) Gehörige" = „Hirte", an. *vǫlv-a* (Suffix *-ōn-*) „die mit dem Seherstab (*vǫlr*) Versehene" = „Prophetin", got. *gud-ja*, an. *gođi* „Priester" (= „der mit Gott zu tun hat"), an. *nau-st* „Bootschuppen" (zu *nó-r* „Schiff"), got. *gaitein* „Zicklein" (= „das von der Geiß Abstammende, zu ihr Gehörige"), mhd. *hals-e* „Halsband".

Exozentrische Bildungen werden oft als *Zugehörigkeitsbildungen* bezeichnet. Die Bezeichnung der Zugehörigkeit ist jedoch nur eine Teilfunktion dieser Bildungen. Man kann hierbei wieder mehrere Arten unterscheiden:

Zugehörigkeit eines weiblichen zu einem männlichen Wesen (Feminine Motionsbildungen): ahd. *frouwa* „Herrin" zu *frō*, got. *frauja* „Herr" (Suffix *-ōn-*), got. *frijōnd-i* „Freundin" zu *frijōnd-s* (Suffix *-ī-/-jō-*), ahd. *gut-in* „Göttin" zu *got* (Suffix *-injō-*).

Familienzugehörigkeit, Abstammung von einem Vorfahren oder einem Verwandten: ae. *Scyld-ingas* „die Nachkommen des *Scyld*", *Wonrēd-ing* = *sunu Wonrēdes*, an. *systr-ungr* „Neffe" (= „Schwestersohn"), an. *sifjungr* „Sippengenosse".

Bei *Zugehörigkeit zu einem Kollektivbegriff* kann zwischen *beigeordneter und übergeordneter Zugehörigkeit* unterschieden werden, vornehmlich bei den Bildungen mit Suffix *-na-* (idg. *-no-*), vgl. etwa den VN der *Teuto-ni* = „Angehörige der **teutā*" (got. *þiuda* „Volk") mit der Vorsteherbezeichnung got. *þiuda-n-s* (**teuto-no-s*) „Oberhaupt der *þiuda*" = „König". Überordnend sind auch an. *fylkir* „Heerführer" < **fulk-(i)ja-z* zu *folk* „Kriegsvolk" und *hersir* „Vorsteher des *herađ*", wörtlich „Heerführer", aus **hari-sja-z* zum *i*-St. germ. **hari-* „Heer" (in *Hari-gasti*, vgl. I § 22).

§ 65. Schließlich sind noch als formaler und semantischer Typus die Adjektivbildungen zu erwähnen, die primär oder sekundär sein können. *Primäre* Adjektive, für die idg. *-to-* (§ 118) ein typisches Suffix ist, werden auch Verbaladjektiva genannt, da ihre Bedeutung vielfach partizipial oder aus solcher hervorgegangen ist: got. *salbō-þ-s* „gesalbt", an. *dau-đ-r*, got. *dau-þ-s* „tot", eig. „gestorben" (zu an. *deyja* „sterben"). *Sekundäre* Adjektiva werden häufig mit den Suffixen *-īna-* (§ 95) und idg. *-ko-* (§ 144) gebildet; sie drücken Versehensein, Beschaffenheit u. dgl. aus, vgl. ahd. *hulz-īn* „hölzern", *rost-ag* „rostig".

3. Die formalen Gruppen der Nominalstammbildung

§ 66. Es konnten im Idg. abgesehen von der suffixlosen Bildung von Wurzelnomina praktisch alle Vokale und Konsonanten sowohl selbständig als auch in Kombination als Mittel suffixaler Ableitung dienen. Die Bildung von Wörtern mit einfachen vokalischen Suffixen wie *-o-*, *-ā-*, *-i-*, *-u-* führt dabei zur Ausbildung von Flexionstypen, die als solche weiterhin produktiv bleiben können, auch nachdem die Suffixe selbst ihre Produktivität verloren haben. Im Germanischen verlieren die vokalischen Suffixe sehr bald ihre Produktivität, da sie dem Vokalschwund in Endsilben unterliegen (siehe I § 117ff. „Vokalische Auslautgesetze"). Das Verhältnis von Verbum und (ursprünglich von der Wurzel abgeleitetem) Verbalnomen nach Art von ahd. *ruofan*: *ruof*, *graban*: *grab* bleibt jedoch produktiv und erzeugt auch auf analogischem Wege zu abgeleiteten schwachen Verben solche Verbalnomina, etwa zu *koufōn*, das auf *koufo* „Händler" (< lat. *caupō*) beruht, das Abstraktum *kouf*. Vom einzelsprachlichen Standpunkt machen solche, nur noch durch die Flexion bestimmten Nomina wie etwa ahd. *tranc* vielfach den Eindruck von Wurzelnomina; von sprachhistorischem Standpunkt handelt es sich jedoch um suffixale Bildungen (im genannten Fall mit Suffix germ. *-a-*, idg. *-o-*). Wirklich produktiv bleiben oder werden in den german. Sprachen jedoch nur solche Suffixe, die einen oder mehrere den Lautveränderungen gegenüber widerstandsfähige Konsonanten in sich tragen, so etwa idg. *-lo-*, *-no-*, *-tro-*, *-ko-*, *-enko-*, *-isko-* usw.

A. Bildungen ohne stammbildendes Suffix

§ 67. Die Bildung von Nomina direkt aus der Wurzel ist ein für das frühe Indogermanische charakteristisches Bildungsprinzip, das nur in begrenztem Umfang bis in einzelsprachliche Zeit hinein produktiv geblieben ist, am stärksten im Altindischen. Die in den idg. Einzelsprachen erhaltenen Wurzelnomina sind daher meist altererbte Bildungen oder in sehr frühen Perioden der betreffenden Sprachen entstanden. Vgl. etwa lat. *rēx* = gall. *rīx*, ai. *rāj-* „König“ (Wz. **reĝ-*), lat. *vōx* = ai. *vā́k* „Stimme, Rede“ (Wz. **u̯eqᵘ̯-* in ai. *vák-ti* „spricht“), lat. *nix*, gr. (Akk.) νίφ-α „Schnee“, ai. *snih-* „Feuchtigkeit“ (Wz. **sneigᵘ̯h-* „schneien“), gr. φώρ = lat. *fūr* „Dieb“, ai. *náu-ḥ* = gr. ναῦ-ς „Schiff“, usw.

Das Germanische kannte noch eine größere Anzahl von Wurzelnomina; bezeugt sind mehr als ein halbes Hundert überwiegend oder teilweise konsonantisch (nach II § 20—22) flektierender Wörter, die indes nicht alle ursprüngliche Wurzelnomina sind, da infolge teilweiser Überschneidung in der Flexion auch vokalische Stämme analogisch in die besonders im An. und Ae. noch lebendige konsonantische Flexion überführt werden konnten. Ein solches Beispiel ist an. *rǫng* „Spante“ (= ae. *wrong* „Schiffsbauch“), Nom. Pl. kons. *rengr*, das durch das lapp. Lehnwort *raggo* „Krummholz“ als ursprünglicher vokalischer Stamm (germ. **wrangō-*) erwiesen wird. Im übrigen herrscht jedoch die Tendenz vor, die alten Wurzelnomina in geläufige vokalische Klassen, die Maskulina in die *a-* oder *u-*, die Feminina in die *ō-* oder *i*-Deklination zu überführen.

Beispiele alter Wurzelnomina, die in einer oder mehreren germ. Sprachen noch entsprechende Flexionsformen zeigen, sind:

Maskulina: an. *fótr*, ae. as. *fōt*, ahd. *fuoz* „Fuß“, got. Akk. Sg. *fōtu* < **pōd-m̥*, Pl. *fōtuns* < **pōd-n̥s* mit analog. Nom. Sg. *fōtus* (vgl. ai. *pā́t*, Akk. Sg. *pā́d-am*, Gen. *pad-áḥ*, gr. πώς, ποδ-ός, lat. *pēs*, *ped-is*, idg. **pēd-/pōd-*); ae. as. ahd. *man*, an. *maðr* „Mann“, got. Nom. Pl. *man-s* = an. *menn* (idg. **mon-s*, Pl. **mon-es* neben *u*-St. in ai. *mánu-* „Mensch“, der auch in Suppletivformen wie got. Akk. Sg. *mann-an* steckt, wo *mann-* < **monu̯-*); got. *reiks* „Herrscher“, Nom. Pl. *reik-s* „Vornehme“, entlehnt aus gall. *rīx* (siehe oben).

Feminina: got. *baurgs*, ae. as. ahd. *burg* „Burg, Stadt" (= air. *brí*, Gen. *breg* „Anhöhe", aw. *bərəz-* „hoch, Höhe", idg. **bhṛĝh-*); got. *spaurds* (ae. *spyrd*, ahd. *spurt*) „Rennbahn, Stadion" (vgl. ai. *spṛ́dh-* „Wettkampf"); an. *dyrr* Nom. Pl. „Tür" = ahd. *turi* (alter Nom. Pl. **dhur-es*), ae. *duru* (alter Akk. Pl. **dhur-n̥s*), vgl. ai. Nom. Pl. *dvā́r-aḥ*, Akk. Pl. *dur-áḥ*, lat. *for-ēs* (idg. **dhu̯er-/dhu̯or-/dhur-*); idg. **gʷōu-s*, Akk. Sg. **gʷō-m* „Rind": as. *kō*, ahd. *chuo*, ae. *cū*, an. *kýr* „Kuh"; an. *gás*, ae. *gōs* „Gans" (vgl. gr. χήν, χην-ός, idg. **ghan-s*); ae. usw. *mūs* „Maus" (vgl. lat. *mūs*, ai. *mūṣ-* „Maus", urspr. Bed. „Stehlerin", zu ai. *muṣ-ṇā́-ti* „stiehlt"); ae. *lūs* „Laus" (idg. **lūs*); got. *gaits*, ae. *gāt*, as. *gēt*, an. *geit* „Geiß" (idg. Kons.-St. **ghaid-* neben *o*-St. in lat. *haedus*); an. *bók* „Buche", ae. *bōc*, as. *bōk* „Buch" (lat. *fāgus*, gr. φηγός *o*-St.); an. *eik*, ae. *āc*, as. *ēk* „Eiche"; an. *mǫrk* „Wald", eig. „Grenzland, Mark" (vgl. kelt. **mrog-* in gall. *Allo-brox*, *-brog-es*); ferner noch ae. *furh* „Furche", *sulh* „Pflug", *turf* „Rasen", an. *rót* „Wurzel" (lat. *rād-īx*) und andere. Dem Zeugnis der anderen Sprachen nach sind ursprüngliche Wurzelnomina auch ahd. *sū* „Sau" (lat. *sūs*), ae. *brū* „Augenbraue" (ai. *bhrū́-ḥ*), ae. *nosu*, ahd. *nasa* „Nase" (urspr. Dual „die beiden Nasenlöcher", vgl. ai. Du. *nā́s-ā*), an. *nór* „Schiff" (ai. *náu-ḥ*, gr. ναῦ-ς). Zu got. *nahts* usw. „Nacht" vgl. § 116.

Bedeutungsmäßig handelt es sich bei diesen Wörtern meist um elementare Begriffe der allgemein-menschlichen Sphäre (Körperteile u. dgl.) oder solche, die für eine in naturgebundenen Wirtschaftsformen lebende Gesellschaft wichtig sind (Tier- und Pflanzenbezeichnungen).

B. Bildungen mit vokalischen oder halbvokalischen Suffixen.

§ 68. Suffix *-a-* (idg. *-o-*)

Das Suffix bildet seit idg. Zeit Nomina agentis und Nomina actionis direkt aus Verbalwurzeln, wobei alle Ablautstufen vertreten sein können. Altertümlich vom idg. Standpunkt ist dabei die Bildung mit *o*-Abtönung der Wurzel nach Art von gr. φορ-ό-ς „tragend", φόρ-ο-ς „Beitrag" (Wz. **bher-* in φέρ-ειν), γόν-ο-ς „Geburt, Kind", -γον-ό-ς „erzeugend" (Wz. *$\hat{g}$en-). Sekundäre Ableitungen sind seltener.

1. Persönliche Nomina agentis sind im Germ. nicht sehr häufig, doch sind nicht wenige Tierbezeichnungen oder sonstige Konkretbegriffe aus ursprünglichen Nomina agentis erwachsen.

Bildungen mit *o*-Abtönung: got. *wraks* „Verfolger" (= abg. *vragъ* „Feind"), zu *wrikan* „verfolgen"; an. *vargr*, ahd. *warg* „Verbrecher; Wolf" („Würger", zu mhd. *er-wergen*, st. V.); an. *þrapr* „Schwätzer" (engl. *threap* „streiten, zanken"); an. *draugr*, ae. *drēag* „Gespenst" („trügend", vgl. awest. *draoga-* „lügnerisch", zu ahd. *triogan*); an. *svanr*, ae. ahd. *swan* „Schwan" („Sänger, Töner", zu ai. *svánati* „tönt", Wz. *su̯en-); mit *e*-Stufe: an. *svelgr*, mhd. *swelch* „Schlinger, Fresser" (ahd. *swelhan*); an. *bjóðr* „Geber, Spender" (*bjóða*), *þrjótr* „einer, der seine Pflichten nicht erfüllt" (*þrjóta* „im Stich lassen"), *þjótr* „Wind" („Brauser", zu *þjóta* „blasen, pfeifen"); mit dem Vokal des Praesensstammes ae. *hæg-steald*, urnord. PN *Hagu-staldaR* (*stealdan*, got. *ga-staldan* „erwerben"), an. *valdr* „Lenker" (*valda*), u. a. Länger erhalten sich die Nomina agentis als zweite Kompositionsglieder, bes. im An., vgl. an. *hring-brjótr* „Ringbrecher" (*brjóta*), *fjǫl-verkr* „Riese" (= „Vieles bewirkend", = gr. πολύεργος), *folk-valdr* u. a.

Auch einige Neutra, die konkrete Dinge bezeichnen, hatten ursprünglich den Sinn von Nomina agentis:

an. *lið*, ae. *lid* „Schiff" (*līðan* „reisen"); an. ae. *flot* „Meer, Flut" („das Fließende"); an. *þak*, ae. *þæc*, ahd. *dach* („das Deckende", Wz. *teg- in lat. *tegere*); an. as. *band*, ahd. *bant* („das Bindende"); ahd. *hlit* „Deckel, Lid" (as. *hlīdan* „decken"); got. *juk*, ahd. *joh* (= lat. *iugum*) „Joch" („das Verbindende", Wz. *i̯eug- in lat. *iu-n-g-ere*).

2. Sehr häufig dagegen sind die Nomina actionis. Sie können praktisch zu jedem starken Verbum, oft in mehreren Ablautstufen, gebildet werden und treten analogisch auch zu den schwachen Verben. Das Westgerm. bevorzugt dabei Maskulina, im Got. und Nordgerm. sind Neutra häufiger.

Maskulina: Mit *o*-Vokalismus: got. *snaiws*, an. *snǽr*, ae. *snāw*, ahd. *snēo* (= abg. *sněgъ*) „Schnee" (zu ahd. *snīwan* „schneien", Wz. **sneigʷh-*); ahd. *steig* „das Steigen; Pfad" (= gr. στοῖχος „Reihe", zu *stīgan* „steigen", gr. στείχ-ειν); ahd. *rouh* „Rauch" (*riohhan* „dampfen, rauchen"); an. *sǫngr*, ae. as. ahd. *sang* „Gesang" (*singan*); as. *drank*, ahd. *trank* „Trank" (*drinkan*); mit *e*-Vokalismus: got. *wigs*, an. *vegr*, ae. as. ahd. *weg* (got. *ga-wigan* „bewegen", ahd. *wegan*, lat. *veh-ere*); ae. *strīd*, ahd. *strīt* (*strītan*); an. *stígr*, ae. ahd. *stīg* (*stīgan*; Bed. wie *steig*); an. *ljóðr*, as. *liud*, ahd. *liut* (= abg. *ljudъ*) „Volk" (got. *liudan* „wachsen"); ae. *swing*, mhd. *swinc* „Schwingen, Schwung"; schwundstufig got. *hunþs* „Fang" (*fra-hinþan* „gefangennehmen"); ae. *drunc*, ahd. *trunc* „Trinken, Trunk"; got. *krusts* „Knirschen" (*kriustan*); ahd. *snit* „Schnitt" (*snīdan*), *steg* „Steg" (*stīgan*); mit langem Vokal wie im zugeordneten Verbum: got. *slēps*, as. *slāp*, ahd. *slāf* „Schlaf" (got. *slēpan*); got. *grēts*, an. *grátr* „Weinen" (*grētan*); got. *hrōps*, ae. *hrōp*, ahd. *ruof* „Ruf" (ae. *hrōpan*).

Neutra: Mit *o*-Vokalismus: an. as. *lag*, ae. *læg*, ahd. *lac* „Ordnung, Gesetz" (got. *ligan* „liegen", *lagjan* „legen"); got. *dragk* „Trank"; an. *brak* „Brechen", ae. *bræc*, as. *gi-brak* „Gedränge" (as. *brekan*); an. *rak* „das Rechen" (got. *rikan* „aufhäufen"); mit *e*-Stufe: an. *verk*, ae. *weorc*, as. ahd. *werk* (= gr. ἔργον); got. *gild*, an. *gjald*, ae. *gield*, as. *geld*, ahd. *gelt* „Steuer, Abgabe, Opfer" (as. *geldan*); ae. *bīd*, mhd. *bīt* „Warten, Verzug" (*bīdan*); got. *ga-liug* „Lüge" (*liugan*); mit Dehnstufe: an. *dráp* „Totschlag" (*drepa*), *nám* „Wissen" (*nema* „erfassen"); an. *māt* „Abschätzung", mhd. *māz* „Maß", got. *us-mēt* „Lebenswandel" (got. *us-mitan* „sich verhalten", ahd. *mezzan* „messen"); schwundstufig an. *boð*, as. *gi-bod* „Gebot" (*biodan*); an. ae. as. *lof*, ahd. *lob* „Lob" (Wz. **leubh-* in ahd. *liob* „lieb", vgl. auch an. *lofa*, ahd. *lobōn* „loben"); ahd. *rod* „gerodetes Land" (mhd. *rie'en*); an. *bið* „Warten" (*bíða*); got. *bi-stugq* „Anstoß" (*stigqan*); mit anderem Vokalismus an. *hór*, ahd. *huor* „Hurerei" (vgl. Nom. agent. got. *hōrs*, an. *hórr* „Hurer"; zu air. *caraid* „liebt", lat. *cārus*); an. *vað*, ae. *wæd*, ahd. *wat* (= lat. *vadum*) „Furt" (zu an. *vaða* „waten", lat. *vādere*); an. *far*, ae. *fær*, ahd. *far* „Gehen, Fahren" (*faran*); usw.

3. Mit *-o-* (Fem. *-ā-*) wurden auch primäre Adjektiva

gebildet, die ihrer Funktion nach adjektivische Nomina agentis sind, wobei der zugrunde liegende Verbalbegriff transitiv oder intransitiv sein kann, oder die passivisch einen Zustand ausdrücken, der aus dem Vollzug der Verbalhandlung resultiert. Vgl. ai. *ghaná-* „erschlagend", gr. πατρο-φόνος „den Vater mordend" (trans.), ai. *plavá-* „schwimmend" (intrans.), an. *tamr*, ahd. *zam* „zahm" (pass.) < „gebändigt, gezähmt", vgl. npers. *dām* „gezähmtes Tier", air. *dam* „Rind".

Die Bildungsweise ist im Germanischen jedoch nicht mehr sehr produktiv. Beispiele sind:

got. *siuks*, ae. *sēoc*, as. *siok* „siech" (*siukan*); got. *liufs*, ahd. *liob* usw. (= abg. *ljubъ*) „lieb" (Wz. **leubh-* „lieben"); an. *bjúgr* „gebückt" (got. *biugan* „biegen"); ahd. *ger* „begehrend"; an. *vígr* „kampftüchtig" (got. *weihan* „kämpfen"), *greipr* „räuberisch" (*grípa*); ahd. *gelph* „lustig, übermütig" (mhd. *gelphen* „prahlen"; vgl. ai. *pra-galbhá-* „mutig, entschlossen"); got. *lats*, an. *latr* usw. „träge" (*lētan* „lassen); ahd. *slaf* „schlaff" (abg. *slabъ* „schwach"; zu got. *slēpan* „schlafen"); got. *frōþs*, ae. *frōd* „klug" (*fraþjan* „verstehen"); usw.

4. Das Suffix diente vielfach zur Erweiterung von Wurzelnomina oder anderen Nominalstämmen, ohne daß ein fühlbarer Bedeutungsunterschied damit verbunden gewesen wäre. Einige solche Fälle, sämtlich neutralen Geschlechts, sind:

got. *jēr*, ahd. *jār* < **i̯ēr-o-m*, erweitert aus **i̯ēr-* in awest. *yār-* „Jahr"; ahd. *tor* < **dhur-o-m*, erweitert aus dem Wz.-Nomen **dhur-* (§ 67); got. ahd. *kniu* „Knie" (Stamm germ. **knewa-*) < idg. **ĝneu̯-o-m* zum *u*-St. ai. *jā́nu-*, *jñu-*, gr. γόνυ, γνυ- „Knie"; got. *triu* = abg. *drěvo* „Baum" < idg. **dreu̯-o-m* zu ai. *dā́ru-*, *dru-* „Holz", gr. δρῦ-ς „Baum"; got. *sauil* „Sonne" < **sāu̯el-o-m*, erweitert aus idg. **sāu̯el* (lat. *sōl*).

Von Adverbialformen auf *-i* sind abgeleitet ahd. *andi*, *endi*, an. *enni* n. „Stirn" (**ánti-o-m*) sowie — mit anderem Akzent — got. *andeis*, an. *endir*, as. *endi* „Ende" (**anti-ó-s, -m*), die als substantivierte Adjektiva („vorn befindlich") zu ai. *ánti* „vorn", gr. ἀντί „gegenüber" gehören (vgl. gr. ἀντι-ό-ς „gegenüber befindlich"); ebenso got. *aljis* = lat. *ali-u-s* „anderer" von *ali-* in lat. *ali-quis*.

5. In wenigen ererbten Wörtern dient *-o-* der Bildung von exozentrischen Ableitungen; so in an. *otr*, ae. *otor*, ahd. *ottar* „Otter" (= ai. *udr-á-* „Fischotter", gr. ὕδρ-ο-ς „Wasserschlange") aus idg. **udr-ó-s* („im Wasser befindlich; Wassertier") zu **udōr* „Wasser" in gr. ὕδωρ, umbr. *utur* (ablaut. as. *watar*); frühgerm. (Dat.) *teiwa* „Gott" (I § 22), an. Nom. Pl. *tívar* „Götter" (= alat. *deivos*, ai. *devá-* „Gott") aus idg. **deiu̯-o-* „himmlisch" zu **diu̯-* „Himmel" (ai. Lok. *div-í*, Nom. *dyáu-ḥ*).

An. *fet* „Schritt" (= ai. *pad-á-m* „Schritt, Fußspur", zu gr. πέδον „Boden") kann sekundäre Ableitung vom Wz.-Nomen **ped-* „Fuß" (§ 67) oder Primärbildung zur Verbalwurzel **ped-* „schreiten" (an. *feta*) sein.

§ 69. Suffix *-ō-* (idg. *-ā-*)

Das Suffix dient seit idg. Zeit hauptsächlich zur Bildung von Nomina actionis (Verbalabstrakta), meist aus der *o*-stufigen oder schwundstufigen Wurzel (lat. *teg-ō*: *tog-a*, gr. φεύγ-ω: φυγ-ή, lat. *fug-a*). Weitere Funktionen sind im Idg. die Bildung von Kollektiva, von Adjektivabstrakta, die Bildung des Femininums zu maskulinen *o*-Stämmen (lat. *novus*: *nova*, ai. *náva-*: *návā-*) sowie die Verwendung zur Erweiterung von Wurzelnomina und zur Schaffung von sekundären Ableitungen mit exozentrischer Suffixfunktion. Produktiv bleibt im Germ. nur die Bildung von Verbalabstrakta, während die Bildung des Femininums zu adjektivischen *o*-Stämmen als grammatische Funktion lebendig bleibt (vgl. II § 50).

1. Nomina actionis.

Es sind alle Ablautstufen vertreten; vgl. mit *o*-Stufe (lat. *toga*, gr. φορά „das Tragen"): got. *wraka*, ae. *wracu* „Verfolgung" (*urikan*); ae. *stalu*, ahd. *stala* „Diebstahl" (*stelan*); ae. *waru* „Niederlassung, Wohnort" (**u̯os-ā́*, zu *wesan* „sein, verweilen"); got. *staiga*, ahd. *steiga* „Steige" (*stīgan*); mit Schwundstufe (gr. δίκ-η „Recht" = ai. *diśā-* „Richtung", Wz. **deiḱ-* „zeigen"): got. *wulwa* „Raub" (*wilwan*); ae. *notu* „Nutzen" (*nēotan*); as. *hulpa*, ahd. *hulfa* „Hilfe" (*helpan*); zur *sk̑*-Bildung in ahd. *forscōn* „forschen", ai. *pṛcch-* „fragen" ahd. *forsca* = ai. *pṛcchā* „Frage" (die unerweiterte Wurzel dehnstufig in ahd. *frāga*); mit e-Stufe: ahd. *geba* usw. (II § 10) „Gabe" (*geban*); got. *bida*, as. *beda*, ahd. *beta* „Bitte" (*bidjan*); ahd. *spīha* „Erbrechen, Speichel" (*spīwan*); got. *jiuka*, ae. *gēoc* „Kampf, Streit" (*jiukan* „kämpfen", vgl. ai. *abhi-yuj-* „Angreifer"); an. *bjǫrg*, ahd. *berga* „Schutz, Hilfe" (*bergan*); mit Dehnstufe: an. *sát*, ae. *sǣt*, mhd. *sāze* „Hinterhalt" (vgl. lit. *pa-sė́das* „das Zusammensitzen"); as. ahd. *quāla* „Qual" = lit. *gėlà* „Schmerz" (ahd. *quelan*, lit. *gél-ti* „schmerzen"); an. *náđ* „Schutz", as. *nātha*, ahd. *gi-nāda* „Gnade" (got. *niþan* „unterstützen").

2. Eine kollektive Funktion ist dem Suffix als solchem inhaerent und kommt in zahlreichen primären und sekundären Bildungen zum Ausdruck.

Vgl. etwa ae. *scaru*, ahd. *scara* „Schar", ae. *faru* „der fahrende Zug", ae. *hlōđ*, mhd. *luot* „Diebesbande, Diebesgut", an. *stóđ*, ae. *stōd*, ahd. *stuot* „Pferdeherde", eigentlich „Pferdestand" (woraus durch Individualisierung ahd. *stuota*, nhd. *Stute*), ahd. *sweiga* „(Rinder)herde" (vgl. dagegen apreuß. *sweykis* „Pflugpferd"), mhd. *werre* „Wirren, Aufruhr" u. dgl.

Hierher gehört auch die Verwendung von *-ā-* als Kasussuffix des pluralischen Neutrums (ahd. Pl. *joh* = lat. *iuga*, ai. *yugā́*, siehe II § 5), das im Griech. syntaktisch als Singular fungiert und dessen kollektive Funktion an lat. *loca* „Gelände, Örtlichkeiten" (im Gegensatz zu *locus* „Ort", *locī* „einzelne Stellen") deutlich wird.

3. Die Bildung des Femininums zu maskulinen *o*-Stämmen mittels *-ā-* (lat. *deus*: *dea*, abg. *rabъ* „Knecht" : *raba* „Magd") ist nur beim Adjektivum aus dem Idg. ererbt (lat. *novus*: *nova* = abg. *novъ*: *nova*, ai. *náva-*: *návā-* < idg. **neu̯o-s*: *neu̯ā*), wo sie auch im Germ. ihren Platz hat: got.

blind-s, Fem. *blind-a*. Bei Bezeichnungen lebender Wesen hat sich die *ā*-Motion erst einzelsprachlich ausgebildet (gr. hom. θεός Mask. „Gott", Fem. „Göttin", später Fem. θεά) und reicht nur in Einzelfällen in voreinzelsprachliche Zeit (lat. *equa* „Stute" = ai. *áśvā-*, lit. *ašvà*; jedoch gr. ἵππος Mask. u. Fem.!); im Germ. hat sie sich nicht entwickelt. Soweit Motionsfeminina oder sonstige Bezeichnungen weiblicher Wesen auf *-ā* (germ. *-ō*) vorhanden waren, sind sie in die Klasse der femininen *n*-Stämme (Suffix *-ōn-*) überführt worden: got. *niþjis* „Verwandter", Fem. *niþjō*; got. *hafts*, an. *haptr* = lat. *captus*, Fem. an. *hafta*; ahd. *fridel* „Liebhaber", Fem. *fridila* usw. (vgl. § 91.4); idg. **gʷenā* (abg. *žena*, gr. γυνή) „Frau" > got. *qinō*, an. *kona*; lat. *vidua*, aber got. *widuwō*. Nur zu got. *daura-wards* „Türhüter" existiert neben einem schwachen Femininum (*sō daura-wardō*) auch ein starkes Femininum *daura-warda*, eine Doppelheit, die aus der quasi-adjektivischen Geltung des Nomen agentis in der Komposition (= „die Tür hütend" > „Türhüter") verständlich wird; dazu als an. Entsprechung (und Fem. von *-varðr*) *vǫrð*, poet. Bezeichnung für „Frau".

Auch unbelebte *ā*-Stämme werden im Germ. vielfach in die *ōn*-Klasse überführt, vgl. etwa lat. *lingua* (alat. *dingua*) und got. *tuggō*, ahd. *zunga* „Zunge" (II § 29). Andererseits sind feminine *o*-Stämme des Idg., wie sie im Griech. und auch im Lat. noch vorhanden sind (gr. θεός „Göttin", φηγός „Eiche" = lat. *fāgus* „Buche", lat. *corulus* „Hasel"), im Germanischen in *ā-* (germ. *ō-*) Stämme (und z. T. dann weiter in *ōn*-Stämme) überführt worden; so idg. **snusós* „Schwiegertochter" (gr. νυός) > **snusā́* = ae. *snoru*, ahd. *snur*, nhd. dial. *Schnur* und möglicherweise viele Baumnamen wie ahd. *īwa* „Eibe", an. *bjǫrk*, ae. *beorc* „Birke", ahd. *elira* „Erle" usw. (die z. T. jedoch auch aus Wurzelnomina erweitert sein können, vgl. ae. *bōc*, an. *bók* „Buche" als ursprünglichen Konsonantstamm gegenüber lat. *fāgus*).

Ein maskuliner *ā*-Stamm nach Art von lat. *agri-cola, scriba,* abg. *sluga* „Diener“ liegt möglicherweise noch vor in dem altgerm. PN *Chario-valda* (= „Heerwalter“), der in abg. *voje-voda* „Heerführer“ eine formale und semantische Parallele hat.

4. Nach einem schon idg. Prinzip kann das Femininum eines Adjektivs auch als Abstraktum fungieren:

got. *sunjis* „wahr“ : *sunja* „Wahrheit“, *triggws* „treu“ : *triggwa* „Treue“, *halbs* „halb“ : *halba* „Hälfte“, ahd. *liub* „lieb“ : *liuba* „Liebe“, an. *rór*, ae. *rōw* „ruhig“: ahd. *ruowa* „Ruhe“, ahd. *faro* „farbig“ : *farawa* „Farbe“ (vgl. gr. ξένιος „gastlich“ : ξενία „Gastlichkeit“, lit. *geltas* „gelb“ : *geltà* „Gelbheit“).

5. Sekundärbildungen sind im übrigen selten: ahd. *diuba, diuva*, mhd. *diube* „Diebstahl, gestohlenes Gut“ zu *diob* „Dieb“ (dies wohl zu lit. *tūpti* „sich niederkauern“); ahd. *facha* „Ort, wo eine Fischreuse (*fah*) steht“; ae. *earh*, an. *ǫr* (Gen. *ǫrvar*) „Pfeil“ als germ. **arχ^u-ō* „was zum Bogen gehört“ zu lat. *arcus, -ūs* „Bogen“ (alat. Gen. *arquī*); ahd. *ādara*, mhd. *āder*, ae. *ǣder* „Ader, Sehne“, Pl. „Eingeweide“, als „was zum Herzen führt, damit verbunden ist“, zu gr. ἦτορ „Herz“ (vgl. auch ἦτρ-ο-ν „Bauch“).

§ 70. Suffix *-i-* (idg. *-i-*)

1. Das Suffix, dessen vollstufige Gestalt im Idg. *-ei-* ist und das in der Flexion Ablaut zeigt (got. *wēn-s* „Hoffnung“, Gen. *wēn-ai-s*; vgl. II § 12ff.) bildet im Germ. hauptsächlich Nomina actionis (Verbalabstrakta). Personenbezeichnungen (alte Nomina agentis) sind selten; dazu gehören got. *qēns*, ae. *cwǣn*, as. *quān* „Frau, Gattin“ (= ai. *-jāni-*), as. ahd. *wini*, ae. *wine* „Freund“ (Wz. **u̯en-* „verlangen, lieben“), an. *þulr* „Spruchdichter“ = ae. *þyle* „Spaßmacher“.

Die Nomina actionis sind hauptsächlich Maskulina; das in anderen Sprachen häufigere feminine Genus (vgl. ai. *dṛśí-* „das Sehen“, *dhvaní-* „Ton, Schall“, abg. *vědь* „Wissen“, *rěčь* „Rede“) ist im Germ. nur noch selten vertreten, etwa in got. *wēns* „Hoffnung“, *wrōhs* „Anklage“, ae. *wyrd*, ahd. *wurt* „Schicksal“, ahd. *churi* „Wahl“.

Es überwiegen die Ableitungen von der Schwundstufe der Wurzel (vgl. ai. *dr̥śí-*) : ae. *lyge*, ahd. *lug* (= russ. *ložь*) „Lug" (*liogan*); an. *flugr*, ahd. *flugi-*, got. *þlauhs* „Flucht" (ahd. *fliohan*, got. *þliuhan*)[1]); as. *biti*, ahd. *biz* „Biß" (*bītan*); got. *qums*, ae. *cyme*, as. *kumi*, ahd. *chumi* „Ankunft"; got. *muns* „Gedanke", an. *munr*, ae. *myne* „Sinn" (Wz. **men-*, got. *man* „ich meine"); ae. *lyre* „Verlust" (*for-lēosan*); usw. *o*-Stufe (vgl. abg. *konь* „Anfang", Wz. **ken-*; gr. τρόπις „Schiffskiel": τρέπω „wende") ist selten: got. *saggws*, ahd. *sang* „Gesang" (*siggwan*); got. *balgs*, an. *belgr*, ahd. *balg* „Balg, Schlauch" (ahd. *belgan* „schwellen"). Dehnstufe (vgl. lit. *ėdis* „Fraß" : *ed-* „essen", ai. *ghāsí-* „Futter" : *ghas-* „fressen") : got. *wēns*, ae. *wēn*, an. *ván*, as. ahd. *wān* „Hoffnung" (Wz. **u̯en-*); got. *wēgs* „Sturm, Brandung, Woge" (auch *a*-St., vgl. ai. *vāhá-* „Strömung"), ae. *wǣg* „Woge" (*ga-wigan*); ahd. *scār* „Schere" (*sceran*) ist als Bezeichnung eines Werkzeuges Nomen agentis. Mit *e*-Stufe ahd. *quiti* „Rede" (*quedan*). Im Germ. zum neutr. *s*-St. erweitert ist got. *hatis* „Haß" = osk. (Gen.) *cadeis* „Feindschaft".

2. Das Germ. bildete mit *-i-* ferner Verbaladjektiva, doch ist die *i*-Flexion nur im Got., und auch hier nur teilweise, erhalten; in den übrigen germ. Sprachen flektieren diese Adjektive wie *ja-/jō-* Stämme. Bildungen von Wurzeln der 4. und 5. Ablautklasse haben meist Dehnstufe, solche von diphthongischen Wurzeln meist Schwundstufe. Sie sind entweder passivische Adjektiva der Möglichkeit (an. *ǿtr* „eßbar") oder adjektivische Nomina agentis (ae. *swice* „trügend"). In ersterer Funktion entsprechen, auch ablautmäßig, am ehesten die ai. Adjektiva auf *-ya-* (idg. *-i̯o-*) mit Gerundivbedeutung wie ai. *dŕ̥śya-* „sichtbar, sehenswert", *a-yudh-yá-* „nicht zu bekämpfen", *cétya-* „wahrnehmbar", *dábhya-* „täuschbar", *grāhyà-* „zu ergreifen" (*grabh-*), *ādyà-* „eßbar" (vgl. an. *ǿtr*), *kāryà-* „was zu tun ist", in letzterer die selteneren adjektivischen Nomina agentis auf *-i-* wie *sācí-* „begleitend" (*sac-*), *mandí-* „erfreuend", *svarí-* „brüllend".

---

[1]) Got. *þl* < *fl-*; anders I § 10.

Beispiele sind: got. *sēls* „gut, gütig“, an. *sǽll* „glücklich“ (zu lat. *sōlārī* „trösten“); got. *un-qēþs* „unaussprechlich“, *anda-nēms* „angenehm“, *anda-sēts* „entsetzlich“; an. *drǽpr* „tötbar“ (*drepa*), *mǽtr* „wert, würdig“ (*meta*); ahd. *bi-quāmi* „bequem“ (*queman*), *gi-zāmi* „geziemend“ (*zeman*), vgl. got. Adv. *gatēmi-ba*; mit Tiefstufe got. *un-nuts* „unnütz“, ae. *ȳð-fynde* „leicht auffindbar“; ferner ae. *bryce* „zerbrechlich“, *swice* „trügend, betrügerisch“ (*swīcan*), *ge-myne* „eingedenk“, die durch das Nichtvorhandensein der vor *j* eintretenden Gemination (siehe I § 84) sich als alte *i*-, nicht *ja*-Stämme, erweisen.

3. Als Sekundärsuffix ist -*i*- noch produktiv in Völkernamen, Einwohnerbezeichnungen u. dgl.

Vgl. got. *Saureis* „Syrer“, *Tyreis* „Tyrer“, *Makidōneis* „Makedonier“, ae. *Engle* „Angeln“ (zum Landschaftsnamen *Angel*), an. *Danir*, ae. *Dene* „Dänen“ (zu ae. *denu* „Tal“), an. *Strendir* „Leute von *Strǫnd*“, *Firðir* „Leute aus den Fjorden“, *Vatnsdǿlir* „Leute von *Vatnsdalr*“ (vgl. § 24). Es vergleicht sich indo-iran. -*i*- in patronymischen und Zugehörigkeitsbildungen, etwa in apers. *pātišuvari*- „aus Patišuvara stammend“, awest. *māzdayasni*- „den Mazdaverehrern (*mazdayasna*-) zugehörig“, *āhuiri*- „zu Ahura in Beziehung stehend“, ai. *nīḍi*- „Hausgenosse“ (zu *nīḍá*- „Lager“).

§ 71. Suffix -*ī*-

Ein die Zugehörigkeit ausdrückendes Suffix -*ī*-, das als Kasussuffix auch im Gen. Sg. der lat. und kelt. *o*-Stämme erscheint (lat. *lupī* „des Wolfes“), bildete im Idg. hauptsächlich Motionsfeminina zu maskulinen Stämmen auf -*o*-, vgl. ai. *vṛkī́*- „Wölfin“ (*vṛ́ka*- „Wolf“), *dūtī́*- „Botin“ (*dūtá*- „Bote“), seltener sonstige Zugehörigkeitsbildungen (ai. *rathī́*- „Wagenlenker“, zu *rátha*- „Wagen“). Die Bildungsweise, die sich von der parallelen Femininbildung mittels -*ī* (bzw. -*i̯ə*) / -*i̯ā*- (in ai. *devī́*, Gen. *devyā́ḥ* „Göttin“, got. *mawi*, Gen. *maujōs* „Mädchen“, vgl. § 75) durch den sigmatisch gebildeten Nom. Sg. (ai. *vṛkī́-s*, in Pausa *vṛkī́ḥ*) und das ohne Flexionsablaut durchgeführte Suffix (Gen. *vṛkíy-aḥ*, wo -*ī*- vor Vokal aufgelöst zu -*iy*-)

unterscheidet, ist im Germ. noch in Spuren greifbar. So entspricht dem Gegensatz von ai. *vŕ̥ka-s*: Fem. *vr̥kī́-s* (idg. **u̯l̥'qu̯o-s*: **u̯l̥qu̯ī́-s*) auch in Hinblick auf den Akzent (gramm. Wechsel!) genau der von an. *ulfr*, ahd. *wolf* „Wolf" (germ. **wulfa-z* < **u̯l̥po-s* für **u̯l̥qu̯o-s*, I § 60 Anm.) und an. *ylgr* „Wölfin" (germ. **wulgu̯ī́-s*), während ahd. *wulpa*, mhd. *wülpe*, das ebenfalls *i*-Umlaut und grammatischen Wechsel zeigt (*p* < *ƀ* im Wechsel mit *f*) zur *jōn*-Bildung umgestaltet wurde (§ 92); zu an. *marr* „Pferd" (idg. **márko-s*) gehört *merr* „Stute" (**markī́-s*).

Weitere ehemalige Bildungen dieser Art mit substantivierender oder kollektivbildender Funktion des Femininums (vgl. ai. *kr̥ṣṇī́-ḥ* „Nacht", d. h. „die Schwarze" : *kr̥ṣṇá-*) sind an. *reyðr* „Forelle" (*rauðr* „rot"), *festr* „Seil" (*fastr* „fest"), *eyrr* „Sandbank" (*aurr* „Sand"), *mýrr* „Sumpf" (ahd. *mios* „Moos").

Die Bildungsweise ist im Germ. mit der auf *-ī/-jō-* (idg. *-ī/-i̯ā-*) verschmolzen, deren Flexion sie angenommen hat; doch ist der sigmatische Nom. Sg. der *ī*-Stämme im An. auch auf ursprüngliche *ī/i̯ā*-Stämme übertragen worden (got. *mawi* „Mädchen" : an. *mǽr*); vgl. II § 11. Sprachgeschichtlich gesehen ist die *ī*-Motion das ältere gegenüber der erst einzelsprachlich sich ausbreitenden *ā*-Motion (etwa in lat. *lupa*, auch awest. *vəhrkā-* „Wölfin"). Gegenüber ai. *starī́-* „unfruchtbare Kuh" zeigt got. *stairō* „Unfruchtbare" *ā*-Bildung mit Überführung in die *n*-Deklination.

§ 72. Suffix *-u-*

Das Suffix, dessen vollstufige Form *-eu-* ist und das in der Flexion Ablaut zeigt (got. *faihu* „Geld", Gen. *faihau-s*), kommt im Germ. nur noch in wenigen ererbten Wörtern vor, war somit schon in vorgerm. Zeit nicht mehr produktiv. Es bildete im Idg. primäre Adjektiva und Substantiva aus Verbalwurzeln.

1. Adjektiva (oft von der schwundstufigen Wurzel gebildet):

got. *þaurs-u-s* „dürr" = ai. *tr̥ṣú-* „gierig" (eig. „dürstend"), awest. *taršu-* „trocken" (Wz. **ters-* in got. *ga-þairsan* „verdorren", gr. τέρσομαι „werde trocken"), *kaurus* „schwer" = ai. *gurú-*, gr. βαρύς (Wz. **gʷer-*), *hardus* „hart" (vgl. gr. κρατύς „stark"), *aggwus* „eng" = ai. *aṃhú-* (Wz. **angh-* in lat. *angere* „beengen"), vgl. auch ahd. *angu-st* „Angst"; got. ahd. *filu* „viel" = gr. πολύς, ai. *purú-* (Wz. **pelə-* „füllen" in ai. *pṛṇáti* „füllt", lat. *plē-re*).

Die adjektivische *u*-Flexion ist außerhalb des Got. nicht erhalten; die betreffenden Wörter flektieren im West- und Nordgerm. entweder als *ja-/jō*-Stämme oder (seltener) nach der *a-/ō*-Deklination, mitunter kommen auch beide Flexionsweisen vor wie in ahd. *hart*, *herti* (got. *hardus*) oder an. *þunnr*, ae. *þynne* „dünn" (zu ai. *tanú-* „dünn, zart", Wz. **ten-* „dehnen"). Auch das Fehlen des *i*-Umlauts in der Komposition kann auf einen alten *u*-Stamm deuten, so in ae. *swōt-mete* „Süßigkeit" (germ. **swōtu-* „süß" = gr. ἡδύς, ai. *svādú-*) gegenüber dem zum *ja*-Stamm umgeformten Simplex *swēte*.

2. Substantiva (meist isolierte Erbwörter):

got. *faihu* „Geld", ahd. *fihu* „Vieh" = lat. *pecu*, ai. *páśu-* „Vieh" (eig. „was geschoren, gerupft wird" zu gr. πέκω, lit. *pešù* „rupfe"); ae. as. *lagu* „See" (= lat. *lacus*); an. *mjǫðr*, ahd. *metu* „Met" = ai. *mádhu-*, abg. *medъ* „Honig"; ae. *widu*, ahd. *witu* „Holz, Wald" (= air. *fid*). Got. *fōtus* „Fuß" erhielt als ursprüngliches Wurzelnomen (vgl. an. Nom. Pl. *fǿtr*) seine *u*-Flexion auf analogischem Wege (vgl. § 67). Got. *haidus* „Art, Weise" = ai. *ketú-* „Erscheinung" gehören eher als *tu*-Bildung zu ai. *ci-* „wahrnehmen" (§ 124) als zu gleichbedeutendem *cit-*.

§ 73. Suffix *-ū-*

Mit *-ū-* wurden im frühen Idg. persönliche Feminina und Abstrakta zu (meist adjektivischen) Stämmen auf *-u-* gebildet: ai. *nṛtú-* „Tänzer", Fem. *nṛtū́-* „Tänzerin", gr. ἰθύ-ς „geradeaus gerichtet", Abstr. ἰθῦ-ς „Richtung". Es handelt sich bei dieser einzelsprachlich meist nicht mehr produktiven Bildungsweise um eine Dehnung des zugrunde liegenden *u*-Stammes. Zu einem solchen *u*-Stamm, der jedoch nur mehr in Umbildungen, meist zum *o*-Stamm, erhalten ist (ai. *śváśura-*, gr. ἑκυρός usw. „Schwiegervater", vgl. auch

§ 61) gehört idg. **sue̯krū-s* (bzw. **su̯ekrū-s*) „Schwiegermutter" in ai. *śvaśrū́-*, abg. *svekry*, lat. *socrus*, wovon auch das Germ. in ahd. *swigar* einen Reflex bewahrt hat. Der ehemalige *ū*-Stamm ist an der Hebung des *e* zu *i* zu erkennen.

Das Got. und Nordgerm. ist das Wort in Anlehnung an das umgebildete Mask. got. *swaihra* fem. *n*-Stamm: got. *swaihrō*, an. *svǽra*.

§ 74. Suffix *-ja-*, Fem. *-jō-* (idg. *-i̯o-/-i̯ā-*)

1. Das Suffix diente im Idg. zur Bildung primärer Adjektiva, Nomina agentis und Verbalabstrakta sowie zur Bildung sekundärer Ableitungen. Sämtliche Funktionen sind auch im Germ. erhalten, doch ist die Bildung persönlicher Nomina agentis nicht mehr produktiv, da dafür die Bildungsweise mit *-jan-* (§ 92) eingetreten ist. Eine ererbte Bildung ist an. *seggr*, ae. *secg* „Gefolgsmann", das mit lat. *socius* auf **soqᵘ-i̯o-s* zurückgeht (zu **seqᵘ-*, lat. *sequī* „folgen"); weitere Bildungen finden sich besonders noch im Nordgerm.: an. *deilir* „Austeiler" (zu *deila*, got. *dailjan* „austeilen"), *reiðir* „Zahler" (*reiða*), *reynir* „Prüfer" (*reyna*); vgl. ferner got. *faura-maþleis* „Sprecher" (*maþljan*), ahd. *lant-teri* „Räuber" (*terien* „schädigen"). Diese Bildungen stehen meist in Beziehung zu einem schwachen Verbum der Kl. 1 (*-jan*), bestehen also eigentlich aus dem substantivierten Verbalthema. Das gleiche gilt für zahlreiche Nomina actionis auf *-i̯o-*. Das Suffix *-i̯o-/-i̯ā-* der primären Verbaladjektiva ist dagegen sicher zunächst durch Suffigierung von *-o-*, *-ā-* an Stämme auf *-i-* erwachsen. So ist ai. *dŕ̥śya-* „sichtbar" sicher Ableitung von *dr̥śí-* „das Sehen" (**dr̥ḱi-o-*), wird aber unter Bezugsetzung auf das Wurzelnomen *dŕ̥ś-* (bzw. die Verbalwurzel) als *dr̥ś-ya-* (**dr̥ḱ-i̯o-*) analysiert, so wie die *i̯o*-Adjektiva lat. *medius*, *alius* = got. *midjis*, *aljis* eigentlich *o*-Ableitungen von Adverbien auf *-i* (lat. *ali-quis*) sind (§ 68 d).

2. Die Verbalabstrakta sind meist Neutra oder Feminina.

Beispiele für Neutra (vgl. ai. *vid-ya-m* „das Finden", lat. *studium*, air. *suide* „Sitz") : got. *kuni*, an. *kyn*, ae. *cynn*, as. *kunni* „Geschlecht, Nachkommenschaft" (Wz. **ĝen-* in ae. *cennan* „erzeugen", vgl. auch lat. *gen-iu-s*, eig. „Erzeuger"); got. *taui* „Werk" (*taujan* „tun"), *fraþi* „Verstand" (*fraþjan* „verstehen"); got. *hawi*, an. *hey*, ae. *hīeg*, as. *hōi*, ahd. *hewi* „Heu" (zu ahd. *houwan* „hauen"); got. *wadi*, an. *veđ*, ae. *wedd*, ahd. *wetti* „Pfand, Bürgschaft" (mhd. *wetten* „Pfand geben"); as. *gi-dēli* „Teil" (*gi-dēlian* „verteilen").

Feminina (vgl. ai. *vid-yā́-* „Wissenschaft", gr. πενία „Armut") : got. *wrakja* „Verfolgung" (*wrikan*, *wrakjan* „verfolgen"); an. *nyt*, ae. *nytt*, mnd. *nutte* „Nutzen" (as. *nutti* „nützlich", ae. *nyttian* „gebrauchen"); ahd. *secchia*, ae. *sæcc* (mit Suffix *-jōn-* got. *sakjō*) „Streit" (*sakan*); got. *haiti*, mhd. *heize* „Geheiß" (*haitan*); got. *banja*, an. *ben*, ae. *benn* „Wunde" (**bhen-* „schlagen"); as. ahd. *wunnia*, ae. *wynn* „Wonne" (= lat. *venia* „Gunst, Erlaubnis"?, Wz. **u̯en-*); got. *halja*, ahd. *hella* „Hölle" (ahd. *helan* „verbergen").

3. Verbaladjektiva mit *-ja-/-jō-*Flexion sind im Germ. häufig, jedoch ist nicht sicher, inwieweit hier ursprüngliche *-i̯o-/-i̯ā-*Stämme vorliegen (entsprechend den ai. Bildungen auf *-ya-* wie *yáj-ya-* „zu verehren" = gr. ἅγ-ιο-ς), da im Germ. auch alte *i*-Adjektiva diese Flexion angenommen haben (§ 70). Wohl alte *i̯o*-Bildung (ursprünglich *o*-Bildung vom *i*-St. ae. *lyge*, russ. *ložь* „Lug") zeigt ahd. *luggi* = abg. *lъžь* (**lugi̯os*) „lügnerisch".

Vgl. ferner got. *airzeis* „irregeführt", ahd. *irri* „irre", as. *irri* „zornig" (got. *airzjan* „irreführen", ai. *irasyáti* „zürnt").

4. Sekundäre Adjektivbildungen mit *-i̯o-* (vgl. ai. *áśvya-*, gr. ἵππιος „aufs Pferd bezüglich" zu *áśva-*, ἵππος, lat. *noxius* „schädlich" zu *noxa*) sind im Germ. selten.

Hierher got. *alēweis* „Öl-" (in *at fairgunja alēwjin* „zum Ölberg") zu *alēw* „Öl", *mare Cronium* (Plin.) als „Walfischmeer" (?) zu ae. *hron* „Walfisch"; sekundäre Weiterbildung zeigt got. *fairneis*, ahd. *firni* „alt" neben got. *fairns*, ae. *fern* „vorig", ebenso got. *alþeis* „alt" (= air. *altae* „erzogen") gegenüber ahd. *alt* (= lat. *altus*).

S u b s t a n t i v i s c h e (ursprünglich substantivierte) Z u g e h ö r i g k e i t s b i l d u n g e n sind dagegen noch häufiger:

got. *hairdeis* „Hirte" (§ 64), *asneis* „Arbeiter" (*asans* „Ernte"); got. *jiuleis*, an. *ýlir*, ae. *giuli* „Januar", eig. „der zu Weihnachten (ae. *geohhol*, an. *jól*) gehörige Monat"; F e m. ahd. *ouwia*, an. *ey*, ae. *īeg* „Wasserland, Insel, Aue"; als **ag*ᵘ*jō* über **aujō* zu got. *ahva* (= lat. *aqua*) „Wasser"; N e u t r. ahd. *hirni* „Gehirn" („im Kopf befindlich") aus idg. **kersniįom* zum *n*-St. **kersen-* in an. *hjarsi* „Scheitel" (vgl. auch ai. *śīrṣán-* „Kopf").

5. Produktiv sind n e u t r a l e S e k u n d ä r b i l d u n g e n mit *-ja-* noch in folgenden Gruppen:

a) als A d j e k t i v a b s t r a k t a: got. *aiwiski*, ae. *ǣwisce* „Schande" (got. *un-aiwisks* „ohne Schande", nd. *eisk*, mhd. *eisch* „abscheulich"); got. *frumisti* „Anfang" (*frumists* „erster"), *hauhisti* „höchste Höhe" (*hauhists* „höchst"); an. *ǿði* „Wut" (*óðr* „wütend"), *frelsi* „Freiheit" (*frjáls* „frei"). Vgl. ai. *jyaíṣṭhyam* „oberste Gewalt" zu *jyéṣṭha-* „gewaltigst", lat. *ieiunium* „Fasten" zu *ieiunus* „nüchtern".

b) als A b s t r a k t b i l d u n g z u S u b s t a n t i v e n : got. *reiki*, as. *rīki*, ahd. *rīhhi* „Reich, Herrschaft" (got. *reiks* „Herrscher", vgl. auch air. *ríge* „Königsherrschaft" zu *rí* „König"); got. *andbahti*, ahd. *ambahti* „Dienst, Amt" (ahd. *ambaht* „Diener"); got. *þiubi* „Diebstahl" (*þiubs* „Dieb"). Vgl. lat. *viduvium* „Witwentum" (*vidua*).

c) in K o l l e k t i v b i l d u n g e n mit dem P r a e f i x *ga-* (§ 44): got. *ga-skōh-i*, as. *gi-scōhi*, ahd. *gi-scuohi* „Schuhwerk" (*skōhs* „Schuh"); got. *ga-waurdi* „Rede" (*waurd*), ahd. *gi-beini* (*bein*), *gi-steini* (*stein*), *gi-birgi* (*berg*) usw. Vgl. skr. *kàmen-je* „Gestein" (*kȁmen*).

§ 75. S u f f i x *-ī/-jō-* (idg. *-ī* bzw. *-i̯ə/-i̯ā-*)

Ein ablautendes Suffix, das im (asigmatischen) Nom. Sg. in den Varianten *-ī* und *-i̯ə* erscheint, deren ursprüngliches Verhältnis zu einander nicht genügend geklärt ist, in den obliquen Kasus als *-i̯ā-*, bildete im Idg. F e m i n i n a, hauptsächlich zu Nicht-*o*-Stämmen: ai. *devī́*, Gen. *devyā́s* „Göttin" (zu *devá-* „Gott"); ai. *jánitr-ī*, lat. *genetr-ī-x* „Erzeugerin" zu *jánitar-*, *genitor*; ai. *pr̥thv-ī́*, Fem. von *pṛthú-* „breit"; ai. *bhárant-ī*, gr. φέρουσα (< * φέροντ-ι̯α) „tragend" (Fem.), lit. *vežant-i* „fahrend". Das Suffix ist in seiner vollen Form mit dem in § 74 besprochenen femininen Suffix *-jō-* identisch und basiert wie dieses letztlich auf *i*-Stämmen, vgl. lit. *patì*, Gen. *pačiõs* „Ehefrau" < idg. **potī*, Gen. **poti̯ās* zum *i*-St. **poti-s* (lit. *pàts*, ai. *páti-*, gr. πόσις) „Gatte" oder ai. *ātí* „Wasservogel", gr. νῆσσα „Ente" (**n̥ti̯ə*), erweitert aus **n̥ti-* in ai. *ātí-*.

Im Germ. liegt das Suffix nur noch in wenigen appellativischen Bildungen vor:

got. *mawi* (an. *mǿr* mit analog. Nominativ-*r*) < **magw-i*, Gen. *maujōs* < **magw-jōs* „Mädchen", zu *magu-s* „Knabe"; got. *þiwi*, an. *þý*, ae. *þēowe*, as. *thiu*, ahd. *diu* „Magd" < **þegw-i*, idg. **teku̯-ī*, zu *þius*, ahd. *deo* < **þegwa-z* „Knecht" (eigentl. zu idg. **teku-*, ai. *táku-* „eilend, laufend", woraus **teku̯-o-s*, got. *þius* erweitert); an. *nipt*, ahd. *nift* (= air. *necht*) „Nichte" (ai. *naptí-* „Enkelin" nach § 71), zu idg. **nepōt* (vgl. an. *nefi*, ahd. *nevo* „Neffe"); von ursprünglichen Partizipien auf *-nt-* sind abgeleitet got. *frijōnd-i* „Freundin" (*frijōnd-s* „Freund"), *hulundi* „Höhle" (= „die Bergende", zu ahd. *helan*), doch sind die in lebendigem Gebrauch stehenden fem. Partizipien im Got. und An. mittels *-n-* erweitert: got. *bairandei*, Gen. *bairandeins* (vgl. § 93).

Häufiger ist die Bildungsweise noch in femininen Personennamen wie ae. *Hildgyð*, ahd. *Hildegund*, *Siglind*, *Theutbirc*, *Walburg* usw.; dem ahd. PN *Burgunt* entspricht der air. PN *Birgit*, beide sind gleich ai. *bṛhat-ī* „die Erhabene". Auch Flußnamen wie nd. *Nette*, mhd. *Netze* (vgl. ai. *nadī-* „Fluß" nach § 71), nhd. *Streu* < **strawi* < idg. **srou̯ī* (= „die Fließende"), *Retz* < **wrati* zu got. *wratōn* „reisen" enthalten das Suffix *-ī/-jō-*. In appellativischer Verwendung wird das Suffix von dem Konglutinat *-injō-/-unjō-* abgelöst (vgl. § 101).

§ 76. Suffix *-ju-* (idg. *-i̯u-*)

Ein primäres Suffix *-ju-* liegt im Germ. in got. *drun-ju-s* „Schall" (an. *drynr* „Gedröhn", zu *drynja* „dröhnen") und *stub-ju-s* „Staub" (ahd. *stuppi*) vor.

Vgl. ai. *man-yú-* „Absicht, Eifer" (*man-* „meinen"), *vā-yú-* „Wind" (*vā-* „wehen"), lit. *gýrius* „Lob" (*gìr-ti* „loben").

§ 77. Suffix *-wa-*, Fem. *-wō-* (idg. *-u̯o-/-u̯ā-*)

Das Suffix, das an *u*-Stämmen erwachsen ist (vgl. ai. *ták-u-*: *tak-vá-* „eilend", germ. **þeg-wa-* § 75, Wz. **tek-* „laufen"; ai. *āyú-* „regsam", *áyu-* n. „Lebenskraft": lat. *aevom*, got. *aiws*, ahd. *ēwa* „Lebenszeit, Ewigkeit") und im Idg. ein typisches Adjektivsuffix war, tritt im Germ. vor allem in zwei ererbten, anfänglich auch noch produktiven Verwendungsweisen hervor:

1. in primären Adjektiven (Verbaladjektiva), wobei nicht selten ein *-u-* bzw. *-u̯-* auch als verbales Suffix oder Wurzelerweiterung in zugehörigen Verbalbildungen auftritt.

Altererbt sind got. *qius* (St. *qiwa-*) = lat. *vīvos*, lit. *gývas*, ai. *jīva-* „lebendig" (lat. *vīvit*, ai. *jīvati* „lebt", Wz. **gʷei-*) und as. *aru*, ae. *earu*, an. *ǫrr* (entlehnt finn. *arvas*) „schnell, bereit" = awest. *aurva-* „schnell, tapfer" (Wz. **er-* „bewegen", mit *u*-Erweiterung in ai. *r̥ṇóti* < **r̥-ne-u-ti*). In der betreffenden Form nur germ. sind: an. *knár* (< idg. **ĝnē-u̯o-s*) „tüchtig" zu *kná* „kann" (vgl. lat. *gnāvos* „tatkräftig" < **ĝn̥̄-u̯o-s*); ahd. *maro*, ae. *mearo* (**mor-u̯o-s*) „mürbe" (vgl. kymr. *merw* „schlaff" < **mer-u̯i-s*); ahd. *lāo* „lau" (**hlēwa-*) zu lat. *calēre* „warm sein"; ahd. *haro* (finn. Lw. *karvas*) „herb"; ae. *slāw*, an. *sljór*, ahd. *slēo* „stumpf, träge" (vgl. ai. *srevayati* „läßt mißlingen"). Die betreffenden Bildungen haben meist intransitive Bedeutung; passivischen Sinn (wie ai. *pakvá-* „gekocht" : *pac-* „kochen") hat an. *gǫrr*, as. *garu*, ahd. *garo* „fertig, bereit, gar".

2. in Farbadjektiven, die außer im Germ. besonders im Lat., Balt. und Slaw. zahlreich sind:

as. ahd. *gelo*, engl. *yellow* „gelb" = lat. *helvus* „honiggelb", lit. *žel̃vas* „grünlich" (**ĝhel-u̯o-s*); as. ahd. *blāo*, ae. *blǣw*, an. *blár* „blau" (**bhlē-u̯o-s*), vgl. lat. *flāvus* „goldgelb, blond" (**bhl̥-u̯o-s*); ahd. *grāo*, an. *grár* (**ghrē-u̯o-s*) „grau" (gleichgebildet lat. *rāvus*); ahd. *falo*, ae. *fealu*, an. *fǫlr* (= lit. *pal̃vas*, abg. *plavъ*) „fahl"; ahd.

salo, ae. *sealu* „dunkelfarbig“, an. *sǫlr* „schmutziggelb“ (= russ. *solovój* „gelblich“); ferner ahd. *faro* „farbig“ (dazu Subst. *farawa*) < **pork̑-u̯o-s*, zu gr. περκ-νό-ς „bunt, gefleckt“; ae. *hasu*, an. *hǫss* „grau“ < **kas-u̯o-s*, zu lat. *cānus* (< **kas-no-s*); ae. *basu* „purpurrot“ (mir. *bas-c* „rot“); substantiviert ahd. *blīo*, an. *blý* „Blei“ („das bläuliche Erz“) < germ. **blī-wa-* = lit. *blývas* „lila, veilchenblau“.

Andere Verwendungsweisen sind nur noch in Spuren greifbar.

3. Als Adjektivsuffix erscheint -*u̯o*- idg. in Bezeichnungen für „links“ (vgl. lat. *laevus*, gr. λαιός, abg. *lěvъ*) und „rechts“, in letzterer Bedeutung auch im Germ.: got. *taihswa* (schw. Adj.), ahd. *zeso* „rechts“ (= air. *dess* < **deks-u̯o-s*; mit Zwischenvokal gall. *Dexiva dea*, gr. δέξιος „rechts, glückverheißend“). Das Suffix diente ferner zur Bildung von Adjektiven aus Adverbien; von **pro-u̯o-* „vorn befindlich, erster“ (in gr. πρῶτος < *πρόϝ-ατος, vgl. auch abg. *prъvъ* „erster“, ai. *pū́rva-* „der vordere“ < **pr̄-u̯o-s*), liegt im Germ. die mit -*n*- substantivierte Bildung ae. *frēa*, as. *frao*, ahd. *frō* „Herr“ (germ. **frawō*, St. **frawen-*) vor, woneben mit *jan*-Suffix got. *frauja* steht.

4. Auch die übrigen substantivischen Bildungen sind zumeist (als Personenbezeichnungen mit -*n*-) substantivierte Adjektiva:

ahd. *hīwo* „Gatte“, *hīwa* „Gattin“ (ai. *śéva-* „lieb, vertraut“); got. *widuwō*, ahd. *wituwa* (vgl. lat. *vidua*, abg. *vъdova*) „Witwe“ (lat. *viduus* „ledig“ < idg. **u̯idheu̯os*, dies Erweiterung des *u*-St. ai. *vidhú-* „vereinsamt“); an. *hý* „Flaum, Schimmel“ (**hīwa-*), eig. „grauer Belag“, zu lit. *šývas*, abg. *sivъ* „grau“; ahd. *brīo*, ae. *brīw* „Brei“ (lat. *re-frīvus* „zerrieben“, kymr. *briw* „zerbrochen“, zu lat. *fricāre*); ahd. *ruowa* „Ruhe“ (an. *rór*, ae. *rōw* „ruhig“); an. *slý* „schleimige Wasserpflanzen“, nisl. *slý* „Schleim“, ahd. *slīo*, ae. *slīw* „Schleie“ (lat. *lēvis*, gr. λεῖος „glatt“). Beziehung zu einem *u*-Stamm (air. *smiur* „Mark“) weist auf ahd. *smero* (Gen. *smerwes*), ae. *smeoru* „Fett, Schmer“; ae. *eoh*, an. *jór*, as. *ehu-*, got. *aihu-* (in *aihva-tundi*, § 23) „Pferd“ ist altes Erbwort (= lat. *equus*, ai. *áśva-*) aus idg. **ek̑u̯os*; got. *hlaiw* n., ahd. *hlēo* m. „Grabhügel“ ist mit lat. *clīvus* identisch (**kloi-u̯o-*), ahd. *melo*, an. *mjǫl* „Mehl“

(= „das Gemahlene") mit skr. *mlêvo*, alb. *miel* (idg. **mel-u̯o-*). An. *spǫrr* (< **spar-wa-z*) „Sperling" erscheint zum *n*-Stamm erweitert in got. *sparwa*, ae. *spearwa*, mhd. *sparwe*.

5. Mit Bindevokal (als *-iwa-*) erscheint das Suffix in got. *lasiws* „schwach" (davon abgeleitet mhd. *er-leswen* „schwach machen"), vgl. mnd. *las* „schlaff", an. *lasinn* „schwach", und in ae. *lyso*, Gen. *lyswes* (**lusiwa-*) „schlecht, böse" (wohl zu got. *fra-liusan* „verlieren", ae. *lēas* „falsch, lose").

Eine Kombination mit *-s-* (idg. *-su̯ā-*) liegt vor in ae. *rǣs*, Gen. *rǣswe* „Rat" (got. *ga-rēdan*) und *blōd-lǣs*, Gen. *-lǣswe* „Aderlaß" (got. *lētan* „lassen"), vgl. auch lit. *laĩsvas* „frei" (*laid-* „lassen"). Als sekundäre Bildung vgl. ferner got. *ubizwa* „Halle", woneben mit reinem *s*-Suffix an. *ups*, ae. *yfes*, ahd. *obisa* „Vorhalle, Dachvorsprung" (zu got. *uf* „unter, auf" < idg. **upo*).

Das Suffix erscheint auch in alteuropäischen (I § 3) Flußnamen: *Arrow* (< **Arva*), Fl. in England (= ae. *earu* „schnell"), *Olva* (*Alva*), Fl. im Elbegebiet (Wz. **el-* „sich bewegen, fließen"), *Sarāvus* „Saar" (Wz. **ser-* „fließen").

§ 78. Suffix idg. -(*u*)*u̯i̯o*-, Fem. -(*u*)*u̯i̯ā*-

Dieses Suffix liegt — in der germ. Erweiterung zum *n*-Stamm — vor in den Verwandtschaftsbezeichnungen ahd. *fatureo*, *fatirro*, *fetiro*, ae. *fædera* „Vaterbruder" (nhd. *Vetter*) < **fađur(u̯)i̯an-* (mit unterdrücktem *u̯*), vgl. ai. *pítr̥vya-* „Vaterbruder", und ae. *mōdrige*, afries. *mōdire*, mnd. *mödder* „Schwester der Mutter" < **mōđr(uu̯)i̯ōn-*, vgl. gr. μητρυιά „Stiefmutter". Das komplexe Suffix -(*u*)*u̯i̯o*- (als solches noch in ai. *bhrā́tr̥-vya-* „Brudersohn" zu *bhrā́tar-*) ist seinem Ursprung nach adjektivische Erweiterung mit *-i̯o-* des in gr. πάτρ-ω-ς, μήτρ-ω-ς (St. -ωϝ-) „Vater-, Mutterbruder" in dehnstufiger Form (als *-ōu-*) erscheinenden Suffixes *-u-*.

§ 79. Suffix idg. -*u̯os*-, Variante -*u̯ot*-

Das Suffix *-u̯es-/-u̯os-*, Schwundstufe *-us-*, ist im Idg. Formans des Part. Perf. Akt. Mit ihm steht ein Suffix *-u̯ot-* in nicht näher bestimmbarem Wechsel. Vgl. aw. *vidvå*, ai. (Vok.) *vidvás* (ar. *-*våͅs*), gr. εἰδώς, Gen. εἰδότος (-*u̯ōt-s* oder -*u̯ōs*, -*u̯ot-os*), Fem. ai. *vid-úṣ-ī* = gr. ἰδυῖα „wissend" (= „gesehen habend", zu **u̯eid-* „sehen", Perf. „wissen" in lat. *vidēre*, got. *wait*). Reste dieser Bildungsweise hat das Germ. in got. *weitwōþs* „Zeuge" (= gr. εἰδώς) und *bērusjōs* „Eltern", elliptischer Plural des fem. Part. **bērusi* „die getragen hat" (zu *bairan*, Perf. Pl. *bērum*), vgl. lat. *parentes* „Eltern" (*parens* „gebärend") oder ai. (Du.) *mātárā* „Mutter und Vater, Eltern" (elliptisch für *pitā́ mātā́*).

Hierher vielleicht als Erweiterung des schwachen Stammes mit -*n*- as. *ēcso* „Eigentümer" (**aig-usan-*) zu got. *aigan* „besitzen", an. *heitsi* „wer versprochen hat" (zu *heita*) und altgerm. (*Hercules*) *Magusanus*, Latinisierung eines germ. *n*-Stammes **magusan-* „vermögend" zu *magan*.

C. Bildungen mit Liquidasuffixen.

§ 80. Suffix idg. -*er*-

Ein unerweitertes *r*-Suffix erscheint im Idg. besonders in Verwandtschaftsnamen. Als Umgestaltung eines idg. **daiu̯ēr* (ai. *devár*-, gr. δαήρ, lit. Gen. *dieveȓ-s*) „Bruder des Gatten" erscheint im Germ. ahd. *zeihhur*, ae. *tācor*, afries. *tāker*; auch got. *swistar*, ahd. *swestar* usw. hatte ursprünglich diese Bildung (vgl. ai. *svásar*-, lat. *soror* < **su̯esōr*), hat sich aber infolge des im Germ. in den Kasus mit schwachem Stamm erfolgten *t*-Einschubs (idg. Lok. **su̯esr-i* > got. Dat. *swistr*; vgl. I § 93) den besser bewahrten Verwandtschaftsnamen auf -*ter*- (got. *dauhtar* usw., § 135) angeschlossen.

Den reinen *r*-Stamm, jedoch nur im Nom. Akk. Vok. Sg., wechselnd mit einem *n*-Stamm in den übrigen Kasus, zeigten im Idg. einige altertümliche Neutra, vgl. ai. *ū́dh-ar*, Gen. *ūdh-n-ás* „Euter", lat. *fem-ur*, Gen. *fem-in-is* „Schenkel", heth. *watar*, Gen. *wetenaš* „Wasser". Das Germ. bewahrt Reflexe dieser alten Zweistämmigkeit (Heteroklisie) nur noch in der Wortbildung, nicht in der Flexion: den vokalisch erweiterten *r*-Stamm zeigen as. *watar*, ahd. *wazzar*, ae. *wæter*, aschwed. *vætur* „Wasser", as. ahd. *fiur*, ae. *fȳr*, an. *fúrr*, *fýrr* „Feuer" gegenüber *n*-Stamm in got. *watō*, Gen. *watins* und *fōn*, Gen. *funins* (vgl. heth. *r/n*-St. *paḫḫur*, Dat. *paḫḫuni* „Feuer"); auf dem *r*-Stamm beruhen auch ae. *ūder*, mhd. *ūter* „Euter" (ai. *ū́dhar*), nhd. (dial.) *Koder* „Unterkinn, Kropf" (der *n*-St. in *Koden*; vgl. lat. *guttur-* „Kehle", heth. *kuttar*, Dat. *kuttani* „Nacken") und an. *vár* „Frühling" (= lat. *vēr*, gr. ἔαρ < **u̯es-r̥*).

§ 81. Suffix *-ra-*, Fem. *-rō-* (idg. *-ro-/-rā-*)

1. Das Suffix *-ro-* bildete im Idg. vorwiegend primäre Adjektiva zu Verbalwurzeln mit meist aktivischer oder intransitiver Bedeutung; die Bildungen waren meist suffixbetont, die Wurzel zeigt, besonders bei diphthongischer Struktur, vielfach Schwundstufe. Vgl. ai. *cit-rá-* „sichtbar" (*cit-*), *ug-rá-* „kräftig" (*vaj-*), *śak-rá-* „stark" (*śak-*), gr. πικ-ρό-ς „scharf" (Wz. **peik-* „stechen"), abg. *bъd-rъ* „wachsam" (*bъděti* „wachen", Wz. **bheudh-*), lat. *plē-ru-s* (vgl. *plē-nu-s*) „voll", gr. λαμπ-ρό-ς „hell" usw. Die Bildungsweise ist im Germ. noch gut vertreten, in einzelsprachlicher Zeit jedoch nicht mehr produktiv.

Ererbte Bildungen sind u. a. ahd. *lungar*, as. *lungor* „schnell" (= gr. ἐλαφρός) < **l̥ŋg$^{u̯}$h-ró-s* zu ahd. *gi-lingan* „vonstatten gehen"; ahd. *star* (= ai. *sthirá-*) < idg. **stə-ró-*, zu **stā-* „stehen"; an. *magr*, ahd. *magar* = lat. *macer* „mager", gr. μακ-ρός „groß"; ahd. *heitar*, ae. *hādor* „hell, klar" (vgl. ai. *citrá-*); ahd. *wār* (= lat. *vērus*, air. *fír*) „wahr" < idg. **u̯ēros*, dies wohl < ***u̯es-ro-s* „seiend" zu ahd. *wesan*.

Nur germanisch, z. T. mit noch deutlicher semantischer Beziehung zu einem Verbum, sind: an. *vakr*, ahd. *wackar* „munter, frisch, wach" (zu ahd. *wahhēn* „wachen"); got. *baitrs*, ablaut. an. *bitr*, ahd. *bittar* „bitter" (zu got. *beitan* „beißen"); ae. *slipor*, mnd. *slipper*, ahd. *sleffar* „schlüpfrig" (zu ahd. *slīfan* „schleifen"); ahd. *klebar*, ae. *clibbor* „klebrig" (zu ahd. *klīban* „kleben"); got. *fagrs* „passend", an. *fagr*, ahd. *fagar* „schön" (vgl. ahd. *ge-fag* „zufrieden", *gi-fuogi* „passend", got. *fulla-fahjan* „Genüge tun"); got. *snutrs*, an. *snotr*, ae. *snottor*, ahd. *snottar* „klug"; usw.

2. Substantiva sind weniger zahlreich.

Maskulina und Neutra: Alte Erbwörter sind got. *wair*, an. *verr*, ahd. *wer* „Mann" (= lat. *vir*, air. *fer*) < idg. **u̯i-ro-s* (neben **u̯ī-ro-s* in lit. *výras*, ai. *vīrá-*) zu lat. *vī-s* „Kraft"; got. *akrs*, an. *akr*, ahd. *ackar* (= lat. *ager*, gr. ἀγρός) „Acker", eig. „Trift" (zu **aĝ-* „treiben"); an. *hafr*, ae. *hæfr* „Bock" (= gr. κάπρος „Eber", lat. *caper*, *capra* „Ziege"); an. *setr* n. „Sitz" (vgl. gr. ἕδρα); an. *staurr* „Pfahl" (= gr. σταυρός). Mit *-n-* erweitert gegenüber gr. νεφρός (< **neg*ʷ*h-ro-s*) ist ahd. *nioro* „Niere" (vgl. auch praenest. *nefrōnes*).

Germanische Bildungen sind got. *wōkrs*, an. *ókr*, ahd. *wuohhar* „Zunahme, Gewinn, Wucher" (zu got. *aukan* „vermehren", Wz. **au̯eg-*); got. *ligrs*, ahd. *legar* „Lager"; got. *figgrs*, an. *fingr*, ahd. *fingar* „Finger" (wohl zu ahd. *fāhan* „fangen, ergreifen"); an. *timbr*, ahd. *zimbar* „Bauholz" (Wz. **dem-* „bauen" in gr. δέμω, lat. *domus*; zum *-b-* vgl. I § 104); an. *eitr*, ahd. *eitar* „Gift" (vgl. ahd. *eiz* „Eiterbeule", Wz. **oid-* „schwellen"); ahd. *scobar* „Schober" (zu *scioban* „schieben"). Ein Nomen agentis ist der GN an. *Þórr*, ae. *Þunor*, Gen. *Þunres*, ahd. *Donar* < **þun-ra-* „*Donner(er)" (Wz. **ten-* in lat. *tonāre*, ae. *þunian* „donnern").

Feminina: an. *fjǫðr*, ahd. *fedara*, ae. *feðer* „Feder" (Wz. **pet-* „fliegen" in gr. πέτομαι, πτ-ερό-ν „Flügel"); got. *skūra* „Sturm" (ahd. *scūr* „Schauer" m., zu lat. *caurus* „Nordwestwind"); ahd. *zuntra*, *zuntara* „Zunder" (an. *tundr* n.).

Substantivierungen mit *n*-Suffix sind an. *roðra* „Blut" (vgl. gr. ἐρυθρός, lat. *ruber*, abg. *rъdrъ* < **rudh-ro-s* „rot"); ahd. *ampfaro* „Ampfer" (an. *apr*, nl. *amper* „scharf, bitter").

3. Bildungen mit Zwischenvokal (germ. *-ara-*, *-ira-*, *-ura-*) sind in den oben beschriebenen Verwendungsweisen selten.

An Adjektiven sind ahd. *jāmar*, ae. *geōmor* „traurig" (zu gr. ἥμερος „sanft") und ahd. *weigir* „stolz" (neben *weigar* „kühn", zu got. *weihan* „kämpfen"), an Substantiven an. *hamarr* „Stein, Fels, Hammer", ae. *hamor*, ahd. *hamar* „Hammer" (finn. Lw.

hamara) zu abg. *kamy* „Steinwaffe, Hammer“ und an. *fjǫturr*, ae. *fetor*, Pl. as. *feteros*, ahd. *fezzera* „Fessel(n)“ (vgl. lat. *pedica* „Fußfessel“) zu nennen. In alteuropäischen Flußnamen wie *Isara* „Isar“ (= ai. *iṣirá-* „stark, regsam“ < idg. **isəros*, Wz. **eis-*), *Wisura*, *Wisura* „Weser“ (Wz. **u̯eis-* „fließen“), *Alara*, *Alera* „Aller“, **Elira* „Iller“ (Wz. **el-/ol-*) kommen sie indes noch öfter vor. Über ein Suffix *-ero-* in Ableitungen von Raumadverbien siehe § 84.

4. Die vereinzelten Sekundärbildungen mnl. *deemster*, ahd. *dinstar* „finster“ zu ai. *támas-* „Finsternis“ (vgl. auch ai. *támisrāḥ* = lat. *tenebrae*) und nd. *nuster* „Nüster“ aus *nus-r-* (Umbildung von **uns-r-* < **n̥s-r-*) zu ahd. *nasa* „Nase“ (vgl. abg. *nozdri* „Nasenlöcher“, lit. *nasraĩ* m. Pl. „Rachen“) sind durch Einschub des Übergangslautes *t* zwischen *s* und *r* (I § 93) auch äußerlich von den übrigen *r*-Bildungen isoliert.

§ 82. Suffix *-ru-* (idg. *-ru-*)

Das im Idg. nicht häufige Suffix, das vornehmlich Verbaladjektiva bildete (ai. *sad-rú-* „sitzend“: *sad-*, vgl. gr. ἱδρύ-ω „lasse sich setzen“, ai. *serú-* „bindend“: *si-*), ist im Germ. nur in wenigen substantivischen Bildungen sicher nachweisbar:

got. *wintrus*, ae. *winter* „Winter“ (*a*-St. as. ahd. *wintar*, an. *vetr*); got. *hūhrus* (an. *hungr*, ae. *hungor*, as. ahd. *hungar*) < **kn̥k-ru-s* zu gr. κέγκει „hungert“, lit. *kankà* „Qual“; got. *airus*, an. *árr*, ae. *ār*, as. *ēr* „Bote“ (Wz. **ei-* „gehen“). Als *u*-St. flektiert auch ae. *flōr* f. „Flur“ (gegenüber air. *lár*, kymr. *llawr* mit Suffix *-ro-*), ferner ae. *sumor* „Sommer“ (wohl im Anschluß an *winter*). Der Etymologie nach ein alter *u*-St. ist got. *tagr* n., an. *tár*, ahd. *zahar* m. „Träne“ (vgl. gr. δάκρυ, lat. *dacruma*).

Eine sekundäre Bildung mit *-ru-* liegt vor in got. *wiþ-ru-s* „jähriges Lamm“ (an. *veđr*, ae. *weđer*, as. *wethar*, ahd. *wider* „Widder“) < **u̯et-ru-s* zu idg. **u̯et-* (heth. *witt-*, gr. ϝέτος) „Jahr“ (vgl. ai. *vat-sá-* „Jährling, Kalb“).

§ 83. Suffix *-ri-* (idg. *-ri-*)

Ein Suffix *-ri-* ist im Germ. nur noch vereinzelt nachweisbar:

an. *vitr* „weise“ = gr. ἴδρις „kundig“ (**u̯id-ri-s*); got. *riurs* „vergänglich“ = an. *rýrr* „gering“ (zu lat. *ruere* „stürzen“); as. *diuri*, ahd. *tiuri*, an. *dýrr* „lieb, teuer“ (vgl. finn. Lw. *tiuris*); got. *skeirs* (as. *skīri*) „klar“ zu *skeinan*. Verschiedene andere Adjektiva mit *ja-/jō-* Flexion wie as. *sūbri*, ae. *syfre* „sauber“, ae. *wæfre* „unstet“, an. *nǿfr* „tüchtig“ können ebenfalls alte *ri*-Bildungen sein.

§ 84. Suffix idg. *-ero-* (*-er-*)

Ein idg. Suffix *-ero-*, das wie das verwandte Suffix *-tero-* (§ 136) Gegensatz und Vergleich ausdrückte, bildete im Idg. auf der Grundlage von Lokaladverbien oder Pronominalstämmen kontrastive oder komparative Adjektiva und darauf beruhende Substantiva und Adverbien. Ursprünglicher Ausgangspunkt sind ebensolche Adverbia mit *r*-Suffix, die mit *-o-/-ā-* adjektiviert wurden: idg. **up(o)* „unten, unter“ (got. *uf*, gr. ὑπό, ai. *úpa*, lat. *s-ub*) > kontrast. Adv. **up-er(i)* „oben, über“ (got. *ufar*, gr. ὑπέρ, ai. *upári*, lat. *super*) > Adj. **uper-o-s* (awest. *upara-*, ahd. *obero*, lat. *superus*; Subst. gr. ὑπέρα „oberes Seil“, Adv. got. *ufarō* „über“).

Weitere Bildungen dieser Art aus dem Germ. sind:

Von Lokaladverbien: got. *afar* „nach“, ahd. *avar*, *abur* „abermals“ zu got. *af* (= ai. *ápa*, gr. ἀπό) „von — weg“, davon as. *aƀaro*, ae. *eafora* „Nachkomme“ (vgl. ai. *ápara-* „der spätere, folgende“, Adv. *aparám* „nachher“); ahd. *innaro* „der innere“ zu *inne* „innen“, *ūzaro* „der äußere“ zu *ūz*, got. *ūt* „aus, hinaus“; got. *undar*, ahd. *untar* „unter“, ahd. *untaro* „der untere“ (= ai. *ádhara-*, lat. *inferus* < idg. **n̥dheros*), Adv. got. *undarō* „von unten“, zu an. *und* „unter“ (vgl. ai. *adháḥ* „unten“).

Von Pronominalstämmen: got. *unsar*, ae. *ūser*, ahd. *unsēr* „unser“ < **n̥s-ero-*; got. *izwar*, an. *yðvarr*, ae. *ēower*, ahd. *iuwēr* „euer“ (zu got. *jūs*, Gen. *izwara* „ihr“); vgl. II § 36.

§ 85. Suffix germ. *-ărja-* (< lat. *-ārio-*)

1. Die latein. Bildungsweise auf *-ārius* in typischen Berufs- und Täterbezeichnungen, die von Nomina, welche

den Bereich der Tätigkeit bezeichnen, abgeleitet sind, wird anhand zahlreicher früher Entlehnungen auch im Germ. produktiv. Nach dem Verhältnis von lat. *monetārius* zu *moneta*, *molinārius* zu *molina*, *tolon(e)ārius* zu *toloneum*, das in ahd. *munizzāri*: *munizza*, as. *muniteri*: *munita*, ae. *mynetere*: *mynet* „Münzer": „Münze", ahd. *mulināri*: *mulin*, as. *mulineri*: *mulin* „Müller": „Mühle", ahd. *zolanāri*: *zol*, ae. *tolnere*: *toln* „Zöllner": „Zoll" seine Fortsetzung findet, wurden mit dem so übernommenen Suffix entsprechende Bildungen auch zu germ. Grundwörtern geschaffen, so bereits im Got. *bōkareis* (= ae. *bōcere*, as. *bōkeri*, ahd. *puahhāri* „Schreiber, Schriftgelehrter") zu *bōka* „Buchstabe", *mōtareis* „Zöllner" zu *mōta* „Zoll", *laisareis* (= ahd. *lērāri*) „Lehrer" zu **laisa* (ahd. *lēra*) „Lehre", *liuþareis* (= ahd. *liudāri*) „Sänger" zu ahd. *liod* „Lied" (got. *awi-liuþ* „Dank"), *wullareis* „Tuchwalker" zu *wulla* „Wolle", ferner *sōkareis* (= ahd. *suohāri*) „Forscher" zum Verbum *sōkjan*; im Ahd. *fiscāri* „Fischer" zu *fisc*, *mādāri* „Mäher" zu *māt*, *scāfāri* „Schäfer" zu *scāf*, *sangāri* „Sänger" zu *sang*, *waganāri* „Wagner" zu *wagan*.

In den an der Peripherie der römischen Einflußsphäre gelegenen übrigen germ. Sprachen setzt sich die Bildungsweise langsamer durch: im as. Heliand finden sich außer *muniteri* nur *fiscari* „Fischer", *gardari* „Gärtner", *dōperi* „Täufer" und *driogeri* „Betrüger", im ae. Beowulf nur *scēawere* „Spion" und in der Edda das unklare *tjúgari* „Räuber", doch sind in späteren Quellen die Bildungen häufiger. In allen Sprachen setzt sich, da vielfach die Ableitung auch zu einem Verbum in Beziehung gesetzt werden konnte, die schon im Got. (*sōkareis*) sichtbare Tendenz zur deverbalen Ableitung durch und erzeugt Nomina agentis wie ahd. *jagāri* „Jäger" zu *jagōn*, *nemāri* „Nehmer" zu *neman*, *spehāri* „Späher" zu *spehōn*, as. *dragari* „Träger" zu *dragan*, ae. *wrītere* „Schreiber" zu *wrītan*, an. *hjalpari* „Helfer" zu *hjalpa*. Diese Bildungsweise ersetzt im Laufe der Sprachentwicklung die nicht mehr produktiven älteren Bildungen mit *-ja-*, *-jan-*, *-an-* und *-ila-*; so wird ahd. *asni* „Mietling“ (= got. *asneis*, § 74. 4) durch *asnāri* ersetzt, *helfo* durch *helfāri*, *warto* durch *wartāri*, got. *fiskja* durch ahd. *fiscāri*, ahd. *scepfo* durch *scepfāri*, *tregil* „Träger“ durch *tragāri* usw.

Die Form des Suffixes weist z. T. gewisse Variationen auf; so stehen neben ahd. *-āri*, mhd. *-ære* die geschwächten Formen ahd. *-ari*, *-eri*, *-iri*, mhd. *-ere* (z.B. in ahd. *buohhari*, *beteri*, *leitiri*), die es notwendig machen, neben der aus lat. *-ārio-* normal entwickelten Form *-ārja-* auch eine gekürzte Form *-arja-* anzusetzen, die die Grundlage auch von as. *-eri*, ae. *-ere* ist. Im An. ist das Suffix aus äußeren Gründen in die schwache Flexion überführt worden.

Bildungen wie ahd. *satal-āri* „Sattler“, *redin-āri* „Redner“ führen zur falschen Ablösung der Suffixe nhd. *-ler* und *-ner*, die *-er* in der denominativen Ableitung verdrängen, vgl. nhd. *Tischler*, *Künst-ler* gegenüber mhd. *tisch-er*, *kunst-ære*, nhd. *Bild-ner*, *Schaff-ner* gegenüber mhd. *bild-ære*, ahd. *scaff-āri*. Siehe § 59.

Die Ausdehnung des Suffixgebrauchs im Deutschen auf Bildungen von Einwohnerbezeichnungen zu Orts- und Ländernamen (*Römer*, *Wiener*, *Schweizer*) ist durch den Zusammenfall von *-arja-* mit dem in dieser Funktion wirksamen Kompositionssuffix *-warja-* „bewohnend“ (§ 164) verursacht: vgl. an. *Rúmverjar*, ae. *Rōmware* gegenüber ahd. *Rōmari*, ae. *burg-ware*, germ.-lat. *burguarii* gegenüber ahd. *burgari* „Bürger“, germ. *Baio-varii* > ahd. *Beiera*.

2. Die lat. Neutra auf *-ārium* sind zwar ebenfalls sehr zahlreich als Lehnwörter ins Germ. eingegangen, wo sie zu Maskulinen werden (vgl. lat. *cellārium*, *solārium*, *bicārium* > ahd. *kellāri*, as. *kelleri* „Keller“, ahd. *solāri*, as. *soleri*, ae. *solor* „Söller“, ahd. *behhāri*, as. *bikeri*, mnd. *beker*, an. *bikarr* „Becher“), haben aber nur wenige germanische Nachbildungen hervorgerufen, etwa got. *waggareis*, ahd. *wangāri*, ae. *wongere* „Kopfkissen“ zu ahd. *wanga* „Wange“; in gleicher Bedeutung ahd. *ahslāri* zu *ahsala* „Achsel“, *halsāri*, ae. *healsre*

zu *hals*; ferner ahd. *fliugāri* „Fliegenwedel" (vgl. lat. *muscārium*), *huntari* „Hundertschaft" neben *hunteri* m. „centenarius, centurio" zu *hund* „hundert", *hunta* „Hundertschaft".

§ 86. Suffix idg. *-el-*

Reflexe eines idg. *l/n*-Stammes **sāu̯el*, obliqu. St. **su̯en-*, **sun-* „Sonne" (vgl. lat. *sōl*, gr. ἥλιος, dor. ἀέλιος; awest. Gen. *x*^{v}*əng* < **su̯en-s*) bewahrt das Germ. in dem Gegensatz von got. *sauil* n., an. *sól* f. (**sāu̯el-o/ā-*; das nur im Nom. belegte got. Wort kann auch wie lat. *sōl* konsonantisches **sāu̯el* repräsentieren) und got. *sunnō*, an. as. ahd. *sunna*.

Auch das Wort für „Apfel" (§ 89) beruht auf einem ursprünglich konsonantischen *l*-Stamm, der im Balt. noch in Resten erhalten ist (lit. Gen. Pl. *obelų̃* „Apfelbaum"); vgl. auch an. *apal-dr*, ae. *apulder* „Apfelbaum" (§ 138. 3).

§ 87. Suffix *-la-/-lō-* (idg. *-lo-/-lā-*) und Derivate *-ila-*, *-ala-*, *-ula-* usw.

a) Das aus dem Idg. ererbte Suffix liegt im Germ. noch in zahlreichen Bildungen der verschiedensten Funktionen vor, von denen vor allem die deminutivische besonders lebenskräftig geblieben ist. Es bildet Adjektiva und Substantiva in sowohl primärer als auch sekundärer Ableitung. Formal ergeben sich dabei folgende Spielarten des Suffixes:

1. *-la-/-lō-* (idg. *-lo-/-lā-*), bindevokallose Fügung des Suffixes an die offene oder geschlossene Wurzel; im Germ. nicht mehr produktiv.

Von offener (langvokalisch oder diphthongisch auslautender) Wurzel: got. *fū-ls*, ahd. *fū-l* „faul" (zu ai. *pū́-ya-ti* „wird faul", an. *fú-inn* „verfault"; vgl. auch lit. *púliai* „Eiter"); got. *hails*, an. *heill* „ganz, gesund" = abg. *cělǫ* < **koi-lo-s*; got. *ƕei-la*, ahd. *(h)wīla* „Weile, Zeit", an. *hvíla* (Weiterbildung mit *-n-*) „Ruhebett" (zu lat. *quīes*; vgl. auch *tran-quīlus* „ruhig"); an. ahd. *sei-l* „Seil" (vgl. an. *sei-mr* „Schnur", ae. *sī-ma* „Band, Strick", Wz. **sei-* „binden"); von geschlossener Wurzel: got. *ag-ls*

„schimpflich" (zu air. _áil_ „Schande" < _*ag-li-_); ahd. _snell_ „tapfer, schnell" < _*snid-la-_ „schneidig"; got. _sit-ls_, ae. _setl_ „Sitz" (vgl. lat. _sella_ < _*sed-lā_); got. _þwah-l_, ae. _þwæhl_, ahd. _dwahal_ „Bad" (_þwahan_ „waschen").

2. b i n d e v o k a l i s c h e F o r m e n _-ila-_, _-ala-_, _-ula-_. Diese stehen zueinander in „Suffixablaut" nach Art des wurzelhaften Ablauts idg. _-el-/-ol-/-l̥-_, vgl. etwa got. _slahuls_ „Raufbold" neben _slahals_, an. _þǫgull_ „schweigsam" neben _þagall_, ahd. _fesil_ „fruchtbar" (_*fasila-_) neben _fasal_ „Nachkommenschaft", doch sind die Zwischenvokale nicht einheitlicher Herkunft. Für _-ila-_ kommt außer idg. _-elo-_ (etwa in gr. εἴκελος „gleichend", δείκελος „vorzeigend") auch _-ilo-_ (wie in gr. ποικίλος „bunt"), für _-ala-_ außer idg. _-olo-_ auch _-alo-_ oder _-əlo-_ (vgl. gr. μεγάλο- „groß", zu got. _mikils_, ahd. _mihhil_, und gr. κεφαλή „Haupt", zu ahd. _gebal_, _gibil_ „Giebel"), für den Vokal von _-ula-_ auch reguläre Beziehung zu _u_-Stämmen in Betracht; so deutlich in got. _magu-la_ „Knäblein" (zu _magu-s_) und ahd. _angul_, an. _ǫngull_ „Angelhaken" = gr. ἀγκύλος „gekrümmt" (vgl. awest. _anku-_, ai. _aṅku-śá-_ „Haken"). Im Westgerm. entsteht ein Bindevokal (as. ahd. _a_, ae. _e_ bzw. _o_) auch durch Vokalentfaltung (I § 49), vgl. as. _fugal_, ahd. _fogal_, ae. _fugol_ „Vogel" = got. _fugls_, ahd. _hagal_ „Hagel" = an. _hagl_.

3. Erweiterungen mit Suffix _-n-_.

Diese kommen besonders bei den D e m i n u t i v e n vor: got. _magula_ „Knäblein", _mawilō_ „Mädchen", _barnilō_ „Kindchen", ahd. _scalchilo_ „servulus"; über die Erweiterung mit Suffix _-īna-_ siehe § 95. Die _n_-Erweiterung in anderen Substantiven bleibt im Rahmen der allgemeinen germ. Tendenz zur schwachen Flexion.

b) _l_-Suffixe erscheinen hauptsächlich in folgenden B e d e u t u n g s g r u p p e n:

1. A d j e k t i v a. Eine sehr produktive Gruppe bilden die Adjektiva der Neigung auf _-ala-_, _-ula-_, die meist von Verbalwurzeln, seltener von Substantiven abgeleitet sind und viel-

fach tadelnden Sinn haben. Die deverbalen Bildungen sind, soweit angängig, von der Tiefstufe der Wurzel abgeleitet; grammatischer Wechsel deutet auf vorgeschichtliche Endbetonung:

ae. *flugol* „flüchtig" (*flēon*), an. *flogall* „rasch in den Bewegungen" (*fljúga* „fliegen"); ae. *swicol* „trügerisch", an. *svikall* „verräterisch" (ae. *swīcan* „täuschen, betrügen"); an. *þagall* (*þǫgull*) „schweigsam" (got. *þahan*), ahd. *ezzal* „gefräßig", ae. *rēafol* „räuberisch", got. *skaþuls* „schädlich". Zu schwachen Verben gehören ahd. *scamal* „schamhaft" (*scamēn*), *wankal* „wankend" (*wankōn*), zu Nomina ahd. *wortal*, *zungal* „geschwätzig" (*wort*, *zunga*). Parallelen aus anderen Sprachen sind lat. *crēdulus* „leichtgläubig", *bibulus* „gern trinkend", ai. *grahila-* „empfänglich" (*grabh-* „ergreifen"), gr. φειδωλός „sparsam", νοσηλός „krankhaft".

Eine nur kleine Gruppe dagegen bilden die meist isolierten Adjektiva auf *-ila-*:

got. *ubils*, ae. *yfel*, ahd. *ubil* „übel"; got. *leitils*, as. *luttil*, ahd. *luzzil* „klein"; got. *mikils*, an. *mikill*, ae. *mycel*, ahd. *mihhil* „groß"; ahd. *durhil*, ae. *þȳrel* „durchlöchert"; mit der Bedeutung der vorhergehenden Gruppe: ahd. *chragil* „schwatzhaft" (vgl. lat. *gracillāre* „gackern").

2. Nomina agentis (hauptsächlich auf *-ila-*), im Got. nicht bezeugt, doch als Typus sicher altererbt; vgl. ai. *pā-lá-* „Hüter, Wächter" (*pā-* „hüten"), lat. *figulus* „Töpfer" (*fingere*), lit. *tir̃škalas* „Schwätzer".

Die besonders im Ahd. häufigen Bildungen bezeichnen vielfach Amts- und Dienstpersonen: ae. *bydel*, ahd. *butil* „Büttel" (*biotan*); ahd. *weibil* „Gerichtsdiener" (*weibōn* „hin- und herlaufen"), *tribil* „Wagenlenker" (*trīban*), *biril*, *tregil* „Träger" (*beran*, *tragan*), *wahtil* „Wächter" (*wahten*). Ablaut kombiniert mit grammatischem Wechsel zeigen an. *þrǽll*, ae. *þrǣl* < germ. **þrēhila-* gegenüber ahd. *drigil* < **þregila-* „Diener, Knecht" (< „*Läufer", zu skr. *tr̥̀cati* „laufen", idg. Wz. **trek-*). Die poet. Bed. „Fürst" haben an. *þengill*, ae. *þengel* (zu as. *a-thengian* „ausführen, vollbringen" und got. *þeihan* „gedeihen") und ae. *fengel* (zu *fōn*, Praet. *feng*, ahd. *fāhan* „ergreifen, empfangen").

Vergleichbare Personenbezeichnungen ohne Anschluß an ein germ. Verbum sind die mittelvokallosen Bildungen as. ahd. *erl* „Krieger, Mann", ae. *eorl* „Held, Fürst", an. *jarl* „Häuptling" (**er-la-*) und an. ahd. *karl*, ablaut. ae. *ceorl*, mnd. *kerle* „(geringer) Mann, Kerl" (**kar-la-*, **ker-la-*), neben denen auch bindevokalische Formen stehen: urnord. *erilaʀ*, mit Suffixablaut der VN *Heruli* (germ. **erula-*), aschwed. (run.) *karilʀ*.

Ursprüngliche Nomina agentis sind auch Tiernamen wie ahd. *wibil*, ae. *wifel* „Käfer", wozu ablaut. lit. *vãbalas* (zu ahd. *weban* „sich hin und her bewegen", mhd. *wabelen* „in emsiger Bewegung sein"), und mhd. *gümpel* „Gimpel" (*gumpen* „hüpfen").

3. Bezeichnungen von Geräten und Instrumenten nach Art der Nomina agentis.

Maskulina: ae. *slegel*, ahd. *slegil* „Schlegel" (*slahan*); ahd. *zugil* „Zügel", an. *tygill* „Zugschnur" (*ziohan*); ahd. *sluzzil* „Schlüssel" (*sliozan*), *leffil* „Löffel" (*laffan*); an. *beytill*, ae. *bȳtel* „Hammer" (*bauta* „schlagen") usw. Feminina: ae. *spinel*, as. ahd. *spinnila* „Spindel" (*spinnan*); as. *windila*, ahd. *wintila* „Windel"; ahd. *scūfla*, *scūvala* „Schaufel" (*scioban*). Neutra liegen nur in alten bindevokallosen Bildungen vor: an. *þvál* „Seife" (got. *þwahan* „waschen"), ahd. *seil*.

Vgl. lat. *capulus* „Griff", *vinculum* „Fessel", lit. *bar̃škalas* „Klapper" (*barškė́ti*).

4. Deminutiva. Die deminutive Funktion ist altererbt, vgl. mhd. *verhel* = lat. *porculus*, lit. *paršẽlis* „Ferkel" (zu mhd. *varch*, lat. *porcus*, lit. *par̃šas* „Ferkel, Schwein"); wie im Lat. (vgl. *filiolus*: *filius*, *filiola*: *filia*) richtet sich ursprünglich auch im Germ. das Geschlecht der Ableitung nach dem des Grundwortes, wobei persönliche Bildungen die *n*-Flexion zeigen: got. *magu-la* m. Knäblein (*magu-s* m.), *mawilō* (= an. *meyla*, ae. *mēowle*) f. „Mägdlein" (*mawi* f.), *barnilō* n. „Kindlein" (*barn* n.).

Weitere persönliche Bildungen sind: ahd. *scalchilo* „servulus" (*scalch*), *niftila* f. „Nichte" (*nift*), an. *mýsla* „Mäuslein" (*mús*).

Sachbezeichnungen (stark flektierend): an. *bendill*, mhd. *bendel* (*bant*); ahd. *seckil* (*sack*), an. *trygill* „kleiner Trog“ (*trog*), ae. *cyrnel* „Körnchen“ (*corn*).

Das deminutive *l*-Suffix begegnet auch in der PN-Gebung, wo die so gebildeten Kosenamen meist Kurzformen zu zweistämmigen Vollnamen (nach Art von nhd. *Fried-el*, zu *Fried-rich*) sind: got. *Wulfila*, ahd. *Wolfilo* (vgl. ahd. *Wolf-hart*); ahd. *Dietilo* (vgl. ahd. *Theot-bald* und gall. *Teutalus* neben *Teuto-matus*).

5. In Zugehörigkeitsbildungen begegnet das Suffix nur selten:

ahd. *eihhila* „Eichel“ (*eih*), mhd. *büechel* „Buchecker“ (ahd. *buohha*); ae. *gryndle* „Hering“, ahd. *gruntila* „Gründel, Gründling“ (ae. *grund* „Grund, Tiefe“, auch „Meer“). An. *gymbill* „männliches Lamm“ ist maskul. Motionsbildung zu *gymbr* „weibliches Lamm“.

§ 88. Suffix *-li-* (idg. *-li-*)

Ein altes Beispiel ist der frühgerm. Matronenname (Dat. Pl.) *Af-li-ms*, der zu an. *afl* „Kraft, Macht“ und lat. *opus* „Werk“, *Ops*, Göttin des Erntesegens, gehört.

Sonst nur noch in got. *dails*, Gen. *dailais* „Teil“ (ae. *dǣl*, an. *deill*, ahd. *teil*), das wohl als **dəi-li-s*, jedoch mit ungerm. Vertretung des Anlauts, zu gr. δαίομαι „teile“ zu stellen ist (zu vergleichen wohl auch abg. *dělъ* „Teil“), sowie in got. *sauls*, an. *súl*, ae. *sȳl*, ahd. *sūl* (Pl. *sūli*) „Säule“. Mit *-li-* ist sicher ursprünglich auch das Adj. an. *dǽll* „leicht“ gebildet (Wz. **dhē-*; vgl. auch lat. *facilis* < **dhək-li-*).

§ 89. Suffix *-lu-* (idg. *-lu-*)

Ein Suffix *-lu-* ist außer in got. *aglus* „schwierig“ (ae. *egle* „widerwärtig“), das wohl zu mkymr. *aeleu* „schmerzhaft“, Subst. „Schmerz“, gehört, mit Sicherheit nicht nachweisbar, doch läßt sich ae. *æppel*, ahd. *apful* „Apfel“ am ehesten mit air. *ubull* < **ablu-*, abg. *ablъ-ko* < **āblu-ko-* vergleichen.

§ 90. Suffix *-sla-*, Fem. *-slō-* (idg. *-slo-/-slā-*) mit Derivaten *-isla-*, *islija-*, *-islan-* usw.

Aus *lo*-Bildungen von Wurzeln auf -s- wie an. *þexla*, ahd. *dehsala* = aruss. *tesla* „Axt" < idg. **teks-lā* zu Wz. *tek-s-* (in ai. *takṣ-* „zimmern, bauen") wurde schon vorgerm. ein Suffix *-slo-* abstrahiert, das sich außer im Germ. bes. im Balt.-Slaw. und Lat. findet: vgl. lat. *āla* „Achsel, Flügel" < idg. **akslā* (Demin. *axilla* „Achselhöhle" < **akslelā*) = an. *ǫxl*, ahd. *ahsala* „Achsel" (zur Wz. **aĝ-* „treiben"; *s*-Bildung auch in lat. *axis*, ahd. *ahsa* „Achse"); lat. *vēlum* „Tuch" (Demin. *vexillum* „Fähnlein") < **u̯ek-slo-* (Wz. **u̯eg-* in air. *figid* „webt"); russ. *čeresló* „Pflugmesser", lit. *keȓšlas* „Lanzette < **kert-slo-* (zu lit. *kertù* „ich haue, schneide").

In wenigen Fällen kann germ. *-sla-* auch durch Dentalzusammenstoß (nach I § 91) aus wurzelauslautendem Dental und Suffix idg. *-tlo-* (§ 143) entstanden sein, so in an. *beisl* n. „Zügel" < germ. **baisla-* < idg. **bhoit-tlo-* (zu got. *beitan* „beißen"), got. *hunsl* n. „Opfer" (wohl zu *fra-hinþan* „gefangen nehmen") < idg. **kn̥t-tlo-*, doch hätte **bhoit-slo-* usw. zum gleichen Ergebnis geführt (vgl. I § 92).

Mit dem Suffix werden hauptsächlich Abstrakta und Konkretbezeichnungen (Nomina instrumenti) vorwiegend neutralen, seltener femininen Geschlechts gebildet. Weitere Beispiele für die einzelsprachlich nicht mehr produktive bindevokallose Bildungsweise sind:

Neutra: got. *skōhsl* „böser Geist, Dämon" (= air. *scál* „Phantom") < idg. **skōk-slo-* (zu abg. *skočiti* „springen", ahd. *scehan* „schnell fortgehen"); mhd. *schiusel* „Vogelscheuche", nhd. *Scheusal* < idg. **skeuk-slo-* (zu ahd. *sciuhan* „erschrecken"); got. *swum(f)-sl* „Badeplatz" (ahd. *swimman*); an. *víxl*, ahd. *wehsal* „Wechsel, Tausch" (zu ae. *wīcan*, ahd. *wīhhan* „weichen" bzw. lat. *vic-em* Akk. „Wechsel"), ahd. *cnuosal* „Geschlecht", ae. *cnōsl* „Nachkommenschaft" (vgl. ahd. *knuo-t* „Geschlecht"); ae. *hrūxl* „Lärm, Geschrei" (zu got. *hrūkjan* „krähen"). Femininum ist ae. *þīxl*, ahd. *dīhsala* „Deichsel" < **tenk-slā* (vgl. lat. *tēmō* „Deichsel" < **tenk-smō*; zu awest. *θang-* „ziehen").

Die bindevokalische Form *-isla-* ist an schw. Verben 1. Kl. erwachsen, zu denen auch in den älteren Sprachstufen die meisten Belege, überwiegend neutrale Verbalabstrakta, gehören:

ahd. *irrisal* (*irren*), *truobisal* (*truoben*), *uobisal* „Übung" (*uoben*), *harmisal* = an. *hermsl* „Ärger" (*harmen*), an. *smyrsl*, ae. *smyrels* (mit Metathese der Suffixkonsonanten) „Fett, Salbe" (an. *smyrja* „schmieren"), an. *þyngsl* „Last" (*þyngja* „belasten"), ae. *rēcels* „Räucherwerk" (an. *reykja* „räuchern"). Das Suffix bleibt auch in jüngeren Sprachperioden produktiv (nhd. *Füllsel*); das Got. hat nur einen Beleg: *swartizl* „Tinte" (zu **swartjan*, an. *sverta* „schwärzen").

Weiterbildungen von *-isla-* finden sich besonders im nordseegermanischen und im nordgermanischen Raum:

Das Suffix *-islija-* bildet im And. neutrale Verbalabstrakta: as. *mendisli* „Freude" (*mendian* „sich freuen"), *rādisli* „Rätsel", *dōpisli* „Taufe" (*dōpian*); daneben stehen jedoch auch mask. Bildungen mit dem Suffix *-islan-*, das auch im Afries. und Ae. (als *-elsa* mit Metathese) nachweisbar ist: as. *mendislo*, *rādislo* (neben *mendisli*, *rādisli*), *irrislo* „Irrtum", afries. *lamelsa* „Lähmung", ae. *æfwyrdelsa* „Schaden" (*ofwyrdan* „zerstören").

Feminina auf *-islōn-* kennen das An. und das Ahd., letzteres auch solche auf *-iselī*: an. *rennsla* (neben *rennsl* n.) „Rinne, Lauf" (*renna*), *reynsla* „Erfahrung" (*reyna* „erproben"), ahd. *hruomisala*, *hruomiselī* „Prahlerei" (*hruomen*).

D. Bildungen mit nasalhaltigen Suffixen

§ 91. Suffix *-an-*, Fem. *-ōn-* (idg. *-en-*)

Das Stammsuffix der *n*-Stämme ist im Idg. durch reichen Ablaut variiert, dessen Stufen (*-ĕn-/-ŏ-/-n-*) im Germ. sämtlich in der Flexion des Mask. und Neutr. (II §§ 27, 28) vertreten sind, während das Fem. im ganzen Paradigma

(Ausnahme: Gen. Pl. im An.) die *o*-farbige Dehnstufe (-*ōn*-) durchgeführt hat (II § 29). Die so erreichte Differenzierung von Mask. und Fem. (got. *arbja*, Gen. *arbjins* „Erbe“: *arbjō*, Gen. *arbjōns* „Erbin“) war schon in vorgerm. Zeit ausgebildet, wie der gleichartige Gegensatz von illyr. *Aplō*, Gen. *Aplinis* (mask. PN) und *Aplō*, Gen. *Aplōnis* (fem. PN) zeigt.

Die allgemeinste Funktion des Suffixes im Germ. ist die individualisierende: got. *liuta* „Heuchler“ zu *liuts* „heuchlerisch“; es erscheint daher schon im Idg. vorzugsweise in Personenbezeichnungen und sonstigen Namen für lebende Wesen oder selbsttätig vorgestellte Dinge: lat. *homō* (alat. *hemō*) = got. *guma*, an. *gumi*, ahd. *gomo* „Mann, Mensch“, eig. „der Irdische“, zu gr. χθών, awest. Lok. *zəm-i* „Erde“; ai. *ukṣán-* „Stier“ = ae. *oxa*, ahd. *ohso* „Ochse“ (zu ai. *ukṣáti* „befeuchtet“); gr. φαγών = ahd. *bahho* „Kinnbacke“, eig. „Esser“, zu gr. φαγεῖν. Viele alte Körperteilbenennungen wie ai. *akṣán-*, got. *augō* „Auge“ (eig. „Sehendes“, Wz. *oq^{u}-) sind Neutra. Das Suffix bildete ursprünglich wohl nur sekundäre Ableitungen; indem es aber vielfach rein erweiternd an bereits bestehende Wurzelnomina antrat wie z. B. in ai. *rā́j-an-* „König“ (von *rā́j-* = lat. *rēx*), got. *ga-juk-a* „Genosse“ (gegenüber lat. *con-iux* „Gatte“, ai. *saṃ-yúj-* „verbunden“), konnte es durch Beziehung auf die Verbalwurzel leicht zum Primärformans werden: lat. *edō* = ahd. *ezzo* „Esser“, zu **ed-* „essen“ (vgl. dagegen Wz.-Nom. ai. *-ád-* „essend“). Im Germanischen spielt besonders die Erweiterung ursprünglicher *o*- und *ā*-Stämme (germ. *a*-/*ō*-Stämme) eine Rolle, die, soweit sie persönliche Wesen bezeichnen, sehr häufig, bei Femininen fast ausnahmslos (vgl. § 69), zu *an*- bzw. *ōn*-Stämmen umgebildet werden: lat. *avus* „Großvater, Urahn“ (*o*-St.) — an. *ái* (= got. **awa*, vgl. *awō* „Großmutter“) „Urahn“ (*n*-St.), idg. *g^{u}*enā* (> abg. *žena*) „Frau“ — got. *qinō*, an. *kona*, ahd. *quena* (*n*-St.). Ein Nebeneinander von *a*- und *an*-Stamm im Germ. existiert beispielsweise in ahd. *swehur*, ae. *swēor* — got. *swaihra* „Schwiegervater", ae. *þēow* — *þēowa* „Diener", ae. *lēod* — an. *ljóði* „Fürst". Weniger häufig werden nichtpersönliche Begriffe so erweitert: ahd. *gart* „Gehege" — *garto* „Garten", lat. *lingua* (alat. *dingua*) „Zunge" — got. *tuggō*, an. *tunga*, ahd. *zunga*.

Verwendungsweisen der *n*-Suffixe:

1. Die individualisierende Funktion des Suffixes tritt am reinsten bei den persönlichen Substantivierungen von Adjektiven und der damit im Wesen identischen schwachen Adjektivflexion (II § 53) hervor: got. *blinds*, Fem. *blinda* „blind" — *sa blinda*, *sō blindō* „der, die Blinde"; got. *liuta* „Heuchler" (*liuts* „heuchlerisch"), *weiha* „Priester" (*weihs* „heilig"), ae. *wītiga*, ahd. *wīzzago* „Prophet" (ahd. *wīzag* „sehend, ahnend"), ae. *wǣdla* „armer Mann, Bettler" (ahd. *wādal* „arm"), ahd. as. *mennisco* „Mensch" (got. *mannisks* „menschlich"); hierher auch ahd. *bero* „Bär" (= „der Braune", zu lit. *bė́ras* „braun").

Die Gebrauchsweise ist altererbt, vgl. gr. στραβός „schielend" — στραβών „Schieler", lat. *rūfus* „rot(haarig)" — PN *Rūfō*, lit. *pa-laidũ̃s* „Ausschweifender" zu *pa-láidas* „ausgelassen".

2. Von Substantiven abgeleitete mask. Personenbezeichnungen nach Art von gr. γνάθων „Pausback" (zu γνάθος „Backe"), lat. PN *Nāsō* „der Großnasige" (zu *nāsus*), *praedō* „Plünderer" (zu *praeda* „Beute") kennt auch das Germ., allerdings in geringerer Zahl und ohne den tadelnden oder steigernden Nebensinn der lat. und gr. Bildungen; die im Germ. zugrunde liegenden Substantiva bezeichnen meist den Tätigkeitsbereich der Person: got. *waurstwa* „Arbeiter" (*waurstw* „Werk"), *staua* „Richter" (*staua* f. „Gericht"), an. *stjóri*, ahd. *stiuro* „Steuermann" (*stiura* „Steuer"), ahd. *heimo* „Heimchen" (*heim*).

Nach einem äußerlichen Charakteristikum benannt sind an. *kampi* „Schnurrbärtiger" (*kampr*) und *barði* „Bartfisch".

3. Nomina agentis mit Suffix *-an-* (primäre Ableitungen von Verbalwurzeln, z. T. wohl auch Erweiterungen alter Wurzelnomina). Die im Germ. zunächst noch produktive, später aber von der auf *-ărja-* abgelöste Bildungsweise begegnet vor allem in der Komposition (§ 32. 1a), ist jedoch auch außerhalb dieser nicht selten. Alte Bildungen zeigen — soweit möglich — Schwundstufe der Wurzel und grammatischen Wechsel.

Beispiele: ae. *lida*, an. *liđi* „Reisender" (ae. *līđan*); ae. *wiga* „Kämpfer" (*wīgan*, got. *weihan*); ae. *wita* „Zeuge", ahd. *wizzo* „Weiser", got. *un-wita* „der Unwissende" (*wait* „ich weiß"), vgl. ai. Wz.-Nom. *-vid-*; got. *nuta* „Fänger, Fischer" (*niutan* „fangen"); ahd. *boto* „Bote" (*biotan*); got. *skula*, ahd. *scolo* „Schuldner" (*skal* „ich soll, bin schuldig"); mit Praesensvokal ahd. *sprecho* „Sprecher", *gebo* „Geber", *loufo* „Läufer". Altes Nomen agentis ist auch got. *hana* usw. „Hahn", eig. „Sänger", zu lat. *canere* (vgl. gr. ἠι-κανός „in der Frühe singend" = „Hahn"). Sachnamen nach der Art der Nomina agentis sind ae. *flota*, an. *floti* „Schiff, Floß" (= „Schwimmer", zu an. *fljóta*), as. *slido*, ahd. *slito* „Schlitten" (= „Gleiter", zu ae. *slīdan*), ahd. *chlebo* „Leim" (= „Kleber").

Aus anderen idg. Sprachen vgl. ai. *tákṣan-* = gr. τέκτων „Bildner, Zimmermann" (ai. *takṣ-* „behauen, verfertigen"), awest. *spasan-* (Erweit. des Wz.-Nom. *spas-* = ai. *spáś-*) „Späher" (vgl. ahd. *spehho* „Späher"), lat. *bibo* „Zecher", *rapo* „Räuber", gr. ἀρηγών „Helfer(in)" (zu ἀρήγειν „helfen").

4. Mit *-ōn-* werden persönliche Feminina gebildet, gewöhnlich zu schwachen Maskulinen:

got. *garaznō*, an. *granna* „Nachbarin" (*garazna*, *granni*); got. *awō* „Großmutter" (**awa* = an. *ái* „Großvater"); an. *mála* „Freundin", ahd. *gimahala* „Gemahlin" (*máli*, *gimahalo*); ahd. *hīwa* „Gattin" (*hīwo*), *gast-geba* „Gastgeberin" (*-gebo*); hierher auch weibliche Tiernamen wie an. *bera* „Bärin" (ahd. *bero*), ahd. *affa* „Äffin" (*affo*), ae. *asse* „Eselin" (*assa*) und vor allem die feminine Form des schwachen Adjektivs: got. *sō blindō* (s. o.).

In Anbetracht des Nichtvorhandenseins der *ā*-Motion beim

Substantivum (§ 69) werden jedoch auch **starke** Maskulina (germ. *a*-Stämme) mit *-ōn-* moviert:

an. *hapta* „Gefangene“ (*haptr*), *fífla* „Närrin“ (*fífl*), *frilla* „Freundin“ (*friđill*), *hóra*, ae. *hōre* „Hure“ (got. *hōrs* „Ehebrecher“), an. *brǿđrunga*, *systrunga* „Tochter des Bruders, der Schwester“ (*brǿđrungr*, *systrungr* „Bruder-, Schwestersohn“), got. *kalbō* „Kalbin“ (an. *kalfr*).

Das Femininum der mit *-s-* erweiterten maskul. Tiernamen ahd. *fuhs*, ae. *fox* und ahd. *luhs*, ae. *lox* ist von der *s*-losen Wurzel aus gebildet: got. *fauhō*, an. *fóa*, ahd. *foha* (jünger *fuhsin*) „Füchsin“, aschwed. *lóa* „Luchsin“. Bemerkenswert ist die nichtmovierte Zugehörigkeitsbildung ae. *fađe* (Gen. *fađan*) „Vaterschwester“, die zum Wort für „Vater“ (ae. *fæder*) unter Umgehung des *r*-Stammes gebildet ist (germ. **faþ-ōn-*).

5. **Abstraktbildungen** mit *-an-* (mask.) und *-ōn-* sind weniger häufig; das *n*-Suffix ist hier z. T. wohl ebenfalls aus der Erweiterung ursprünglicher *o-* bzw. *ā*-Stämme hervorgegangen, vgl. z. B. ahd. *gidancho* „Gedanke“ neben *gidanc*, an. *verki* „Arbeit“ neben *verkr* bzw. *verk* (= as. *werk*, gr. ἔργον), got. *winnō* „Leiden“ neben *winna*, got. *fullō* „Fülle“ gegenüber awest. *pərənā-*. Die Abstraktbildungen sind entweder primär (Verbal- bzw. Wurzelabstrakta) oder sekundär (Adjektivabstrakta), doch sind auch einige primäre Bildungen dem Sinn nach Adjektivabstrakta, wobei jedoch das sinnentsprechende Adjektiv in der Wurzelform nicht übereinstimmt: an. *hiti* „Hitze“ (*heitr* „heiß), *dofi* „Taubheit, Starre“ (*daufr*), *rođi* „Röte“ (*rauđr*), *sorti* m., *sorta* f. „Schwärze“ (*svartr*). Insgesamt bezeichnen die mit *n*-Suffix gebildeten Abstrakta vielfach sich an Personen äußernde (und daher quasi individuelle) geistig-seelische oder körperliche Phänomene (vgl. auch lit. *vėmuõ* „Erbrechen“, zu *vemiù* „ich habe Erbrechen“, air. *idu*, Gen. *idan* „Geburtswehen“, zu got. *fitan* „gebären“):

Maskulina: got. *aha* „Sinn, Verstand“ (*ahjan* „meinen“, vgl. auch *in-ahs* „verständig“, *ah-ma* „Geist“), *ga-nauha* „Genüge“

(*ga-nah* „es genügt“, *ga-nōhs* „genug“), *ga-taura* „Riß“ (*gatairan*); an. *agi* „Schrecken“ (got. *un-agands* „furchtlos“); an. *hugi* „Gedanke“, ae. *hoga* „Sorge“ (*huga* „bedenken“); an. *sefi*, ae. *sefa*, as. *seƀo* „Sinn“ (ae. *an-seffian* „begreifen“); an. *auki*, ae. *ēaca*, mnd. *ōke* „Vermehrung, Zuwachs“ (*auka* „vermehren“), an. *tregi*, ae. *trega*, as. *trego* „Sorge, Schmerz“ (an. *treginn* „betrübt“); an. *skađi*, ae. *sceađa*, ahd. *scado* „Schaden“; ahd. *smerzo* „Schmerz“. Die Adjektivabstrakta sind besonders im An. und Ae. verbreitet; an. *djarfi* „Kühnheit“ (*djarfr*), *hǫfgi* „Schwere“ (*hǫfugr*), *mjǫrkvi* „Dunkelheit“ (*myrkr*), ae. *grama* „Zorn“ (*gram*), *tama* „Zahmheit“ (*tam*), *gemāna* „Gemeinschaft“ (*gemǣne*); aus dem Ahd. *follo* „Fülle“, aus dem Mhd. *bazze* = an. *bati* „Besserung“.

Feminina: got. *winnō* „Leiden“, an. *vinna* „Arbeit“ (*winnan* „leiden“); got. (*brōþra-*)*lubō*, ae. *lufe* „(Bruder)liebe“ (vgl. got. *liufs* „lieb“, ae. *lufian* „lieben“); got. *brinnō* „Fieber“ (*brinnan* „brennen“), *reirō* „Zittern“ (*reiran*); an. *trúa* „Glaube, Vertrauen“, *gta* „Vermutung“, *vera* „Bleibe“, *koma* „das Kommen“, *eiga* „Besitz, Eigentum“. Adjektivabstrakta sind im An. häufig: *arma* „Elend“ (*armr*), *sǽla* „Glück“ (*sǽll*), *gula* „Gelbsucht“ (*gulr* „gelb“), *dimma* „Düsterheit“ (*dimmr*), *vǫkva* „Feuchtigkeit“ (*vǫkr*); dazu got. *fullō* „Fülle, Ausfüllung“ = ahd. *folla*.

6. Konkretbezeichnungen. Eine alte Gruppe bilden die Körperteilbezeichnungen, von denen wiederum die Neutra am altertümlichsten sind (vgl. ai. *akṣáṇ-* „Auge“, *asthán-* „Knochen“, *yak-n-*, lat. *iocin-eris* „Leber“, *ū́dhan-* „Euter“ in heteroklit. Wechsel mit *i-* bzw. *r*-Stamm):

Got. *augō*, an. *auga*, ae. *ēage*, as. *ōga*, ahd. *ouga* „Auge“; got. *ausō*, ae. *ēare*, ahd. *ōra* „Ohr“; got. *hairtō*, an. *hjarta*, as. *herta*, ahd. *herza* „Herz“; ahd. *wanga*, ae. *wonge* „Wange“; weiter an. *lunga* „Lunge“, *eista* „Hode“, *ǫkla* „Fußknöchel“, *viđ-beina* „Schlüsselbein“, die von einer gewissen Lebendigkeit des Typs im Nordgerm. zeugen. Die Neutra unterliegen jedoch nicht selten der Umbildung zu Mask. oder Fem., vgl. z. B. an. *vangi* m. „Wange“, *ǫkli* m. (neben *ǫkla* n.), ae. *heorte* f. „Herz“, an. *hjarsi* m. „Scheitel“ (gegenüber ai. *śīrṣáṇ-* n. „Haupt“).

Die mask., aber auch die fem. *n*-Stämme sind vielfach aus vokalischen (*o-* bzw. *ā-*)Stämmen erweitert. So steht z. B. an. *hnakki*

„Nacken" neben *hnakkr*, an. *múli* m., ahd. *mūla* f. „Maul" neben ahd. *mūl* n., ae. *gealla* m., ahd. *galla* f. neben an. *gall* n., an. *gómi*, ae. *góma*, ahd. *guomo* „Gaumen" neben an. *gómr*; mit mhd. *anke* „Fußgelenk" vgl. ai. *aṅga-* „Glied, Gelenk" (*n*-Stamm auch in gr. ἀγκών, -ῶνος m. „Ellenbogen"), mit got. *tuggō* lat. *lingua*. Weitere Beispiele für das Mask. sind: got. *lōfa*, an. *lófi* „flache Hand" (zu lit. *lópa* „Klaue"); an. *heili* „Gehirn", *hali* „Schwanz" (zu ai. *śalá-* „Stock, Spitze"), *knefi* „Faust"; ae. *grēada* „Busen, Schoß" (zu air. *grúad* „Wange"), *scanca* „Schenkel"; ahd. *hodo* „Hoden", *mago* „Magen", *rīho*, mhd. *rīhe* „Rist"; für das seltenere Fem.: an. *haka* „Kinn", *snop(p)a* „Schnauze" (zu mhd. *snūfen*); ae. *hracc* „Rachen", *cēace* „Wange", *þrote* = ahd. *drozza* „Kehle"; ahd. *zeha* „Zehe". Das schon grundsprachliche Alter der Bildungsweise erweist für das Mask. die Gleichung ae. *molda* = ai. *mūrdhán-* m. „Kopf" (daneben *o*-St. im Kompos. awest. *ka-mərəda-*): vgl. ferner ai. *plīhán-*, awest. *spərəzan-*, gr. σπλήν „Milz".

Die sonstigen Konkretbezeichnungen sind meist Sekundärbildungen, die nach der Ähnlichkeit mit dem Grundbegriff, der oft ebenfalls eine Körperteilbenennung ist, benannt sind.

Maskulina: ae. *mūđa*, an. *munni* „Mündung" (ae. *mūđ*), an. *nagli* „Nagel" (*nagl* „Fingernagel"), ae. *barda* „Schiffsschnabel" (*beard* „Bart"), an. *geiri*, ahd. *gēro* „dreieckiger Streifen" (*geirr* „Speer"). Got. *gibla* „Giebel" gehört zu ahd. *gebal* „(Schädel-) dach", gr. κεφαλή „Kopf"; die Bed. „Giebel" ist jedoch gegenüber „Kopf" die primäre. Feminina: ae. *nōse* „Vorgebirge" (*nosu* „Nase"), an. *barđa*, ahd. *barta* „Beil, Hellebarde" (ahd. *bart*); Zugehörigkeitsbezeichnung ist mhd. *halse* „Halsband".

§ 92. Suffix *-jan-*, Fem. *-jōn-* (idg. *-i̯en-*)

Die Suffixe *-jan-/-jōn-*, ein Sonderfall des allgemeinen *n*-Suffixes, haben von *ja-/jō*-Stämmen bzw. *jan*-Verben ihren Ausgang genommen, zu denen sie im gleichen Verhältnis stehen wie *-an-/-ōn-* zu *a-/ō*-Stämmen bzw. thematischen Verben. Auch *i*-Stämme können die Grundlage des erweiterten Suffixes abgeben. Wo der Ableitung noch solche Bildungen zugrunde liegen wie im Falle von got. *arbja*, ahd. *arpeo*, *erbo* „der Erbe", got. *arbjō* „Erbin" zu got. *arbi* n. „das Erbe", got. *gariudjō* „Schamhaftigkeit", erweitert aus *gariudi* n. (zum Adj. *gariuþs*), got. *wai-dēdja*, mhd. *übel-tæte* „Übeltäter" zum *i*-St. got. *ga-dēþs*, ahd. *tāt*, got. *gamainja* „Teilnehmer" zum *i*-St. *gamains*, kann man streng genommen nicht von einem *jan-/jōn-*, sondern nur von dem einfachen *n*-Suffix sprechen. Vgl. lat. *pelliō* „Kürschner" zu *pellis*, *centuriō* zu *centuria*, *alluviō* „Anschwemmung" neben *alluvium*, gr. οὐρανίων „der Himmlische" zu οὐράνιος „himmlisch" (dies zu οὐρανός „Himmel", auf das dann auch οὐρανίων bezogen werden konnte). Die Verselbständigung des komplexen Suffixes *-i̯en-* dürfte dennoch schon in voreinzelsprachlicher Zeit erfolgt sein.

Die Bedeutungskategorien entsprechen im Prinzip denen bei *-an-/-ōn-*.

1. Maskuline Personenbezeichnungen und Nomina agentis mit Suffix *-jan-*. Die ursprüngliche Bildungsweise ist sekundär; zugrunde liegen Nomina, die das abgeleitete Substantivum in seinem Wesen oder seiner Tätigkeit charakterisieren. Sie ist besonders im Got., das nur wenige Beispiele des später dafür eintretenden Suffixes *-ărja-* kennt, noch häufig: *mana-maurþrja* = ahd. *murdreo*, ae. *myrđra* „Mörder" (zu *maurþr* „Mord"), *waurstwja* (dazu *s*-los ahd. *wurhteo*, ae. *wyrhta*) „Arbeiter" (*waurstw* „Werk"), *baurgja* = ahd. *burgio* „Bürger" (*baurgs*), *gauja* „Gaubewohner" (*gawi*), *gudja* „Priester" (*guþ* „Gott"), *liugnja* „Lügner" (*liugn* „Lüge"), *kasja* „Töpfer" (*kas*), *fiskja* „Fischer" (*fisks*), *skattja* „Geldwechsler" (*skatts*).

Gleichartige Bildungen aus dem Westgerm. sind ae. *flȳma* „Flüchtling" (*flēam*), *dēma* „Richter" (*dōm*), *cempa* = ahd. *chempfio* „Kämpfer" (*comp*), me. *schēpe* „Schafhirt"; ahd. *scerio* „Scherge" (*scara* „Schar"). Die wenigen nordgerm. und die meisten der westgerm. Bildungen sind jedoch primäre Ableitungen von der Verbalwurzel oder von *jan*-Verben bzw. als solche auffaßbar: an. *skyti* = ae. *scytta*, ahd. *scuzzio* „Schütze" (zu *skjóta* „schießen"), *bryti* „Verwalter" = ae. *brytta* „Austeiler" (*brjóta* „brechen"), *arf-nyti* „Erbe" (*njóta* „genießen"); as. *wrekkio*, ahd. *wreckeo*, ae. *wrecca* „Recke, Verbannter" (ae. *wrecan* „verfolgen"); as. *skenkeo*, ahd. *skenko* „Schenke"; ahd. *ferio* „Ferge" (zu *ferien* trans. „fahren"), *scepfo* „Schöpfer" (*scepfen*), *beccho* „Bäcker" (*backan*). Der Übergang zur primären Bildungsweise wurde durch die zweifache Bezugsmöglichkeit vieler Bildungen veranlaßt: an. *skyti* zu *skutr* „Schuß" und *skjóta*, got. *timrja*, ahd. *zimbrio* „Zimmermann" zu an. *timbr* „Bauholz", ahd. *zimbar* „Wohnung" und got. *timrjan* „bauen", got. *haurnja* „Hornbläser" zu *haurn* und *haurnjan* „Horn blasen", usw. Auch das Got. hat in Komposita einige eindeutige primäre Bildungen, z. B. *wein-drugkja* „Weinsäufer", *af-ētja* „Fresser".

Vergleichbare außergerman. Sekundärbildungen sind lat. *mūliō* „Maultiertreiber" (*mūlus*), *lūdiō* (neben *lūdius*) „Schauspieler" (*lūdus*), gr. οὐρανίων, ai. (mit Schwundstufe des Suffixes?) *aśvín-* „Ritter" (*áśva-* „Pferd"), *praśnín-* „Frager" (*praśná-* „Frage"), vgl. afries. *friccea* „Herold" (mit *cc* < *kn* nach I § 99?), Primärbildungen lat. *lēgi-rupiō* „Gesetzesbrecher", ai. *sādín-* „Reiter": *sad-* „sitzen" (vgl. as. *land-sātio* „Landsasse").

2. Motionsfeminina, feminine Nomina agentis und Zugehörigkeitsbildungen mit Suffix *-jōn-*. Soweit nicht, wie im Falle von got. *arbjō* „Erbin" und ahd. *ella* „Nebenbuhlerin" (= an. *elja* „Kebsweib") Motion von mask. *jan*-Bildungen vorliegt, handelt es sich um Erweiterung von (*ī*)/*jō*-Stämmen (§ 75). Letztlich auf einem *ī*-Stamm (§ 71) beruhen ahd. *merihha*, ae. *myre* „Mähre" (vgl. an. *merr*) zu ahd. *marah* und ahd. *wulpa*, mhd. *wülpe* „Wölfin" (vgl. an. *ylgr*) zu *wolf*.

Am besten ist die Bildungsweise, zu der nicht wenige Bezeichnungen niedrigstehender weiblicher Personen gehören, im Nordgerm. bezeugt: an. *gyđja* „Göttin" (*gođ*), *dyrgja* „Zwergin" (*dvergr*), *ekkja* „Witwe" (*einka-* „einzig", vgl. got. *ainakls* „alleinstehend = an. *ekkill* „Witwer"), *syrpa* „Schlampe" (*sorp*

„Schmutz"), *skǫkja* „Dirne", *fylgja* „Schutzgeist, Gespenst" (*fylgja* „folgen"), *hryssa* „Stute" (*hross*), *fyla* „junge Mähre" (*foli* „Fohlen"), *hǿna* „Henne" (mit altertümlichem Ablaut zu *hani* „Hahn").

Über mehrere Sprachen gehen: an. *deigja* „Dienstmagd" = ae. *dǣge* „Bäckerin" (auch in *hlǣf-dīge* > ne. *lady*) zu got. *digan* „kneten", *daigs* „Teig"; ahd. *frouwa* (alt *frauuue* mit *e* < *ja* nach I § 45) = an. GN *Freyja* zu ahd. *frō* (germ. **frawan-*), got. *frauja* (Suffix *-jan-*) bzw. an. *Freyr* (Suffix *-ja-*); ahd. *reia* = ae. *rǣge* „Rehgeiss" (*rēh*); an. *bikkja* = ae. *bicce* (ne. *bitch*) „Hündin", auch „Hure".

Einzelsprachliche Bildungen: got. *kalkjō* „Hure" (= „die Kalkige", zu lat. *calx*, nach den gekalkten Füßen der zum Verkauf stehenden Sklaven?), ahd. *huorra* „Hure" (got. *hōrs*), *winia* „Freundin" (*wini*), *zaturra* „Dirne" (zu an. *tǫturr* „Lumpen", vgl. *tǫtrug-hypja* „Weib in lumpigen Kleidern", zu ae. *hop* „Kleid"); *nicchesa* „Nixe" (*nihhus* „Nix"), *breccha* zu *braccho* „Spürhund", *chilburra* „Mutterlamm" zum *s*-St. *kilbur* (**gʷelbhus-i̯ā-*). Auf einem *ja*-Stamm beruhen got. *niþjō* „Verwandte" (zu *niþjis*) und Bildungen wie ahd. *lāhhinārra* „Ärztin", *zuhtārra* „Erzieherin" (zu *lāhhināri*, *zuhtāri*).

Das im Westgerm. nicht mehr produktive Suffix wird dort von *-injō-* (§ 101) überflügelt, vgl. ahd. *gutin*, ae. *gyden* „Göttin" gegenüber an. *gyđja*.

3. Feminine Abstrakta auf *-jōn-*.

Verbalabstrakta: got. *sakjō* „Streit" = ahd. *secchia* (*sakan*); *ga-runjō* „Überschwemmung", mhd. *rünne* „Rinne", dazu ablaut. an. *renna* „Lauf" (finn. Lw. *rannio* „Spuren im Schnee"), zu *rinnan*; got. *waihjō* „Kampf" (*weihan*); an. *tekja* „Beute" (*taka*), *verja* „Verteidigung" (finn. *vario* „Schutz"), *sneypa* „Schmach" (*sneypa* „schmähen"), *mǿđa* „Ermüdung" (*mǿđa* „ermüden"), *þykkja* „Meinung" (*þykkja* „dünken"); ae. *ǣsce* „Wunsch, Verlangen" (*āscian*). Den an. Bildungen liegen meist schw. Verben 1. Kl. zugrunde.

Adjektivabstrakta (nordgerm.): an. *venja* „Gewohnheit" (*vanr*), *birta* „Glanz" (*bjartr*), *herđa* „Härte" (*harđr*), *nepja* „schneidende Kälte" (*napr*), *vǽta* „Nässe" (*vátr*), *hǽra* „graues

Haar, Alter" (*hárr* „grau"); ferner got. *gariudjō* mit *gariudi* zu *gariuþs* „schamhaft". Von einem unflektierten Wort (*uf*) ist abgeleitet got. *ufjō* „Überfluß".

Vergleichbare fem. Verbalabstrakta kennt vornehmlich das Lateinische: *diciō* „Botmäßigkeit" (*dīcere*), *regiō* „Richtung" (*regere*), *capiō* „das Nehmen" (*capere*); gegenüber der im Lat. durchgeführten Dehnstufe zeigt das Oskisch-Umbrische jedoch alten Ablaut *-i̯ōn-/-īn-*, vgl. osk. Dat. Sg. *leginei* = lat. *legiōnī*, zu *legiō* „Legion" (= „Auslese", von *legere*).

4. Selten sind **mask. Abstrakta** auf *-jan-*:

got. *wilja* = as. ahd. *willio*, ae. *willa*, an. *vili* „Wille" zum *j*-Verbum got. *wiljan*; an. *vermi* „Wärme", ae. *prȳda* „Stolz" zu Adjektiven *varmr*, *prūd*.

5. **Konkretbezeichnungen.** Den Hauptanteil bilden feminine Zugehörigkeitsbildungen zu Grundwörtern, die die Beschaffenheit oder den Zweck des betreffenden Gegenstandes anzeigen:

got. *tainjō*, ahd. *zeinna* „Korb (aus Weidenzweigen", zu *tains* „Zweig"); got. *snōrjō* „Korb (aus Seilgeflecht", zu ahd. *snuor* „Strick") = ae. *snēre* „Harfensaite"; an. *hǿra*, ae. *hǣre*, ahd. *hārra* „härenes Gewand" (*hār*); ae. *wylle* „Wollkleid", an. *dýna* „Federbett" (*dúnn* „Daune"); ahd. *dwahilla*, ae. *þwehle* (ne. *towel*) „Handtuch" (got. *þwahl* „Bad"); an. *eikja* „Einbaum" (*eik* „Eiche"), ahd. *steinna* „Steinkrug"; ahd. *lidirra*, ae. *liđere* „Schleuder" (*ledar* „Leder"); as. *wurtia*, mhd. *würze* (*wurt* „Kraut"). Altertümlichen **Ablaut** zeigt as. *sultia*, ahd. *sulza* „Salzwasser, Sülze" (*salz*). Zu einem nichtgerman. Wort ist das gemeingermanische, doch wohl mit der Sache entlehnte Wort „Brünne" (got. *brunjō*, an. *brynja*, as. *brunnia*, ahd. *brunna*, ae. *byrne*) gebildet (vgl. air. *bruinne*, akymr. *bronn* „Brust").

Mehrfach sind **Baumnamen** mit *-jōn-* erweitert, so ae. *bēce* „Buche" aus *bōc*, *birce* „Birke" aus *beorc*, as. *fiuhtia*, ahd. *fiuhta* „Fichte" aus *fiohta*, ahd. *spurcha* „Wacholder" aus *sporah*, as. *dennia* aus *danna* „Tanne", ahd. *brāmmea* „Brombeerstrauch" aus *brāma*; vgl. ferner an. *selja* „Salweide" neben ae. *sealh*, as. *lindia* neben ae. *lind*. In ae. *þyrne* „Dornstrauch" zu *þorn* hat das Suffix zuordnende Bedeutung.

§ 93. Suffix *-īn-*

Das allen germ. Sprachen gemeinsame Suffix, das Stammsuffix einer besonderen Flexionsklasse (II § 30), dient in erster Linie der Bildung von femininen Eigenschaftsabstrakta. Besonders produktiv sind dabei die auf Adjektiven beruhenden Abstrakta.

Beispiele: got. *hauhei*, Gen. *hauhein-s* „Höhe" (*hauhs* „hoch") = ahd. *hōhī*; *managei* „Menge" (*manags* „mancher, viel") = ahd. *manigī*, ae. *menigu*; *gōdei* „Güte" (*gōþs*) = as. *gōdi*, ahd. *guotī*, afries. *gēde*; *bairhtei* „Glanz" (*bairhts*) = an. *birti*, ahd. *perahtī*; *latei* „Lässigkeit" (*lats*) = an. *leti*, ahd. *lezzī*; an. *elli* „Alter" (*aldr*) = as. *eldi*, ahd. *altī*, ae. *ieldu*; ferner got. *braidei*, ahd. *breitī* „Breite"; got. *hrainei*, ahd. *hreinī* „Reinheit"; an. *speki* „Klugheit" (*spakr*), *mildi*, ahd. *miltī* „Freigiebigkeit, Milde"; ahd. *scōnī* „Schönheit", ae. *strengu* „Kraft", as. *lemi* „Lahmheit", *trāgi* „Trägheit".

Auf substantivischer Grundlage beruhen got. *magaþei* „Jungfrauschaft" (*magaþs*, *i*-St. „Jungfrau"), *weitwōdei* „Zeugnis" (auch *ja*-St. *weitwōdi*; zu *weitwōþs* „Zeuge"); *baurþei*, ahd. *burdī* „Bürde, Last", erweitert aus *i*-St. (*ti*-Bildung) an. *byrđr* (= ai. *bhr̥-tí-* „das Tragen"), vgl. auch got. *ga-baurþs* „Geburt"; ahd. *thultī* (*i*-St. *gi-dult*) „Geduld", got. *þaurstei* „Durst" (as. *thurst*, ahd. *durst* m.), an. *fiski* „Fischfang" (*fiskr*).

Bildungen, die zu Verben in Beziehung stehen, sind selten und wahrscheinlich über nominale Zwischenstufen entstanden, so got. *gabei* = ahd. *kepī* „Reichtum" (zu *giban* „geben"; vgl. auch frühgerm. GN *Fria-gabis* und got. *gabeigs* „reich"), got. *wrēkei* „Verfolgung" (*wrikan*; vgl. ahd. *ō*-St. *rāhha* „Rache"), ahd. *bruzzī* „Zerbrechlichkeit" (ae. *brēotan*).

Außer Abstrakta sind auch einige persönliche und Konkretbezeichnungen mit *-īn-* gebildet, so got. *aiþei* „Mutter", ahd. *fuotar-eidī* „Amme"; got. *þramstei* „Heuschrecke" (wohl = „Springerin", Fem. zu einem **þram-sti-* „Springer", zu as. *thrimman* „springen"), *kilþei* „Mutterleib", *hvairnei* „Schädel" und *marei* = ahd. *marī*, as. *meri*

„Meer“, das auf dem neutralen *i*-Stamm idg. **mori* in ahd. *mari*, *meri*, got. *mari-saiws* „See“ beruht.

Ferner sind mit -*īn*- gebildet:

a) das Femininum der Participia Praesentis im Got. und An.: got. *gibandei*, an. *gefandi* „gebend“ (fem.), „die Gebende“;

b) das Femininum der Komparative im Got. und An.: got. *spēdizei* „später“ (fem.), „die Spätere“ (Mask. *spēdiza*), an. *spakari*, Gen. *spakari* „klüger“ (fem.);

c) das Femininum der in komparativischen Sinn (zur Anzeige eines Kontrasts) gebrauchten Steigerungsformen auf -*ma*, -*uma* (idg. Suffix -*mo*-, *m̥mo*-) im Got.: *fruma*, Fem. *frumei* „der, die erste(re)“, *hleidumei* „die Linke“.

Die letzterwähnten Gebrauchsweisen geben einen Hinweis auf die Entstehung des Suffixes. Die entsprechenden Femininbildungen sind in anderen idg. Sprachen mit dem Suffix -*ī* (-*i̯ə*)/-*i̯ā*- gebildet: ai. *bhárant-ī* = gr. φέρουσα (< **bheront-i̯ə*) „tragend“ (fem.); ai. *gárīyas-ī* „schwerer“ (fem.); betreffs Suffix -(*m̥*)*mo*- vgl. das Fem. der ai. Ordinalia: *aṣṭamī́* „die achte“. Die Nominativform dieses Suffixes bildete im Germ. somit die Grundlage eines mit dem -*n*- der schwachen Flexion erweiterten Femininsuffixes, wobei das Verhältnis der *ō*- zu den *ōn*-Stämmen (mit der für beide Flexionen geltenden Nominativform germ. -*ō*) das Muster abgab. Die Grundlage der germ. Abstraktbildungen sind Bildungen wie ai. *táviṣī*- „Kraft“ zu *taviṣá*- „stark“ bzw. *śácī*- „Kraft“ zu *śak*- „vermögen“; vergleichbar sind ferner die griech. und lat. Abstrakta auf -ία, -*ia* wie σοφία „Weisheit“ zu σοφός, κακία „Schlechtigkeit“ zu κακός, *ignāvia* „Feigheit“ zu *ignāvus*, *audacia* „Kühnheit“ zu *audax*. Auch die idg. *i*-Stämme (vgl. got. *marei*) und die *ī*-Stämme vom Typus ai. *vr̥kī́-ḥ* (= an. *ylgr*, § 71) sind an der Ausbildung des *īn*-Typs beteiligt; der *ī*-Typus dient der sexuellen Femininbildung und liegt sicher bei got. *aiþei* zugrunde (vgl. das gleichbedeutende ai. *ambī́-ḥ*).

Eine andere Auffassung sieht in *-īn-* die Schwundstufe des Suffixes *-(i)i̯en-*, die im Osk.-Umbr. noch mit *-i̯ōn-* in Ablaut steht (vgl. § 92.3), und verweist auf Entsprechungen wie lat. *commūniō* = got. *gamainei* „Gemeinschaft" (zu *commūnis* = *gamains*), die sich in einem voreinzelsprachlichen Paradigma mit Suffixablaut vereinigen sollen. Die Stützen für diese Auffassung sind jedoch gering.

§ 94. Suffix *-na-*, Fem. *-nō-* (idg. *-no-/-nā-*) mit Derivaten *-ana-*, *-ina-*, *-una-* usw.

Das vielseitige Suffix erscheint sowohl in primären als auch sekundären Ableitungen. Letztere sind meist Zugehörigkeitsbildungen; unter den ersteren sind besonders die Kategorien des Infinitivs und des Participium Praeteriti hervorzuheben.

Die bindevokallose Bildungsweise ist in den germ. Sprachen nicht mehr produktiv; sie erscheint jedoch noch in einer größeren Anzahl von Substantiven (meist Erbwörtern) und einigen Adjektiven. Im Ahd. und As. zeigt sie sich in reiner Form nur noch, wenn das Vorderstück auf Vokal oder *r* auslautet: as. ahd. *lō-n* = got. an. *lau-n* „Lohn" (wurzelgleich mit air. *ló-g* „Lohn", zu gr. ἀπο-λαύ-ειν „genießen"), as. ahd. usw. *bar-n* „Kind" (zu *beran* „tragen, gebären"; vgl. auch lit. *bérnas* „Bursche"). Nach Verschlußlauten dagegen erfolgt infolge Vokalentfaltung Zusammenfall mit *-ana-* (aus idg. *-o-no-*). Wurzelauslautendes *l* hat schon in sehr früher Zeit den Suffixkonsonanten assimiliert: got. *fulls*, an. *fullr*, as. *full*, ahd. *foll* (vgl. lit. *pìl-na-s*) „voll". Auch in an. *lokkr*, ae. *locc*, ahd. *loc* (Gen. *lockes*) „Locke", falls = lit. *lùg-na-s* „gebogen", und in einigen anderen Fällen (vgl. I § 99) kann Assimilation eingetreten sein.

Die bindevokalhaltigen Formen des Suffixes enthalten den Stammauslaut des Grundwortes bzw., bei primären Ableitungen, den thematischen Vokal des Verbums oder sind aus solchen Fügungen abstrahiert; vgl. z. B.

got. *akra-n* „Ertrag, Frucht“ zum *a*-St. *akra-* (Nom. Sg. *akrs*) „Acker“, *kindi-n-s* „Statthalter“ zum *i*-St. an. *kind* „Stamm“, *baira-n* „tragen“ mit Themavokal *a* wie in 1. Pl. Praes. *bairam* = gr. φέρο-μες. Über das ebenfalls hierhergehörige Suffix *-īna-* vgl. § 95.

Verwendungsformen des Suffixes

1. Primäre Bildungen

Als primäres Suffix bildet *-na-* Adjektiva und Substantiva aller drei Geschlechter. Die Adjektiva haben oder hatten ursprünglich partizipialen Charakter; sie bezeichnen einen durch den Vollzug der Verbalhandlung entstandenen Zustand. Die Substantiva sind entweder Nomina actionis oder substantivierte Adjektiva bzw. Konkreta, die aus solchen hervorgegangen sind. Unter den Femininen finden sich außer Abstraktbildungen einige Körperteilbezeichnungen.

a) Adjektiva (und davon ausgegangene Substantiva). Bildungen ohne Bindevokal (formal entsprechen ai. Participia Perfecti Passivi auf *-na-* wie *rug-ṇá-* „zerbrochen“, *vr̥k-ṇá-* „zerrissen“, *vinná-* < **vid-na-* „gefunden“):

got. *us-lukns* „geöffnet“ (zu *us-lūkan* „aufschließen“; daneben jüngere Bildung *us-lukans* mit Zwischenvokal), formal = lit. *lùg-na-s* (s. o.); got. *faihu-gairns*, an. *fé-gjarn* „habgierig“, ahd. *gern* „gierig“ (zu *begehren*); as. *torn*, mhd. *zorn* „bitter, leidvoll“ = ai. *dīrṇá-* „verzweifelt“, Subst. ae. as. *torn*, ahd. *zorn* „Zorn“ (zu got. *ga-tairan* „zerreißen“); got. *swikns*, an. *sykn* „rein, unschuldig“ (vgl. ahd. *pi-suihhēn* „clarescere“); got. *ibns*, an. *jafn*, ahd. *eban* „eben“; got. *airkns*, ahd. *erchan* „echt“ (zu gr. ἀργός „hell, glänzend“); ahd. *hasan* „glänzend“ = lat. *cānus* „weiß“ (< **kas-no-s*; vgl. ae. *hasu* § 77); von offener Wurzel got. *hau-n-s*, ahd. *hōn* „niedrig“, ae. *hēan* „verachtet“ (= gr. καυνός „schlecht“); an. *mei-nn*, ahd. *mein* „falsch, schädlich“, Subst. an. ahd. *mein*, as. *mēn* „Betrug, Verbrechen“ (als „täuschend, Täuschung“ zu lit. *maĩnas* „Tausch“, abg. *měna* „Wechsel“, ai. *máyate* „tauscht“);

ahd. *scī-n* „sichtbar", Subst. „Schein". Mit assimil. Wz.-Auslaut: got. *fulls* „voll" (= lit. *pìl-na-s*, abg. *plъ-nъ*, ai. *pūrṇá-* < idg. **pḷ-no-s*, eig. „angefüllt", zu lat. *im-plē-re*); got. *alls*, an. *allr*, ahd. *all* < **al-na-* (zu got. *alan* „wachsen" ?). Als bindevokalloses Partizip fungiert noch ae. *ge-dō-n*, as. *gi-dō-n* < idg. **dhō-no-*, as. *gi-dā-n*, ahd. *gi-tā-n* < **dhē-no-* (vgl. abg. *o-dě-nъ* „umgetan"), zum Verbum *tun*.

Bildungen mit Bindevokal (*-ina-*, *-ana-* < idg. *-eno-/ -ono-*):

Hierher gehören vor allem die Participia Praeteriti der starken Verben wie got. *bundans*, an. *bundinn*, ae. *bunden*, as. *gi-bundan*, ahd. *gi-buntan* usw., über deren Bildung II § 83 zu vergleichen ist. Im As. und Ahd. herrscht durchweg *-ana-*, im Got., Nordgerm. und Ae. sind ursprünglich beide Varianten noch vertreten, *-ina-* jedoch seltener: urnord. *haitinaʀ* „geheißen", an. *bitinn* „gebissen" (*-ina-*), jedoch *skotinn* „geschossen" wegen *a*-Umlauts aus **skutana-*; got. *fulgins* „verborgen", mit gramm. Wechsel und Suffix *-ina-* zu *filhan* (Partiz. sonst *fulhans*); frühae. *bi-numin* „genommen" neben *gibaen* „gegeben" (*-ana-*). Germ. *-ina-* hat seine nächste Entsprechung in dem Suffix *-eno-* slawischer Partizipia wie abg. *nesenъ* „getragen" zu *nes-ti*, *tečenъ* „gelaufen" zu *tešti* (3. Sg. *teče-tъ*).

Viele ursprüngliche Partizipien haben sich von ihrem Verbum gelöst und sind selbständige Adjektiva geworden und als solche erhalten, auch wenn das Verbum verloren ging: got. *drugkans*, ae. *druncen*, an. *drukkinn*, ahd. *trunchan* „trunken"; an. *eiginn*, ae. *āgen*, as. *ēgan*, ahd. *eigan* „eigen, eigentümlich", Subst. got. *aigin*, an. *eigin*, ahd. *eigan* „Eigentum" (zu got. *aih* „ich habe"); as. *fagan*, ae. *fægen*, an. *feginn* „froh" (zu ae. *fēon*, ahd. *gi-fehan* „sich freuen"); ae. *ēacen* „gross", as. *ōkan* „schwanger" (zu got. *aukan* „vermehren"); an. *bolginn* „geschwollen" (ahd. *belgan* „schwellen"), *loðinn* „zottig" (got. *liudan* „wachsen"), *rotinn* „verfault", *eikinn* „wütend, rasend" (vgl. ai. *éjati* „bewegt sich"); ahd. *wesan*, ae. *forweoren*, an. *visinn* „verwest, verwelkt"; ahd. *tougan* „verborgen".

b) Substantiva. Bindevokallose Bildungen (meist alte Erbwörter).

Maskulina und Neutra (Suffix *-na-*): Verbalsubstantiva (und substantivierte Verbaladjektiva) sind an. *svefn*, ae. *swefn* = ai. *svápna-*, lat. *somnus* „Schlaf" (< idg. **su̯ep-no-s*, zu ae. *swefan*, ai. *svap-* „schlafen"); ae. an. *fregn*, ablaut. ahd. *fragan* = ai. *praśná-* „Frage" (Wz. **preḱ-*); got. *liugn* (Akk. Sg.) „Lüge"; got. *aþna-* (Dat. Pl. *aþnam*) = lat. *annus* „Jahr" (< idg. **at-no-s*, zu ai. *átati* „geht"); an. *lán* (finn. Lw. *laina* „Pfand"), as. ahd. *lēhan* „Lehen" (zu ahd. *līhan* „leihen"; vgl. auch ai. *rékṇas-* n. „Erbe, Besitz" = ae. *lǣn*); persönliche Bildungen (substantivierte Partizipia) sind got. *barn* „Kind" (s. o.) und an. ae. *þegn*, as. *thegan*, ahd. *degan* „Knabe, Gefolgsmann, Krieger" = gr. τέκνον „Kind" (zu gr. τεκ-εῖν „gebären"). Konkreta: got. *stains*, an. *steinn* usw. „Stein" (vgl. abg. *stěna* „Mauer" und gr. στῖον „Kiesel"); got. *lein*, an. *lín*, as. ahd. ae. *līn* „Flachs, Leinwand" (= lat. *līnum*); an. *bein*, ae. *bān*, ahd. *bein* „Knochen" (vgl. Adj. an. *beinn* „gerade"); an. *tún* „Gehöft", ae. *tūn* „Stadt", ahd. *zūn* „Zaun" (= air. *dún* „Festung, gall. ON *Lug-dūnum*); got. *haurn*, ahd. *horn* „Horn" = kymr. *carn* „Huf" (< idg. **ḱr̥-no-m*, Wz. **ḱer-*); ae. *fell*, ahd. *fel* „Haut, Fell", got. *þrūts-fill* „Aussatz" (< idg. **pel-no-*, vgl. lat. *pellis*); got. *kaurn*, an. *korn* usw. „Korn" = lat. *grānum*, air. *grán*, abg. *zrъno* (idg. **ĝr̥̄-no-m* „Mahlfrucht", Wz. **ĝerə-* „reiben").

Feminina (Suffix *-nō-*); Abstrakta: got. *rūna*, ae. *rūn*, as. ahd. *rūna* „Geheimnis, geheime Besprechung" (= air. *rún* „Geheimnis"); an. *laun* „Verbergung", ahd. *lougna* „das Leugnen" (vgl. got. *ana-laugns* „verborgen"); ae. *swicn* „Reinigung von einer Anklage" (vgl. got. *swikns*); an. *feikn* „Schrecken, Unglück", ae. *fācen*, ahd. *feihhan*, as. *fēkn* „Betrug, Verrat" (daneben Adj. an. *feikn* „gräßlich", ahd. *feihhan* „betrügerisch", zu got. *faih* „Betrug", vgl. auch ai. *píśuna-* „böse gesinnt"). Körperteilbenennungen sind got. *fairzna*, as. *fersna*, ahd. *fersana* „Ferse" (= gr. πτέρνα „Ferse", lat. *perna* „Hüfte"); ae. *ōxn*, ahd. *uohs(a)na* (neben *uochisa*) „Achselhöhle", an. *gaupn*, ahd. *gouf(a)na* „hohle Hand" (zu ae. *gēap* „weit, geräumig", *gēopan* „verschlingen"; vgl. auch lit. *žiùpsnis* „kleine Handvoll"); andere Konkreta: got. *smarna* „Kot" (Wz. **smer-* „schmieren"); an. *lón* „ruhige Stelle in einem Fluß" (vgl. *logn* n. „Windstille"); got. *wulla*, an. *ull*, ahd.

wolla = lit. *vìlna*, abg. *vlъna*, lat. *lāna* „Wolle" (idg. **u̯l̥-nā*, zu lat. *vellere* „rupfen").

Bildungen mit Bindevokal.

Maskulina und Neutra (Suffix *-ina-*, seltener *-ana-*, nur im An. *-una-*): got. *maurgins* = an. *myrginn*, daneben as. ahd. *morgan* und an. *morgunn* (vgl. abg. *mračьnъ* „dunkel" zu *mrakъ* < **morko-* „Finsternis"); got. *himins* = an. *himinn*, daneben ae. *heofon*, as. *heƀan* „Himmel"; got. *ragin* „Rat, Beschluß", an. *regin* (n. Plur.) „die ratenden Götter" (vgl. abg. *rečenъ* „gesagt", ai. *rácana-* n. „das Ordnen"); an. ahd. *megin* (neben an. *magn*, ahd. *magan*) „Kraft" (zu ahd. *mag* „ich vermag"); mask. Nomen agentis ist ahd. *scaffin*, *sceffin* (in schwacher Weiterbildung *sceffino*, as. *scepino*) „Schöffe", d. i. „Ordner" (zu ahd. *scepfen* „ordnen").

Feminina (*-inō-*, seltener *-anō-*): got. *fairina*, ae. ahd. *firina* „Verbrechen, Schuld"; as. ahd. *lugina* „Lüge"; as. *drugina* „Betrug", *stulina* „Diebstahl", *thekina* „Bedeckung"; ahd. *redina* „Rede", *scugina* „Scheune"; ahd. *elina* „Elle" (vgl. gr. ὠλένη), daneben mit langem Mittelvokal got. *aleina* = kymr. *elin* (< **olīnā*); got. *ahana*, ahd. *agana*, daneben mit *-inō-* ae. *egenu* „Spreu" (vgl. alat. *agna* „Ähre", gr. ἄχνη „Spreu", Wz. **ak̑-* „spitz, stechend").

Die wichtigste Verwendungsweise von *-ana-* ist in diesem Zusammenhang die als Infinitivsuffix der starken Verba. Der Infinitiv ist seiner Herkunft nach ein neutrales Verbalsubstantiv (*sprechen — das Sprechen*); im Gegensatz zu dem ursprünglich suffixbetonten Verbaladjektiv (Partizip) trug er den Akzent auf der Wurzelsilbe: ahd. *werdan* „werden" = ai. *vártana-m* „das Drehen" (Part. ahd. *giwortan* = ai. *vr̥tāná-*), as. *etan* „essen" = ai. *ádana-m* „das Essen", ahd. *beran* „tragen" = ai. *bháraṇa-m* „das Tragen", idg. **bhéro-no-m*. Die Infinitive der übrigen Verbalklassen haben den ihnen gemäßen praesuffixalen Vokal; mit *-na-* direkt von der Wurzel gebildet sind westgerm. *tun*, *gehen*, *stehen*: ae. as. *dōn*, ahd. *tuon*, ae. as. ahd. *gān*, as. ahd. *stān* (mit Umfärbung des Vokals nach *gān*); vgl. ai. *-dhā́-na-m*

„Behältnis“, *hā-na-m* „das Verlassen“, *sthā́-na-m* „Stand(ort)“.

2. Sekundäre Bildungen

a) Adjektiva (und darauf beruhende Substantiva).

Als Sekundärsuffix erscheint *-na-* bindevokallos in den von Lokativformen der entsprechenden Personalpronomina (vgl. gr. μοι = ai. *me*) abgeleiteten Possessivadjektiven *mein*, *dein*, *sein* (got. *meins*, an. *minn*, ae. as. ahd. *mīn* usw.) < idg. **mei-no-s* „bei mir befindlich, meinig“ usw. (vgl. II § 36) und in dem gleich gebildeten Substantiv an. *sveinn*, ahd. *swein* „Bursche, Knecht“ (< **su̯oi-no-s* „der zu einem selbst gehört“), sodann im Pronomen *jener* = got. *jains* usw. (II § 39, vgl. auch § 35 zu an. *hann*), im Zahlwort *eins* (got. *ains* usw. = lat. *ūnus*, air. *óen* usw. II § 61) < idg. **oi-no-s* (gegenüber ai. *é-ka-* < **oi-ko-*, apers. *aiva-*, gr. οἶος „allein“ < **oi-u̯o-*), in den lat. *bīnī*, *ternī* usw. genau entsprechenden Distributivzahladjektiven an. *tvennir*, *þrennir*, *fernir* „je zwei, drei, vier“ < idg. **du̯is-no-*, **tris-no-*, **q***etro-no-* (vgl. I § 4), wozu auch die Substantiva ae. *ge-twinn* „Zwilling“, lit. *dvynù* „Zwillinge“ und ae. *twīn*, ahd. *zwirn* „Zwirn“, sowie in dem von einer *k*-Bildung (vgl. ai. *dvi-ká-* „zweifach“) abgeleiteten got. *tweihnai* „je zwei“.

Desgleichen erscheint *-na-* in einigen adjektivischen und auf solchen beruhenden adverbiellen Bildungen (letztere mit ursprünglichem Suffix *-nē*), die von Lokaladverbien, seltener von Zeitbegriffen ausgegangen sind: got. *fairns*, as. *fern* „vorig“ (in der Verbindung mit „Jahr“) = lett. *perns* „vorjährig“, lit. *pérnai* „im vorigen Jahr“, ablaut. an. *forn* „alt“, as. ahd. *forn* „ehemals“, zu idg. **per/pr̥* (got. *faur*) „vor“; as. *opan*, ahd. *offan*, an. *opinn* < **upana-*, aschwed. *ypin* < **upina-* „offen“, zu as. *up* „auf“; ae. *nihterne* „nächtlich“ (vgl. lat. *nocturnus*, gr. νυκτερινός zum *r*-Stamm von gr. νύκτωρ „nachts“; ahd. *nuohturn* „nüchtern“ ist jedoch späte Schöpfung); substantiviert an. *undorn*, *undarn*, as. *undorn*, ahd. *untorn*, *untarn* „Zwischenzeit, Vormittag“, zu an. *undir* „zwischen“ (vgl. lat. *internus* „innen befindlich“: *inter*, *intrā*). Die Adverbien mit Suffix *-nē* antworten auf die Frage „woher?“: got. *ūtana*, ahd. *ūzana* „von außen“ (got. *ūta* „draußen"), got. *innana* „von innen" (*inna* „innen"), an. *undan*, ahd. *untana* „von unten" (an. *und* „unter"), an. *ofan*, ae. *ufane*, ahd. *obana* „von oben" (an. *of* „auf, über", ahd. *oba* „oben"); vgl. auch lat. *superne* „von oben" (*super* „oben", *supernus* „oben befindlich").

Sonst sind sekundär gebildete Adjektiva mit *-na-* äußerst selten: an. *heiđinn*, ae. *hǣđen*, as. *hēđin*, ahd. *heidan* „heidnisch", dazu got. *haiþnō* „Heidin", altgerm. Bildung mit Suffix *-na-*, *-ana-*, *-ina-* zu an. *heiđr*, as. *hētha* „unbebautes Land, Heide", also „die Heide bewohnend" (vgl. germ. VN Χαιδεινοί Ptol., ae. *Hǣđnas*, an. *Heinir* „Bewohner der norweg. *Heiđmǫrk*), später mit lat. *pāgānus* (zu *pāgus*) in der Bedeutung identifiziert und auf die religiöse Sphäre festgelegt; ae. *cristen*, an. *kristinn* ist entlehnt und umgebildet aus lat. *christiānus*.

b) Substantiva.

Als Sekundärsuffix bildet *-na-* im Germ. vorzugsweise persönliche Zugehörigkeitsbezeichnungen zu einem Personenkollektiv, doch so, daß diese primär den bzw. die Angehörigen des Kollektivs bezeichnenden Bildungen im besonderen Fall seinen Anführer oder Vorsteher — gewissermaßen als den *primus inter pares* — bezeichnen. Hierher gehören:

got. *þiudans*, an. *þjóđann*, ae. *þēoden*, as. *thiodan* (< germ. **þeuđa-na-z*) „König", d. i. „Vorsteher der **þeuđō*, der Volksgemeinde" (got. *þiuda*), vgl. auch *Teutana*, Name einer illyr. Königin (dagegen sind die *Teutoni* bzw. *Teutones* die „Angehörigen der **þeuđō*", langob. PN *Teudinus* der einzelne Angehörige); an. *Herjann*, Beiname des auch „Heervater" (*Herfǫđr*) genannten Gottes *Óđinn*, somit „Heerführer" (germ. **harja-na-*) und identisch mit gr. κοίρανος (dagegen beiordnende Bedeutung im altbrit. VN *Coriono-tōtae* = „Volk der Heerleute" und im altgerm. VN *Charini*); got. *kindins*, Bez. des röm. Statthalters, eig. „Stammesfürst" zu an. *kind* „Stamm" (= lat. *gens*, also < **ĝenti-no-s*); an. *dróttin*, ae. *dryhten*, as. *drohtin*, ahd. *truhtin*, *truhtīn* (< germ. **druhti-na-z*, entlehnt ins Finn. als *ruhtinas* „Fürst") „Gefolgsherr", zu germ. **druhti-z* (an. *drótt* usw.) „Gefolgschaft"; ahd. *hundina-* (in ON *Hundines-bach*), daneben als zum *n*-Stamm umgestaltetes **hund-na-z* as. ahd. *hunno* „Anführer einer Hundertschaft“ zu ahd. *hunt* „100“ bzw. *hunta* „Hundertschaft“; afränk. *thunginus* (Lex Salica), Vorsitzender im Ding der Hundertschaft, auch in ahd. ON wie *Tuncinas-heim*, zu einem mit as. *thing*, ahd. *ding* im Ablaut stehenden **þunga-*, das in ON bezeugt ist (ahd. *Tunges-dorf*, and. *Dungas-thorpe*). Beiordnend ist der langob. PN *Leudenus* = „Angehöriger des (eigenen) Volkes“, zu burgund. *leudis*, ahd. *liut* „Volk“ (vgl. auch aruss. *ljudinъ* „Gemeinfreier“).

Einige gleichartige Bildungen kommen auch in anderen Sprachen vor, vgl. z. B. lat. *dominus* „Herr der *domus*“ (d. h. der *familia*) < **domo-no-s*, dazu vom parallelen *u*-St. ai. *dámū-na-s-* (mit *-s-* erweitert), lat. *tribūnus* „Tribun, Vorsteher der *tribus*“. Das Suffix erscheint auch in Götternamen, wo es die Zuordnung zu oder Überordnung über einen Bereich ausdrückt, so in lat. *Portūnus* „Gott der Ein- und Durchgänge“ (*portus*), *Bellōna* „Göttin des Krieges“ (*bellum*), gall. *Epona* „Pferdegöttin“, lat. *Neptūnus* „Gott des feuchten Elements“ (**neptus*), *Fortūna* „Walterin des Zufalls“, an. *Óðinn*, as. *Wōdan*, ahd. *Wuotan* „Gott der Ekstase“ (an. *óðr*) bzw. „der Wütende“ (vgl. **wōðana-/-ina-* als Adj. „wütend“ in dem Kompos. ahd. *wuotan-herz*, ae. *wēdenheort* „Tyrann“, d. h. „ein wütendes Herz besitzend“), an. *Ullinn* „Gott des Glanzes“ (got. *wulþus* = an. GN *Ullr*), an. *Fillinn* „Feldgott“. Die außergermanischen Beispiele zeigen z. T. Dehnung des praesuffixalen Vokals; vgl. diesbezüglich ferner gr. ἀνεμώ-νη „Windblume“ zu ἄνεμο-ς.

Zugehörigkeitsbildungen nach Art des letzten Beispiels sind im Germ. selten: außer got. *akran* „Ertrag, Frucht“ zu *akrs* vgl. noch ahd. *hagan* „Dornstrauch“ zu *hag* „Einfriedung“, got. *bercna*, an. *bjarkan*, ae. *biercan* „Birkenzweig“ (Name der *b*-Rune) zu an. *bjǫrk* „Birke“.

§ 95. Suffix *-īna-* (idg. *-īno-*, *-eino-*)

Das im Germ. noch sehr produktive Suffix dient im Einklang mit dem Gebrauch verwandter Sprachen primär zur Bildung von Beschaffenheit, Art und Abstammung ausdrückenden Adjektiven; die anderen (substantivischen) Funktionen des Suffixes wie z. B. die deminutivische sind daraus abgeleitet; vgl. etwa lat. *haedīnus* „vom Bock (*haedus*) stammend" = germ. **gaitīna-z* „von der Ziege (got. *gaits*) abstammend" > Demin. got. *gaitein*, ae. *gǣten*, ahd. *geizzīn* n. „Zicklein".

Germ. *-īna-* kann auf idg. *-īno-* wie auch auf *-eino-* zurückgehen, die in anderen Sprachen z. T. geschieden sind, so z. B. im Litauischen: *beržýnas* „Birkenwald" zu *béržas* „Birke" mit Suffix *-īno-*, *ropienà* „Rübenfeld" zu *rópė* „Rübe" mit Suffix *-eino-* (desgleichen wohl auch lat. *rāpīna*: *rāpum*). Die Variante *-eino-* ist ferner zu erkennen in italischen Dialekten und im Awestischen, vgl. volsk. FlN *Bibrēnus* „Biberfluß" (gegenüber zweideutigem lat. *fibrīnus*, ahd. *bibirīn* und gall. *bebrīnus* mit *-īno-*), awest. *zaranaēna-* „golden". Formal erklären sich beide Suffixe aus Anfügung von *-no-* an ein Vorderstück auf *-i-*, wobei im Falle von *-īno-* Dehnung des *i* (vgl. lat. *marī-nus*: **mari*, klass. *mare* wie *Portū-nus*: *portu-s*), im Falle von *-eino-* dessen Hochstufe vorliegt (vgl. lit. *avíe-na* „Schaffleisch": *avì-s*). Den Ausgangspunkt bilden ursprünglich jedoch weniger die eigentlichen *i*-Stämme, sondern der im frühen Idg. vielfach in der Wortbildung für einen *o*-Stamm eintretende, selbständig jedoch nicht vorkommende *i*-Stamm (vgl. lat. *somnu-s*: *ex-somni-s*, *servu-s*: *servī-lis*, gr. ὁδό-ς : ὁδῑ-της, ai. *bhā́ma-* „Grimm": *bhāmi-tá-* „grimmig", ai. *vṛ́ka-* „Wolf": *vṛkī́-* „Wölfin", lat. *lupu-s*, Gen. *lupī*; hochstufig gr. χρύσεος „golden" < *χρυσει̯-ος zu χρυσό-ς). Im Balt., Slaw. und Griech. werden Stoffadjektiva kurzvokalisch gebildet: lit. *sniẽginas*„ schneeig" (aber Subst. *sniegýnas* „Schneehaufen"), abg. *rogozьnъ* „aus Papyros" (Subst. *rogozina* „Rohrmatte") zu *rogozъ* „Sumpfrohr", gr. φήγινος „eichen" (φηγός).

Verwendungsweisen des Suffixes

1. Als Adjektivsuffix bildet *-īna-* aus Substantiven Stoffadjektiva und Adjektiva ähnlicher Bedeutung.

Altererbt bzw. mit Parallelen in verwandten Sprachen sind: got. *filleins*, ahd. *fillīn* „ledern" (lat. *pellīnus*); got. *triweins*, ae. *trȳwen* „hölzern" (vgl. awest. *drvaēna-*); ahd. *ērīn*, ae. *ǣren* „ehern" (awest. *ayaᵛhaēna-*), zu got. *aiz*, ai. *áyas-* „Erz"; ahd. *geizzīn* „von der Geiß" (lat. *haedīnus*); got. *barizeins* „aus Gerste" (vgl. lat. *farīna* „Mehl"), zu an. *barr*, ae. *bere* „Gerste" = lat. *far*, *farris* „Spelt" (idg. **bhares-*). Altgermanisch sind got. *gulþeins*, ahd. *guldīn*, an. *gullinn*, ae. *gylden* „golden"; got. *eisarneins*, ahd. *īsarnīn* „eisern"; got. *staineins*, ahd. *steinīn*, ae. *stǣnen* „steinern"; got. *airþeins*, ahd. *irdīn* „irden", usw. Verwandtschaftliche Art und Zugehörigkeit bezeichnen ae. *fædren* „väterlich" (substantiv. got. *fadreina* n. Pl. „Eltern, Vorfahren") und *mēdren* „mütterlich" (vgl. abg. *sestrinъ*, lat. *sobrīnus* „Schwestersohn" < idg. **sues-rīnos*, zu *sestra*, *soror*), nichtstoffliche Qualitäten got. *aiweins*, ahd. *ēwīn* „ewig" (got. *aiws* „Zeit"), got. *ahmeins* „geistig" (*ahma*), *sunjeins* „wahrhaft" (*sunja* „Wahrheit"), ahd. *lugīn*, an. *lyginn* „lügnerisch", as. *strīdin* „streitbar". Auch Adjektiva können mit *-īna-* weitergebildet werden, gewöhnlich ohne wesentliche Änderung der Bedeutung, so ahd. *grāwīn* aus *grāo* „grau", ae. *blǣwen* aus *blāw* „blau", ahd. *jungīn* aus *jung*, *luzzilīn* aus *luzzil* „klein", ae. *slīđen* aus *slīđe* „grausam".

2. Die stets neutrale substantivische Verwendung ist aus der adjektivischen durch Substantivierung entstanden, so besonders deutlich in got. *gumein jah qinein* „Männliches und Weibliches" (ἄρσεν καὶ θῆλυ, Mc. 10, 6), sodann in den zwischen Abstammung und Deminution schwankenden Bezeichnungen von Tierjungen. In der Bedeutung „Zicklein" kommen vor got. *gaitein* usw., ae. *hǣcen*, mnl. *hoekīn* zu mnl. *hoek* „Ziegenbock", abg. *koza* „Ziege"), ahd. *zickīn*, ae. *ticcen* (zu ahd. *ziga* „Ziege") und (auch in der Bedeutung „Rehkitz") ahd. *kitzīn* (zu an. *kiđ*, engl. *kid* in gleicher Bedeutung).

Vgl. ferner ae. *cȳcen*, mhd. *kūchīn* „Küchlein" (zu ae. *cocc* „Hahn"), ahd. *fulīn* „Füllen" (*folo*) sowie gr. κορακῖνος „junger Rabe" (zu κόραξ). Zu einem Gattungsnamen hat sich im Germ. die entsprechende Bildung von ahd. *sū*, lat. *sū-s* „Sau" entwickelt:

**suụ-īno-* (vgl. lat. *suīnus*) „vom Schwein stammend" > got. *swein*, ahd. *swīn* usw. „Schwein".

3. Aus derartigen Bildungen entwickelte sich die deminutivische Funktion des Suffixes, die vorliegt in ahd. *magatīn*, ae. *mægden* „Mädchen" (mit gramm. Wechsel zu ahd. *magad*, ae. *mæged*), ae. *filmen* „Häutchen" (*felma* „Haut"), ahd. *fugilī* „Vögelchen" zu *fogal*, *embrīn*, ae. *embren* „kleiner Eimer, Urne" zu ahd. *ambar* „Eimer".

Eine abwertende Nuance zeigt die Deminuierung in got. *qineín* „Weibsbild", vielleicht auch in ae. *mennen* „Magd" (zu *mann* „Mensch").

4. Substantivische Zugehörigkeitsbildungen nach Art von lat. *vīcīnus* „Nachbar" zu *vīcus* „Häuserreihe, Straße", *piscīna* „Fischteich" zu *piscis* u. dgl. fehlen im Germ. fast ganz: hierher ahd. *fingirīn*, mnd. *vingerīn* „Fingerring". In ahd. *truhtīn* (§ 94) ist die Länge des Suffixvokals nicht ursprünglich.

Das Suffix *-īna-*, das vielfach bereits an suffixal charakterisierte Bildungen antrat, wurde in den westgerm. Sprachen, besonders im Deutschen, von den so entstandenen Konglutinaten allmählich verdrängt.

Nur deutsch und sehr spät ist der Ersatz der Stoffadjektiva auf *-en* (*irden*) durch solche mit Suffix *-ern* (*hölzern*, ahd. *hulzīn*), das von den neutralen *s*-Stämmen ausgegangen ist (*kälbern* < mhd. *kelber-īn* zu *kalb*, Pl. *kelber*), schon ahd. die Bildung von Adjektiven der Neigung mittels *-alīn*, *-ilīn* (*lougalīn* „lügnerisch", *folgalīn* „folgsam", *huorilīn* „süchtig nach Liebesgenuß"), die auf Mustern wie *scamal-īn* zu *scamal* „schamhaft" beruht. Verbreiteter ist der Ersatz des Suffixes in deminutivischer Funktion; sehr produktiv wurde dabei im Hochdeutschen (weniger im Niederd.) die ebenfalls von *l*-Bildungen wie ahd. *fugil-īn*, *gurtil-īn* (vgl. auch mhd. *Etzelīn* neben *Etzel*) ausgegangene Bildung mittels *-ilīn*: ahd. *hūsilīn* „Häuslein", *trugilīn* „Tröglein" (vgl. an. *trygill* § 87), *chindilīn* „Kindlein", and. *bundilīn* „Bündel", *stukkilīn* „Stückchen". Die einfache Bildung mit *-īna-* blieb (in der oberdt. Form auf *-ī*) nur in der Schweiz lebendig: *äugi*, *füessi* (Pl. *äugini*, *füessini*). Über die verbreiteteren Konglutinate *-ikīna-* und *-i(n)klīna-* vgl. § 154f.

§ 96. Suffix *-sna-*, Fem. *-snō-* (idg. *-sno-/-snā-*), mit Bindevokal *-asna-*, *-isna-* (idg. *-esno-*, *-osno-*) usw.

Das von Wurzelerweiterung auf *-s-* und *es-/os*-Stämmen ausgegangene Suffix (vgl. ae. *ōxn* „Achselhöhle“ < germ. **ōks-nō* zu ahd. *ahsa*, *ahsala* § 90, ai. *vadhas-ná-* „Mordwaffe“ zu *vádhas-* „dass.“) bildet im Germ. vorwiegend feminine Konkretbezeichnungen. Von diesen zeigt got. *hlaiwasna* „Grabmal“ noch deutliche Beziehung zu einem *s*-Stamm (got. *hlaiw* n., ahd. Plur. *lēwir* „Grab“); weitere Bildungen sind got. *arhvazna* „Pfeil“ (zu ae. *earh* „Pfeil“, lat. *arcus* „Bogen“, St. *arquo-*); as. *segisna*, ahd. (mit Umstellung) *segansa* „Sense“ (vgl. lat. *sacēna* < **sacesnā* „Haue des Pontifex“ zu *sec-ā-re* und ahd. *sahs* „Messer“); ahd. *alasna*, mnd. *elsene*, engl. dial. *alison*, span. (aus dem Got.) *alesna* „Ahle“ (zu an. *alr* m., ahd. *āla* f. „Ahle“); ae. *lyfesn* „Gift“ (zu as. *lubbi* „Pflanzensaft, Gift“). Ein zum *n*-Stamm umgebildetes Maskulinum ist ahd. *waganso*, an. *vangsni* „Pflugschar“ (zu lat. *vōmis* < **voxmis*, apreuß. *wagnis* „Pflugschar“); eine Entsprechung zum ai. Mask. *mr̥tsná-* (oder zum Fem. *mr̥tsnā-*) „feiner Staub“ < idg. **ml̥tsno-* (zu ai. *mr̥d-* „zerreiben“) ist in ae. *for-molsnian* „zu Staub werden“ enthalten; an. *mylsna* „Staub“ mit *i*-Umlaut zeigt fem. *jōn*-Bildung oder ist von *mylja* „zermalmen“ beeinflußt.

Andersartige Bildungen sind selten: Abstraktum (zu *filu* „viel“) ist got. *filu-sna* „Menge, Überfluß“; ein altererbtes Adjektiv ist ahd. (Notker) *lichsen* „hell“ < idg. **leuksno-*, vgl. awest. *raoxšna-* „glänzend“, apreuß. *lauksnos* Pl. „Gestirne“, lat. *lūna* (praenest. *lōsna*) „Mond“; frühgerm. PN ist *Leubasnus*, Fem. *-a* (zu skr. *ljùbazan*, Fem. *-azna* „liebenswürdig“, lit. *liaupsē* „Lobpreisung“, auf Grund eines *s*-St. **leubhes-*). Ohne Bindevokal erscheint das Suffix auch noch im Konkretum got. *drauhsnōs* f. Pl. „Brocken, Brosamen“. Aus anderen Sprachen vgl. lit. *varsnà*

„Pfluggewende“ (*vartýti* „wenden“), lat. *cēna* „Mahl“, osk. *kerssnaís* „cēnīs“ (zu **kert-* „schneiden“), gr. ἄχνη „Spreu“ < **aksnā* (zu lat. *acus*, *-eris* „Spreu“), lat. *venēnum* (< *-es-no-*) „Gift-, Liebestrank“ (zu *Venus*, *-eris*, ai. *vánas-* „Verlangen“).

§ 97. Suffix idg. *-rno-*

Das Suffix, das im Germ. in den Varianten *-erna-*, *-arna-* (mit erstem *a* < idg. *ə* oder *o*) und *-urna-* (< idg. *-r̥no-*) erscheint, ist an *r*-haltigen Stämmen erwachsen, vgl. kymr. *cadar-n* „stark“, bret. *kadarn* „tapfer“ neben kymr. *cadr* „stark“ bzw. zu abg. *kotora* „Kampf“ (beziehbar auch als *cad-arn* zu *cad* „Kampf“), alteurop. FlN *Isar-nus* neben *Isara*, ahd. *ahorn* „Ahorn“ (= gall. **akarna* im ON *Ayerna*, gr. ἄκαρνα „Lorbeer“, vgl. auch lat. *acernus* „aus Ahorn“) zu adän. *ær* (< **ahira-*), lat. *acer* „Ahorn“. Auch das schon vorgerm. Wort für „Eisen“, got. *eisarn*, ahd. usw. *īsarn* = gall. *īsarno-* (im Festungsnamen *Isarno-dori* = „Eisentore“), air. *íarn* beruht als das „kräftige“ Metall wohl auf einer in FlN belegten Ablautform **eisaro-* des *ro*-Adjektivs ai. *iṣirá-*, gr. (dor.) ἰαρός „regsam, kräftig“ (< idg. **isəro-*). Als komplexes Suffix erscheint germ. *-erna-*, die Abstammung bezeichnend, in got. *widuwairna* „Witwensohn“, anfränk. *thierna*, as. ahd. *thiorna* „Jungfrau, Dirne“ (als „Knechtstochter“ zu got. *þius*, as. ahd. *thio*) — beide zu *n*-Stämmen erweitert — sowie wohl auch im altgerm. VN der *Basternae* bzw. *Bastarnae*, dem ein im Altfranzös. erhaltenes germ. Wort *bast* „Kebsehe“ zugrunde liegen dürfte; die Bedeutung des Namens wäre also „Bastarde“ (*connubiis mixtis*, Tac. Germ. c. 46). Alle drei Bildungen haben einen pejorativen Beiklang.

§ 98. Suffix *-ni-* (idg. *-ni-*), mit Bindevokal *-ani-*, *-īni-*, *-aini-*, *-ōni-*

Das Suffix bildete in der Grundsprache verbale Adjektiva und Substantiva direkt aus der normalerweise hochstufigen Wurzel, vgl. ai. *váh-ni-* „fahrend“, gr. εὔ-νι-ς (zu ai. *ū-ná-*, got. *u-ans*) „ermangelnd“, lat. *lē-ni-s* „sanft“, *sēg-ni-s* „träge“; ai. *jyā-ní-* „Bedrückung“, abg. *sta-nъ* „das Stehen“, awest. *gao-stāni-* „Rinderstall“, lit. *duo-ni-s*, abg. *da-nъ* „Gabe“, air. *áin* < **ag-ni-* „das Treiben“. Auch Bildungen mit Bindevokal *e/o* kamen vor, vgl. ai. *vartaní-* „das Rollen“, *caráṇi-* „beweglich“, apreuß. *assanis*, abg. *jesenъ* „Herbst“, wozu got. *asans*, ahd. *aran* „Sommer, Ernte(zeit)“, die einzige germ. Bildung mit unverbaut erhaltenem Bindevokal *a*.

Im Germ. ist die unmittelbare Bildungsweise nur noch in Resten greifbar; nur beim schwachen Verbum bleibt *-ni-*, das sich mit den betreffenden Stammausgängen zu *-īni-*, *-aini-*, *-ōni-* verbindet, als Abstraktsuffix zunächst noch produktiv.

1. Adjektiva (mit teilweisem oder völligem Übergang zur *ja*-Flexion, vgl. § 70). Der ursprüngliche Sinn der Bildungen ist entweder partizipial oder der der Zugänglichkeit gegenüber der Verbalhandlung.

Beispiele: got. *hrains*, an. *hreinn*, ahd. *hreini* „rein“ (eigentlich „gesiebt“, zu ahd. *rītara*, lat. *crībrum* „Sieb“); got. *ana-siuns*, an. *sýnn*, ae. *ge-sīene* „sichtbar“, ahd. *ac-siuni* „offenbar“ < germ. **segʷni-* zu got. *saiƕan* „sehen“; got. *skauns*, ahd. *scōni* (finn. Lw. *kaunis*) „schön“ (eig. „ansehnlich“, zu ahd. *scouwōn* „schauen“); got. *ana-laugns* (vgl. Adv. *analaugni-ba*) „verborgen“; ahd. *gruoni*, ae. *grēne* „grün“ (zu ahd. *gruoan* „wachsen“); ae. *sǣne*, an. *seinn*, mhd. *seine* „langsam, träge“ (abgel. got. *sainjan* „säumen“), zu *sei-þus* „spät“; ae. *dierne*, as. *derni*, ahd. *tarni* „heimlich, lauernd“ (zu ae. *darian* „lauern“); vgl. ferner got. Adv. *arni-ba* „ernst“. In got. *ga-mains* = lat. *commūnis* ist der *o*-Stamm des Simplex (**moino-s* „Leistung, Gegenleistung“ in lit. *maĩnas* „Tausch“, air. *moín* „Gabe“) zum *i*-Stamm abgewandelt; vgl. lat. *somnu-s*: *ex-somni-s*.

2. Substantiva (sämtlich Feminina):

Altererbt sind an. *bǿn*, ae. *bēn* „Bitte“ (= arm. *ban* „Wort“) < idg. **bhā-ni-* zu **bhā-* (lat. *fā-ri*) „sprechen“ sowie die verbal nicht mehr anknüpfbaren Konkreta (Körperteilbezeichnungen wie auch lat. *pellis, pēnis, crīnis*) an. *hlaun* „Hinterbacke" (= ai. *śróṇi-*, awest. *sraoni-*, lit. *šlaunìs*, ablaut. lat. *clūnis*) und ae. *fyrsn* (vgl. ai. *pā́rṣṇi-*) „Ferse". Dazu kommen als germ. Bildungen got. *siuns*, an. *sjón*, as. *siun* „Sicht, Gesicht", ae. *on-sēon* „Anblick" (weitergebildet ahd. *ana-siuni* „Angesicht") zu got. *saiƕan* (vgl. Adj. got. *ana-siuns*); got. *sōkns*, an. *sókn*, ae. *sōcen* (weitergebildet ahd. *suohni*) „Untersuchung" (got. *sakan, sōkjan*); got. *taikns* (neben *a*-St. *taikn*) „Zeichen" (zu *ga-teihan* „zeigen"), *waila-wizns* „gute Nahrung" (zu *waila wisan* „wohlleben, schmausen"), *dau-ns* „Dunst, Geruch" (mit ahd. *tou-m* „Dunst" zu an. *dýja* „schütteln", abg. *dunǫti* „blasen", gr. θύειν „ein Rauchopfer bringen", lat. *fū-mu-s* „Rauch").

Zu den schwachen Verben 1—3 bildet *-ni-* im Frühgerm. das Verbalabstraktum, wobei das Suffix an den jeweiligen Tempusstamm antritt. Es erklären sich gemäß II § 85—87 *-īni-* (Kl. 1) aus *-eįe-ni-* bzw. *-iįe-ni-*, *-aini-* (Kl. 3) aus *-ēįe-ni-* und *-ōni* (Kl. 2) aus *-ā(įe)-ni-*. Die Bildungsweise ist nur im Got. noch voll lebendig, wo allerdings die Bildungen auf *-ōn* infolge der Konkurrenz anderer Abstraktbildungen, z. B. der auf *-ōþu-s, -assu-s* (§§ 124, 125) nicht sehr häufig sind. Im An. sind ursprüngliches *ī* und *ai* dem Schwund unbetonter Mittelsilben verfallen, während *ō* zu *a* gekürzt ist. Im Ahd., wo *-aini-* und *-ōni-* mit den entsprechenden Infinitivausgängen *-ēn* und *-ōn* zusammengefallen wären, sind nur noch Bildungen mit *-īni-* erhalten, die formal nicht mehr von den Adjektivabstrakta mit Suffix *-īn-* (§ 93) unterschieden werden; desgleichen im As. Auch im Ae., wo die Bildungen die Flexion der *jō*-Stämme oder die der ehemaligen *īn*-Bildungen angenommen haben, sind fast nur Abstrakta der 1. schw. Verbalklasse erhalten. Die Stelle des Suffixes *-ni-* übernimmt in diesen Sprachen das Suffix *-ingō-/ -ungō-* (§ 152).

Beispiele für *-īni-*: got. *daupeins*, ahd. *toufī*, as. *dōpi* „Taufe" (*daupjan*); got. *us-lauseins*, an. *ór-lausn*, ahd. *ur-lōsī* „Erlösung" (*us-lausjan*); got. *niuhseins* „Heimsuchung", an. *njósn* „Erkundung" (got. *bi-niuhsjan* „ausspähen"); got. *naseins*, ahd. *nerī*, ae. *neru* „Rettung" (*nasjan*); got. *ga-sateins* „Grundlegung" (*ga-satjan*), ae. *hond-seten* „Unterschrift"; got. *ga-raideins* (*ga-raidjan*), ae. *rǣden* „Anordnung", ahd. *ant-reitī* „Ordnung"; weiter zu entsprechenden *jan*-Verben got. *hauseins*, an. *heyrn* „Gehör", got. *fōdeins* „Nahrung", *hauheins* „Erhöhung", *hazeins* „Lob", an. *spurn* (*spyrja*) „Frage", ae. *þecen* „Bedeckung", ahd. *leitī* „Führung", *welī* „Wahl". Got. *ahmateins* „Inspiration" setzt ein Verbum **ahmatjan* zu *ahma* „Geist" voraus; das Ahd. bildet auch Ableitungen zu starken Verben: *lugī* „Lüge", *urstentī* „Auferstehung", *antfangī* „Anfang".

-*aini*-: got. *libai-ns* „Leben" zu *liban* (2. Sg. Praes. Ind. *libai-s*) „leben"; entsprechend *trauains* „Vertrauen", *þulains* „Dulden", *þahains* „Schweigen" und ohne Verbum im Got. (vgl. ahd. *lobēn* „loben", lat. *lubēre* „belieben") *lubains* „Hoffnung", wozu der altgerm. Frauenname (Dat.) *Lubaini* und wohl auch der an. Göttinnenname *Lofn*. Aus dem An. gehören ferner hierher (mit analog. Übertritt in die Flexion der *ō*-Stämme) *sǫgn* „Aussage" (*segja* „sagen"), *þǫgn* „Schweigen" (= got. *þahains*), *hǫfn* „Besitz" (*hafa* „haben") = ae. *hæfen*, aus dem Ae. noch *wæcen* „das Wachen" (vgl. got. *wōkains*).

-*ōni*-: got. *salbō-ns* „Salbung" zu *salbō-n*; entsprechend *mitōns* „das Ermessen", *laþōns* „Einladung", *frijōns* „Liebe". Aus dem An. *huggan* „Tröstung" (*hugga*), *fnasan* „Schnauben" (*fnasa*), *heitan* „Drohung" (*heita* „rufen, drohen" stark. Vb.); dazu aus dem Ae. *lufen* „Liebe" (*lufian* „lieben"), das jedoch auch, da *lufian* ehemaliges *ē*-Verbum ist (vgl. § 185.3), got. *lubains* direkt entsprechen kann.

§ 99. Suffix -*sni*- (idg. -*sni*-)

In einigen alten Abstraktbildungen erscheint hinter Verschlußlauten das Suffix -*ni*- in der Form -*sni*-. Das *s*, zu dessen Ursprung § 90 über -*sla*- zu vergleichen ist, markiert hier wie auch in anderen Fällen (vgl. bes. § 128. 2) die Wortbildungsfuge:

got. *ana-būsns* „Befehl, Gebot“ (*ana-biudan* „entbieten, befehlen“) = as. Pl. *ambūsni* „Gebote“, ae. *bȳsen*, *bīsn* „Beispiel, Gesetz“, an. *býsn* „Wunder, Vorbedeutung“ < germ. **būsni-* < idg. **bhūt-sni-*; got. *us-beisns* „Erwartung, Geduld“ (*us-beidan* „geduldig sein“), vgl. auch ae. *bāsnian* „erwarten“; got. *ga-rēhsns* „bestimmte Zeit, Bestimmung“ (vgl. got. *rahnjan* „rechnen“, abg. *reką* „ich sage“, *rokъ* „Termin“). Ohne sicheren Anschluß ist got. *rōhsns* „Hof, Vorhof“.

Vergleichbare Bildungen hat besonders das Litauische: *dėksnis* „Brandstätte“ (*dèg-ti* „brennen“), *lup-snìs* „Tannenrinde“ (*lupù* „schäle ab“), *pu-snìs* < **pul-sni-* „Schneewehe“ (*pučiù* „blase“ < **put-i̯ō*).

§ 100. Suffix *-nu-* (idg. *-nu-*)

Das auch in anderen Sprachen nicht häufige Suffix liegt im Germ. nur noch in wenigen Bildungen vor.

Altes Erbwort ist got. *sunus*, an. *sonr*, ae. as. ahd. *sunu* „Sohn“ = ai. *sūnú-*, abg. *synъ* < idg. **sŭ-nu-s*, zu ai. *sū-* „gebären“; ebenso got. *qairnus* „Mühle“ (im Komp. *asilu-qairnus*), vgl. mit Wurzelablaut abg. *žrъnъvi* f. Pl., lett. *dzirnus* „Mühle“; dazu noch got. *þaurnus* „Dorn“ (vgl. abg. *trъnъ* „Dorn“, ai. *tṛ́na-* „Gras“ *o*-St.), an. *ǫrn* (= ahd. *arn*, Pl. *erni*) „Adler“, *bjǫrn* < **ber-nu-* „Bär“. Alte *u*-Stämme sind auch ahd. *spān*, ae. *spōn* „Span“, an. *spánn*, *spónn* „Schindel“ (vgl. finn. Lw. *paanu* „Schindel“) und ahd. *trahan*, Plur. as. *trahni*, an. *tráni* (germ. **trah-nu-*) „Träne“. Als Adjektiv enthielt *trocken*, ahd. *truckan* ursprünglich *nu*-Suffix (**druk-nu-*, vgl. ae. *drȳge* < *drūgja-*, ne. *dry*).

§ 101. Suffix (*-nī*)/*-njō-*, mit Bindevokal *-injō-*, *-unjō-* (idg. *-nī*/*-ni̯ā-*)

Eine Kombination von *n*-Suffix und femininbildendem *-i̯jō-* (vgl. § 75) wird besonders im Westgerm. in der Bildung von Femininen und Abstrakten, aber auch als Konkretsuffix produktiv. In der ersteren, im Deutschen noch heute lebendigen Funktion, ersetzt es das nicht mehr lebenskräftige einfache Femininsuffix, vgl. ae. *þēwen* „Magd" für älteres *þēowe* = got. *þiwi* (§ 75). Das Got. überliefert nur ein Beispiel der Bildungsweise (*Saurini* „Syrerin"). Im An. ist *-unī/-unjō-*, das noch im Göttinnennamen *Fjǫrgyn* vorliegt, zu *-unjōn-* erweitert (*ásynja* „Asin"). Das Ahd. ersetzt die alten Nom.-Formen auf *-in* und *-un* (*kuningin*) später durch solche auf *-inna* bzw. *-unna* (*kuniginna*).

1. Motionsfeminina:

got. *Saurini* „Syrerin" (zu *Saur* *i*-St. „Syrer"); an. *ásynja* „Asin" (*áss*), *vargynja* „Wölfin" (*vargr*), *apynja* „Äffin" (*api*). Westgerm. sind ahd. *gutin*, ae. *gyden* „Göttin" (*got*), ahd. *scelchin*, ae. *scylcen* „Dienerin" (*scalch*), ahd. *fuhsin*, ae. *fyxen* „Füchsin" (*fuhs*), ahd. *henin*, ae. *henn* „Henne" (*hano* „Hahn"). Aus dem Ae. vgl. ferner *þīnen* „Magd" zu *þegn*, *ylfen* „Elbin" zu *ælf*, *wyrgen* „Frevlerin" zu *wearg* (vgl. an. *vargynja*); aus dem Ahd. *wirtun*, *wirtin* „Wirtin" (*wirt*), *friuntin* „Freundin" (*friunt*), *fīantin* „Feindin" (*fīant*), *kuningin* „Königin" (*kuning*), *māgin* „Verwandte" (*māg*). Zu mask. *n*-Stämmen gehören ahd. *grāvin* „Gräfin" (*grāvo*), *fora-sagin* „Prophetin" (*fora-sago*), mhd. *botinne* „Botin" (*bote*) sowie die Tiernamen ahd. *birin* „Bärin" (*bero*), *affin* „Äffin" (*affo*), *brackin* zu *bracko* „Spürhund, Bracke". Aus dem As. vgl. *wurgarin* „Würgerin" = ahd. *ir-wurigarin*.

2. Abstrakta, Kollektiva und sonstige Zugehörigkeitsbildungen. Die häufigeren denominalen Bildungen bezeichnen vielfach eine durch das Grundwort charakterisierte Örtlichkeit.

Von Adjektiven sind abgeleitet as. *wōstun*, ahd. *wuostin* „Wüste" (as. *wōsti* „wüst"), ahd. *festin* „Feste, Schutzwehr" (*fast* „fest"; dagegen as. *fastun* „das Fasten" wohl zum Verbum got. *fastan*), ahd. *lungun*, ae. *lungen* „Lunge" (= „die Leichte", zu ai. *laghú-*, *raghú-* „leicht", gr. ἐλαχύς „gering"), wohl auch ahd. *nuogin* „Mischkrug" als „bauchiges Gefäß" zu einem mit ae. *wōh* „krumm" (< **wanha-*) verwandten nasallosen Adjektiv (vgl. lat. *con-vexus*).

Zu Substantiven sind gebildet ahd. *mistun*, ae. *miexen* „Misthaufen" (got. *maihstus* „Mist"), ahd. *bulchun* „bulla" (*bolca* „dass."), *teiginna* „massa" (*teig*), *pirtun* „Weihgabe" (idg. **bhertu-* „Darbringung", vgl. ai. Infin. *bhartum* „zu tragen"), ferner ahd. *louginna, -una* „Gründling" (wohl zu *louga* „Lauge"). Hierher auch einige alte Namen von Örtlichkeiten: frühgerm. *Bācenis* (Caes. Bell. Gall. VI 10) Waldgebiet zwischen Rhein und Weser, später *Bāconia, Bōconia*, ahd. *Puohunna, Buochunna* Gegend von Fulda, als „Buchenwald" zu ahd. *buohha* „Buche"; analog ahd. *Virgunna* das Erzgebirge = kelt. *Hercynia* (*silva*) das deutsche Mittelgebirge < idg. **perkuni̯ā-* „Eichenwald" zu lat. *quercus* „Eiche". Identisch mit letzterer Bildung ist an. *fjǫrgyn* „Erde", auch Name der Mutter des Donnergottes Thor (dem die Eiche heilig ist), zu vergleichen auch got. *fairguni* n. „Gebirge". Dazu noch and. *Isunna* Sumpf um die Ise.

Verbalen Ursprungs sind ae. *hengen*, as. *henginnia* „Zustand des Hängens", ahd. *scruntunna* „Riß" (zu *scrintan*), *langinna* „Wandelhalle" (zu mhd. *lingen* „vorwärtsgehen"; vgl. auch engl. *linger*, nhd. *lungern*).

Der Ursprung des Suffixes liegt nicht eindeutig klar. Es ist sicher einmal an *n*-Stämmen entstanden, doch sind die germ. Bildungen wie ahd. *birin* „Bärin" zu *bero*, *affin* (an. *apynja*) „Äffin" zu *affo*, die als Bildungen mit *-ī/-jō-* von mask. *n*-Stämmen aufgefaßt werden können (**apen-ī*, **apun--jō* mit *-un-* < *n̥*), trotz ihres zweifellosen Beitrags zur Produktivität der Bildungen nicht ihr eigentlicher oder gar alleiniger Ausgangspunkt.

Bereits das frühe Idg. besaß ein fertig ausgebildetes (wohl an Bildungen wie ai. *takṣṇ-ī* = gr. *τεκταν-ι̯α > τέκταινα zu *tákṣan-*, τέκτων „Bildner, Zimmermann" erwachsenes) Femininsuffix *-nī* (*-ni̯ə*)/*-ni̯ā-*, wie die zu **pot-i-s* „Herr, Gatte" (ai. *páti-*, gr. πόσις, lit. *vieš-patis*) und **rēĝ-s* „König" (ai. *rā́j-*, air. *rí*, lat. *rēx*) gehörigen Femininbildungen **pot-nī* (ai. *pát-nī*, gr. πότνια, lit. *viešpat-ni*) und **rēĝ-(n̥)nī* (ai. *rā́j-ñī*, air. *rígain*) zeigen. Das Suffix konnte, wie die einzelsprachliche Praxis zeigt, auch an vokalische Stämme, z. T. mit Dehnung derselben, antreten, vgl. von *o*-Stämmen ai.

indrā-ṇí „Gattin des Gottes *índra-*", *araṇyā-ní* „Göttin des Waldes" (*áraṇya-*), *himā-nī* „Schneemasse" (kollekt. wie ahd. *teiginna*) zu *hima-* „Schnee", von *u*-Stämmen die Abstraktbildungen abg. *lьgy-ni* „Erleichterung" (*lьgъ-kъ* „leicht", vgl. ai. *laghú-*) und *vlъgy-ni* „Feuchtigkeit" (*vlъgъ-kъ*) „feucht"), apreuss. (Akk.) *maldū-ni-n* „Jugend" (**mal-du-s* = ai. *mṛdú-* „zart, weich"), ferner lat. *pecū-nia* „Geld, Besitz" (*pecu* „Vieh"). Im Slawischen wird *-yni* als Suffix abgelöst und bildet dann auch Ableitungen von *o*-Stämmen: *drug-yni* „Gefährtin" zu *drugъ* (lit. *draũga-s*). So wird auch germ. *-unī* als *-ŭ-nī* an *u*-Stämmen entstanden sein, vgl. ahd. *wirtu-n* zu got. *wairdu-s*, an. *ásynja*, urspr. **ansu-nī* zu **ansu-* „Ase", ahd. *lungu-n* „Lunge" formal = abg. *lьgy-ni*, ahd. *mistu-n* zu got. *maihstu-s*, *Virgu-nna* zu lat. *quercu-s* usw., während *-enī* (so noch verbaut in *Băcenis*) den Stammauslaut *e* der *e/o*-Stämme (vgl. ahd. Gen. *tages* < **dhoghe-so* II § 4) enthält, also ahd. *gutin* als **ghute-nī* (zu **ghute/o-* „Gott", got. *guþ*) zu analysieren wäre. Got. *Sauri-ni* enthält als Vorderglied den *i*-Stamm des Grundworts. Das Suffix kann somit im Germ. erst sekundär wieder zu *n*-Stämmen in Beziehung gesetzt worden sein, und zwar über solche Fälle, wo wie in ae. *þēow* und *þēowa* vokalischer und *n*-Stamm nebeneinander standen. Die ältere Femininbildung zu mask. *n*-Stämmen ist die mittels *-ōn-* (§ 91).

Ohne vorhergehenden Vokal (wie in ai. *pát-nī*) läßt sich das Suffix im Germ. nicht mit Sicherheit nachweisen.

§ 102. Suffix *-nja-* (idg. *-ni̯o-*)

Neutrale Kollektivbildung ist got. *fairguni* „Berg, Gebirge", das wie die entsprechende Femininbildung (vgl. den vorigen §) wohl ursprünglich „mit Eichen bewachsener Ort" bedeutete. Auch ae. *wēsten* „Wüste" ist Neutrum.

Über das westgerm. sog. Gerundium auf *-anja-* (ahd. *zi gebanne* „zu geben"), das eine Ableitung mittels *-ja-* zum Infinitivstamm darstellt und eine Parallele in den ai. Gerundivbildungen vom Typ *karaṇīya-* „faciendus" zu *káraṇa-m* „das Tun" hat, vgl. II § 83.

§ 103. Suffix *-ōnja-*

Mit einem Suffix *-ōnja-* werden im Germ. von den entsprechenden Substantiven Adjektiva der Himmelsrichtungen gebildet:

ahd. *ōstrōni*, ae. *ēasterne*, an. *austrønn* „von Osten (ahd. *ōstar*, ae. *ēaster*, an. *austr*) kommend, östlich"; analog ahd. *nordrōni*, ae. *norđerne*, an. *norrønn* „nördlich", ahd. *westrōni*, ae. *westerne*, an. *vestrønn* „westlich" und ahd. *sundrōni*, ae. *sūđerne*, an. *suđrønn* „südlich". Das Suffix ist lediglich im An. über diese Sphäre hinausgetreten und bildet in der falsch abgelösten Form *-rønn* Herkunfts- und andere Adjektiva wie *fjallrønn* „von den Bergen wehend" (*fjall* „Berg"), *valrønn* „fremdländisch" (*Valir* „Kelten"), *einrønn* „eigensinnig". Das Suffix ist parallel (kaum urverwandt) dem von lat. *extrāneus* (zu *extrā*) bzw. *ultrōneus* (zu *ultrō*). Vgl. auch den VN Νερτερεανοι bei Ptol. (= „die Nördlichen") mit Vokalstufe wie in gr. νέρτερος „der untere", umbr. *nertru* „sinistro".

§ 104. Suffix *-ma-*, Fem. *-mō-* (idg. *-mo-/-mā-*)

Das Suffix, das mit Vorliebe an offene oder auf Liquida endende Wurzeln antrat, bildete im Idg. verbale Adjektiva und Substantiva, auch sekundäre Ableitungen. Im Germ. hat es seine ursprüngliche Produktivität schon stark eingebüßt, es findet sich meist in altererbten, oft vom Verbum schon isolierten Bildungen.

1. Adjektiva mit medio-passiver oder Zustandsbedeutung (vgl. ai. *tig-má-* „scharf", *pra-stī-ma-* „gedrängt", *bhī-má-* „furchtbar", lit. *su-mìšmas* „vermischt" und den Gebrauch von *-mo-* als pass. Part. im Balt.-Slaw. sowie im Hethit.-Luw.: abg. *nesomъ*, lit. *nẽšamas* „getragen"), heth. luw. *piyama-* „gegeben"):

as. ahd. *warm*, an. *varmr* „warm“ (abgel. got. *warm-jan* „wärmen“) = lat. *formus*, awest. *garəma-* „heiß“, Subst. ai. *gharmá-* „Glut“ < idg. **g*ᵘ*hor-mo-s*, ablaut. gr. θερμός, zu gr. θέρομαι „werde warm“, abg. *gorěti* „brennen“; got. *rūms*, an. *rúmr*, ae. *rūm* „geräumig“, Subst. an. *rúm* n., ahd. *rūm* m. „Raum“, zu lat. *rūs* „Land“, awest. *ravah-* „Weite“, toch. *ru-* „öffnen“; an. *olmr* „wild, wütend“ < germ. **wul-ma-* zu an. *vella*, as. ahd. *wallan* „wallen“ (vgl. auch ahd. *walm* „Hitze, Glut“); an. *rámr* „heiser“, zu ai. *rā́yati* „bellt“, lit. *rojóti* „krähen“; as. *harm* „schmerzlich“, Subst. „Kummer“ (zu abg. *sramъ* „Scham“); got. *arms*, an. *armr*, ae. *earm*, as. ahd. *arm* „arm“; an. *aumr* „armselig“. Ableitung von einer nur nominal bezeugten Wurzel ist ae. *trum* „fest, stark“ < idg. **dru-mo-* zu ai. *drú-* „Holz“, *dru-má-* „Baum“; vgl. auch air. *dron* „fest“ < **dru-no-*.

2. Substantiva (Verbalabstrakta und daraus hervorgegangene Konkretbezeichnungen), meist mit *o*-Stufe, seltener Schwundstufe der Wurzel. In anderen Sprachen entsprechen z. T. auch Bildungen mit *-men-*.

Altererbte Konkretbezeichnungen (darunter einige Namen für Körperteile) sind an. *armr*, ae. *earm*, ahd. *arm* = lat. *armus*, ai. *īrmá-*, awest. *arəma-* „Arm“ (< idg. **r̥-mo-*); ae. as. *folm* m., ahd. *folma* f. „Hand“ = gr. παλάμη, lat. *palma*, air. *lám* (< idg. **pl̥-mā*); an. *barmr*, as. ahd. *barm* „Schoß“ zu *beran* „tragen“ (formal = gr. φορμός „Tragkorb“); ae. *ǣđm*, as. *āđom*, ahd. *ātum* < idg. **ēt-mó-* „Atem“ (vgl. ai. *āt-mán-*); ahd. *feim*, ae. *fām* (vgl. lat. *spūma*) „Schaum“; got. *hilms*, ahd. *helm* „Helm“ zu *helan* „bergen“ (vgl. ai. *śárman-* „Schutz“); ahd. *halm*, an. *halmr* „Halm, Stroh“ = gr. κάλαμος „Rohr“, lett. *salms* „Stroh“, lat. *culmus* (zu *ex-cellere*); an. *heimr* „Wohnung“, ahd. *heim* n. „Wohnort“, got. *haimōs* f. Pl. „Dörfer“ (= lit. *kiẽmas* „Dorf“); ahd. *scerm* „Schild“ = abg. *črěmъ* „Zelt“ (vgl. ai. *cárman-* „Haut, Fell“); an. *straumr*, as. ahd. *strōm* „Strom“ (vgl. lett. *strauma* „Strom“, thrak. FlN Στρύμων) zu ai. *srávati* „fließt“; Abstraktum ist got. *dōms* „Art, Bestimmung“, an. *dómr* usw. „Urteil“ (§ 158), formal = gr. θωμός „Haufe“, phryg. δουμος „Versammlung“ (idg. **dhē-/dhō-* „setzen“).

Mit verbalem Anschluß im Germ. sind: as. *farm* „das Vordringen" (*faran*); as. *dwalm* „Berückung", ahd. *twalm* „Betäubung" (abgeleit. got. *dwalmōn* „rasen") zu as. *ge-dwelan* „sich irren"; mhd. *swalm* „Schwall" (ahd. *swellan*); ahd. *walm* „Hitze, Glut" (*wallan*), *qualm* „Qual" (*quelan*); ahd. *swarm* „Schwarm", mhd. *surm* „Gesurre" (zu nhd. *schwirren, surren*, ai. *svárati* „tönt"); an. *saumr*, ahd. *soum*, ae. *sēam* „Saum" zu got. *siujan* „nähen" (vgl. ai. *syū-man-* „Band"). Von auf Verschlußlaut endenden Wurzeln sind abgeleitet an. *flaumr* „Schwarm", ae. *flēam* „Flucht" (germ. **flaug-ma-*) zu ahd. *fliogan* „fliegen"; an. *draumr*, ahd. *troum* zu *triogan* „trügen"; an. *taumr*, ahd. *zoum* „Zaum" zu *ziohan* „ziehen"; an. *faðmr* „Klafter", as. *faðmos* „Hände und Arme", ahd. *fadam* „Faden" (Maß) zu gr. πετάννυμι „ich breite aus"; mhd. *swadem* „Dunst, Schwaden" zu ahd. *swedan* „langsam brennen". Das sonst seltene Femininum liegt in Flußnamen noch vor: nhd. *Schwalm, Sulm* (gegenüber mhd. *swalm* m.); eine weitere Bildung mit Schwundstufe der Wurzel ist as. *holm* „Hügel", an. *holmr*, ae. *holm* „Insel" (zu lat. *ex-cellere*, vgl. *halm*). An Verbalabstrakten aus anderen Sprachen vgl. noch gr. φλογ-μός „Brand" (φλέγω), ai. *é-ma-* „Gang" = gr. οἶ-μος „Bahn" (**ei-* „gehen"), gr. πταρ-μός „Niesen" (idg. Wz. **pster-*, lat. *sternuo*).

Parallel mit Bildungen auf Dentalsuffix (*-to-*, *-ti-*, *-tu-*) gehen mehrfach solche auf *-tmo-* (germ. *-þma-*, *-tma-*): ahd. *brādam*, mhd. mnd. *brādem* „Dunst-, Hitzewelle" (nhd. *Brodem*) neben ae. *brǣþ* „Ausdünstung, Dampf" (ne. *breath* „Hauch"), ahd. *chrādam* „Geschrei" neben *krāt* „das Krähen", mhd. *blādem* „Blähen" neben ahd. *blāt*, as. *brahtum* = ae. *bearhtm* „Lärm, Gedränge" neben as. *braht*, as. *wastom* = ae. *wæstm* „Wachstum" neben got. *wahstus*, ae. *blōstm* (ne. *blossom*) neben mhd. *bluost* „Blüte".

Dem Anschein nach handelt es sich um Weiterbildungen der erwähnten Dentalbildungen mittels *-mo-*. Wegen der hierbei unregelmäßigen Unterdrückung des Zwischenvokals (*-ti-mo-* > *-t-mo-* usw.) ist jedoch vielmehr an parallele deverbale Ableitung mit *-tmo-* zu denken. Ausgangspunkt des kombinierten Suffixes *-t-mo-* sind *mo*-Bildungen von *t*-erweiterten

Verbalwurzeln: ahd. *brādam* <**bhrēt-mo-* zu **bhrēt-* in ahd. *brātan*, ae. *brǣdan* „braten" (gegenüber **bher-*, **bhrē-/bhrō-* in ae. *beorma* „Sauerteig" = lat. *fermentum*, mnd. *brōien*, mhd. *brüejen* „brühen"; **bhret-* auch in lat. *fretum* „Wallen des Meeres", *fretāle* „Bratpfanne"). Auf gleiche Weise hat sich wohl im Griech. das ähnliche Suffix -θμο- (in βα-θμός „Stufe", στα-θμός „Standort") herausgebildet (vgl. φλεγέθειν „brennen" neben φλέγειν usw.).

§ 105. Suffix *-uma-* (idg. *-m̥mo-*)

Als Variante von *-mo-* (etwa in lat. *summus* „der höchste" < **sup-mo-s* zu *sup-er*) erscheint im Idg. in superlativischen Raumadjektiven die Suffixform *-m̥mo-*, von der das Germ. noch einige Reste zeigt:

got. *fruma* „der erste", an. *frum-burðr* „Erstgeborener" < **pr̥-m̥mo-* neben ae. *forma*, as. *formo* = lit. *pìrmas* „erster" < **pr̥-mo-* und an. *framr* „vorzüglich", got. Adv. *fram* „vorwärts" = umbr. *promom* Adv. „primum", gr. πρόμος „Vorderster, Führer" < **pro-mo-*, zu idg. **per-/pr̥-* (got. *faur* „vor"); ae. *meduma*, ahd. *metemo* „mittelmäßig", got. *miduma* „Mitte" = awest. *madəma-* „der mittelste", daneben got. *midjuma-* in *midjun-gards* „bewohnte Erde" (= „der mittlere Bezirk") zu *midjis* wie ai. *madhyamá-* zu *mádhya-*. Komparativ ist got. *auhuma* „höher".

Als Nebenform von *-uma-* erscheint *-tuma-* in got. *aftuma* „der letztere (von zweien)", *iftuma* „der folgende" (zu *af* = gr. ἀπό bzw. zu gr. ἐπί „auf, zu — hin". Das Suffix, das im Lat. und Ai. Entsprechungen hat (lat. *intimus*, ai. *ántama-* „der nächste" zu idg. **en* „in", ai. *-tama-* als Superlativsuffix in *nava-tama-* „der neuste"), gehört an sich als *-uma-* zu Grundwörtern mit *t*-Suffix bzw. ist von solchen abstrahiert (vgl. lat. *in-tus*, gr. ἐν-τός „innen", got. *afta-na* „von hinten", ae. *eft* „wiederum").

Weitergebildet mit Superlativsuffix *-ista-* (§ 115) sind got. *frumists* „der erste", ae. *yfem-est*, *ufem-est* „der oberste" (= ai. *upamá-*) zu got. *uf-*, ae. *of-* „auf", ahd. *oba* „oben" (ai. *úpa*), got. *aftumists* = ae. *æftemest* „letzter", got. *hindumists* „hinterster, äußerster" (zu gall. *cintu-*, air. *cét-* „erster").

§ 106. Suffix *-mi-* (idg. *-mi-*)

Das auch im Idg. seltene Suffix kommt im Germ. nur vereinzelt vor.

Alte Erbwörter sind ae. *wielm*, *wylm* „Brandung, Woge“ = ai. *ūrmí-*, awest. *varəmi-* „Welle“ < idg. **u̯l̥̄-mi-* (Wz. **u̯el-* „wälzen“) und got. *waurms*, an. *ormr*, as. ahd. *wurm*, ae. *wyrm* „Wurm“ = lat. *vermis* < idg. **u̯r̥-mi-s* (neben *qʷr̥-mi-s* in ai. *kŕmi-*, air. *cruim*, kymr. *pryf*). Neben *o*-Stämmen stehen got. *haims*, *barms* und *arms* (vgl. § 104). Sonst noch ae. *cierm* „Klage“ (zu got. *kara* „Sorge“), *glǣm* „Glanz“.

§ 107. Suffix *-man-* (idg. *-men-*)

-men- war im Idg. ein geläufiges Suffix zur Bildung mask. oder neutr. Nomina actionis. Da diese vielfach das Ergebnis einer Handlung bezeichneten (ai. *dā-mán-* m. „Gabe“), konnten sie leicht zu Dingbezeichnungen werden (gr. δέρ-μα „Ergebnis des Abhäutens“ > „abgezogene Haut, Balg“; πέμμα „Gebäck“).

Im Gegensatz zum Neutrum unterliegt dem Mask. eine animiertere, verpersönlichte Auffassung des Verbalvorgangs (ai. *dhár-man-* n. „Stütze“: *dhar-mán-* m. „Träger“, lat. *sēmen* „Same“: *Sēmō*, *-ōnis* „Saatgott“), so daß sich auch Nomina agentis finden (gr. ποιμήν „Hirte“, ai. *dā-mán-* „Geber“). Im Germ., wo das Suffix in historischer Zeit nur noch im Friesischen produktiv ist, sind die ursprünglich häufigeren neutralen Bildungen ganz außer Gebrauch gekommen. Einziger Rest des Neutrums ist got. *namō*, Gen. *namins* (umgebild. an. *nafn*) „Name“ (vgl. lat. *nōmen*, gr. ὄνομα, ai. *nā́man-* n.), dessen westgerm. Entsprechungen jedoch Maskulina sind: as. ahd. *namo*, ae. *noma*. Auch bei anderen Bildungen ist Übergang von neutr. zu mask. Genus wahrscheinlich, so in as. ahd. *sāmo* gegenüber lat. *sēmen* (ähnlich in lit. *sė́mens* Nom. Pl. m. gegenüber apreuss. *semen*, abg. *sěmę* n.) und in got. *hliuma* „Gehör“ gegenüber awest.

sraoman- n., doch ist wegen der Möglichkeit alter Dubletten (gr. τέρμων: τέρμα „Ende, Grenze" = lat. *termō*: *termen*) eine sichere Entscheidung im einzelnen nicht möglich. Neutra anderer Sprachen, denen im Germ. Maskulina entsprechen, sind noch ai. *sthā́man-* „Standort", lat. *stāmen* „Grundfaden beim Weben" (got. *stōma* „Grundlage"; mask. auch lit. *stomuõ* „Statur"), lat. *lūmen* (Suffix *-smen-*) „Licht" (an. *ljómi*, ae. *lēoma*), gr. σέλμα „oberes Getäfel des Schiffes" (as. *selmo*, ae. *sealma* „Bettgestell").

Auch zum Suffix *-mo-* steht *-men-* in Beziehung, vgl. ai. *ájma-* neben *ájman-* (= lat. *agmen*) „Bahn", got. *malma* „Sand" — an. *malmr* „Erz", an. *gómi* „Gaumen" — *gómr* „Zahnfleisch", ae. *dwolma* „Verwirrung" — as. *dwalm* „Berückung", doch waren normalerweise beide Bildungen durch den Ablaut geschieden (gr. φλογ-μός: φλέγ-μα).

Weitere Beispiele für germ. Bildungen mit *-man-* (Konkreta und Nomina actionis):

got. *skeima* „Leuchte", as. ahd. *skīmo* „Licht, Schein" (zu got. *skei-nan* „scheinen", as. *skī-r* „klar"); got. *milhma* „Wolke", *ahma* „Geist"; ae. *gōma*, an. *gómi*, ahd. *guomo*, daneben ablaut. ahd. *giumo*, *goumo* „Gaumen" (Wz. **ghēu-* „klaffen, den Mund aufsperren" in gr. χαῦ-νος „klaffend", got. *gau-nōn* „klagen"); as. ahd. *riomo*, ae. *rēoma* „Riemen"; as. *thūmo*, ahd. *dūmo* „Daumen" (substantiviert aus **tūmo-* „stark", vgl. ai. *tū-tumá-* „stark", awest. *tuma-* „feist", zur Wz. **tū-* „schwellen"); an. *tí-mi*, ae. *tīma* „time" (neben ahd. *zī-t* „Zeit"); ae. *swīma*, an. *svími* „Schwindel, Ohnmacht" (vgl. kymr. *chwyf* < **su̯i-mo-* „Bewegung") zu mnd. *swāien* „sich schwingen", engl. *sway* (vgl. auch mhd. *swīmen* „schwanken, taumeln"); as. ahd. *glīmo* „Glanz" (afries. *glīa* „glühen", vgl. auch mhd. *glīmen* „glänzen"); as. ahd. *kīmo* „Keim" (as. ahd. *kī-nan* „keimen", got. *us-kijans* „hervorgekeimt"); ahd. *gi-smagmo* „Geschmack". Eine gewisse Produktivität haben die Bildungen im Friesischen erlangt, vgl. afries. *setma* „Satzung", *bisitma* „Besitz", *bitichtma* „Bezichtigung", *sprekma* „Spruch" und als denominative Bildung *werthma* „Schätzung".

Vereinzelt begegnet das Suffix auch in Adjektivabstrakten wie aschwed. *søtme*, afries. *swētma* „Süßigkeit", an. *blámi* „dunkle Farbe, Bläue", ahd. *rehtemo* „rechte Weise". Die Vorbilder solcher Sekundärbildungen sind Wurzelabstrakta wie an. *rođmi*, ahd. *rotamo* (**rudh-men-*) „Röte" (vgl. auch ai. *svād-mán-* „Süßigkeit").

Über das mit *-to-* erweiterte Suffix *-mn̥-to-* (in ahd. *hliumunt* „Leumund" zu got. *hliuma*) vgl. § 131.

§ 108. Suffix *-sman-* (idg. *-smen-*)

Die mit *s* verstärkte Form des Suffixes *-men-* (letztlich ausgegangen von Formen wie ahd. *wahsmo* „Wachstum" zu *wahsan*) findet sich besonders nach Wurzeln, die auf dentalen oder gutturalen Verschlußlaut enden:

ahd. *ros(a)mo* „Röte, Rost" < **rudh-s-men-* zu **reudh-* „rot" in as. *rotōn* „rosten" (vgl. ohne *s* ahd. *rotamo*); ahd. *bes(a)mo*, as. *besmo* „Besen", als „Gebundenes" zu Wz. **bhidh-* in lat. *fiscus* „geflochtener Korb" oder **bhedh-* (Nebenform von **bhendh-* „binden") in ahd. *bast* „Bast"; as. *bliksmo* „Blitz" (*blīkan* „glänzen", vgl. auch ahd. *blic* „Blitz"); ahd. *dīhsamo* und *fram-dehsmo* „Gedeihen" (*dīhan*), ferner as. *brosmo* „Brosame" < **bhrud-s-men-* zu an. *brjóta*, mit *s*-Bildung ae. *brȳsan* „brechen"; ahd. *deismo*, mnd. *desem*, ae. *þǣsma* „Sauerteig" (zu ksl. *těsto*, kymr. *toes* „Teig", gr. σταίς, Gen. σταιτός „Mehlbrei").

Der *s*-Zusatz findet sich auch außerhalb des Germ.; vgl. gr. (ion.) πρῆχμα < *πρᾶκ-σ-μα neben att. πρᾶγ-μα „Tat", lat. *lūmen* < **louxmen* (vgl. *lūna*, praenest. *lōsna*) gegenüber an. *ljómi* „Licht" und (beim Suffix *-mo-*) awest. *aēsma-* (**aidh-s-mo̧-*) gegenüber ai. *idh-má-* „Brennholz" (zu gr. αἴθειν „brennen").

§ 109. Germ. *-munja-*, *-umnja-*

Weiterbildungen mit *-i̯o-/-i̯ā-* von der Schwundstufe des Suffixes *-men-* sind germ. *-munja-* und *-umnja-* (Fem. *-jō*).

Das erstere Suffix liegt vor in got. *lauhmuni* f. „Blitz" (zu **lauhma*, ablaut. mit an. *ljómi*, ae. *lēoma* „Licht"); eine gleichartige Bildung **glitmuni* (zu ahd. *glizemo* „Glanz") wird durch das abgeleitete Verbum *glitmunjan* „glänzen" vorausgesetzt.

Etwas häufiger ist *-umnja-*, das im Got. in der Form *-ubni* bzw. *-ufni* erscheint. Neutra sind got. *witubni* „Erkenntnis" zu *witan* „wissen" (vgl. ai. *vidmán-* „Weisheit", gr. ἴδμων „kundig"), *waldufni* „Gewalt" (*waldan*) und *fastubni* „Halten, Dienst, Fasten" (zu *fastan*); Feminina got. *fraistubni* „Versuchung" (an. *freista* „versuchen") und *wundufni* „Geißel, Plage" (zu *wunds* „wund", as. *wunda* „Wunde"). Den Beweis für die Entstehung von *-ƀn-* (got. *-bn-*, *-fn-*) aus *-mn-* und zugleich einen frühen Beleg des Suffixes für das Westgerm. liefert der Volksname. Δουλγούμνιοι (Ptol.), der sowohl in dieser als auch in der sprachlich jüngeren Form *Dulgubnii* überliefert ist und etymologisch wohl zu an. *dolgr* „Feind", *dolg* „Kampf" gehört. Eine weitere westgerm. Bildung ist me. *levene* < **lauhuƀni* „Blitz". Mit got. *fastubni* kann bis aufs Genus as. *fastunnia* übereinstimmen, wenn das nur in obliquen Kasus bezeugte Wort nicht als *fastun* zu § 101 gehört, sondern aus **fastumnia* herzuleiten ist, doch spricht die Bedeutung „Fasten" gegen eine altgerm. Bildung.

Zur Erklärung von *-umnja-* mit seinem *u*-Vokal wird auf lat. *calumnia* „Schikane, Verleumdung" verwiesen, wo das *u* auf einem wurzelerweiternden Suffix beruht (alat. *calv-ī*, *calv-or*). Es hätten dann im Germ. Verben wie got. *(af-)walw-jan* „(weg)-wälzen" den Ausgangspunkt bilden müssen (vgl. lat. *volv-ere* und *volū-men*). Doch sind, wie got. *lauhmuni* und westgerm. **lauhuƀni* nahelegen, germ. *-munja-* und *-umnja-* eher lautliche Varianten ein und desselben Suffixes, die auf verschiedener Vokalisation der Nasale beruhen (*-mn-* > *-mn̥-* > *-mun-* gegenüber *-mn-* > *m̥n-* > *-umn-*). Ausgangspunkt für *-umnja-*, das auch Ableitungen von Nomina und Verba bildete, wären somit Bildungen wie got. *witubni* < **u̯idm̥n-i̯o-* zu **u̯id-men-* (ai. *vid-mán-*), die auf Verben (got. *witan*) oder entsprechende Nominalstämme bezogen werden konnten.

§ 110. Suffix idg. *-meno-/-mono-/-mno-*

-meno-/-mono-, eine Kombination der Suffixe *-mo-* und *-no-* (vgl. apreuss. *po-klausi-manas* neben lit. *pa-klausi-mas* „erhört"), schwundstufig auch *-mno-*, diente im Idg. als mediopassiv. Partizip, vgl. gr. φερό-μενος, awest. *yazəmna-* (zu *yazaite* „verehrt"), lat. *alumnus* „Zögling" (*alere*).

Im Germ. nur unsichere Reste; so ist **ermana-*, *-ina-* und (mit analog. Suffixablaut) *-una-* in Komposita wie as. *irmin-thiod*, ahd. *irmin-deot*, ae. *yrmen-þēod* „Gesamtheit der Menschen", ae. *eormen-grund*, an. *jǫrmun-grund* „die ganze Erde", as. *irmin-sūl* „universalis columna", got. PN *Ermana-rīcus*, westgerm. VN *Ermun-duri* „Gesamt-Thüringer" möglicherweise ein altes Partizip, dessen Herkunft jedoch unklar ist (man vergleicht gr. ὄρμενος, abg. *ramьnъ* „hervorbrechend, schnell vordringend" zur Wz. **er-/or-* in gr. ὄρνυμι, lat. *orior*). Eine ähnliche Bildung zeigt germ. **germina-*, **garmana-* in den westfränkischen Personennamen *Germenulf*, *Germen-berga* (as. *Girmin-burg*) und in dem suebischen Göttinnennamen *Garman-gabis* (§ 32) sowie der wohl ebenfalls hierzugehörige *Germanen*-Name, der noch keine sichere Deutung gefunden hat. Sonst finden sich gleichartige Bildungen nur in alten Flußnamen vorgermanischen Alters: and. *Almana*, *Almina* (Flüsse in Westfalen), Weiterbildungen von *Alma* und zur Sippe von *Ala* (Wz. **el-/ol-* „fließen, strömen"), desgleichen *Vermana*, *Vermina* neben *Verma* und *Vera* (Wz. **u̯er-* „Wasser, fließen"), u. a.

E. Bildungen mit *s*-haltigem Suffix

§ 111. Suffix *-iz-/-az-/-uz-* (idg. *-es-/-os*, *-is-*, *-us-*)

Mit dem Suffix der neutralen *s*-Stämme wurden im Idg. Abstrakta (Nomina actionis), normalerweise mit *e*-Stufe der Wurzel, gebildet: **ĝen-os*, Gen. **ĝen-es-es/os* (gr. γένος, lat. *genus*, *gener-is*, ai. *jánas-*) „Geschlecht", **u̯eqᵘos* (gr. ϝέπος, ai. *vácas-*) „Wort", **k̂leu̯os* (gr. κλέϝος, ai. *śrávas-*) „Ruhm", **sedos* (gr. ἕδος, ai. *sádas-*, an. *setr*, Gen. *setrs*)

„Sitz“, mit *o*-Stufe **opes-* (lat. *opus*, ai. *ápas-*) „Werk“. Der Flexionstyp hat sich in den germ. Sprachen nur in Resten und in Umbildungen (zu *a-*, *i-*, *u*-Stämmen) erhalten und ist in historischer Zeit als besondere Klasse der Wortbildung nicht mehr produktiv. Im frühen Westgerm. besaß er jedoch noch eine gewisse Lebenskraft, wie einige dem Germ. ausschließlich eignende Bildungen, darunter mehrere Tierbenennungen, bezeugen.

Zum Überleben der Flexion in den einzelnen germ. Sprachen vgl. II § 25. Die Entstehung der Suffixvariante *-uz-* dürfte mit idg. Bildungen auf *-us-* (vgl. ai. *janúṣ-* neben *jánas-*, awest. *gərəbuš-* n. „Tierjunges“, gr. δελφύς „Gebärmutter“ = ahd. *kilbur* „Kalb“) zusammenhängen, und an germ. *-iz-* dürften solche auf *-is-* beteiligt sein (vgl. ai. *arcíṣ-* „Strahl“ neben *i*-St. *arcí-*, lat. *cinis*, *pulvis*); die Ausbreitung der Varianten beruht jedoch auf german. Suffixablaut.

Alte Erbwörter sind: got. *sigis*, an. *sigr* „Sieg“, ahd. *sigir-ōn* „siegen“, altgerm. PN *Segis-mundus* = ai. *sáhas-* „Gewalt, Sieg“ (zu ai. *sáhate* „bewältigt“, gr. ἔχειν „haben, halten“, Wz. **seĝh-*); got. *ga-digis* „Werk, Gebilde“ (zu gr. τεῖχος „Mauer“); mhd. *jiuch* „Joch Landes“ (= gr. ζεῦγος, lat. Pl. *iūgera*); got. *ais*, Gen. *aizis*, an. *eir*, ahd. *ēr* „Erz“ (= lat. *aes*, *aer-is*, ai. *áyas-* „Erz“ < idg. **ai̯es-*); an. *barr*, ae. *bere* „Gerste“, got. *bariz-eins* „aus Gerste“ (= lat. *far*, *farris* „Dinkel, Spelt“); ahd. *ahir* „Ähre“ (= lat. *acus*, Gen. *aceris* „Granne, Spreu“); got. *agis* „Furcht, Schrecken“, ahd. *egis-līh* „schrecklich“, zum *n*-Stamm weitergebildet as. ahd. *egiso*, ae. *egesa* m. (= gr. ἄχος „Schmerz, Leid“); got. *riqis*, Gen. *riqizis*, an. *røkkr* „Finsternis“ (= gr. ἔρεβος „Dunkel der Unterwelt“, arm. *erek* „Abend“); got. *hatis*, an. *hatr*, ahd. *haz* „Haß“ (ae. *hete*, as. *heti* m.), verwandt mit gr. κῆδος „Sorge“. Weiter kommen hinzu aus dem Germ. got. *rimis* „Ruhe“ (zu ai. *ram-* „ruhen, zufrieden sein“), ae. *hlǣw* „Hügel“, ahd. Pl. *lēwir*, got. *hlaiwas-na* (§ 96), ae. *cild*, Pl. *cildru* „Kind“ und die Tiernamen ahd. *kalb*, Gen. *kalbires*, ae. *cealf*, Pl. *cealfru* „Kalb“ (ursprüngl. *o*-St., vgl. an. *kalfr* m. = ai. *gárbha-* „Leibesfrucht“), ahd. *lamb*, ae. *lomb* < **lambaz* (vgl. finn. Lw. *lammas*), ae. *lemb*

< **lambiz*; ahd. *(h)rind*, Gen. *rindares*, as. *hrīđ*, ae. *hriđer* „Rind“ < **hrinđiz*, ae. *hrȳđer*, mnd. *runt* < **hrunđiz* (erweitert aus idg. **k̂r-ent-/-n̥t* „gehörnt“ zu **k̂er-* „Horn“). Den Plur. auf *-ir* haben auch ahd. *farh* „Schwein“, *wild* „Wild“ und *huon*, as. *hōn* „Huhn“ (mit Dehnstufe gebildet zu *hano* „Hahn“, vgl. auch mnd. *swōn* „Schwan“ neben ae. *swan*, mnd. *krōn*, mhd. *kruon* m. „Kranich“ neben ahd. *krano*).

§ 112. Suffix *-isjō-/-usjō-(n)-*

Als ursprüngliche Abstrakt- und Femininbildung mit Suffix *-ī/-i̯ā-* zu Stämmen auf *-s-*, so korrekt z. B. in ahd. *chilburra* „Mutterlamm“, auch *kilbira*, *kalbira*, zum ursprünglichen *s*-Stamm *kilbur*, *kalb*, ahd. *nicchesa* „Nixe“ zu *nihhus* „Nix“ (§ 92), vgl. auch ai. *śavas-ī* Mutter Indras, Personifik. der Stärke (*śávas-*), ist *-isjō-/-usjō-* (auch mit *z* nach Verners Gesetz und mit *n*-Erweiterung) im Germ. über seinen ursprünglichen Anwendungsbereich hinausgewachsen. Es bildet besonders Abstrakta und Konkreta (Gerätebezeichnungen). Einem Teil der Belege dürften jedoch auch hier verlorengegangene *s*-Stämme zugrunde liegen.

Abstraktbildungen sind as. *blīdsea*, ae. *blīđs*, *blīss* „Freude“ (aus **blīþisī* zu ae. *blīđe* „froh“), ae. *līđs*, *līss* „Weichheit“ (*līđe*), *milds* „Milde“ (*milde*), me. *childse* „Kinderei“ (ae. *cild*, alter *s*-St., vgl. § 111).

Konkretbezeichnungen: got. *aqizi*, an. *øx*, ae. *æces*, ahd. *acchus*, *akis* „Axt“; got. *jukuzi*, ae. *gycer* (< **jukizi*) „Joch“ (vgl. got. *juk* „Gespann“, *s*-St. gr. ζεῦγος); ahd. *burissa*, ae. *byrcs* „Bohrer“ (ae. *borian* „bohren“); ahd. *britissa* „Pritsche“ (zu *bret*); mnd. *premese* „Hemmschuh, Bremse“ (zu *pramen* „drücken“, *prame* „Druck“); ahd. *zemissa* „Kleie“ (ae. *temsian* „sieben“), *scebissa* „Schabsel“ (*scaban*), *scruntussa* „Riß, Spalte“ (neben *scrunta*, zu *scrintan* „bersten, aufspringen“), ahd. *chuburra* „Floß“. Wahrscheinlich ist die Zugehörigkeit von as. *lunisa*, ae. *lynes* „Achsnagel“ (vgl. ahd. *lun* „dass.“) zu dieser Gruppe.

Personenbezeichnung ist ahd. *chebis*, *kebisa*, as. *kevis*, ae. *ciefes* „Kebse“ < **kađisjō-* (daneben ein Mask. in an. *kefsir*

„Sklave"), Tierbezeichnung as. *brimissia*, ahd. *primissa* „Bremse" (neben as. ahd. *bremo*, zu *breman* „brummen"). Über got. *bērusjōs* vgl. § 79.

§ 113. Suffix *-sa-*, Fem. *-sō-*, mit Bindevokal *-isa-*, *-asa-* usw., mit *n*-Erweiterung *-san-/-sōn-* (idg. *-so-/-sā-*)

Das Suffix *-so-* ist durch Thematisierung *s*-erweiterter Wurzeln (vgl. ai. *ákṣa-*, ahd. *ahsa* „Achse" < idg. **ak-s-o/ā-* zur Wz. **aĝ-* in an. *aka* „fahren") oder durch (ursprünglich adjektivische) Weiterbildung von *s*-Stämmen (vgl. got. *-weis*, ahd. *wīs* „wissend, weise" < **u̯eids-o-s* zu **u̯eides-* in ai. *védas-* „Kenntnis", got. *ahs*, Gen. *ahsis* n. „Ähre" neben ahd. *ahir*, lat. *acus* § 111) entstanden. Durch Anfügung von *-so-/-sā-* an vokalische Stämme, z. T. auch durch Ableitung von der Vollstufe des *s*-Stammes, entstanden die bindevokalischen Varianten. Mit dem unerweiterten *s*-Suffix sind vorwiegend alte Wörter gebildet (Abstrakta und Konkreta, die den *s*-Stämmen nahestehen; Tierbezeichnungen); mit dem besonders im Nordgerm. produktiven *san*-Suffix werden vor allem affektische Bildungen (Koseformen von Personen- und Tiernamen, Deminutiva, Pejorativa) geschaffen.

1. Bildungen mit *-sa-/-sō-*.

Abstrakta und Konkreta (meist Erbwörter): von offener Wurzel ist gebildet an. *geirr*, ahd. *gēr*, germ.-gr. γαῖσος = kelt.-lat. *gaesum* „Wurfspeer", gr. χαῖος „Hirtenstab", als **ĝhai-so-s* zu ai. *hinóti* „setzt in Bewegung, schleudert", vgl. auch ai. *héṣas-* n. „Geschoß". Von Wurzeln auf Verschlußlaut: as. ahd. *sahs*, an. *sax*, ae. *seax* n. „Messer, Kurzschwert" = lat. *saxum* „Stein" (zu lat. *sec-ā-re* „schneiden", ahd. *saga* „Säge"); got. an. ahd. *hals*, ae. *heals* = lat. *collus* „Hals"; ahd. *hahsa*, nhd. *Haxe* = lat. *coxa* „Hüfte", air. *coss* „Bein", ai. *kákṣā* „Achselgrube (des Pferdes)" zur Wz. **(s)kek-* „springen" (weitläufig verwandt auch ahd. *hinkan* „hinken", mhd. *hanke* „Schenkel, Hüfte"); got. *þeihs* „Zeit" < **þinχsa-*, langobard. *thinx* (neben as. *thing*, ahd. *ding*) „Volksversammlung, Ding", vgl. auch altgerm. (*Mars*) *Thingsus*;

got. *weihs*, Gen. *weihsis* n. „Flecken, Dorf" (vgl. lat. *vīcus*); ahd. *ās* n. „Aas" < **ēd-so-* (vgl. lit. *ė̃desis* „Fraß"); an. *fax* „Mähne", ahd. *fahs* „Haar" (vgl. gr. πέκος „Vließ"). Adjektivum ist an. *ljóss* „licht" (neben Subst. *ljós* n.), vgl. ai. *rukṣá-* „glänzend" (Wz. **leuk̑-*).

Tierbezeichnungen: an. *lax*, as. ahd. *lahs*, ae. *leax* „Lachs" (vgl. lit. *lãšis*, russ. *losósь* „Lachs", toch. *laks* „Fisch"); ahd. *far* (Gen. *farres*), ae. *fearr* „junger Stier", Fem. mhd. *verse* „junge Kuh, Färse" < idg. **por-so-s*, **porsī*, *-i̯ā-* zur Wz. **per-* „brüten" (lit. *perìù*; vgl. auch gr. πόρις, πόρτις „junge Kuh"); an. *hross*, as. *hros*, ablaut. *hers*, ahd. *hros*, ae. *hors* „Roß" (< **kr̥t-/kert-so-?*); ahd. *wafsa*, ae. *wæfs*, mit Umstellung (wie auch in lat. *vespa*) as. ahd. *waspa* „Wespe" = lit. *vapsà* < idg. **u̯obh-sā* zur Wz. **u̯ebh-* „weben" (vgl. *Wabe*). In einigen Fällen endeten alte Wurzelnomina auf *-s*, so ae. usw. *mūs* „Maus" (= ai. *mū́ṣ-*, lat. *mūs*, *mūr-is*) und ahd. *gans*, ae. *gōs* (= gr. χήν < **ghans*), die dann in den germ. Sprachen in vokalische Deklinationen überführt wurden (konson. Deklin. noch im Ae., vgl. § 67), ähnlich wie ai. *haṃsá-* (ein Wasservogel) aus dem Kons.-Stamm erweitert ist. So werden auch *Fuchs* und *Luchs*, die gegenüber den Femininen got. *fauhō*, aschwed. *lóa* eine *s*-Erweiterung zeigen, ursprünglich konsonantisch flektiert haben, da ahd. *fuhs* und *luhs* gegenüber ae. *fox*, *lox* auf einen *u*-Stamm **fuh-su-*, **luh-su-* weisen, der wie got. *fōtus* aus einem Konsonantstamm umgebildet sein kann. Das mit *luhs* verwandte gr. λύγξ flektiert als Wurzelnomen, allerdings ohne die *s*-Erweiterung (Gen. λυγκ-ός); *fuhs* gehört zu ai. *púccha-* < **puk-sko-* „Schweif, Rute". Bei *Dachs* (ahd. *dahs*, as. ON *Thahs-hēm*) weist das Nordgerm. (an. **þǫx* in ON und norw. *svin-toks* „Dachs") auf einen *u*-Stamm germ. **þahsu-*, dessen *s* mit dem von ai. *tákṣan-* (§ 91.3), lat. *texere* „bauen" identisch ist.

2. Bildungen mit Mittelvokal sind:

ahd. *bilisa* „Bilsenkraut" (mit anderem Suffix as. *bilina*) zu idg. **bhel-* „blaß, weiß"; ahd. *elira* „Eller, Erle", span. *aliso* (aus dem Got.) = maked. ἄλιζα „Weißpappel" (< **alisā*); an. *hams* „Schale, Hülle" < **hamisa-* (vgl. ae. *hama* „Haut, Kleidung", as. *hemidi* „Hemd"); ahd. *felis*, *felisa* „Fels" neben an. *fjall* „Felsen,

Berg" ohne Mittelvokal; ahd. *nihhus*, ae. *nicor* m. „Wasseruntier". Eine alte Sekundärbildung ist an. *Viđarr* = illyr. *Vidasus*, Name eines Waldgottes (zu an. *viđr*, ae. *widu* „Holz, Baum, Wald").

3. Suffix *-san-*, Fem. *-sōn-* (meist bindevokallos). Im Nordgerm. erscheint das Suffix in sekundär gebildeten Tier- und Personenbezeichnungen mit deutlich affektivem Nebensinn sowie besonders in Bei- und Kurznamen, im Fries., Niederd. und Hochd. vor allem in letzterer Verwendung.

Beispiele aus dem Nordgerm. (Mask. *-se*, *-si*, Fem. *-sa*): Tiernamen: an. *bersi* „männlicher Bär" (= norw. *besse* „großer Kerl") zu **ber-* (ahd. *bero*, an. *bjǫrn*) „Bär"; an. *gassi* „Gänserich" (*gás*), schwed. *fölse* „kleines Fohlen" (*föl*), *hunze* „kleiner Hund" (*hundr*), isl. *hrussi* „kleiner Widder" (an. *hrútr*), schwed. *fromsa* „weibliches Erstgeborenes" (vgl. an. *frum-burđr*), *tossa* „Frosch, Kröte" (vgl. engl. *toad*), norw. *tiksa* „kleine Hündin" (*tik*). Personenbezeichnungen: norw. *kaksa* „mächtiger Kerl" (*kagge* „Dickbauch"), isl. *draugsi* „kleines Gespenst" (an. *draugr*); schwed. *konsa* „leichtfertiges Frauenzimmer" (*kona*), *kofsa* „Dirne". Namen: an. *Hiksi* (*hik* „mager"), *Hrafsi* (Dem. zu *Hrafr*), *Hrossi* (zu *hross* „Roß") = ae. *Horsa*; isl. *Gunsa* (Koseform von *Gunn-hildur* u. a.), *Marsa* (= *Maria*). Konkretbezeichnungen: an. *vǫlsi* „penis virilis" (*vǫlr* „runder Stab"), schwed. *afse* „kleiner Bach" (Dem. von *ava*), isl. *bátsi* „kleines Boot", an. *hremsa* „Tatze, Pfote (*hrammr* „dass."), *lefsa* „dünnes Brot" (*lef* „Brotkuchen").

Niederdeutsch und Hochdeutsch: Suffix *-zo*, Fem. *-za* (an Dentalen als *-t-so*, *-t-sa* entstanden). Korrekt in and. *Hilzo* (Stamm *Hild-*), *Lanzo* (St. *land-*), *Thiezo*, Fem. *Tieza* (Stamm *Theud-*), ahd. *Balzo* (Kurzform von *Balduuin*), *Thiezo* (= and.), übertragen in and. *Sizo* < **Sigi-zo*, *Rikiza*, ahd. *Chuonzo*, Fem. *Kunza* (= *Kunigund*); für das Fries. vgl. *Hese* (= *Hed-wig*). In Appellativen ist das Suffix seltener: nhd. *Wanze* (aus *Wand-laus*), *Spatz*, mhd. *spatze* (zu ahd. *sparo*), doch sind moderne Bildungen wie *Knirps*, *Tapps*, *Flapps*, westfäl. *slaks* „langaufgeschossener Bengel" (*slak* „schlaff") letzten Endes hier anzuschließen. Das Neuengl. hat *lass* „Mädchen" (*lad* „Bursche"), *Betsy*, *Bessy*,

Bess (= *Elizabeth*). Das Suffix gehört deutlich der populären Sphäre an und ist wohl deshalb in alter Zeit schlecht bezeugt.

Westgerm. Abstraktbildungen auf *-isan-* wie as. ahd. *egiso* „Schrecken", ae. *hlȳsa* „Gerücht" (**hlewis-an-*), *wrǣnsa* „Lüsternheit" zum Adj. *wrǣne*, ahd. *lingiso* „prosperitas" (zu *gi-lingan*), die im An. Parallelen haben (an. *kalsi* „Kälte", *heilsa* „Gesundheit"), sind ihrem Ursprung nach mit *n* erweiterte *s*-Stämme (as. *egiso* : got. *agis*). Auch dem schw. Adj. got. *walisa* „echt, geliebt" liegt wohl ein *s*-Stamm **waliz* „Wahl" (vgl. *waljan* „wählen") zugrunde.

4. Altgerm. Namen mit *s*-Suffix sind:

Personennamen: burgund. *Gabso* (zu *geban* „geben"); erul. *Hariso* m., urnord. *Hariso* f., westgerm. GN *Hariasa* (zu *hari-*, *harja-* „Heer"); westgerm. *Aliso* = afries. *Eliso*, ae. *Elesa*, Fem. ahd. *Elisa* (vgl. auch *Aliso* als ON); got. *Thoriso* (Erweit. eines *s*-Stammes, vgl. *Thoris-mōdus*). Manche der Namen mit Zwischenvokal scheinen in Zusammenhang mit außer- und vorgerm. Namen zu stehen, so sicher *Hariso* usw. mit gall. *Coriso*, *Corisius* (= an. *hersir* „Vorsteher des *herað*"). Alte Flußnamen mit *s*-Suffix sind **Amisa* (> *Emisa*, *Ems*), Name mehrerer Flüsse in Mittel- und Niederdeutschland, **Apisa* (> *Effesa*, heute *Efze* im Bereich der Fulda) zu idg. **ap-* (ai. *āp-*) „Wasser", vgl. auch illyr. *Ap-so-s* ohne Bindevokal; **Varisa* (> *Weris-aha*, Nfl. der Ems) zu ai. *vār*, toch. *war* „Wasser".

Weitere Bildungen mit Suffix *-so-/-sā-* aus anderen Sprachen sind ai. *vat-sá-* m. „Jährling, Kalb" (eig. *vats-á-* zum *s*-Stamm gr. ϝέτος „Jahr"), *drapsá-* m. „dicker Tropfen"; lat. *capsus*, *cap-sa* „Behältnis" (*capere*); *noxa* „schädliche Handlung" (*nocēre*); lit. *smarsas* „schlechtes Fett" (*smirdėti* „stinken"), *raupsaĩ* „Aussatz" (*raupas* „Pocke").

§ 114. Suffix *-su-*

Über ahd. *luhs*, *fuhs* und *dahs* vgl. § 113.

§ 115. Suffix *-is-* (Vollstufe idg. *-i̯es-*)

Über Anwendungsbereich und sprachwissenschaftliche Einordnung des Komparationssuffixes *-is-* (*-iz-*) und seiner

Erweiterungen *-iz-an-* (Komparativ) und *-is-ta-* (Superlativ) samt deren Varianten *-ōzan-*, *-ōsta-* (got. *hauhis* Adv. „höher", Komp. *hauhiza*, Sup. *hauhists*; *armōza*, *armōsts* usw.) vgl. die Formenlehre (II § 56f., 59).

F. Bildungen mit Labialsuffix

§ 116. Suffix *-ƀa-*, Fem. *-ƀō-* (idg. *-bho-/-bhā-*)

Suffixe, deren charakteristischer Konsonant ein labialer Verschlußlaut war, waren im Idg. selten. Im Grunde war — wenn man von den nicht mehr als Ableitungselemente empfundenen Wurzeldeterminativen absieht — nur *-bho-/-bhā-* ein produktives Suffix, das in mehreren charakteristischen Funktionen erscheint: in Farbadjektiven (gr. ἄργυ-φο-ς „weißglänzend" neben ai. *árju-na-* „weiß", gr. ἄργυ-ρο-ς „Silber"; lat. *albus* „weiß"), in Tiernamen (gr. ἔλαφος „Hirsch", ἔριφος „Böcklein", ai. *vr̥ṣabhá-* „Stier" neben *vŕ̥ṣan-*, *śarabhá-* „hirschartiges Tier" zu lat. *cervus*), in modifizierenden Weiterbildungen von Adjektiven (lat. *acerbus* „herb": *acer* „scharf", ai. *sthūla-bhá-* „grob, massiv": *sthūlá-* „dass."), in adjektivischen Ableitungen von Substantiven (ai. *vali-bhá-* „runzlig": *vali-*, *agni-bha-* „Gold", eig. „das Feuerfarbene" zu *agní-* „Feuer"), in Abstraktbildungen zu Adjektiven und Substantiven (abg. *zъlo-ba* „Bosheit": *zъlъ* „böse", *gostъ-ba* „gastliche Bewirtung": *gostъ* „Gast", *tatъ-ba* „Dieberei": *tatъ* „Dieb").

Im Germ. sind die meisten Verwendungsweisen nur noch in versprengten Beispielen, die nicht mehr als Ableitungen empfunden werden, greifbar.

Mit lat. *albus* sind formal identisch an. *alfr*, ae. *ælf*, mnd. *alf* „Alp, Elf" (= „weiße Nebelgestalt") und ahd. *alba* „Insektenlarve"; als Feminina auf *-ī/-jō-* bzw. *-ī-* gehören hierher auch der FlN *Elbe* (alt *Albis*, *Albia*; vgl. auch gall. FlN *Albis*, *Alba*) und an. *elfr* „Fluß", ferner — weitergebildet mit idg. *d*-Suffix (§ 132) — ahd. *albiz* „Schwan". Das Farbadjektiv ahd. *erpf*, an. *jarpr*, ae.

corp „dunkelfarben, dunkelbraun“ weist gegenüber gr. ὄρφος „ein (dunkelfarbiger) Meerfisch“, ὀρφνός „dunkel, schwarzbraun“ auf suffixales *b*, doch hat *bh* der offenbar damit zusammenhängende Tiername an. *jerfr*, schwed. *järf* „gulo borealis“ (eine Marderart = „das braune Tier“). Mit gr. ἔλαφος wird got. *lamb* < **lom-bho-* verglichen. Got. *halbs* „halb“, *halba* „Hälfte“ gehören zu lit. *šalìs* „Seite“.

Produktiv ist im Germ. (doch nur noch im Got.) das zur Bildung von Adverbien des Positivs neben *-ō* (in got. *galeikō* „gleich“) verwendete Suffix *-ba*, das an den Stammvokal des betreffenden Adjektivs antritt: got. *ubila-ba* „böse“, *bairhta-ba* „glänzend“, *sunja-ba* „wahr“, *unanasiuni-ba* „unsichtbar“, *arni-ba* „fest“, *hardu-ba* „hart“, *manwu-ba* „bereit“. Es kann sich hierbei um eine erstarrte Kasusform eines Adjektivabstraktums auf *-bhā-* wie abg. *zъlo-ba* „Bosheit“ handeln (*ubila-ba* „auf böse Weise“), aber auch um solche eines erweiternd-modifizierenden Adjektivs auf *-bho-*, das etwa „von der Art des Grundworts seiend, dessen Qualität habend“ bedeutete. In diesem Fall würden die ursprünglich vorauszusetzenden Adjektiva (**ubila-ba-z* „von böser Art“) den außergerm. Adjektiven vom Typ lat. *acerbus*, ai. *sthūla-bhá-*, gr. στέρι-φο-ς „starr“ (neben στερεός) entsprechen.

G. Bildungen mit Dentalsuffix

§ 117. Suffix *-þ-* (*-đ-*), mit Bindevokal *-aþ-*, *-iþ-*, *-uþ-* usw. (idg. *-t-*)

Ein einfaches *t*-Suffix, das letztlich die Grundlage für die darauf aufgebauten vokalischen Suffixe *-to-*, *-ti-* usw. bildet, fungierte im Idg. besonders bei vokalisch auslautenden Wurzeln als erweiterndes „Determinativ“, wenn diese Wurzeln (gewöhnlich in der Komposition) in nominaler Geltung verwendet werden sollten: ai. *deva-śrú-t-* „den Göttern hörbar“, *deva-stú-t-* „die Götter preisend“, *viśva-jí-t-* „alles ersiegend", lat. *com-i-t-* (Nom. *comes*) „Begleiter" („mitgehend"), *sacer-dō-t-* „Priester" (= „qui sacra facit", Wz. **dhē-/dhō-*), gr. ἀ-γνώ-τ- (Nom. ἀ-γνώς) „nicht kennend, unbekannt" (woneben mit *-to-* ἄ-γνω-το-ς). Das Suffix konnte auch Erweiterungen oder Ableitungen von Nomina bilden: ai. *harí-t-* (daneben *hári-ta-*) „gelb": *hári-* „dass.", *daśá-t-* (daneben *-ti-*) „Dekade", lat. *equi-t-* (Nom. *eques*) „Ritter" (mit *ā*-Erweiterung gr. ἱππό-τη-ς), ebenso von Verbalstämmen: lat. *tege-t-* „Decke", ai. *vahá-t-* „Fahrzeug", gr. κέλη-τ- (Nom. κέλης) „Renner".

Das Germ. hat noch vereinzelte Reste dieser archaischen Bildungsweise; meist sind die betreffenden Bildungen jedoch in eine vokalische Deklination überführt. Doch hat sich umgekehrt bes. im An. auch die konsonantische Deklination ausgebreitet, so etwa im Falle von *glóđ* „Glut" (*glóa* „glühen") = afries. *glēd*, ahd. *gluot* (*i*-St.) oder *stóđ* „Stütze, Standort" (Wz. **stā-* „stehen", bildungsgleich Praet.-St. got. *stōþ*) = ae. *stōd* „Standort, Gestüt", ahd. *stuota* (*ō*-St.), so daß nicht alle konsonantisch flektierenden Bildungen auch wirklich altes *t*-Suffix haben. Einziges sicheres Beispiel mit bindevokallos an konsonantisch endende Wurzel angetretenem *t*-Suffix ist got. *nahts* (Gen. *nahts*, Dat. *naht*) = an. *nótt*, ae. *neaht*, ahd. *naht* „Nacht" (lat. *nox*, *noct-is*, gr. νύξ, νυκτ-ός), das wegen gr. νύχα „bei Nacht", ἔν-νυχ-ο-ς „nächtlich" und heth. *neku-* „dämmern" als **nok-t-* zu analysieren ist (Erweiterung zum *i-* bzw. *u*-Stamm in lit. *naktìs*, abg. *noštь*, lat. *noctū*).

Sonst nur Fälle mit vorhergehendem Vokal: ae. *hæle* (Nom. Pl. *hæled*) „Held", afränk. PN *Chalet-rīcus* (= as. *heliđ*, ahd. *helid*, an. *hǫlđr*, zum *a*-St. **haliþa-/-uþa-* erweitert), vgl. gall. VN *Calet-es*, air. *calad* „hart"; ae. *mæg* (Dat. Sg. *mæged*) „Jungfrau" (< **magaþ-*, sonst *ti*-Bildung: got. *magaþs* usw.); an. *ǫnd* (kons. flekt.) „Ente" (= ahd. *anut*, *anit*, as. *anad*, ae. *ænid*), vgl. lat. *anas*, *anatis*; got. *mitaþs* f. „Maß" (*mitan* „messen"; vgl. an. *mjǫtuđr*, ae. *me-*

tod m. „Schicksal“ *tu*-Bildung); got. *mēnōþs*, an. *mánaðr*, ae. *mō-nađ*, ahd. *mānōd* „Monat“ (in der Bed. „Mond“ nach Verlust des Dentals in die *n*-Flexion übergegangen ahd. *māno*, ae. *mōna*; vgl. noch ae. *mōnađ-fyllen* „Mondfülle“, *mōnađ-sēoc* „mondsüchtig“); ae. *ealu* (Gen. Sg. *ealod*) n. „Bier“, an. *ǫl* (finn. LW. *olut*). Auf Grund der Sprachvergleichung ist ursprünglicher Konsonantstamm wahrscheinlich für got. *miliþ* n. (gr. μέλι, Gen. μέλιτ-ος) „Honig“ (ohne *t*-Determinativ air. *mil* und ae. *mil-dēaw*, as. *mili-dou*, ahd. *mili-tou* „Meltau“); got. *haubiþ*, ahd. *houbit*, an. *hǫfuđ*, ae. *hēafod* (vgl. lat. *caput*, *capit-is*); got. *liuhaþ* n. „Licht“ (vgl. heth. *lukkat-* „Morgen“; altgerm. PN *Veleda* (Name einer Seherin), vgl. air. *fili*, Gen. *filed* (**u̯elēt-* zu **u̯el-* „sehen“) „Seher, Dichter“.

Mit mehr oder minder großer Wahrscheinlichkeit werden auch Bildungen wie ahd. *hehhit* „Hecht“ (= „Stecher“), *leitid* „Führer“, an. *hǫtuđr* „Hasser“ zu den ursprünglichen *t*-Bildungen gerechnet; die zu Verben gehörigen Nomina agentis sind jedoch wohl alte *tu*-Bildungen (vgl. § 124.2).

§ 118. Suffix *-þa-*, Fem. *-þō-*, mit gramm. Wechsel *-đa-*/*-đō-*, mit Bindevokal *-iþa-*, *-iþō-* usw. (idg. *-to-*/*-tā-*)

Das Suffix *-to-*/*-tā-*, seinem Ursprung nach thematische Erweiterung aus *-t-* (§ 117), bildete im Idg. vornehmlich Verbaladjektiva mit dem Sinn der am Subjekt oder Objekt vollzogenen Verbalhandlung, die als Participia Praeteriti (aktiv bei intransitivem, passiv bei transitivem Verbum) dem Verbalsystem angegliedert werden konnten (gr. στα-τό-ς, lat. *sta-tu-s*, ai. *sthi-tá* „stehend“, Wz. **stā-*; gr. πεπ-τό-ς, lat. *coc-tu-s* „gekocht“, Wz. **peqᵘ-*). Ferner wurden mit dem Suffix denominale Adjektiva mit dem Begriff des Versehenseins mit der im Grundwort benannten Sache (vgl. lat. *barbā-tu-s* „bärtig“), sodann auch verbale und denominale Abstrakta gebildet. Schließlich diente *-to-* als Superlativsuffix. Die primär von Verbalwurzeln abgeleiteten Bildungen sind ohne, die Partizipien zu schwachen Verben und die denominalen Bildungen gewöhnlich mit Zwischenvokal gebildet. Die vorgerm. Betonung lag in der Regel auf dem Suffix; entsprechend zeigen primäre Bildungen meist Tiefstufe der Wurzel.

1. Verbaladjektiva. Lebendig ist in den germ. Sprachen nur noch die Bildung des Particip. Praet. zu schwachen Verben (got. *nasi-þ-s* zu *nasjan*, *salbō-þ-s* zu *salbōn*, *habai-þ-s* zu *haban*, vgl. lat. *moni-tu-s*, *amā-tu-s*, *ob-solē-tu-s*); siehe die Formenlehre (II § 95). Auch die Praeterito-Praesentia (II § 96) bilden so ihr Verbaladjektiv: got. *kunþs*, ahd. *kund* „bekannt", got. *þaurfts*, mhd. *durft* „nötig", während die starken Verben *-na-* verwenden (§ 94). Doch hat auch hier vormals *-to-* in größerem Umfang geherrscht, wie aus zahlreichen, als Adjektiva weiter verwendeten Resten dieser Bildungsweise hervorgeht.

Vgl. z. B. got. *dau-þ-s*, an. *dau-ðr*, ae. *dēad*, as. *dōd*, ahd. *tōt* zu an. *dey-ja*, as. *dō-ian* „sterben"; an. *kal-dr*, ahd. *kalt* zu an. *kala* „frieren"; ahd. *alt*, eig. „erwachsen", zu got. *alan* (vgl. lat. *altus*); ae. *sceard* „verwundet" zu *sceran*; an. *staðr* „stillstehend, störrig" = lat. *status*, gr. στα-τό-ς; got. *hafts* „gefesselt", an. *haptr* „der Gefangene" = lat. *captus*; ae. *ge-dæft* „mild" zu got. *ga-daban* „sich schicken"; mit *ss* aus dem Zusammenstoß von Dentalen (I § 91) got. *ga-qiss* „übereinstimmend" zu *qiþan* „sagen", an. *hvass*, ae. *hwæss*, got. Adv. *ƕassa-ba* „scharf", vgl. an. *hvetja* „wetzen"; ferner as. *wiss*, ahd. *gi-wiss* = ai. *vit-tá-* „gewußt" zu got. *wait*. Eine Bildung mit Mittelvokal ist got. *naqaþs* „nackt", ahd. *nackut*, an. *nøkkviðr* zu *nøkkva* „entblößen", trotz lat. *nūdus* < **nogᵘo-dho-s* wohl mit *-to-* anzusetzen (vgl. auch air. *nocht*, ai. *nag-ná-* ohne Bindevokal).

2. Denominale Adjektiva mit Suffix *-iða-* (< idg. *-itó-*, vgl. ai. *bhāmitá-* „grimmig": *bhāma-* „Grimm", *svarita-* „betont": *svará-* „Ton"), im Germ. meist nur in der Komposition: got. *un-qeniþs*, an. *ú-kvǽndr* „unbeweibt" zum *i*-St. got. *qēns* (vgl. abg. *žena-tъ* „beweibt": *žena*, lat. *marī-tus*: **maris*); an. *hǿr-ðr* „behaart" (vgl. lat. *crinī-tus*); ahd. *gi-fiderit* „gefiedert" (*federa*); ae. *gelȳfed* „gläubig" (*geleāfa* „Glaube").

Auch das Suffix *-ōđa-* kommt noch in der alten denominalen Verwendung vor: ahd. *hoferōt*, ae. *hoferod* „bucklig" zu ahd. *hovar*, ae. *hofer* „Buckel"; kollektives Substantivum ist as. *werod*, ae. *weorod* „Volksmasse" (zu *wer* „Mann"). Auch an. *-ađr*, das zur Erweiterung von Bahuvrīhis dient (§ 40), kann langen Vokal gehabt haben. Das Suffix, das häufiger in der Erweiterung *-ōđja-* vorkommt (§ 120), kann sowohl idg. *-ā-to-* (wie in lat. *barbā-tu-s* = abg. *brada-tъ* zu *barba*, *brada* „Bart"; vgl. auch got. *salbō-þ-s* „gesalbt" = „mit Salbe versehen" zu *salba*, erst sekundär zu *salbō-n*) als auch *-ō-to-* (mit Dehnung des zugrunde liegenden *o*-Stammes wie in gr. θυσανω-τό-ς „mit einer Troddel versehen": θύσανο-ς, κοντω-τό-ς „mit einer Ruderstange versehen": κοντό-ς, lit. *gaurúo-tas* „haarig": *gaũra-s*) repräsentieren.

3. Über die Bildung der Ordinalzahlen mit *-to-* (got. *fimfta* = lit. *peñktas*, lat. *quintus* „der fünfte", d. h. „der, in welchem sich eine Zahlenreihe von fünf vollendet") und über die des Superlativs (got. *bat-is-t-s* „der beste", d. h. „der, in welchem der Begriff gut seine Vollendung findet") vgl. die Formenlehre (II § 67. 56f., 60).

Eine Ableitung mit *-to-* vom Zahladverb idg. **dui̯s* „zweifach, entzwei" (gr. δίς, δισ-, lat. *bis*) liegt vor in an. *tvistr* „traurig, zwiespältig"; dazu als Substantivum engl. *twist*, nhd. dial. *Zwist* „Doppelfaden", mhd. *zwist* „Streit" sowie als Substantivierung des Adjektivs mittels *n* der altgerm. GN (Tac.) *Tuisto* (= „Zwitter").

4. Primäre Abstrakta und Konkretbezeichnungen, substantivierte Verbaladjektiva. Bildungen direkt von der Wurzel:

Suffix *-to-* (meist Neutra): an. *sun-d* „das Schwimmen" (Wz. **su̯em-*), ahd. *mor-d* „Mord, Tötung" (lat. *mor-ī*); got. *hliu-þ* „Gehör", an. *hljóđ* „Zuhören, Stille" (= awest. *sraota-* n. „das Hören", Wz. **k̂leu-*); an. *hapt* „Fessel"; an. *fló-đ* „Strömen, Flut" (zu *flóa* „fließen"; vgl. gr. πλω-τό-ς „schwimmend"); got. *ai-þ-s*, an.

eiđr, ae. *āđ*, ahd. *eid* = air. *óeth* „Eid" (idg. **oi-to-s*, als „Eidgang" zu **ei-* „gehen"); an. *snúđr*, ae. *snūd* „Eile" (got. *sniwan* „eilen"); ae. as. *rīđ* „Strom, Bach" (vgl. lat. *rī-vu-s*). Altererbte Konkretbezeichnungen sind got. *gulþ*, ae. as. ahd. *gold* „Gold" (vgl. abg. *zlato*, lett. *zelts*; zu **ĝhel-* „gelb"), got. *munþs*, as. ae. *mūđ*, ahd. *mund* „Mund" (= lat. *mentum* „Kinn"). Bezeichnungen für Lebewesen: ahd. *kind* (<**ĝén-to-m*), as. *kind* (< **ĝen-tó-m*), an. *kundr* „Sohn" (< **ĝn̥-tó-s*), zur Wz. *ĝen-* „erzeugen"; got. *hunds*, ahd. *hunt* „Hund" (aus **kn̥-tó-s* zu **ken-* „entspringen" in air. *cinid* „entspringt", *cenél* „Geschlecht"; *cano* „Wolfsjunges" oder Erweiterung von idg. **k̂un-* in gr. κύων, Gen. κυν-ός „Hund").

Suffix *-tā-*: got. *skanda*, ae. *scand*, ahd. *scanta* „Schande" (ahd. auch Adj. *scant* „schändlich"), zu *skaman*; ahd. *scarta* „Wunde" (vgl. ae. *sceard* „verwundet" : *sceran*); as. ahd. *slahta* „Tötung" (*slahan*), an. *ǫnd* „Seele, Leben" (zu got. *uz-anan* „ausatmen"), ahd. *forhta* „Furcht", *wunta* „Wunde" (neben Adj. *wunt*), ahd. *sei-ta*, ae. *sāđe* „Strick, Saite" (vgl. *sei-l*). Vgl. gr. βρον-τή „Donner" zu βρέμ-ειν, awest. *čistā-* „Erkenntnis" (Wz. *čit-*), air. *techt* „das Gehen" (auch „Bote") zu *tíagu* „ich gehe". Altes Erbwort ist got. *þiuda*, an. *þjóđ*, as. *thioda* „Volk" = air. *túath*, osk. *touto* < idg. **teu-tā* (zu awest. *tav-* „vermögen", *tavah-* „Macht, Kraft").

Bildungen mit Bindevokal:

Maskulina und Neutra sind selten und — wie got. *haubiþ*, *liuhaþ* — z. T. wohl aus *t*-Stämmen (§ 117) erweitert: ahd. *werid* m. „Insel", mhd. *wert*, ae. *warođ* (neben *wearđ*) „Strand" (vgl. ai. *várū-tha-* n. „Schutz", *vár-tra-* n. „Schutzdamm" zu *vr̥ṇóti*, *várati* „umschließt, wehrt"); as. *racud*, ahd. *rachat*, ae. *reced* „Gebäude" (vgl. an. *rakr* „gerade", as. *rekon* „richten"); ae. *ǣled*, an. *eldr* „Feuer" (zu *ǣlan* „brennen", *āl* „Brand"); ahd. *zimbrid* „Bau" (*zimberen*), *ferid* „Schiffahrt" (*ferien* „schiffen"). Wie die beiden letzten Bildungen partizipialen Ursprungs ist auch das von einem nicht belegten *ōn*-Verbum abgeleitete got. *witōþ*, ahd. *wizzōd* „Gesetz" (= „das Gewußte", vgl. *Weis-tum*).

Feminina sind einige Gerätebezeichnungen, von denen die erste ein Erbwort ist: ahd. *egida*, ae. *egeda* = akymr. *ocet*, apreuß. (Plur.) *aketes* „Egge" (= „Gerät mit Spitzen", zu **ok-* „scharf, spitz"); an. *sigđ*, mnd. *segede* „Sense" (**segiđō*, vgl. as. *segisna* § 96); as. *erida* „Pflug" (got. *arjan* „pflügen"). Femininum ist vielleicht auch as. *nimidas* (Akk. Pl. mit lat. Endung) „sacra silvarum", das nach der gall. Entsprechung *nemeton* „heiliger Hain" als Neutrum zu erwarten wäre.

Feminine Verbalabstrakta werden im Nord- und Westgerm. erst in einer späteren Welle produktiv, indem das Suffix *-iþō-* der Adjektivabstrakta (siehe 5.) auf dem Weg über Bildungen wie ahd. *heilida* „Rettung, Heil" (zu *heil*), die auch auf ein abgeleitetes Verbum (*heilen*) bezogen werden konnten, zum deverbalen Abstraktsuffix wurde. Auf diese Weise sind gebildet ahd. *teilida* „Teilung", *gihōrida* „Gehör", *irlōsida* „Erlösung", *antfangida* „Empfang", *giscihida* „Geschehnis"; ae. *gesihđ* „Gesicht"; an. *bygđ* „Wohnung" (*byggja*), *fylgđ* „Begleitung" (*fylgja*). Auch das Got. zeigt schon die Anfänge dieser Entwicklung: *ananiujiþa* „Erneuerung" (zu *ana-niujan*). Das Suffix wurde im Ahd. auch mit *-ī* (§ 93) kombiniert: *firleitidī* = *firleitida* „Verleitung".

5. Denominale Abstrakta. Mit *-tā-* wurden im Idg. feminine Abstrakta zu beliebigen Adjektivstämmen gebildet: ai. *nagná-tā-* „Nacktheit" (*nagná-*), abg. *dobro-ta* „Güte" (*dobrъ*), ai. *guru-tā-*, gr. (Suffix *-tā-t-*) βαρύ-της „Schwere" (*gurú-*, βαρύ-ς), ai. *vasú-tā-* „Güte" (*vásu-*), *su-saní-tā-* „Freigiebigkeit" (vgl. *vāja-sáni-* „Kraft verleihend"), lat. *iuven-ta* „Jugend" = got. *jūnda* < idg. **i̯uu̯n̥-tā* zu **i̯uu̯en-* „jung" (ai. *yúvan-*, lat. *iuvenis*). Im Germ. herrscht, abgesehen von got. *jūnda* und dem isolierten ae. *frīod* „Liebe" = ai. *priyá-tā-* (zu germ. **frija-* = ai. *priyá-* „lieb") durchweg *-iþō-*/*-iđō-* (korrekt die Form mit *þ*), wobei in *i* der Ausgang der idg. *i-* und *e-/(o)*-Stämme zusammengeflossen ist. Vorsuffixales *e* hat auch das Keltische (kymr. *duhet* „Schwärze" zu *du* „schwarz") und das Lateinische beim Suffix *-tāt-* (*anxie-tās* zu *anxiu-s*). Gegenüber den Abstrakta auf *-īn-*, die einen allgemeinen Zustand bezeichnen (got. *hauhei* „Höhe", *kaurei* „Schwere"), haben die Bildungen auf

-iþō- eine mehr konkrete Bedeutung (got. *hauhiþa* „erhobene Position, Anhöhe", *kauriþa* „Last"). Das Suffix ist in allen germ. Sprachen zunächst noch produktiv.

Altgermanische Bildungen sind got. *hauhiþa*, an. *hǿđ*, ahd. *hōhida* „Höhe"; got. *diupiþa*, an. *dýpđ*, engl. *depth* „Tiefe"; an. *trygđ*, ahd. *gitriuwida* „Treue", ae. *trȳwđ* „Wahrheit"; got. *mildiþa*, ahd. *miltida* „Milde". Aus dem Got. vgl. ferner (von *a*-Stämmen) *gauriþa* „Betrübnis" (= ai. *ghora-tā-* „Grausigkeit" : *ghorá-*), *agliþa* „Trübsal", *weihiþa* „Weihe"; (von *ja*-Stämmen) *niujiþa* „Neuheit", *airziþa* „Irrlehre"; (von *i*-Stämmen) *unhrainiþa* „Unreinheit", *mēriþa* „Gerücht, Kunde"; (von *u*-Stämmen) *tulgiþa* „Befestigung", *manwiþa* „Bereitschaft", *aggwiþa* „Bedrängnis". Aus dem An.: *deyfđ* „Taubheit" (*daufr*), *fegrđ* „Schönheit" (*fagr*), *spekt* „Klugheit" (*spakr*), *snild* „Trefflichkeit (*snjallr*). Aus dem Ae.: *fǣhđ* „Feindschaft" (*fāh*), *fȳlđ* „Fäulnis" (*fūl*), *lengđ* „Länge", *yrmđ* „Armut" (*earm.*) Ahd. Beispiele: *girida* „Gier", *heilida* „Heil", *hōnida* (= as. *hōnđa*) „Schmach", *sālida* (= as. *sālđa*) „Seligkeit", *gimeinida* „Gemeinschaft", *fullida* (= ai. *pūrṇa-tā-*, abg. *plŏno-ta*) „Fülle". Stimmhaftes *d* (durch Dissimilation) haben got. *auþida* „Wüste" und *wairþida* „Tüchtigkeit".

Abstraktbildungen zu Substantiven (vgl. ai. *devá-tā-* „göttliche Macht, Gottheit", *vīrá-tā-* „Mannheit") sind wie im Idg. auch im Germ. selten. Sie haben z. T. kollektive Bedeutung entwickelt. Es gehören hierher ae. *þȳfđ* „Diebstahl" (*þēof* „Dieb"), *mǣgđ* „Verwandtschaft" (*mǣg*), *hīd* „Familie" aus **hīwida* (mit germ. *đ*) zu *hīwan* „Hausgenossen", ferner got. *weitwōdiþa* „Zeugenaussage" (*weitwōþs* „Zeuge"), das jedoch auch Verbalabstraktum zu *weitwōdjan* sein kann.

§ 119. Suffix *-þan-* (*-đan-*), mit Bindevokal *-aþan-*, *-iþan-*

Eine mit *-n-* erweiterte Form von *-to-* bildete im Nord- und Westgerm. maskuline Abstrakta, unter denen Bezeichnungen für Krankheiten oder andere körperliche und seelische Zustände den zentralen Platz einnehmen. Die *n*-Erweiterung ist hier der Ausdruck einer beseelten Auffassung dieser Begriffe. Ihre nächsten Parallelen haben sie in griech.-

lat. Bildungen mit femininem Suffix *-don-* wie gr. σπαδών, -όνος „Krampf" (σπάειν „ziehen"), σηπεδών „Fäulnis" (σήπεσθαι „faulen"), ἀλγη-δών „Schmerzgefühl" (ἀλγεῖν), lat. *torpē-dō* „Trägheit" (*torpē-re*), *cupī-dō* „Begierde" (*cupio*), denominativ *grav-ēdō* „Kopfschwere" (*gravis*), usw.

Direkt von der Wurzel abgeleitet sind: ae. *hwōsta*, ahd. *huuosto*, an. *hósti* „Husten", zu ae. *hwōsan* „husten" (ai. *kā́s-* „Husten", *kāsate* „hustet"); ae. *onda*, ahd. *anto* „Zorn, Eifer", woneben mit Zwischenvokal ae. *onođa*, ahd. *anado*, zu ai. *áni-ti* „atmet", got. *uz-anan* „ausatmen", lat. *animus* (der Zwischenvokal daher hier aus idg. *ə*); aus dem An.: *ótti* „Furcht" (got. *ōg* „fürchte mich"), *skjalfti* „Zittern" (*skjalfa*), *þorsti* „Durst" (vgl. got. *þaurstei*, *īn*-St.), *losti* „Lust" (got. *lustus*), *dauđi* „Tod" (got. *dauþus*).

Mit Zwischenvokal sind gebildet: ahd. *bronado*, ae. *bruneđa* „Brennen" (vgl. ohne Bindevokal an. *brandr*, ahd. *brant*); as. *jukitho*, ahd. *juhhido*, ae. *geocđa* „Jucken"; as. *skađatho*, ahd. *scebido*, ae. *sceafđa* „scabies". Aus dem Ae. ferner *brecđa* „Bruch", *gīhđa* „Gicht", *cleweda* „Kratzen", *spēowđa* „Erbrechen", *migođa* „Harn", *risođa* „Rheuma"; aus dem Ahd. *stecchido* „Stechen", *wagudo* „Schwindel", *maga-bizzado* „Magenbeißen", *vūlido* „Fäulnis", *brunnido* „Gestank", *swebito* „Seufzer", *irrado*, *irrido* „Irrtum", *hruomido* „Prahlerei".

Verbalabstrakta ohne diese spezifische Bedeutung finden sich im Altfriesischen: *delfta* „das Graben", *tichta* „Anklage", *jechta* „Geständnis" (= as. *bi-gihto* „Beichte"), *mon-slahta* „Totschlag".

Einige Adjektivabstrakta hat das Altnordische: *fjǫlđi* „Menge" (< **felu-þan-* zu got. *filu*), *vanđi* „Gewohnheit" (*vanr*), *kuldi* „Kälte" (vgl. ae. *cyle* „Kälte", an. *kaldr* „kalt").

§ 120. Suffix *-þja-/-đja-* (idg. *-t̯io-*), mit Bindevokal *-īþja-*, *-ōđja-*

Das Suffix bildet im Germ. Verbaladjektiva, adjektivische Ableitungen von Raumadverbien und Substantiven, Kollektiva und Deminutiva.

1. Verbaladjektiva. Das Suffix *-t̯io-* der Verbaladjektiva steht (besonders im Ai.) in deutlichem Zusammenhang

mit dem Wurzeldeterminativ *-t-* (vgl. ai. *śrú-t-ya-* „rühmenswert": *deva-śrú-t-*, *stú-t-ya-* „lobenswert": *deva-stú-t-* § 117) und den anderen davon ausgegangenen *t*-Suffixen (*stu-tí-* „Lob"). Vielfach geht es mit dem *to*-Suffix parallel, dessen partizipiale Funktion es (z. B. im Kelt.) übernehmen kann (vgl. air. *bí-the* „geschlagen" zu *benaid*, *cli-the* „verborgen" zu *celid*). Im Vergleich mit dem objektiv konstatierenden Suffix *-to-* brachte die Weiterbildung mit *-i̯o-* ursprünglich wohl ein dauerhaftes Merkmal oder eine charakteristische Eigenschaft, meist an einer Person, zum Ausdruck; vgl. den Gegensatz von ai. *jātá-*, gr. -γνητός „gezeugt, geboren" und ai. *jā́tya-*, gr. γνήσιος „echtbürtig" (d. h. „jemand, dessen besonderes Merkmal die Geburt in rechtmäßiger Ehe ist") oder von lat. *altus*, *ad-ultus* „aufgezogen, erwachsen" gegenüber got. *alþeis* „alt" (d. h. „der das Erwachsensein als Merkmal und Eigenschaft hat").

Die Reste der Bildungsweise im Germ. bezeichnen meist persönliche Eigenschaften. Mit Ausnahme von ae. *gifeđe* „gewährt, gegeben" (as. mit Weiterbildung *giƀidig* „beschert"), das mit Mittelvokal gebildet ist, sind die germ. Bildungen bindevokallos von der (in der Regel offenen) Wurzel abgeleitet. Neben *to*-Bildungen stehen got. *alþeis* (ahd. *alt*); as. *mō-đi*, ahd. *muodi*, ae. *mēđe* „müde" (an. *móđr*; zu **mō-* „sich anstrengen" in ahd. *muoen*); ae. *blīđe*, as. *blīđi*, ahd. *blīdi* „mild, freundlich" (got. *bleiþs*, an. *blíđr*). Vgl. ferner ahd. *drāti* „schnell" (*drāen* „drehen"), as. *smōđi*, ae. *smēđe* (neben *smōđ*) „glatt", ahd. *blōdi* „zaghaft" (ae. *blēađ*).

2. Ableitungen von Raumadverbien. Bildungen wie ai. *níṣ-ṭya-* „auswärtig, außerhalb stehend" (*níḥ* „außerhalb"), *ápa-tya-* n. „Nachkommenschaft" (*ápa* „ab, von"), *amā́-tya-* „Hausgenosse" (*amā́* „daheim"), lat. *propitius* „gnädig" (*prope* „nah") haben auch im Germ. einige Parallelen.

Altes Erbwort, identisch mit ai. *ní-tya-* „heimisch, eigen, beständig", gall. *nitio-* im VN *Nitio-broges* (= „die im eigenen Land

Wohnenden"), ist got. *ni-þjis* „Verwandter" = an. *niðr* „dass.", ae. *niððas* „Männer" (idg. **ni-tio-* „drinnen befindlich, hineingehörend", zu gr. ἔνι „darin"). Gegensatz dazu ist got. *frama-þeis*, ahd. *fremidi* „fremd" (*fram* „von — her"). Dazu noch got. *auþeis*, ahd. *ōdi* „öde" (= „abgelegen", zu *au-* in lat. *au-ferre* „wegtragen"), ahd. *samfti*, as. *sāfti*, ae. *sēfte* „sanft" (zu germ. **sam-* „zusammen", vgl. an. *sama* „passen", got. *samjan* „gefallen, mit *f*-Einschub wie in ahd. *cumft* § 123. 1).

3. Adjektivische Ableitungen von Substantiven mit dem Sinn des Versehenseins, gebildet mit dem nur im Westgerm. nachweisbaren Suffix *-ōðja-* (ahd. *-ōti*; as. *-odi*, *-adi*, ae. *-ede* mit Vokalkürzung in der Mittelsilbe):

as. *hringodi* „beringt" (*hring*), *koppodi* „mit Kamm versehen" (as. *kop* „Kopf", ae. *cop* „Gipfel, Spitze"); ae. *hōcede* „mit Haken (*hōc*) versehen", *hēalede* = as. *hāladi* „einen Bruch habend" (*hēala*), *hoferede* „bucklig" (*hofer*). Das Suffix ist eine Weiterbildung von *-ōða-* (idg. *-ā-to-* wie in lat. *barbā-tus* oder *-ō-to-* wie in gr. κοντω-τός, vgl. § 118). Weiterbildung eines Adjektivs (wie lat. *aegrōtus* „krank" aus *aeger*) ist ahd. *armōti* „arm"; Substantiv ist ahd. *heimōti* „Heimat".

4. Kollektiva (mit neutralem Suffix *-ĭþja-*):

got. *awēþi* „Schafherde" (Umkehrschreibung für **aweiþi* wie in *ize* „welcher" für *izei*, da altes *ē* wie in *lēkeis* „Arzt" in *ī* überging: *leikeis*), mit gramm. Wechsel dazu ahd. *ewit*, *ouwiti*, ae. *ēowde* (von **oui-s* „Schaf" in lat. *ovis*, ahd. *ou*). Im And. sind besonders Ortsnamen mit diesem Suffix gebildet: *Ekthi* (= „Eichenwald"), *Snewithi* (= „mit vielem Schnee"), *Bergithi*, *Wulfithi*. Aus dem Ae. vgl. *gesylhðe* „Joch Ochsen" (*sulh* „Pflug").

Am häufigsten ist die Bildungsweise im Hochdeutschen; vgl. ahd. *juhhidi* „Gespann", mhd. *pfluogīde* „Paar Pflugochsen" und, verstärkt mit dem Kollektivpraefix *ga-* (§ 44), ahd. *gibūidi* „Gebäude", *gitragidi* „Getreide, *gimālidi* „Gemälde", *givazzidi* „Bündel", *gisemidi* „Schar", *gimarkidi* „Gemarkung".

Persönliche Kollektiva sind: mhd. *geswisterĭde*, as. *gisustrithi* „Geschwister", mhd. *geveterĭde* „Gevattern", *geteilĭde* „Teilnehmer", aschwed. *kærlde* „Männer", *quindi* „Frauen", isl.

skǫđi „Schuhzeug". Zugehörigkeitsbildung ist mhd. *vingerīde* „Fingerring" (vgl. auch *vingerīn*). Das lange *ī* beruht auf praesuffixaler Vokaldehnung (vgl. lat. *crīnī-tu-s* : *crīni-s*).

Dem Suffix am nächsten in der Form steht lat. *-itiu-m* in *servitium* „Knechtschaft", Plur. „Sklavenvolk", *lānitium* „Bewolltheit", in der Bedeutung lat. *-ētu-m* in *vinētum* „Weingarten", *quercētum* „Eichenhain". Vgl. ferner mkymr. *dyrncit* „Handvoll", (von *dwrn*), nkymr. *bu-aid* „Kühe".

5. Deminutiva und ähnliche Bildungen mit nur modifizierendem Suffix sind selten: ae. *īegođ* „Inselchen" (*īeg*), ahd. *jungidi* „Junges", ae. *hemeđe*, ahd. *hemidi* „Hemd" (an. *hamr* „Hülle"), mhd. *götīde* „Pate, Patin" zu gleichbedeutendem *göte*, *gote*. Vgl. lit. *vilkùtis* „junger Wolf", *mamýtė* „Mütterchen".

§ 121. Suffix *-þjō-* (*-đjō-*), mit *n*-Erweiterung *-þjōn-*

Das nicht mehr produktive Suffix erscheint in einigen femininen Abstraktbildungen: got. *wasti* „Kleidung", as. *gūđea* „Kampf", ahd. *gussia* „Überschwemmung", as. *rеđia*, ahd. *redea* „Rechenschaft", dazu mit *n*-Erweiterung got. *raþjō*.

Das Suffix steht in deutlichem Zusammenhang mit einfacheren Dentalbildungen und ist als Erweiterung solcher Bildungen zu verstehen: mit got. *wasti* (zu *wasjan* „kleiden") vgl. toch. *wasttsī*, lat. *vestis* (Suffix *-ti-*), mit as. *gūđea* vgl. an. *guđr* = ai. *hatí-* „Schlag" (aus letzterem erweitert *hatyā́-* „Tötung"); ahd. *gussia* kann auf einem Partiz. **ghud-to-* (vgl. lat. *fūsus*) beruhen, jedoch auch als *i̯ā*-Bildung zu an. *gjósa* „hervorbrechen, sprudeln" gehören. Vgl. ferner as. *sundia*, ahd. *suntea* „Sünde", dem ein Partiz. **s-n̥t-* „schuldig" zu **es-* „sein" (= „der es ist") zugrunde liegt (vgl. ablaut. an. *sannr*, lat. *sons*). Formal vergleichbar ist die Erweiterung *-ōn-* der *ti*-Stämme im Lat. (*men-ti-ō* : got. *ga-mun-d-s*, *sta-ti-ō* : ai. *sthi-ti-*); got. *raþjō* ist mit lat. *ra-tiō* (zu *rē-ri*) bildungsgleich, doch kann das germ. Wort auch das Nomen actionis zum Verbalstamm von got. *ga-raþjan*, as. *rеđian* (so wie got. *wrakja* „Verfolgung" zu *wrakjan*) sein (zum Nebeneinander von *jō-* und *jōn*-Bildung vgl. in diesem Fall ahd. *secchia*, ae. *sæcc* : got. *sakjō* „Streit").

§ 122. Idg. *-ti-* und *-tu-*

Die geläufigste Weise, Verbalabstrakta zu bilden, war im Idg. mittels der Suffixe *-ti-* und *-tu-*. Dabei unterschieden sich ursprünglich die *ti*-Bildungen durch Suffixbetonung, Schwundstufe der Wurzel und feminines Geschlecht von den auf hochstufiger Wurzel betonten maskulinen *tu*-Bildungen; vgl. ai. *matí-*, lit. *mintìs* „Gedanke“, got. *ga-munds* „Andenken“ < *mn̥-tí- gegenüber ai. *mán-tu-* „Rat“; ai. *sru-tí-* „Fließen, Strömen“ (idg. Wz. *sreu-), ai. *bhr̥-tí-* „Unterhalt“, lat. *fors*, ahd. *gi-burt* (Wz. *bher-) gegenüber ai. *tán-tu* „Faden“ (Wz. *ten- „dehnen, strecken“), *gán-tu-* „Gang, Weg“ (idg. Wz. *gu̯em- „gehen“), got. *dau-þu-s* „Tod“. Doch sind schon im Idg. zahlreiche Abweichungen von diesem Prinzip eingetreten; vgl. etwa ai. *dŕ̥-ti-* „Balg“ (< „*Abhäutung“), dessen Betonung got. *ga-taurþs* „Zerstörung“ widerspiegelt, oder awest. *pərətu-*, lat. *portus*, ahd. *furt* „Durchgang, Furt“ als *tu*-Bildung mit schwundstufiger Wurzel und Suffixbetonung. Langvokalische Wurzeln, besonders zweisilbige „schwere“ Basen, haben vielfach hohe Ablautstufe: gr. δῶτις, lat. *dōs*, ai. *-dāti-* „Gabe“; ai. *sphā-tí-* „Mästung“ = ahd. *spuot*, engl. *speed* „Gedeihen, Gelingen“; ai. *prá-jñāti-*, gr. γνῶσις „das Erkennen“.

Hinsichtlich ihrer Funktion waren beide Suffixe derart geschieden, daß *-ti-* objekt-, *-tu-* subjektbezogen war: *-ti-* bezeichnete Handlung als objektiven Vollzug, *-tu-* als subjektive Disposition oder in ihrem Vollzug am Subjekt. Vgl. den Gegensatz von gr. βρωτύς „Essen“ (als subjektive Bereitschaft oder Tätigkeit) und βρῶσις „Essen“ (als Speise und konkrete Nahrung), ai. *gáti-* „Gang“ (als objektive Verwirklichung des Gehens) und *gántu-*, *gātú-* „Weg“ (= da, wo man gehen kann), lat. *acti-ō* „(objektive) Handlung“ und *actus* „Bewegung“ (des Subjekts). So bezeichnen die Bildungen auf *-tu-* vielfach körperliche Funktionen: lat. *vīsus*, *sensus*, *gustus*; got. *lustus* „Lust“.

Mit diesem Funktionsunterschied hängt auch die Tatsache zusammen, daß die Bildungen auf *-ti-* im Gegensatz zu denen auf *-tu-* mit Vorliebe komponiert auftreten: komponierte Verben sind — dank der perfektivierenden Kraft der Praefixe — effektiv (vgl. got. *us-wahsans* „erwachsen": *us-wahsts* „das Aufwachsen") und meist auf ein Objekt gerichtet, während einfache Verben vielfach intransitiv sind (got. *wahsan* „wachsen": *wahstus* „Wachstum"), und Komposita wie ai. *sóma-pīti-* „Somatrunk" enthalten sogar ausdrücklich das Objekt des Verbalvorgangs.

Neben Nomina actionis bilden *-ti-* und *-tu-*, wenngleich seltener, auch Nomina agentis: gr. μάντις „Prophet" (ai. *matí-* „sinnig"), ai. *yáti-* „Lenker", abg. *tatь* = air. *táid* „Dieb"; ai. *mántu-* „Berater", *dhātu-* „Milchkuh, got. *hliftus* „Dieb". Zum Teil ist die persönliche Bedeutung solcher Bildungen erst aus der abstrakten entwickelt (vgl. nhd. *Bedienung*), so sicher in ai. *jñātí-* „naher Verwandter" (< „*Verwandtschaft", identisch mit got. *knōds* „Geschlecht"), *jantu-* „Nachkomme (< *„Nachkommenschaft") und weiblichen Dämonennamen wie gr. Νέμεσις, ai. *á-rāti-* („Mißgunst"). Im übrigen aber ist das Schwanken zwischen persönlicher und unpersönlicher Bedeutung (wie in ai. *rātí-* „Geber; Gabe", *abhímāti-* „Angreifer; Angriff", *abhiṣtí-* „Helfer": *abhíṣti-* „Beistand", an. *vǫrðr* „Wächter; Wacht") etwas Altes und reflektiert eine „primitivere", mehr mythische als logische Denkweise, in der Handlung und ihr persönlicher Agens nicht immer streng getrennt wurden, sondern als komplexe Vorstellung geschaut werden konnten.

In geringem Maß diente *-ti-* auch der denominalen Ableitung (ai. *yuva-tí-* „junge Frau", zu *yúvan-* „jung") und der Bildung von Zahlabstrakten (ai. *paṅktí-* = an. *fimt* „Fünfzahl", abg. *pętь* „fünf", zu idg. **penqᵘe*).

§ 123. Idg. *-ti-* im Germanischen: Suffix *-đi-* (*-þi-*)

ti-Bildungen sind in allen altgerm. Sprachen in großer Häufigkeit belegt, am häufigsten von Verben, deren Wurzel auf Vokal, Nasal, Liquida oder *s* endete. Wurzeln, die auf dentalen Verschlußlaut ausgehen, vermeiden außerhalb der 5. und 6. Ablautreihe die *ti*-Bildung und bevorzugen einfache *i*-Bildung (as. *biti* „Biß" zu *bītan*); bei Dentalzusammenstoß entsteht nach I § 91 *ss* (got. *ga-qiss* „Verabredung" zu *ga-qiþan* aus idg. *g^{u}*et-ti-*), doch kann zur Verdeutlichung auch *-sti-* eintreten (wie in ahd. *hlast* f. „Last" zu *hladan* gegenüber an. *hlass* n. *a*-St.; vgl. § 128, 2a). In historischer Zeit ist die Bildungsweise nicht mehr produktiv.

Die Mehrzahl der belegten *ti*-Bildungen gehört zu komponierten Verben. Unkomponierte *ti*-Abstrakta kennt das Got. nur in wenigen Fällen, wo meist Praeterito-Praesentia oder intransitive Verba zugrunde liegen: *aihts* „Eigentum" (= ae. *ǣht*, ahd. *ēht*) zu *aih* „ich habe", *lists* „List" (= an. afries. as. ahd. *list*) zu *lais* „ich weiß", *mahts* „Macht, Vermögen" (= ae. *meaht*, as. ahd. *maht*, doch an. *máttr* m. *u*-St.) zu *mag* „ich vermag" (vgl. auch abg. *moštь* „Macht"), *þaurfts* „Bedürfnis" (= an. *þurft*, as. *thuruft*, ahd. *durft*) zu *þarf* „ich bedarf", *wists* „Wesen" (= an. *vist*, ahd. *wist* „Aufenthalt") zu *wisan* „sein, bleiben", *alds* „Menschenalter, Zeit" zu *alan* „wachsen, hervorbringen", *sauhts* „Krankheit" (= an. *sótt*, as. ahd. *suht*) zu *siukan* „krank sein", *staþs* m. „Ort, Stätte" (an. *stadr* m., ae. *stede*, as. *stedi*, ahd. *stat* f.) zu ahd. *stā-n* „stehen" (urverwandt ai. *sthíti-*, *sthití-* „das Stehen", lat. *stati-ō*). In den anderen germ. Sprachen sind sie jedoch häufiger.

1. Nomina actionis.

Von offener (langvokalischer oder diphthongischer) Wurzel: got. *missa-dēþs* „Missetat", ahd. *tāt* (*tuon*, Part. *gi-tān*, Wz. **dhē-*, vgl. abg. *blago-dětь* „Wohltat", aber ai. *devá-hiti-* „göttliche Satzung" < *dhə-ti-); got. *mana-sēþs* „Menschheit" (wörtl. „Menschensaat"), ahd. *sāt* (Wz. *sē- in ahd. *sāen* „säen"); ahd. *nāt* „Naht" (= gr. νῆσις „das Spinnen"); ahd. *ur-chnāt* „Erkenntnis" (*knāen*); ae. *hana-crēd*, as. *hano-crād*, ahd. *hano-crāt* „Hahnenschrei" (ae. *crāwan* „krähen"); ahd. *bluot*, ae. *blēd* „Blühen, Blüte" (ae. *blōwan*, ahd. *bluoen*); afries. *grēd*, mhd. *gruot* „Wachstum" (engl. *growth*); mhd. *siut* „Naht" (got. *siujan* „nähen"; vgl. ai. *syū-ti-* „das Nähen"); ae. *þrȳđ* (= as. *thrūth-*, ahd. *drūd-* in PN) „Kraft" (ahd. *triuwen* „blühen", *trouwen* „wachsen"); got. *nauþs*, ahd. *nōt*, ae. *nīed* „Not" (= apreuß. *nauti-* „Not", zu čech. *nýti* „dahinschmachten", lit. *nõvyti* „quälen, töten"); an. *tīđ*, as. *tīd*, ahd. *zīt* „Zeit" (zur Wz. **dāi-/dəi-/dī-* in ai. *dắti*, *dyáti* „trennt, teilt ab", gr. δαίομαι „teile", also ursprünglich „Abschnitt").

Von geschlossener Wurzel: 1. Ablautreihe: an. *drift*, mhd. *trift* „das Treiben, Trift" (*drífa*); got. *ur-rists*, ahd. *ur-rist* „Auferstehung" (*ur-reisan*). 2. Ablautreihe: ae. *flyht* „Flug, Flucht" (*flēogan*); ae. *tyht*, ahd. *zuht* (*ziohan*); got. *fra-lusts* „Verlust" (*fra-liusan*), *ga-kusts* „Prüfung, Beweis" (*ga-kiusan*; Simplex in ae. *cyst*, ahd. *kust* „Wahl" = ai. *júṣṭi-* „Gunst, Befriedigung"). Gegenüber ae. *hyht* „Hoffnung" sind got. *ga-hugds* „Gesinnung", ae. *ge-hygd*, as. *gi-hugd* „Gedanke", ahd. *gi-huct* „Gedächtnis" germanische Neubildung mit *-đi-* zur Wurzelform **hug-* in got. *hugjan* (anders I § 41). 3. Ablautreihe: got. *fra-waurhts*, ae. *forwyrht*, as. *far-wurht* „Sünde" (*fra-waurkjan* „sündigen", Wz. **u̯erĝ-*; vgl. auch awest. *varšti-* f. „Handeln, Tun"); got. *þaurfts* (siehe oben).

4. Ablautreihe: ae. *cwyld* „Mord" (*cwelan*), dazu *cwield-tīd* „Abendzeit", ahd. *quilti-werk*; ahd. *skurt* „das Schneiden" (*skeran*); got. *ga-qumþs* „Zusammenkunft, Versammlung" (*ga-qiman*), dazu an. *sam-kund* „Zusammenkunft"; got. *ga-munds*, ae. *ge-mynd*, ahd. *gi-munt* „Andenken, Gedächtnis". Wurzeln, die auf *-m* auslauten, neigen unter dem Druck der Verbalformen dazu, dieses *m* in der Ableitung beizubehalten, statt es (wie in an. *sam-kund*) an den Dental zu assimilieren: got. *ga-qumþs*, *anda-numts* (Gen. *-numtais*) „Annahme". Dies führte zur Entfaltung eines parasitären *p*-Lautes (wie in lat. *sum-p-tiō* : *sum-ere*) und zur weiteren Entfal-

tung von *f* oder *s* zwischen *p* und *t* im deutschen Bereich: ahd. *chumpft, cumft, kunft* (*queman*), *nōt-numpft* „Raub", *zunft* „Geschicklichkeit" (*zeman*); mnd. *kumpst, kumst*, mnd. mnl. *komst*, mnd. *vornumpst* = ahd. *fer-numest, fer-nunst* „Vernunft". Eine etwas ältere Erscheinung ist das *-st* in Bildungen wie ahd. *kunst* (vgl. § 128.2).

5. Ablautreihe: got. *fra-gifts* „das Weggeben (in die Ehe)", as. ahd. *gift* „Gabe, Gift" (*geban*); got. *ga-nists* „Rettung" (*ga-nisan*); ahd. *siht* „Sicht" (*sehan*); got. *ga-qiss* „Verabredung" (*ga-qiþan*), ae. *and-cwiss* „Entgegnung" (*on-cwedan*); got. *ga-wiss* „Verbindung" (*ga-widan*). 6. Ablautreihe: ahd. *fart* „Fahrt" (*faran*); *slaht* „Schlacht" (*slahan*); mhd. *traht* „Tracht" (*tragan*); got. *ga-skafts*, ae. *ga-sceaft*, ahd. *gi-scaft* „Erschaffung, Schöpfung" (*ga-skapjan*, ahd. *scepfen*, Praet. *scuof* „erschaffen"); got. *us-stass* „Auferstehung" (< **stət-ti-* zu *sta-n-dan*, Praet. *stōþ*). Bildungen wie got. *ga-faurds* „Versammlung" zu **ga-faran* „zusammenkommen" (vgl. *ga-qumþs* zu *ga-qiman*, lat. *con-venti-ō*), ahd. *gruft* „Gruft" (*graban*), mhd. *truht* „Tracht, Unterhalt" (*tragen*), got. *slauhts* „das Schlachten" (*slahan*) haben gegenüber ahd. *fart, traht, slaht* altertümlichen Vokalismus (*ur/ru, lu* < *r̥, l̥* in ursprünglichem Ablaut zu *e*-stufigem Praesens).

2. Nomina agentis. Altes Erbwort ist got. *gasts*, urnord. PN *Hlewa-gastiʀ*, as. ahd. *gast* = abg. *gostь* „Gast", lat. *hostis* „Fremder, Feind". Persönliche Bedeutung haben ferner: got. *ga-drauhts* „Soldat" (*driugan* „Kriegsdienst leisten"), wozu an. *drótt*, ae. *dryht*, ahd. *truht* „kriegerische Gefolgschaft"; ahd. *ki-scaft* „Schöpfer" (St. Galler Credo; sonst „Schöpfung"); got. *brūþs*, an. *brúðr*, ae. *brȳd*, as. *brūd*, ahd. *brūt* „jungvermählte Frau, Braut" (vgl. lat. *Frutis*, Beiname der Venus).

3. Konkretbezeichnungen sind in einigen Fällen aus Nomina actionis (oder agentis) hervorgegangen. Alte Beispiele sind ahd. *hūt* „Haut" (lat. *cutis* mit *ŭ*) zu einer Wz. *(*s*)*keu-* „bedecken", ahd. *burst* „Borste" = ai. *bhr̥ṣṭí-* „Spitze", mnd. *schuft* „Vorderschulterblatt" (dazu auch nhd. *Hüfte*) = ai. *śúpti-* „Schulter", an. *vǽtt*, ae. *wiht*

„Waage, Gewicht“ (vgl. lat. *vectis* „Hebebaum“) zu ahd. *wegan* „bewegen, wägen“, ferner as. *wād*, ahd. *wāt* „Gewand“.

4. Zahlabstrakta sind vor allem im An. bewahrt: an. *fimt* „Fünfheit“, *sétt* „Sechsheit“, *sjaund* „Siebenheit“, *ǽtt* „Runenreihe“ („Achtheit“), *níund* „Neunheit“, *tíund* „Zehnheit“ (= abg. *desetь* „10“); dazu noch aus dem Altniederfränkischen (Lex Salica) *twalepti* „Zwölfheit“ (= 120, Zehnerabstraktum wie ai. *navatí-* „90“ („Neunheit“).

5. Denominale Ableitungen sind selten: ahd. *jugund*, ae. *geogođ* „Jugend“ = ai. *yuvatí-* „Jungfrau“ (vgl. engl. *youth* „Jugend“ und „junger Bursche“) < **i̯uu̯n̥-ti-* zum Adjektiv **i̯uu̯en-* (ai. *yúvan-*) „jung“, mit Umbildung im Westgerm. nach ahd. *tugund* „Tugend“; got. *magaþs* „Jungfrau“ (= as. *magađ*, ahd. *magad*), vgl. *magus* „Knabe“.

Got. *ga-mainþs* „Versammlung“ kann zum Adj. *ga-mains* oder zum Verbum *gamainjan* „Gemeinschaft halten“ gehören; got. *fulleiþs* (*-iþs*) „Fülle, Vollmond“ gehört eher zu *fulljan* als zu *fulls*.

6. An schwachen Verben ist *-ti-* im Germ. im Gegensatz zu *-tu-* und zu der Entwicklung im Griech. und Lat. (φόρη-σις „das Tragen“: φορέ-ω, *plantā-ti-ō*: *plantā-re*, *fīnī-ti-ō* „Begrenzung“: *fīnī-re*) nicht produktiv geworden; seine Funktion wird von *-ni-* (§ 98) ausgeübt.

Einige isolierte Bildungen mit Mittelvokal können jedoch Ableitungen von schwachen Verben sein, so got. *fulleiþs* (oben 5.), *fahēþs* „Freude“ und *arbaiþs* „Bedrängnis, Not“ = as. *arabēd*, ahd. *arabeit*, ae. *earfođ* (an. *erfiđi* n.) „Mühsal“. Zu *fahēþs*, dessen Mittelvokal schwer zu beurteilen ist, ist ein entsprechendes Verbum im Got. nicht vorhanden (*faginōn* „sich freuen“, *fulla-fahjan* „Genüge leisten“ passen formal nicht); ahd. *fagēn* „willfahren“ müßte im Got. in der Ableitung *-ai-* zeigen, vgl. *þahai-n-s* : *þahan*, ahd. *dagēn*. Zu *arbaiþs* ist ein Grundverbum, das der 3. Klasse angehören müßte, ebenfalls nicht belegt. Etymologisch verwandt ist abg. *rabъ* „Knecht“, wovon *rabo-ta* „Arbeit“.

§ 124. Idg. *-tu-* im Germanischen: Suffix *-þu-* (*-đu-*), mit Zwischenvokal *-ōþu-* (idg. *-ā-tu-*)

Die Bildungen auf *-tu-* sind nur im Got. deutlich von denen auf *-ti-* unterschieden, doch auch im Nordgerm. sind sie an Flexion und *u*-Umlaut noch deutlich erkennbar. Im Westgerm., wo die *u*-Flexion aufgegeben wird, haben sich die *tu*-Bildungen z. T. mit denen auf *-ti-* gemischt und feminines Genus angenommen, so z. B. im Fall von as. ahd. *lust* f. gegenüber got. *lustus*, ae. *lust* m. oder in ahd. *heit* m. und f. = got. *haidus* m. „Art, Weise". Im allgemeinen sind die *tu*-Bildungen jedoch noch am maskulinen Geschlecht, dem Nichteintreten der Brechung von *i* und *u* und an ihrer spezifischen Bedeutung (§ 122) zu erkennen. Im Ganzen ist ihre Zahl geringer als die der *ti*-Bildungen; doch ist die *tu*-Bildung im Gegensatz zu der auf *-ti-* beim schwachen Verbum produktiv geworden.

1. Verbalabstrakta.

Die Bildungen von offener Wurzel haben meist kein entsprechendes Verbum mehr zur Seite: as. ae. *friđu*, ahd. *fridu* „Friede", an. *friđr* „Liebe, Friede" (zur Wz. **prī-* in got. *frijōn* „lieben"); got. *dauþus*, ae. *dēađ*, as. *dōđ*, ahd. *tōd* „Tod" (zu an. *deyja*, as. *dōian* „sterben"); got. *flōdus*, ae. *flōd* (run. *flōdu*), as. *flōd*, ahd. *fluot* m. „Flut" (Wz. **plō-* wie in gr. πλω-τός „schwimmend"); frühwestgerm. (in fränk. und alemann. Gesetzen) *flēdus* = kelt. *lītus* (als Lehnwort in der Lex Salica), Bezeichnung des dritten Standes der Freien, < idg. **plē-tu-s* „Menge" (verwandt auch gr. πληθύς und lat. *plēbs*); got. *haidus* „Art, Weise", an. *heiđr* „Ehre, Würde", as. *hēd*, ahd. *heit* „Stand" = ai. *ketú-* „Erscheinung" (zu ai. *ci-* „wahrnehmen"); got. *li-þu-s*, an. *liđr*, as. *liđu*, ahd. *lid* „Glied" (*tu*-Bildung wegen an. *li-m-r* „Glied"; beide zu idg. **lei-* „beweglich sein", woraus mit *t*-Erweiterung **lei-t-* in ahd. *līdan*, got. *ga-leiþan* „gehen").

Bildungen von geschlossener Wurzel: got. *kustus* „Prüfung", an. *kostr* „Wahl", ae. *cost* m., as. *kust* „Wahl, Vorzüglichkeit" (Fem. Hel. 2697 *thero kustes giwald*, doch mit mask. Endung) = lat. *gustus* „Geschmack", air. *gus* „Kraft" (vgl. auch air. PN *Fer-gus* „Mannesvorzüglichkeit, -kraft habend" und an. *mankostr*, as. *gum-kust*), zu got. *kiusan* „wählen", gr. γεύομαι „koste, empfinde"; got. *þūhtus* „Gewissen", an. *þóttr* „Gedanke, Meinung" (got. *þugkjan*); got. *lustus*, ae. afries. *lust* „Lust, Begierde" (germ. **lustu-* statt **ulstu-* aus idg. **l̥s-tu-*) zu ai. *lasati* „ist vergnügt", gr. λιλαίομαι „begehre, sehne mich" (**li-las-i̯o-*), lat. *lascīvus*, čech. *láska* „Liebe"; got. *wulþus* „Herrlichkeit", an. *Ullr* (Name eines Gottes von schönem Angesicht) = lat. *vultus* „Gesicht" (Wz. **u̯el-* „sehen"); got. *wahstus*, an. *vǫxtr*, ahd. *wahst* „Wachstum" (*wahsan*); ae. *þurst*, ahd. *durst* „Durst" (got. *ga-þairsan* „verdorren"); ae. *ford*, ahd. *furt* m. = awest. *pərətu-*, gall. *ritu-* (in ON *Ritu-magus*) „Übergang, Furt", lat. *portus* „Durchgang" < idg. **pr̥-tu-*, daneben aus hochstufigem **per-tu-* an. *fjǫrđr* „Meerbusen" (idg. Wz. **per-* „gehen, fahren" in got. *faran*); an. *réttr* = air. *recht* „Recht" (< **rek-tu-* zur Wz. **reĝ-* in lat. *regere*), *háttr* „Art, Weise" (= air. *cucht* „Farbe, äußere Erscheinung"), *grǫftr* „Grab, Begräbnis" (*grafa*). Die Beispiele sind meist alte Erbwörter, die Bildungsweise ist somit nicht mehr lebendig.

Bildungen zu schwachen Verben auf *-ōn* (Suffix *-ōþu-*/*-ōđu-*):

got. *gaunō-þu-s* „Trauer" (*gaunō-n*), *wratōdus* „Reise" (*wratōn*), *auhjōdus* „Lärm" (*auhjōn*), an. *unađr* „Freude" (*una*), *jafnađr* „gleicher Anteil" (*jafna* „gleichmachen"), *lađađr* „Einladung" (*lađa*), *fagnađr* „Freude" (*fagna*); ae. *huntođ* „Jagd" (*huntian*), *langođ* „Sehnsucht" (*langian*); ahd. *wegōd* „Hilfe" (*wegōn*), *weinōt* „das Weinen" (*weinōn*), *klagōt* „Klage" (*klagōn*), *arnōt* „Ernte" (*arnōn*); as. *hreuwod* „Reue". Von Verben mit stammhaftem *n* wird *-nōþu-* abgelöst: an. *dugnađr* „Tüchtigkeit" (*duga*), *lifnađr* „Leben" (*lifa*), ae. *fugelnođ* „Vogelfang" (neben *fugelođ* zu *fugelian*), ae. *hæftnođ* = ahd. *haftanōd* „Haft". Zu Verben auf *-isōn* gehört ahd. *-isōd* : *rīchisōd* „Herrschaft" zu *rīchisōn*.

Der germ. Bildungsweise am nächsten steht das Verbalnomen der altirischen *a*-Verben: *molad* „das Loben" zu *molaim* „ich lobe", *nertad* „das Stärken" zu *nertaim*. Vgl. ferner lat. *magistrātus* (*magistrāre*), gr. βοητύς „das Schreien" (βοάω). In got. *mannis-*

kōdus „Menschlichkeit" (zu *mannisks* „menschlich") erscheint das Suffix in denominativer Verwendung.

2. Nomina agentis (und personifizierte Abstrakta): got. *hliftus* „Dieb" (*hlifan* „stehlen"), an. *vǫrđr* „Wächter" (neben *vǫrđr* „Wacht"); got. *wairdus*, ahd. *wirt* „Gastfreund, Hauswirt"; an. *smiđr*, ae. as. *smiđ*, ahd. *smid* „Schmied"; altgerm. *Nerthus* Name einer Göttin = an. *Njǫrđr* Name eines männlichen Gottes (wohl Prinzip der schöpferischen Kraft der Natur; nächstverwandt ist air. *nert* n. < **ner-to-* „Kraft", dazu ferner ai. *nár-*, gr. ἀνήρ „Mann", lat. PN *Nero*).

Bei schwachen Verben ist *-uđr* im An. produktiv: *vǫrđuđr* „Verteidiger" (*varđa*), *rǫtuđr* „Finder" (*rata*), *grǫnduđr* „Schädiger" (*granda*), *hvǫtuđr* „Antreiber" (*hvata*); dazu wohl auch ahd. *leitid*, *leitud* „Führer" (*leitan*), *sceffid* „Schöpfer", wo allerdings auch erweiterte *t*-Bildungen vorliegen können (vgl. § 117).

§ 125. Suffix *-assu-* (*-issu-*, *-ussu-*) und Nebenformen

Im Got. ist *-assus* ein Suffix, das maskuline Abstrakta, vornehmlich von Verben, bildet. Die got. Verbalabstrakta gehören grundsätzlich zu schwachen Verben auf *-ōn*; die Variante *-inassus* gehört zu Verben mit dem von *n*-Stämmen abstrahierten Suffix *-inōn*. Die Verben sind ihrerseits von Personenbezeichnungen der sozialen Sphäre abgeleitet, so daß sich ein dreifaches Fortschreiten der Wortbildung ergibt: *frauja*, St. *fraujin-* „Herr" > *fraujin-ōn* „Herr sein, herrschen" > *fraujin-assus* „die Tätigkeit des *fraujinōn*" = „Herrschaft"; ebenso verhalten sich *gudja*, St. *gudjin-* „Priester", *gudjin-ōn* „Priester sein", *gudjin-assus* „Priestertum" und *þiudan-s*, *þiudan-ōn* „König sein, regieren", *þiudinassus* „Königsherrschaft" (mit *-inassus* statt *-an-assus* nach *fraujinassus* usw.). Die enge Beziehung zwischen *-ōn* und *-assus* wird auch durch das durchgehende Verhältnis von -εύειν und -εία in der griech. Vorlage veranschaulicht:

στρατεύειν: στρατεία = got. *drauhtinōn* „Kriegsdienst tun": *drauhtinassus* „Kriegsdienst, Feldzug".

Weitere Bildungen sind: *skalkinassus* „Dienst(barkeit)" zu *skalkinōn* „dienen" (dies von *skalks* „Diener"), *hōrinassus* „Hurerei" zu *hōrinōn* (*hōrs*), *lēkinassus* „Heilung" zu *lēkinōn* (*lēkeis*), *kalkinassus* „Hurerei" zu unbelegtem **kalkinōn* (dies von *kalkjō* „Hure"). Auch zu *blōtinassus* „Gottesverehrung" ist ein entsprechendes Verbum nicht belegt.

Von Adjektiven bzw. Adverbien sind abgeleitet: *ibnassus* „Gleichheit" von *ibns* „gleich" (wie gr. ἰσότης der Vorlage von ἴσος), *ufarassus* „Überfluß" von *ufar* und *wan-inassus* „Mangel" von *wans* „mangelnd".

Im Westgerm., besonders im Deutschen, erscheint das Suffix in einer bunten Fülle von Formen, die auch auf *-issu-* und *-ussu-* weisen; normalerweise sind die Suffixformen mit *-ja-/-jō-* (oder ähnlichen Suffixen) erweitert und haben vorher ein *n*, das dem *-in-* von got. *-inassus* vergleichbar ist, aber aus verschiedenen Quellen stammt. Ohne *n* sind noch as. *ofliges* „Obliegenheit", *berewissi* „Reue"; in as. *efnissi*, ae. *efnes* „Ebene" gehört *n* zum Grundwort. Die Suffixformen im Ahd. sind (meist in verschiedener Verteilung auf Dialekte und Denkmäler) *-nassi*, *-nessi*, *-nissi*, *-nussi* (vorwiegend neutralen Geschlechts) und *-nissa*, *-nissī*, *-nessī* (feminin), dazu noch die Weiterbildung *-nissida*, *-nussida* (*fūlnissida* „Faulheit"). Ähnliche Formen haben das As. und das Ae.

Das Ae., auch das Afries., haben noch zahlreiche Ableitungen von Verben: ae. *ȳcness* „Vermehrung" (*ȳcan*), *lȳfness* „Erlaubnis" (*ge-lȳfan*), *ēhtness* „Verfolgung" (*ēhtan*), afries. *wernisse* „Sicherheit". Doch sind die im Got. nur spärlich vertretenen denominalen Ableitungen im Vordringen und verdrängen besonders im Deutschen die verbalen fast ganz.

Von Partizipien sind abgeleitet (eine Quelle der Ausbreitung des *n*) ae. *forgifeness* „Vergebung", *gecoreness* „Wahl", ahd. *zi-*

wo-fnessi „Zerwürfnis“, *bilochnessi* „Klausur“ (zu *bilūchen* „schließen“), *firloran(n)issa*; von Adjektiven ae. *dēagolness*, as. *dōgalnussi* „Verborgenheit“ (ae. *dēagol*, ahd. *tougal*), as. *gelīknessi*, ae. *gelīcnes*, ahd. *galīhnissi* „Ähnlichkeit, Bild, Gleichnis“ (ahd. *ga-līh*), as. *grimnussi* „Strenge“, ahd. *finstarnissi* „Finsternis“, *hrein(n)issa* „Reinheit“, *einassī*, *einnissi* „Einheit“, ae. *gōdness* „Güte“, *beorhtness* „Glanz, Helligkeit“. Substantiva liegen zugrunde in afries. *thiufsternisse* „Diebstahl“, as. *farlegarnessi* „Ehebruch“, ahd. *gotnissa* „Gottheit“. Verbale Ableitungen aus dem deutschen Bereich sind as. *testōrnissi* „Zerstörung“, *giruornissi* „Regung“, ahd. *gihōrnissi* „Gehör“.

Im An. fehlt die Bildungsweise ganz (vgl. auch I § 20).

Entstehungsgeschichtlich ist germ. *-assu-* die *tu*-Bildung zu Verben mit Suffix *-at-ja-* (got. *lauhatjan* „blitzen“), zu denen es sich verhält wie gr. ἀσπαστύς „Begrüßung“ zu ἀσπάζομαι. Westgerm. *-issu-* findet in gr. ἀκοντιστύς „Lanzenkampf“ zu ἀκοντίζω Anschluß, während *-ussu-* mit nominalen *u*-Stämmen zusammenhängt, die mit *d*-Determinativ erweitert sind (lat. *pecu-d-* „Vieh“). So führt got. *knussjan* „auf die Knie fallen“ über **knussus* „das Knien“ auf ein Verbum **knutjan* bzw. die Vorform eines solchen zurück, dem eine mit *d* erweiterte Form von idg. **ĝenu-* „Knie“, nämlich **ĝnu-d-* zugrunde liegt. Die einzige Bildung auf *-assu-* usw., neben der noch ein Verbum mit Dentalsuffix erhalten ist, ist got. *ibnassus*, ae. *efnes*, *emnes*, as. *efnissi*; sie gilt als abgeleitet von ae. *emnettan* (wäre = got. **ibnatjan*) „ebnen, vergleichen“. Der Bedeutung nach ist got. *ibnassus* jedoch Adjektivabstraktum von *ibns*, und Analoges kann auch für die westgerm. Bildungen gelten. Das Suffix *-assu-* usw. hat sich somit in historischer Zeit schon völlig von seinen Ursprüngen gelöst. Wahrscheinlich ist die denominale Verwendung bereits altererbt, denn auch im Kelt. bildet *-assu-* (und zwar ausschließlich) denominale Ableitungen: air. *londas* „Zorn“ (zu *lond* „zornig“), *óclachas* „Jugend“ (*óclach* „junger Mann“), *flaithemnas*

„Herrschertum" (*flaithem* *n*-St. „Herrscher"), kymr. *teyrnas* „Königreich" (*teyrn* „König"); daneben steht *-issu-* in air. *bindius* „Harmonie" (zu *bind* „wohlklingend"), *coibnius* „Verwandtschaft" (*fine* „Sippe"); doch kann kelt. *ss* auch altes *st* repräsentieren.

§ 126. Suffix *-dūþi-* (idg. *-tūti-*)

Nur im Got. finden sich noch vier Bildungen mit diesem Suffix, sämtlich feminine Adjektivabstrakta: *managdūþs* „Überfluß", *mikil-dūþs* „Größe", *gamain-dūþs* „Gemeinsamkeit, Gemeinschaft", *ajuk-dūþs* „Ewigkeit". Gegenüber der eine objektive Realität bezeichnenden Bildung auf *-ei* (*managei* „Menge") ist die auf *-dūþs* subjektiv-potentiell. Verwandte Bildungen mit konsonantisch flektierendem Suffix *-tūt-* finden sich in größerer Zahl im Kelt. und Lat.

Die keltischen Bildungen basieren wie die germanischen auf Adjektiven, sind aber Maskulina: air. *bethu*, Gen. *bethad* = kymr. *bywyd* „Leben" (**g^{u}iu̯o-tūt-*), *óentu* „Einheit"; die lateinischen Bildungen haben wie die germanischen feminines Geschlecht, beruhen aber auf Substantiven: *virtūs*, *-tūt-is* „Mannheit", *servi-tūs* „Knechtschaft". Das Suffix, das sonst nicht vorkommt, ist eine Erweiterung von *-tu-* mit *-t-* bzw. *-ti* unter gleichzeitiger Vokaldehnung (vgl. auch *-tā-t-* aus *-tā-* in lat. *iuven-tās*, *-tātis* neben *iuven-tā* = got. *jūnda*, ein Suffix, das dem Germ. fehlt).

§ 127. Suffix *-þwa-*, Fem. *-þwō-*, mit grammat. Wechsel *-đwa-/-đwō-* (idg. *-tu̯o-/-tu̯ā-*)

Idg. *-tu̯o-/-tu̯ā-* ist ein durch thematische Weiterbildung von *-tu-* entstandenes Suffixkombinat; vgl. ai. *hán-tv-a-* „zu töten" zum Infinitiv *hán-tu-m*, got. *ūhtwō* „Morgendämmerung" < **n̥k-tu̯-ā* (germ. zum *n*-Stamm erweitert) neben ai. *ak-tú-* < **n̥k-tu-* (zu heth. *neku-* „dämmern", vgl. auch got. *nah-t-s*). Das selbständig gewordene Suffix, das im Ai. und anderwärts primäre Verbaladjektiva und deren Abstrakta (vgl. ai. *kar-tva-* „faciendus", neutr. Subst. „Aufgabe,

Werk“) sowie denominale Abstrakta bildet (ai. *śatru-tvá-* „Feindschaft“ zu *śátru-* „Feind“), ist auch im Germ. in einigen meist der sozialen Sphäre zugehörigen Abstraktbildungen vertreten.

Primäre Bildungsweise zeigen die Neutra got. *gaidw* „Mangel“ (vgl. ai. *hetú-* „Ursache, Antrieb“) und *waurstw* „Werk“ zu *waurkjan*, wobei letztere Bildung zwischen Wurzel und Suffix den Einschub eines *s* zeigt (idg. **u̯r̥ĝ-s-tu̯o-m*). Eine *s*-lose Bildung wird durch die Ableitung ahd. *wurhteo* „Arbeiter“ (vgl. got. *waurstwa*) vorausgesetzt (vgl. auch awest. *varštva-* „was zu tun ist“, wo *s* auf dem Palatallaut *k̂* beruht). Denominales Neutrum ist got. *þiwa-dw* „Knechtschaft“ zu *þius*. Primäres Femininum ist got. *wahtwa* (oder *-ō*, belegt nur Dat. Pl. *wahtwōm*) „Wache“ zu *wakan*. Parallele Bildungen sind *fijaþwa* „Feindschaft“ zu *fijan* „hassen“ und *frijaþwa* „Freundschaft“ zu **frija-* in der alten Bedeutung „lieb“ (vgl. ai. *priya-tvá-m* „das Liebhaben, Geliebtsein“ zu *priyá-* „lieb“). Got. *saliþwōs* Pl. „Herberge, Wohnung“ kann von **sali-* „Saal“ (an. *salr*) oder vom Verbum *saljan* „bleiben, Herberge finden“ abgeleitet sein.

§ 128. *st*-Suffixe (idg. *-sto-/-stā-*, *-sti-*, *-stu-* und Formen mit vorausgehendem Vokal)

st-Suffixe sind ihrem Wesen nach verstärkte *t*-Suffixe; funktionell unterscheiden sie sich nicht von den entsprechenden einfachen *t*-Suffixen (*-to-/-tā-*, *-ti-*, *-tu-*). Ihre Ausbildung fällt in voreinzelsprachliche Zeit, ebenso auch (mit Ausnahme einzelner Typen) ihre Produktivität. Außerhalb des Germ. kommen *st*-Bildungen vor allem im Baltischen, Slawischen und Illyrischen, sodann auch im Keltischen und Italischen vor, außerdem — nach dem Zeugnis der Namen — auch in anderen sonst unbekannten, aber mit jenen verwandten Sprachen des alten Mitteleuropa (vgl. I § 3).

Hinsichtlich ihrer Bildungsweise sind folgende Typen von *st*-Bildungen zu unterscheiden: 1. Bildungen von offener (vokalisch auslautender) Wurzel; 2. Bildungen von geschlossener (oder ursprünglich geschlossener)Wurzel; 3. primäre Ableitungen mit Zwischenvokal und Sekundärbildungen (meist ebenfalls mit Bindevokal). Die Bildungen mit *-str-*, neben denen von alters her gelegentlich solche ohne *r* stehen, sind im Anschluß an die *tr*-Bildungen behandelt (siehe § 139).

1. Bildungen von offener Wurzel. Echte *st*-Bildungen von vokalisch auslautender Wurzel sind im Germ. äußerst selten; zu nennen sind an. *traustr* „sicher, stark, fest" mit Subst. *traust* n. „Zuversicht", ahd. *trōst*, mlat. (in den altfränk. Gesetzen) *trustis* „Treue", engl. *trust*, sämtlich von der Wz. **dereu-/*drū-* „hart, fest" mit *st*-Suffix gebildet (vgl. daneben mit *t*-Suffix ahd. *trūt* „lieb, traut" und die parallele *st*-Bildung npers. *durušt* „hart, stark"); ferner as. ahd. *frist*, an. *frest* „freigegebene, abgegrenzte Zeit" (nhd. *Frist*) mit der gleichen Form der Wurzel wie in ahd. *fridu* „Friede" (§ 124) und awschwed. *Thiust* Name eines Kleingaus in Småland mit Einwohnerbezeichnung *Theustes* (Jordanes), das von derselben Wurzel wie got. *þiuda*, an. *þjóð* „Volk(sgemeinde)" abgeleitet scheint. Im Keltischen entsprechen Bildungen wie air. *lúa-s* (*s* < *st*) „Schnelligkeit" neben *lúa-th* „schnell" (Wz. **pleu-*), *baís* „Dummheit" neben *baíth* „dumm".

Häufig dagegen sind scheinbare *st*-Bildungen; diese sind in Wirklichkeit *t*-Bildungen von einer mit *s* erweiterten Wurzelform, die auch in anderen Nominalbildungen auftritt: an. *þjóstr* „Heftigkeit, Gewalt", *þýstr* „Windstoß" (zu an. *þeysa* „vorwärtsstürmen", *þyss* „Getümmel"; Wz. **teu-s-*); mhd. *pfnāst* m. „Schnauben" (*pfnāsen*), *pfnust* „unterdrücktes Lachen" (norw. *fnysa* „kichern"); mhd. *glost* „Glut" (*glosen*); mhd. *glast* „Glanz" (dazu gall. *glastum* Name einer Pflanze, air. *glass*, kymr. *glas* „grün, blau") zu mnd. me. *glaren* „glänzen" (vgl. auch ahd. *glas* „Glas" und als Dentalbildung von der unerweiterten Wurzel an. *glaðr*, ahd. *glat* „glatt, glänzend"); ahd. *geist*, as. *gēst*, ae. *gāst* „Geist, Gespenst" (vgl. got. *us-geis-nan* intr., *us-gais-jan* trans. „erschrecken", awest. *zaēša-* „schauderhaft"; Wz. **ĝhei-s-*).

Die Ablösung von *st* als selbständigem Formans erfolgt auf Grund von Dubletten wie ahd. *blāt* und *blāst* (= ae. *blǣd* und *blǣst*), *bluot* und *bluost*, die als Abstrakta zu ahd. *blāen* „blähen, blasen" resp. *blāsan*, *bluowen* resp. ndl. *blōsen* „blühen" gehören. Indem die (eigentlich zum *s*-Verbum gehörige) Bildung mit *st* zum *s*-losen Verbum in Beziehung gesetzt wird, wird *st* als komplexes Suffix erfaßt und übertragbar. Vgl. auch das Nebeneinander von ai. *śrú-ti-* „das Hören" und *śruṣ-tí-* „Willfährigkeit"; letztere Bildung von der *s*-erweiterten Wurzel (**k̑leu-s-*) hat eine Parallele im Germ.: ae. *hlyst*, as. an. *hlust* „Gehör, Ohr" (vgl. ahd. *hlosēn* „horchen"); daneben **k̑lu-to-* „berühmt" in PN wie ae. *Hlođ-wīg* (nhd. *Ludwig*).

2. Bildungen von konsonantisch auslautender Wurzel. Dieser Bildungstyp ist im Germ. am stärksten vertreten; am häufigsten wiederum innerhalb dieser Gruppe sind die *st*-Bildungen von solchen Wurzeln, die im Idg. auf dentalen Verschlußlaut endeten; es folgen die von Wurzeln auf Guttural, dann von solchen auf *n*. Die übrigen Wurzeltypen sind nur schwach vertreten.

a) Wurzeln, die auf dentalen Verschlußlaut enden, verlieren diesen vor dem *s* des Suffixes. Wie vergleichbare außergerm. Bildungen erweisen, erfolgte der Schwund schon in idg. Zeit. Die *st*-Bildung ist als solche nur im Germ., Lat. und Ai. sicher nachweisbar, da sie nur in diesen Sprachen von dem Resultat des Zusammenstoßes von Dental + *t* (germ. lat. *ss*, ai. *tt*) unterschieden werden kann. In den östlichen Sprachen resultiert auch aus dem Dentalzusammenstoß *st*, im Kelt. fallen *st* und *ss* < *tt* sekundär in *ss* zusammen. Vgl. I § 91. Die wichtigsten germ. Bildungen sind:

as. ahd. *rost* < **rudh-s-to-* zur Farbwurzel idg. **reudh-/rudh-* „rot" (an. *rjóđr*, ahd. *rōt*), wozu aus anderen Sprachen lit. *rùstas* „bräunlich", lett. *rusta* „braune Farbe", ai. *loṣṭa-* „Eisenrost" (vgl. ferner ahd. *rosamo* „Röte < **rudh-s-men-* neben *rotamo* < **rudh-*

men-); ahd. *hlast*, afries. *hlest* f., ae. *hlæst* n. „Last" zu ahd. *hladan* „laden", got. *af-hlaþan* „überbürden" (daneben einfache *t*-Bildung in an. *hlass* < **klət-to-*); an. *eista* n. „Hode", aus *n*-stämmig erweitertem **oid-s-to-* zur Wz. **oid-* „schwellen" in gr. οἶδος „Geschwulst", ahd. *eiz* „Eiterbeule" (vgl. auch abg. *isto* n. „Hode", Pl. *istesa* „Nieren"); an. *nist* „Spange am Kleid", ablaut. agutn. *nast* „Band", ferner an. *nest* „Nadel, Spange", ahd. *nestila* „Schleife, Binde" : zur Wz. **ned-* in got. *nati* „Netz" oder **nedh-* in ai. *náhyati* „knüpft"; ae. *hyrst* „Schmuck, Rüstung", ahd. *hrust* „Rüstung" (zu ae. *hrēodan* „schmücken", an. *hrjóða* „bedecken, bekleiden"); ae. *ǣst*, mnl. *eest* „Darre", altgerm. PN *Aisto-mōdius*, zur Wz. **aidh-* „brennen" in gr. αἴθειν, ahd. *eit* „Feuer", wozu als *st*-Bildung auch lat. *aestus* „Hitze"; an. *flaust* n. „Schiff", daneben *flaustr* n., als **ploud-s-t(r)o-* zu an. *fljóta* „fließen" (vgl. auch lit. *pláustas* „Fähre"); ahd. *mast* „Mästung", entweder aus idg. **mad-z-do-* über germ. **mat-sta-* (vgl. ai. *medas-* n. „Fett" < **mazdas-*) oder aus **mad-s-to-* (vgl. ai. *mástu-* n. „saurer Rahm") zur Wz. **mad-* in got. *mats* „Speise"; mhd. *gnīst* „Grind" zu *gnīten* „reiben". An. *beysta* „klopfen, schlagen" setzt ein **bhaud-s-ti-* voraus, das zu lat. *fūstis* „Stock, Knüttel" in Ablaut steht und weiterhin zu an. *bauta* „schlagen" gehört.

Ihrem Ursprung nach sind die *st*-Bildungen nach dentalem Wurzelauslaut als *t*-Bildungen zu betrachten, bei denen sich in der Wortfuge zwischen den gleichen Lauten (*t-t*) ein parasitärer Zwischenlaut *s* entwickelte. Die Entwicklung ist prinzipiell nicht verschieden von der, die in den östlichen idg. Sprachen (Balt., Slaw., Griech. usw.) lautgesetzlich zu *st* führte (I § 91; vgl. ferner H. Krahe, Indogerm. Sprachwissenschaft I § 40) und steht sicher mit ihr in Zusammenhang. Die Entwicklung von *t-t* zu *ss*, die in den westlichen Sprachen das „normale" Resultat des Dentalzusammenstoßes ist, scheint demgegenüber einer etwas späteren Schicht anzugehören. Gelegentlich konnten wohl auch Bildungen mit *ss* durch *t* verdeutlicht werden, so vielleicht ae. *hlæst* gegenüber an. *hlass*.

Nach dem Muster dieses Typs wurde *s* auch bei anderem Wurzelauslaut als fugenmarkierender Konsonant verwendet und ergab so mit dem eigentlichen Suffix ein *st*-Suffix. Als förderndes Moment kam hinzu, daß besonders gutturalisch endende Wurzeln oft eine *s*-Erweiterung zeigen (got. *wah-s-an*, *wahs-tu-s* gegenüber lat. *aug-ē-re*, *auc-tu-s*), die auch sonst in der Wortbildung auftritt.

b) Bildungen von gutturalisch auslautender Wurzel: ae. *fȳst*, ahd. *fūst* = abg. *pęstь* „Faust", als **pn̥k-s-ti-* zu germ. **fanhan* „fangen" oder idg. **penqᵘ̯e* „fünf"; got. *maihstus*, as. ahd. *mist* (einmal ahd. auch *mihst*) „Mist", als **miĝh-s-tu-* zur Wz. **meiĝh-* „harnen" in ai. *méhati*, an. *míga* (*s*-Bildung auch in as. *mehs* n. „Harn"); dazu von der parallelen Wz. **meigh-* (ai. *meghá-* „Wolke", gr. ὀμίχλη „Nebel", nl. *miggelen* „fein regnen") ae. mnd. *mist* m., norw. dial. *mist* f., an. *mistr* n. „Nebel"; got. *waihsta-stains* „Eckstein"; ahd. *trust* „Kriegerschar" < **dhrugh-s-ti-*, *s*-haltige Variante von *truht* (got. *driugan* „Kriegsdienst tun"); ae. *wrist* „Handgelenk", an. *rist* „Rist", zu ahd. *rīho* „Kniekehle", mnl. *wrīghe* „Rist", nl. *gewricht* „Gelenk"; ahd. *drīsti* „dreist" (*dringan*); got. *waurstw* „Werk" (*waurkjan*; vgl. *s*-los ahd. *ga-wurht* „Tat"). Aus anderen Sprachen vgl. lit. *sakstis* neben *saktìs* „Schnalle" (zu *segù*, *sègti* „heften"); apreuß. *twaxtan* „Badequast" (zu got. *þwahan* „waschen"); awest. *yaoxšti-* „Gewandtheit, Geschicklichkeit", alat. *iuxtim* = *iuxta* (Wz. **i̯eug-* „iungere").

c) Labialer Wurzelauslaut: got. *haifsts*, an. *heifst* „Zank, Streit", ae. *hǣst*, mnd. *heist* „Heftigkeit", ahd. *heisti* „heftig" haben *s*-lose Varianten in an. *heift* (= *heifst*), ahd. *heifte* „ungestüm", nhd. *heftig*.

d) Wurzel auf *-m* endend: got. *þramstei* „Heuschrecke" zu as. *thrimman* „springen" (§ 93). Über *st* in mnd. *kumst*, ahd. *fer-nunst* vgl. § 123.

e) Wurzel auf *-n* endend: Gemeingerm. ist nur got. *ansts*, an. *ást*, ae. *ēst*, as. ahd. *anst* „Gunst" zum Praet.-Praes. *an*, *unnum*; *s*-lose Nebenformen neben mhd. *gunst*, ahd. *ab-unst* sind mhd. *gund*, an. *ǫf-und*. Alt ist auch ahd. *unst*, an. *ýst*, ae. *ȳst* „Sturm" < **n̥-sti-* zu gr. ἄνεμος „Wind", ferner got. *ala-brunsts* „Brandopfer", ahd. *brunst* zu got. *brinnan* „brennen" (*s*-lose Bildung ahd. *brant*). Die übrigen Bildungen sind nur westgerm. oder gar nur deutsch belegt: ahd. *kunst* (zum Praet.-Praes. *kan*, *kunnum*) gegenüber got. *ga-kunds* bzw. *ga-kunþs* (*ga-kunnan sik* „sich unterordnen"); ahd. *spanst*, *spenst* „Verlockung" < **spon-s-ti-* zu *spanan* „locken"; mhd. *ge-spunst* „Gespinst" (*spinnen*); as. *giwunst* „Gewinn"; mhd. *begunst*, *beginst* „Beginn"; ahd. *runst* „Rinnen, Fließen, Flußbett" (neben *runs* „Wasserlauf", got. *garuns* f. „Straße", Stamm *runsi-*) zu ahd. *rinnan*; ae. afries. *dūst* „Staub", ahd. *tun(i)st* „Wind, Sturm", mhd. *tunst* „Dunst", von einer Wz. **dhu̯en-* (lett. *dvans* „Dunst") oder **dhu̯en-s-* (ai. *dhvaṃs-* „zerstieben"). Außergerm. Parallelen sind selten: lit. *mąstis* „Nachdenken" zu *miñti*.

f) Wurzel auf *-l* endend: ahd. *gi-swulst* „Geschwulst", mhd. *swulst*, *ge-swulst* zu ahd. *swellan* „schwellen"; westfäl. *dulst* „Qualm" zu as. *dwalm* „Betäubung", ahd. *twalm* „Betäubung, Dunst, Qualm", engl. *dull* (Wz. *dhu̯el-*). Vgl. lit. *skìlstis* „Klauenspalte des Rindes" zu *skélti*.

g) Wurzel auf *-r* endend: mhd. *harst* „Kriegshaufe" zur Wz. **ker-/kor-* in got. *harjis* „Heer", gr. κείρειν „plündern, verheeren". In anderen Bildungen wie ae. *gorst* „Stechginster" (Wz. **ĝhers-* „starren" in ai. *hárṣate*), mnd. *harst* „Rechen" (Wz. **kars-* „kratzen" in russ. *koróstа* „Krätze"), nhd. *garstig* (zu arm. *garšim* „habe Abscheu") ist *rs* lautsymbolischer Bestandteil der Wurzel.

3. Die primären Ableitungen mit Zwischenvokal sind vielfach nicht von sekundären Ableitungen zu unterscheiden, und in einer Reihe von Fällen ist es auch fraglich, ob ein Nomen oder ein Verbalstamm zugrunde liegt. Die primären Ableitungen enthalten das *st* der Wurzelabstrakta, übertragen auf vokalische Stämme, während die Prototypen der denominalen *st*-Bildungen *t*-Ableitungen von *s*-Stämmen gewesen zu sein scheinen. Während aber Bildungen wie lat. *hones-tu-s* „ehrlich" (zu *honōs*), *augus-tu-s* „erhaben" (vgl. ai. *ójas-* n. „Kraft, Gewalt") und *venus-tu-s* „anmutig, liebreizend" (von *venus*) noch als Ableitung von *s*-Stämmen deutlich sind, hat sich sonst *st*, dem ein beliebiger Vokal vor-

angehen konnte, schon völlig von seinem Ursprung gelöst. Der geläufige Typ der Adjektivabstrakta wie abg. *dlъgostь* f. „Länge" = heth. *dalugašti-* n. (zu abg. *dlъgъ*, heth. *dalugai-* „lang"), lit. *gyvastìs* „Leben" (*gývas* „lebendig") hat keine Beziehung mehr zu *s*-Stämmen, und wo in einzelnen Fällen eine solche gegeben ist, beruht sie eher auf Zufall als auf einem Archaismus.

Eindeutig verbalen Ursprungs sind ahd. *dionōst* „Dienst" (zu *dionōn*) = as. *thionost*, ae. *þēonest*, schwed. *tjänst*, dazu als Fem. an. *þjónusta*, auch *þjónasta* (zu *þjóna*); an. *kunnusta* „Wissen, Können" (zu *kunna*), *unnusta* „Geliebte" (urspr. „Liebe"), *unnusti* „Geliebter" (zu *unna*). Die beiden letzteren Bildungen ersetzen vielleicht ältere Bildungen **kunsti-*, **unsti-*, bei denen im Nordgerm. der wurzelhafte Nasal schwinden mußte (vgl. *ást* = got. *ansts*).

Ahd. *ernust*, ae. *eornost* „Ernst, Eifer, Kampf" kann Verbalabstraktum zu einem Verbalstamm **er-nu-* (vgl. ai. *ṛṇóti* < **ṛ-neu-ti* „erhebt sich", gr. ὄρνῡμι „errege, bewege") sein, doch ist auch Auffassung als Adjektivabstraktum zu einem gleichstämmigen Verbaladjektiv („rührig" : „Rührigkeit") möglich (vgl. auch awest. *arənu-* „Kampf" als Verbalsubstantiv). Sicher denominal ist ahd. anfränk. *angust* „Angst" zu idg. **anĝhu-* „eng" in ai. *aṃhú-*, abg. *ǫzъ-kъ*, an. *ǫngr*; von ähnlicher Bildung ist abg. *ǫzostь* „Beengung"; ein *s*-Stamm liegt zugrunde in lat. *angus-tu-s* „eng" (vgl. *angor*, ai. *áṃhas-* „Beklemmung, Bedrängnis"). Denominal oder deverbal sind die gleichartigen Bildungen ahd. *hengist*, an. *hestr* „Hengst" und ahd. *herbist*, as. *hervist*, ae. *hærfest* „Herbst" (engl. *harvest* „Ernte"); erstere gehört zu idg. **k̂āk-/kə-n-k-* „springen" in lit. *šókti* „springen", *šankùs* „flink" und hat neben sich eine kürzere Form urnord. **hāhaʀ* (Dat. *hāhai*); letztere gehört zu lat. *carpere* „pflücken" bzw. gr. καρπός „Frucht". Eine semasiologische Parallele zu *Hengst* („Springer" oder „der sehr gut springt" mit superlativischer Funktion des Suffixes) ist lat. *locusta* „Heuschrecke" (zu gr. ληκᾶν „hüpfen"). Unklar ist das Grundwort in ahd. *wanast*, *wenist*, mhd. *wanst* „Wanst, Bauch", wozu mit *str*-Bildung und Wurzelablaut nisl. *vinstur*, norw. *vinstr* „Labmagen"; vergleichbar ist ai. *vaniṣṭhu-* „Mastdarm".

Eigennamen (besonders Orts- und Flußnamen) mit *st*-Suffix sind vor allem im nordwestdeutschen Raum häufig, wo sie einer vorgermanischen Sprachschicht entstammen: ON *Segaste*, *Seguste*, heute *Segeste* (vgl. *Segesta*, mehrmals im Mittelmeerraum), PN *Segestes* (Name eines Cheruskerfürsten) zur idg. Wz. **seĝh-* in gr. ἔχειν „haben, halten", ai. *sáhas-* = got. *sigis* „Sieg"; FlN *Indrista*, heute *Innerste* (vgl. russ. FlN *Indra*, ai. *indra-* „stark"); FlN *Alst* (Westfalen), *Elst* (Gelderland) < **Alesta*, *-ista* (vgl. norw. FlN *Ala* = russ. *Ola*; *Alara* „die Aller" usw.); ON *Börnste* (vgl. VN *Burnistae* in Dalmatien); *Argisto*, heute *Ergste* (vgl. VN 'Αργεσταῖοι in Makedonien), usw.

Eindeutig denominale Bildungen sind ahd. *ewist* „Schafstall" (*ou* „Schaf"), an. *naust* „Schiffsplatz" (ai. *náu-* „Schiff", vgl. auch an. *Nóa-tún*) und *naust* „Grabhügel", die sämtlich Formen mit *str* neben sich haben (got. *awistr*, an. *naustr* „Schiffsplatz", got. **nawistr*, vgl. § 139). Das Nebeneinander von *st* und *str* ist altererbt, vgl. lat. *campestris* neben *agrestis*, *caelestis*. Eine weitere Bildung ist an. *vǫzt* f. „Fischplatz im Meer" < **wađastō* zu *vađr* „Angelschnur", ae. *wadu* „Zugnetz". Vgl. istr. ON *Tergeste* (heute *Triest*), der als „Handelsplatz" zu einem mit skr. *tṝg* „Markt" verwandten Etymon gehört. Die Auffassung solcher Bildungen als ursprüngliche Komposita mit einer Form der Wz. **stā-* „stehen" ist möglich (vgl. ai. *go-ṣṭhá-* „Kuhstall"), stößt aber auf Schwierigkeiten wegen der *str*-Formen und auch wegen afries. *nōst*, mnd. *nōste* „Viehtrog", wo *st* eindeutig Suffix mit modifizierender Funktion ist („schiffartig, schiffsähnlich"); vgl. auch norw. *nō* „Trog" neben an. *nór* „Schiff" (beide ursprünglich ein ausgehöhlter Baum).

§ 129. Idg. *-nt-/-n̥t-*: Germ. *-nđ-/-unđ-* (*-nþ-/-unþ-*), Fem. *-ī(n)-* und Erweiterung mit *-a-/-ō-*, *-i-*, *-ja-/-jō-*

1. Das Suffix *-nt-*, mit vorangehendem Themavokal *-ent-/*

-*ont*-, schwundstufig -*n̥t*-, bildete im Idg. von der Wurzel oder von Verbalstämmen verbale Adjektiva, die als Participia Praesentis dem Verbalsystem angegliedert wurden: idg. *s-*ent*-/*s*-*n̥t*- „seiend" (ai. *sánt*-/-*sat*-, gr. (dor.) ἔντ-, lat. *prae-sent*-); ai. *y-ánt*-/*y-at*-, gr. ἰόντ-, lat. *eunt*- „gehend" (Wz. **ei*-); idg. **bher-ont*-/*bher-n̥t*- „tragend" (ai. *bhárant*-/*bhárat*-, gr. φέροντ-, got. *bairand-s*). Das Femininum dazu wurde mittels -*ī* (-*i̯ə*), in der Regel vom schwundstufigen Stamm, gebildet: ai. *sat-í*, gr. ἔασσα < **es-n̥t-i̯ə* „seiende".

Im Germ. ist die Partizipialbildung, charakterisiert durch verschiedenartige vokalische Erweiterungen, weiterhin in lebendigem Gebrauch; vgl. dazu die Formenlehre (II § 54); das Fem. des Partizips ist z. T. mit -*īn*- gebildet (§ 93). Doch sind daneben auch isolierte Partizipien in substantivischer Funktion erhalten, die wenigstens teilweise noch als Konsonantstämme flektieren (II § 24). Dazu gehören: got. *fijands*, an. *fjándr*, ae. *fēond*, as. *fīund*, ahd. *fīant* „Feind" (zu got. *fijan* „hassen") = ai. *pīyant*- „Schmäher" (zu *pīyati* „schmäht"); got. *frijōnds*, ae. *frēond*, as. *friund*, ahd. *friunt* „Freund" (got. *frijōn* „lieben"); as. *wīgand* „Krieger", *netteand* „Verfolger, Feind", mhd. *vālant* „Teufel" (eig. „der Schreckende", zu an. *fǿla* „erschrecken", got. *us-filma* „erschrocken"), an. *hǫfundr* „Richter". In dieser Gruppe befinden sich auch Feminina, die noch auf altertümliche Weise gebildet sind: got. *hulundi* „Höhle" (zu ahd. *helan* „hehlen", got. *huljan* „verhüllen"), ahd. PN *Wīgunt*, *Rātunt* f. (neben *Wīgant*, *Rātant* m.), *Purgunt* = air. *Brigit* = ai. *br̥hat-ī* (= „die Erhabene"). Schwundstufe des Suffixes haben auch die Flußnamen and. *Delvunda* (zu fries. *delven*, ahd. *telvan* „graben") und norw. *Ausunda* (an. *ausa* „begießen").

Auch einige Tier- und Sachnamen schließen sich hier an, z. T. erweitert mit vokalischem Suffix: ahd. *wisunt*, *wisant*, auch *wirunt*, ae. *wesand*, an. *visundr* „Wisent" (= „Stinker", Wz. **u̯eis*- in ai. *veṣati* „zerfließt", *viṣá-* „Gift", auch in ahd. *wisula* „Wiesel"), entlehnt ins Lat. als *bisōn*, Gen. *bisontis*; an. *þróndr* „Eber" (*þróask* „wachsen, gedeihen"), ae. *þrówend* „Schlange"; ahd. *lint*, *lind*, an. *linnr* „Schlange" (= lat. *lentus* „biegsam" zur Wz. **el-*); idg. **d-ont-/d-n̥t-* „Zahn" (Wz. **ed-* „essen") in got. *tunþus*, as. *tand*, ae. *tōð*, ahd. *zand*; got. *winds*, ahd. *wint* = lat. *ventus* (Wz. **u̯ē-*). In adjektivischer Funktion verwendete alte Partizipia sind an. *sannr*, ae. *sōð*, ahd. *sand* „wahr", an. *sannr* auch „schuldig" = lat. *sōns*, Gen. *sont-is* (idg. **s-ont-*, Wz. **es-* „sein" : „das was ist" bzw. „der, welcher es ist") und ahd. *barranti* „starr" (Wz. **bhers-* „starren", vgl. ahd. *burst* „Borste" § 123).

Einige Abstrakta haben *-n̥ti-* als Suffix: ahd. *tugund*, ae. *duguð* „Tüchtigkeit, Brauchbarkeit" (ahd. *toug* „es taugt"), an. *vitund* „Kenntnis" (*vita*), *tegund* „Art" (*tiginn* „wohlgeboren"), ahd. *leidunt* „Anschuldigung" (*leidōn* „anschuldigen").

2. Altidg. ist auch die Verwendung von *-nt-* als Sekundärformans, wobei die Hauptfunktionen des Suffixes der Ausdruck einer äußeren Beziehung zum Grundwort, kollektive (in einigen Sprachen sogar pluralbildende) Funktion, Individualisierung und affektische (intensive, deminutivische) Modifizierung sind. Vgl. etwa illyr. ON *Tarentum* = „Stadt an der *Tara*", abret. *roiant* „königlich", hethit. *parnant-* „Häuserkomplex" (*parna-* „Haus"), abg. *telę*, Plur. *telęta* „Kalb", gr. ἀνδριάς (Stamm ἀνδριάντ-) „Männchen", hethit. *witant-* „Jahr" neben *wit-*, usw.

Derartige Bildungen sind im Germ. selten; zu nennen sind an. *hǫrund* n. „Haut, Körper, Fleisch (eines geschlachteten Tieres)" zu lat. *corium* „Haut", *caro* „Fleisch" (vielleicht auch deverbal, Wz. **ker-* „schneiden, abtrennen"), an. *nánd* „Nähe", ae. *þēofend* „Diebstahl" (*þēof*), as. *alund*, ahd. *alunt* „Weißfisch, Alant" (**al-* „weiß"). Eine alte Bildung (— verbaut zum *s*-Stamm —) ist ahd. *hrind*, as. *hrīth*, ae. *hrīðer*, *hrȳðer* „Rind" < **k̑r-ent-/k̑r-n̥t-* „das Gehörnte" (zu gr. κέρας, got. *haurn*). Andere, vorwiegend nordgerm. Bildungen wie an. *gramendr* „böse Geister" (= *gramir*), *skrípendi* „Schreckbild, Phantom" zu *skrípi* „dass." (vgl. ae.

scripende „hart, streng"), *réttindi* „Recht", *heilindi* (*-yndi*) „Heil", enthalten z.T. wohl eher das Kompositionssuffix *-wandja-* (§ 173).

Seinem Ursprung nach, der weit zurückliegt, ist das *ni*-Suffix eine Kombination von *-n-* mit determinierendem *-t-*, wie dies vor allem aus der Heteroklisie deutlich wird, wo bei den *r/n*-Stämmen (vgl. § 80) der *n*-Stamm durch *-t-* erweitert werden konnte, so in gr. Gen. ἥπατος (*-n̥-t-*) gegenüber ai. *yak-n-ás* „der Leber". Vgl. auch das Nebeneinander von hethit. *gim-* (Wurzelnomen), ai. *héman* (*n*-Stamm, Lok.), hethit. *gimmant-* (*nt*-Stamm) und (thematisiert) ai. *hemantá-*, sämtlich „Winter". So erklärt sich vielleicht auch das *-nt-* in got. *hunds* „Hund" als dentale Erweiterung des *n*-Stammes in gr. κύων, Gen. κυν-ός, und an. ae. *mund*, ahd. *munt* „Hand" neben lat. *manus* und gr. μάρη als Reflex eines ehemaligen *r/n*(*t*)-Stammes (Wz. **em-* „nehmen"). Gleichungen wie got. *winds* = lat. *ventus*, lat. *argentum* = air. *arggat* = ai. *rajatá-* „Silber", lit. FlN *Ãlantas*, Fem. *Alantà* = *Aland*, Fluß im Elbegebiet, erweisen das schon voreinzelsprachliche Alter der thematischen Erweiterung.

§ 130. Suffix idg. *-ment-*/*-mn̥t-*

Das Suffix ist eine seltene Nebenform des im Griech. und Ai. häufigen Suffixes *-u̯ent-* (ai. *ápa-vant-* „wässerig", gr. χαρίεις < *χαρι-ϝεντ- „anmutig"), das im Germ. nicht sicher nachzuweisen ist. Ein Beispiel für *-mn̥t-ī* (Fem.) ist der Flußname *Vismund* in Norwegen, dessen Grundwort zu ahd. *wisa* „Wiese", ai. *viṣá-* „Flüssigkeit, Gift" gehört.

§ 131. Suffix *-munđa-* (idg. *-mn̥to-*)

Durch Anfügung von adjektivbildendem *-to-* an schwundstufige *n*-Stämme (vgl. gr. θαυμα-τό-ς „wunderbar" < *-mn̥-to-* zu θαῦμα „Wunder") entstand die Suffixverbindung *-mn̥to-*, die im Germ. in Resten vorliegt.

Adjektivische Ableitung von **sneu-men-* „Eile" (zu got. *sniwan* „eilen") ist **sneumn̥-to-* „eilig" in got. Adv. *sniumundō*. Schon im Idg. existierten neutrale Abstrakta zu solchen Adjektiven: idg. **ḱleu-mn̥to-m* = ai. *śrómata-* n. „Berühmtheit", ahd. (mit Übergang zum Mask.) *hliumunt* „Ruf, Leumund"; zugrunde liegt **ḱleu-men-* in awest. *sraoman-*, got. *hliuma* (§ 107). Vgl. auch das Nebeneinander von lat. *augmen* und *augmentum*. Aus dem Germ. hierher noch die Weiterbildung ahd. *wahsmunt-ig-ī* „opulentia" zu *wahsmo* „Wachstum".

§ 132. Suffix *-t-* (idg. *-d-*), vokalisch erweitert *-ta-* usw.

Wie im Idg. *-t-* diente auch *-d-*, wenngleich in geringerem Maße, zur Weiterbildung insbesonders vokalisch auslautender Wurzeln und Stämme. Vgl. gr. παρα-στάς, Gen. -στάδος „Pfeiler" (**stə-d-*, Wz. *stā-* „stehen"), φυγάς, -άδος „Flüchtling" (φυγή, lat. *fuga*), ἐλπίς, -ίδος „Hoffnung", lat. *pecu-s*, Gen. *pecu-d-is*, „Stück Vieh", ai. *śarad-* „Herbst, Jahr", *samád-* „Streit, Kampf" (gr. ὅμαδος „Getümmel"). Das Suffix hatte eine gewisse Produktivität vor allem in Tiernamen: gr. πελειάς „wilde Taube" (neben πέλεια, zu πελιός „schwarzblau"), ἀκρίς „Heuschrecke", lat. *hirundō* „Schwalbe", *testūdō* „Schildkröte". Im Germ. sind die betreffenden Bildungen meist in geläufige vokalische Deklinationsklassen überführt; konsonantische Flexion zeigt im Singular noch an. *ǫlpt* „Schwan".

1. Tierbezeichnungen: an. *ǫlpt* (< idg. **albhu-d-*), ae. *ælbitu*, *ielfetu*, ahd. *albiz*, *elbiz* (< **albhid-*) „Schwan" (abg. *lebedь*, skr. *lȁbud*) zu lat. *albus* „weiß" (Stamm **albhu-* in lat. *albūmen*, *albūgō*, **albhi-* in an. *elfr* „Fluß", *Albis* „Elbe"). Die Wurzel **ḱer-* „Horn" in Ableitungen und Weiterbildungen enthalten: as. *hirot*, ae. *heorot*, an. *hjǫrtr*, ahd. *hiruz* „Hirsch" (< **ḱeru-d-* „Hornträger", vgl. auch lat. *cervus* und gr. κόρυ-δο-ς „Haubenlerche" zu κόρυ-ς „Helm"); an. *hrútr* „Widder" (**ḱrū-d-*, vgl. awest. *srū-* „Horn"); as. *hornut*, ahd. *hurnuz*, engl. *hornet* „Hornisse" (**ḱr̥nu-d-*, vgl. lat. *cornū* „Horn"), mit Suffixablaut ahd. *hornaz* (vgl. ahd. *horn* usw., *a*-Stamm) und ae. *hyrnet*; eine jüngere Bezeichnung der Hornisse ist as. *horno-bero* „Hornträger". Ferner ae. *ganot*, ahd.

ganazzo „Gänserich“, ahd. *krebaz, krebiz*, as. *krebit* „Krebs“ (zu *Krabbe*, engl. *crab*, und *krabbeln*).

2. Konkretbezeichnungen: ahd. *binuz*, as. *binut* „Binse“; ae. *þyrnet* „Dorngesträuch“, mhd. *grübiz* „Griebs, Kerngehäuse des Obstes“, ahd. *runza* (< **hrunkita*, vgl. mhd. *runke*) „Runzel“. Ursprüngliche *d*-Erweiterungen sind auch die noch wie Wurzelnomina flektierenden Wörter an. *hnot*, ae. *hnutu* (alte Form des Akk.) „Nuß“ (< **knu-d-*, vgl. air. *cnú* und — mit analoger *k*-Bildung — lat. *nux, nuc-is*) und ae. *hnitu*, ahd. *hniz* (vgl. gr. κονίς, -ίδος) „Niß, Läuseei“.

3. Adjektiva und Adverbia: ahd. *einazzēm* „singulatim“ (vgl. air. *óendé* „einzig“ und, mit idg. *-t-*, altpreuß. *ainat* „allezeit“, lit. *vienàt* „einzig“); ahd. *emizzēn* „immer“, *emazzīg, emizzīg* „beständig, beharrlich“, nhd. *emsig* (zu an. *ama* „plagen, belästigen“, norw. *amster* „Mühe, Beschwerde“; ai. *áma-* „Andrang“). Unklar ist got. **aglaits* „schändlich“ in *aglaitei* „Unzucht“, as. *agalēto*, ahd. *agaleizo* Adv. „eifrig“ (wohl zu got. *agls* „schimpflich“).

4. Nomina actionis konnten gleichfalls mit idg. *-d-, -do-* gebildet sein (vgl. gr. χρόμαδος „das Knirschen“, armen. *orot* „Donner“ mit *t* < **d*). Hierher ae. *eolet* (nur Gen. *eoletes* Beow. 224) „Gang, Reise“ (Wz. **el-* „gehen“ in air. *ad-ella* „besucht“, gr. ἐλαύνω; vgl. auch gr. ἐπ-ηλυδ- „hinzukommend, -gekommen“), *sweofot* „Schlaf“ (*swefan*), doch sind die meisten dieser Bildungen *ja*-Stämme (§ 133).

5. Denominative Abstrakta sind ae. *frēowet, frēot* „Freiheit“ (*frēo* „frei“) und *þēowot* „Dienst, Knechtschaft“ (*þēow* „Diener“); vgl. analog gebildetes abg. *svoboda* „Freiheit“ neben *svobodь*, lett. *svabads* „frei“ (zu altpreuß. *subs* „selbst, eigen“, russ. *sóbь* „Eigenart“).

§ 133. Suffix *-atja-/-itja-*

Ein neutrales Suffix *-atja-/-itja-* erscheint in zwei hauptsächlichen Verwendungsweisen:

1. als Suffix für Nomina actionis und andere Abstrakta. Die Belege stammen vorwiegend aus dem Ae., wo sich die *ja*-Flexion noch durch Gemination des *t* kundtut: *bærnet* „Brand“, Gen. *bærnettes, on-ǣlet* „Feuer“ (*on-ǣlan*

„anzünden“); *sǣwet* „Säen“ (*sāwan*), *rēwet* „Rudern“ (*rōwan*), *hīewet* „Hauen“ (*hēawan*), *nierwet* „Enge“ (*nearu* „eng“, *nierwan* „einengen“). Das Ahd. hat *mahalazzi*, *mālizzi* „Anklage“ (*mahal* „Gericht“, *mahalōn*, *mālōn* „Prozeß führen“) und *fiscizzi* „Fischfang“, das Got. nur *stiwiti* „Geduld“ (zu lit. *stìg-ti* „ruhig sein“, Wz. **steig^{u}h-*). Ae. *ǣnett* „Einsamkeit“ hat eine Entsprechung in den deutschen Ortsnamen *Einatten* (bei Eupen) und ahd. *Einaz-felt* (bei Bonn).

Die ursprünglichen Muster dieser Bildungsweise waren Verbalnomina von Verben mit Suffix *-atja-* / *-itja-*; vgl. ae. *bealcet* „das Wiederkäuen“ zu *bealcettan* „hervorholen, rülpsen“ (neben *bealcian*, ne. *belch*), *līeget* „Blitz“, Fem. *līgetu* (*-itja-/-ō-*) neben suffixablautendem got. *lauhatjan*, mhd. *blicz* „Blitz“ zu *bliczen*, ahd. *blecchazzen*, ferner ahd. *gremizzi* „erzürnt“ neben ae. *gremettan*, ahd. *gremizzōn* „zürnen“. Durch Bezugsetzung zu den Grundverben wurde *-atja-/-itja-* dann in geringem Umfang als Abstraktsuffix produktiv.

2. als Kollektivsuffix. Die Funktion ist die gleiche wie die von *-iþja-* (§ 120. 4) und wie die damit gebildeten Namen ist *-atja-/-itja-* fast ausschließlich auf Nordwestdeutschland und die angrenzenden Gebiete beschränkt, kommt somit vor allem im Niederdeutschen, Niederländischen und ripuarischen Fränkischen vor. Die Bildungen sind meist durch *ge-* verstärkt.

Vgl. mnl. *beente*, mnd. *gebēnte* = mhd. *gebeinze* „Gebein“, mnl. *steente* (anfränk. ON *Stenete-land*), mhd. *gesteinze* „Gestein“, mnl. *gedermete* = mhd. *gedärmze* „Gedärm“; ferner mnd. *tūnete* = mhd. *gezūnze* (zu *tūn* „Zaun“), mnl. *ghesternte* = mhd. *gestirnze*, mhd. *getierze*, *gevogelze*, *gewürmze*. Auch zu Verben: mhd. *gejageze*, *geruofeze*, *gedingeze*.

Da in dem genannten Raum ein vorgermanisches sprachliches Substrat von idg. Charakter greifbar ist, das besonders zum Venetisch-Illyrischen nähere Beziehungen hat und das u. a. für die Elemente *-apa* und *-st-* in Fluß- und Ortsnamen sowie für die Häufigkeit von *k*-Bildungen in diesem Raum verantwortlich gemacht werden kann, darf mit der Möglichkeit gerechnet werden, daß das ebenfalls nur dort vertretene Kollektivsuffix *-itja-* nicht idg. *d*, sondern unverschobenes idg. *t* (aus der Substratsprache) enthält und somit mit echt germ. *-iþja-* identisch ist (vgl. Dubletten wie mhd. *gedingede — gedingeze, gebeinde — gebeinze, gehünde — gehundetze*). Die mit *-iþja-* gebildeten ON haben vielfach ein ungermanisches Aussehen: and. *Geliti* (bei Potsdam), *Dumete* (bei Borghorst), *Culite* (bei Warburg), anfränk. *Thrumiti* (Gelderland), ferner bei Ptol. Βουνίτιον, Οὐιρίτιον. Sie dürften mit idg. ON aus dem mediterranen Raum wie illyr. 'Επέτιον (**epos* „Pferd"), 'Εργέτιον (Sizil.), 'Ιλέτιον (Thessal.), *Vicetia* (Venetien; zu ai. *viś-*, lat. *vīcus* „Wohnstätte") zu vergleichen sein. Vgl. ferner die kymr. Kollektivplurale wie *buaid* „Kühe", *bugeiliaid* „Hirten".

§ 134. Suffixe mit idg. *-dh-*

Idg. *dh* läßt sich nach Vokal im Germ. nicht von *t* unterscheiden, das unter Verners Gesetz fällt. Es ist daher kaum möglich zu bestimmen, in welchem Umfang den Bildungen, die im Germ. suffixales *đ* enthalten, *dh* als idg. Suffixkonsonant zugrunde liegt, denn ursprüngliches *dh* ist nur nach *z* sowie an der Assimilation vorausgehender stimmloser bzw. an dem Unterbleiben der vor *t* zu erwartenden Assimilation stimmhafter Konsonanten erkennbar. Doch gibt es für das letztere keine sicheren Beispiele: Partizipien wie as. *gi-hab-d*, *gi-lib-d* „gelebt" oder das Abstraktum got. *ga-hug-d-s* „Gewissen", ae. *gehygd*, as. *gihugd* „Gedanke" sind kaum mit idg. *-dho-*, *-dhi-* (als Varianten von *-to-*, *-ti-*) als vielmehr erst im Germ. mit *-đa-*, *-đi-* (< idg. *-tó-*, *-tí-*) zu den germ. Stämmen *haƀ-*, *liƀ-* und *hug-* (got. *hugjan*) gebildet. Eine strenge Trennung von *t-* und *dh*-haltigen Suffixen ist auch insofern nicht angezeigt, als im frühen Idg. die Suffixkonsonanten noch variabel waren und *-dh-* daher als Variante von *-t-* angesehen werden muß; vgl. das Nebeneinander von ai. *jani-tra-m* „Geburtsstätte" und gr. γένε-θλο-ν „Abstammung", air. *críathar* „Sieb" (mit *-tro-*) und lat. *crībrum* (mit *-dhro-*, zweideutig as. *hrīdra*, ae. *hrīder*, nhd. *Reiter* f.). Daher sind auch außergerm. Entsprechungen mit *-dh-* für das Germ. wenig beweiskräftig. Für die Produktivität der *đ*-haltigen Suffixe im Germ. ist die Frage nach ihrer Herkunft irrelevant.

Suffix *-dho-* liegt vor in got. *huzd*, ae. *hord*, ahd. *hort* „Schatz" aus idg. **kudh-dho-* (zu **keudh-* in gr. κεύθ-ειν „verbergen") über **kud^zdho-*, germ. **huzda-* (dagegen *t*-Suffix in lat. *custōs* „Hüter" mit *st* aus *dh-t* über *t^st*), in got. *gazds* „Stachel", an. *gaddr* „Spitze" (= air. *gat* „Rute") < **ghaz-dho-* (dagegen **ghas-tā-* in lat. *hasta* „Stange, Stab") sowie wohl auch in an. *haddr* „Haupthaar" < **koz-dho-*, ae. *heord* < **kez-dhā-* (vgl. abg. *kosa* „Haar"). Suffix *-dho-* kann ferner vorliegen in got. *naqaþs* (Stamm *-ada-*) „nackt", wenn formal genau = lat. *nūdus* (vgl. § 118).

Suffix *-dhu-* ist für ae. as. *sidu*, ahd. *situ* „Sitte" anzunehmen, vgl. ai. *sva-dhā́-* „Eigenart", gr. ἔθος (zum reflex. Pron.-Stamm **se-*, *su̯e-*).

Suffix *-dhro-* (als Variante von *-tro-*, § 138) kann wegen abg. *vedro* „gutes Wetter" für an. *veđr*, as. *wedar*, ahd. *wetar* angenommen werden (zu got. *waian*, abg. *vějati* „wehen"); vgl. daneben *-tro-* in abg. *vĕtrъ* „Wind", lit. *vĕtra* „Sturm".

Suffix *-dhlo-* (als Variante von *-tlo-*, § 143) kann in ahd. *stal*, Gen. *stalles* < **sta-đla-* vorliegen (vgl. lat. *stabulum* < idg. **stə-dhlo-m*); daneben ahd. *stadal* „Stadel", *stuodal* „Pfosten" (vgl. lat. *ob-stāculum*) mit *-tlo-*.

§ 135. Suffix idg. *-ter-*

Das im Idg. für Verwandtschaftsnamen charakteristische Suffix erscheint im Germ. in den altererbten Bezeichnungen für „Vater", „Mutter", „Bruder", „Tochter" (ai. *pitár-*, *mātár-*, *bhrā́tar-*, *duhitár-*; lat. *pater*, *māter*, *frāter*, gr. θυγάτηρ): got. *fadar*, *mōþar*, *brōþar*, *dauhtar* = ahd. *fater*, *muoter*, *bruoder*, *tohter* usw. (vgl. II § 23). Zu diesen

Bildungen hat sich auf Grund des Lautwandels *sr* > *str* auch das ursprünglich mit *r*-Suffix gebildete Wort für „Schwester" (got. *swistar* usw.) gesellt (vgl. § 80). Ein nur germ. Beispiel dieser Bildung ist mhd. *diehter* „Enkel" (Wz. **teuk*-, vgl. ai. *toká*- n. „Nachkommenschaft"). Vgl. ferner die Weiterbildung ae. *suhteria* „Neffe, Vetter".

Das hiermit wohl identische Suffix *-ter-/-tor-* der Nomina agentis (lat. *genitor*, gr. γενετήρ, γενέτωρ, ai. *janitár*- „Erzeuger") ist im Germ. nur ganz spärlich vertreten: ahd. *smei-dar* „artifex" (neben *smid* < **smi-þu*- „Schmied"), ahd. *mardar* „Marder" (neben *tu*-Bildung in an. *mǫrđr*, ahd. *mard*), vgl. ai. *ā-marī-tár*- „Räuber" (*mṛṇáti* „raubt"), oder als „Mörder" zu **mer*- „sterben", Kausat. **mor*- (skr. *mòriti*) „töten" (vgl. auch got. *maurþr* n. < **mṛ-tro-m* „Mord").

§ 136. Suffix idg. *-tero-/-toro-/-tro-*

Das idg. „Komparationssuffix" (vgl. ai. *nava-tara*-, gr. νεώ-τερο-ς zu *náva*-, νέος „neu"), dessen eigentliche und ursprüngliche Funktion es war, einen räumlichen Kontrast auszudrücken, findet sich im Germ. nur in letzterer Funktion. Den vielfach pronominal oder adverbial gebrauchten Bildungen liegen Pronominal-, seltener Nominalstämme und Raumadverbien zugrunde.

Pronomina (mit Suffixform *-toro-*) sind got. *ƕaþar*, an. *hvađarr*, ablautend as. *hweđar*, ahd. *hwedar*, ae. *hweđer* „welcher von beiden?", vgl. gr. πότερος, ai. *katará*-, abg. *kotoryjь* (vom Pronom.-St. idg. **q*ᵘ*e-/q*ᵘ*o*-, vgl. got. *ƕas* < **q*ᵘ*o-s* „wer?") und got. *anþar*, an. *annarr*, ae. *ōđer*, as. *ōđar*, ahd. *andar* „anderer, zweiter" (vgl. lit. *añtras* und mit anderem Suffix ai. *an-yá*-, ferner als parallele Bildung lat. *al-ter*). Adverbiell gebrauchte Kasusformen solcher Pronomina sind got. *ƕaþrō* „woher?", *þaþrō* „dorther" (Pron.-St. **to*-), *jainþrō* „dorther", *aljaþrō* „anderswoher" (vgl. auch gr. ἀλλότριος), denen ein Ablativ auf idg. *-trōd* zugrunde liegt, sowie (mit grammat. Wechsel und Endung *-ē* < *-ēd*) got. *ƕadrē* „wohin?", *hidrē* „hierher" = an. *hedra*, ae. *hider* (Pron.-St. **ki*- wie in lat. *cis*, *citrā*, got. *himma daga* „heute"); *jaindrē* „dorthin". Das

Lat. hat verwandte Bildungen in *ultrō*, *ultrā* „jenseits" (zu *ollus* „jener", air. *ol* „jenseits") usw.

Bildungen auf Grund von Raumadverbien: got. *wiþra*, an. *viðr*, ahd. *widar* „gegen, wider" (vgl. ai. *vitarám* „weiter, ferner", zu *ví* „hinweg, auseinander"); ahd. *nidaro*, ae. *niðerra* „der niedere" (vgl. ai. *nitarắm* „niederwärts", zu *ní* „nieder"); an. *sundr* „entzwei", ahd. *suntar* „abgesondert" (vgl. gr. ion. ἄτερ „ohne", ai. *sanutár* „abseits"); got. *aftra* „zurück", as. ahd. *aftar* „hinten" (zu got. *af-* „von — weg"); ahd. *fordro*, ae. *furðra* „der vordere" (got. *faur* „vor").

Mit gleichem Suffix sind im Germ. auch die Bezeichnungen für Himmelsrichtungen gebildet: an. *austr*, ahd. *ōstra*, ae. *ēaster* „Osten" (mit lett. *austrs* „Ostwind", lat. *auster* „Südwind" zu ai. *uṣás-*, gr. ἠώς, lat. *aurōra* „Morgenröte", Wz. **au̯es-* „leuchten"); an. *norðr* „Norden" (vgl. umbr. *nertru* „links", gr. νέρτερος „der untere"); an. *suðr*, as. *sūthar*, ahd. *sundar-* „Süden" (zum Stamm **sun-* „Sonne"); an. *vestr* „Westen", ahd. *westar* „westwärts" (zu ai. *avás* „herab", *avástād* „westlich von", *ávara-* „der untere, westliche").

Substantivische Funktion haben auch an. *iðr* (Ntr. Pl.), *iðrar* (Fem. Pl.) „Eingeweide" (< **enterā* bzw. *-ās* zu **en* „in", vgl. gr. ἔντερον, ἔντερα). Diese Bildungen stehen jedoch zugleich auch in Beziehung zum Lokaladverb **enter* (ai. *antár*, lat. *inter* „zwischen"), so daß *-tero-* letztlich als Thematisierung eines Adverbialsuffixes *-ter* aufzufassen ist.

Eine Bildung wie ai. *aśva-tará-* „Maultier" (d. h. „pferdeartiges Tier" im Gegensatz zum Esel), lat. *mater-tera* „Tante mütterlicherseits" ist ahd. *mūstro* „Fledermaus" (d. h. Vogel mit den Charakteristika einer Maus, zu ahd. *mūs*). Mit lat. *dexter*, *sinister* vergleichen sich mnl. *rechter* „rechts", *luchter* „links" sowie ahd. *winistar*, an. *vinstri* „links" (**u̯enistro-*, d. h. „die freundliche Seite", zu ahd. *wini* „Freund"; das Suffix *-is-tro-* wie in lat. *sinister*).

§ 137. Suffix idg. *-tel-*

Neben *-ter-* stand im Idg. dialektisch *-tel-* als Suffix für Nomina agentis. Es ist besonders im Slawischen häufig (abg. *da-telь* „Geber", *zna-telь* „Wissender"), ferner im Hethitischen (*aršanatalla-* „Neider“ zu *aršaniya-* „beneiden“), anderwärts nur in Resten greifbar. Aus dem Germ. gehört hierher als genaue Entsprechung von gemeinslaw. *prijatelь* „Freund“ ahd. *friudil* „Liebhaber“ (< idg. **prii̯ā-tel-* zu got. *frijō-n* „lieben“, abg. *prija-ję* „habe Gefallen“, ai. *priyā-yáte* „befreundet sich“), daneben von der einfachen Wurzel an. *friđill*, ahd. *fridel* <**pri-tel-*, vgl. ahd. *fri-du* „Friede“ < **pri-tu-*). Mit *-tel-* hängt das Suffix *-tlo-* der neutralen Instrumentalbezeichnungen (§ 143) zusammen.

§ 138. Suffix *-þra-*, Fem. *-þrō-*, mit grammat. Wechsel *-đra-/-đrō-* (idg. *-tro-/-trā-*)

Das mit dem Suffix- *-ter-* der Nomina agentis zusammenhängende Suffix *-tro-/-trā-* bildete im Idg. Nomina actionis und Instrumentalbezeichnungen. Das Verhältnis der Bildung zu den Nomina agentis entspricht dem Gegensatz von belebt und unbelebt (vgl. lat. *arā-tor* „Pflüger“: *arā-trum* „Pflug“). Die Nomina actionis waren im Idg. offenbar durch Suffixbetonung von den wurzelbetonten Instrumentalbezeichnungen geschieden (vgl. ai. *kṣa-trá-m* „Herrschaft“ — *vás-tra-m* „Gewand“, gr. δαι-τρό-ν „Zuteilung“ — λέκ-τρο-ν „Lager“), doch sind in den Einzelsprachen die ursprünglichen Akzentverhältnisse z. T. schon verwischt. Im Germanischen wechseln demgemäß *-þr-* und *-đr-*, wobei nicht zu entscheiden ist, wieweit *-đra-* auch auf idg. *-dhro-* (vgl. gr. βά-θρο-ν „Stufe“) zurückgehen kann. Vgl. § 134.

1. Nomina actionis (meist Neutra, seltener Maskulina).

Ursprüngliche Suffixbetonung haben an. *aldr*, as. *aldar*, ahd. *altar* „Alter“ (got. in *fram-aldrs* „vorgeschritten im Alter“) zu got. *alan* „wachsen“; an. *galdr*, ae. *gealdor*, ahd. *galtar* „Zauberlied“ (ahd. *galan* „singen“); an. *undr*, as. *wundar*, ahd. *wuntar* „Verwunderung, Wunder“ (Wz. **u̯en-* wie in *Wonne*) sowie got. *saldra* „Leichtfertigkeit“ (zu **sal-* „springen“ in lat. *salīre*). Wurzelbetont waren got. *maurþr*, ae. *morđor* „Mord“ (ahd. in *murdreo*

„Mörder“ § 92) < **mr̥-tro-m* (Wz. **mer-* „sterben“ in lat. *mor-ī* usw.), ae. *hlēoðor* „Schall“ (vgl. ai. *śró-tra-m* „Gehör“). Weitere Beispiele (mit nicht bestimmbarem idg. Akzentsitz) sind an. *róðr* „das Rudern“ (*róa*), *gróðr* „Wuchs“ (*gróa*), ae. *leahtor* „Makel“, mnl. *lachter* „Schande, Hohn“ (zu ae. *lēan*, ahd. *lahan* „tadeln“) und — davon etymologisch verschieden — ahd. *hlahtar*, engl. *laughter* „Gelächter“ (ahd. *hlahhan*).

2. Instrumentalbezeichnungen (meist Neutra).

Ursprüngliche Wurzelbetonung zeigen: ae. *rōðor*, ahd. *ruodar* „Ruder“ (vgl. ai. *arí-tra-m* „Steuerruder“) zu ae. *rōwan* „rudern“; an. *arðr* m. „Pflug“ (vgl. gr. ἄρο-τρο-ν, air. *arathar*, lat. *arā-trum*) zu got. *arjan* „pflügen“; an. *lauðr*, ae. *lēaðor* „Seife“ (vgl. gall. *lautro* „balneo“, gr. λοετρόν „Bad“) zu lat. *lav-ā-re* „waschen“; got. *smairþr* „Fett“ (Wz. **smer-* „schmieren“); ahd. *flūdar* „Floß“ (Wz. **pleu-* „schwimmen“); ahd. *querdar* „Lockspeise“ (nhd. *Köder*), got. *qertra* (Name der *q*-Rune) zur Wz. **gᵘer-* „verschlingen“ (lat. *vorāre*), vgl. auch gr. δέλετρον „Köder“ (**gᵘel-*). Ursprüngliche Suffixbetonung zeigt ahd. *maltar* „Malter“ (zu *malan* „mahlen“), das wohl aus einem Verbalabstraktum konkretisiert ist (vgl. an. *meldr* m. „Mahlung, auf einmal gemahlenes Mehl“); auf unterschiedliche Betonung weisen got. *fōdr*, ahd. *fuotar* „Futteral, Scheide“ gegenüber ae. *fōðer* (= ai. *pā́-tra-m* „Behälter“). Unbestimmbar hinsichtlich ihrer vorhistorischen Betonung sind ae. *rīfter* „Sichel“ (zu *rīpan* „ernten“), an. *látr* „Wildlager“ (ablautend mit gr. λέκτρον).

Zwischen einem wurzelauslautenden Dental und dem anlautenden Dental des Suffixes entwickelt sich in vorgermanischer Zeit ein fugentrennendes *s*, das den Wurzelauslaut absorbiert: got. *gilstr*, ahd. *gelstar* „Steuer“, als **ghelt-tro-* über **geltˢtro-*, **ghelt-s-tro-*, **ghelstro-* (germ. **gelstra-*) zu got. *fragildan* „vergelten, erstatten“, an. *gjalda* „bezahlen“; ahd. *bluostar* „Opfer“ (abgeleitet got. *blōstreis* „Opferer“) zu got. *blōtan*); ae. *fōstor* „Nahrung“, an. *fóstr* „Erziehung, Unterhalt“, als **pāt-tro-* zu gr. πατέομαι „esse und trinke“; ahd. *riostar* „Pflugschar“ (zu mhd. *riuten*). Die gleiche Erscheinung findet sich im Lateinischen: *claustrum* „Verschluß“ zu *claudere*, *rāstrum* „Hacke, Karst“ zu *rādere* „scharren, kratzen“.

Feminina (Suffix *-trā-*) sind:

got. *hleiþra* „Zelt“ (= umbr. *kletra* „Sänfte“, lat. Demin. *clītellae* „Saumsattel“) zur Wz. **k̑lei-* „neigen“ in ahd. *hli-n-ēn*, lat. *clī-n-ō*; as. *blādara*, ahd. *blāttara*, ae. *blǣdre* „Blase, Blatter“ zur Wz. **bhlē-* in ahd. *blāian* „blähen“; ahd. *mulhtra* (= lat. *mulctra*) „Melkkübel“, *riostra* „Pflugsterz“ (neben Neutr. *riostar*). Als Variante mit femininem *-ī/-jō-* fungiert in einigen Bildungen *-þrjō-/-đ°jō-*: ae. *hlǣdder*, ahd. *leitara* „Leiter“ (vgl. got. *hleiþra*); got. *hvilftrjōs* (belegt nur im Dat. Pl. *hvilftrjōm*) „Sarg“ (zu as. *bihwelƀian* „überwölben, bedecken“); mhd. *wester* „Taufkleid“ (vgl. ai. *vás-tra-m* „Gewand“); an. *gildra* „Falle“ (*gilja* „verlocken“).

3. Mit *-đra-/-đrō-* als typischem Suffix (*-str-* nach dentalem Wurzelauslaut) sind einige Baumnamen, teils in denominaler Ableitung, gebildet. Am weitesten verbreitet ist die Bezeichnung des Apfelbaums, an. *apal-dr* m., ae. *apuldr*, *apuldor* m. f., ahd. *affaltar* m., *affoltra* f., and. im ON *Apuldrun*, nhd. in *Affolterbach* usw., abgeleitet vom Wort für „Apfel“, an. *apall*, ahd. *apful* §§ 86. 89).

Weitere Bildungen sind ahd. *holuntar*, *holantar* (mhd. auch *holder*), benannt nach der Farbe der Beeren oder der Blüten (zu gr. κελαινός „schwarz“ bzw. russ. *kalína* „Schneeballstrauch“), as. *fliadar* (im ON *Fliadar-lōh*), nhd. *Flieder* (alt in der Bedeutung „sambucus nigra“), und — mit interdentalem *s* — mhd. *heister* „junger Baum“ (meist Buche), als **kaid-s-trā* „Verhau“ zu lat. *caedere* „fällen“ (hierher mit anderer Bildung auch *Caesia silva* Tac. = ahd. *Heissi-wald*, Gebiet zwischen Lippe und Ruhr). Die Suffixvariante mit femininem *-jō-* liegt vor in nhd. *Rüster*, die wie ahd. *rust* nach dem rötlichen Holz benannt ist (vgl. auch ahd. *rost* „Rost“ < **rudh-s-to-* § 128.2a). In der Bedeutung mit mhd. *heister* vergleichbar (Niederwaldholz) ist mhd. *sluchter* „wilde Baumschößlinge“ (ae. im ON *Siox-slihtre*, nhd. *Schlüchtern*), das mit dem gleichen Lautverhältnis wie *gruft* zu *graban* zu ahd. *slahan* „schlagen“ gehört; vgl. § 123. 1.

Seine nächste Parallele hat das Baumnamensuffix in dem *str*-Suffix mediterraner (vor- und nichtidg.) Pflanzennamen wie lat. *ginestra*, siz. *àlastra* „ginestra spinosa“, sard. *golostri* „ilex agrifolium“ usw., vgl. auch die mit *-str-* gebildeten an. *jǫlstr* (< **elustrō*), norw. *ilster* (*<**elistrō*) „Lorbeerweide“. Produktiv blieb es nur in der vom Wort für „Apfelbaum“ abgelösten Form mit vorausgehendem *-al-*/*-ul-*; vgl. § 141.

§ 139. Suffix *-stra-*

Nach dem Muster der von dentalauslautender Wurzel abgeleiteten Bildungen wie got. *gilstr* (: *-gildan*), wo *-str-* aus *-t-tr-* durch Entfaltung eines parasitären *s*-Lautes entstanden war (§ 138), trat *-stra-* als Variante von *-tra-* auch an Wurzeln mit gutturalem Auslaut an. So steht neben ae. *leahtor* (<**lahtra-*) as. ahd. *lastar* „Tadel, Schande“ (< **lah-stra-*, zu *lahan* „tadeln“).

Weitere Bildungen sind: an. *bolstr*, ae. ahd. *bolster* „Polster“, nl. *bolster* „Fruchtbalg, Hülse“, als **bulh-stra-* zu ahd. *balg* „Tierhaut“, air. *bolg* „Blase“, *bolgaim* „schwelle“ (Wz. **bhelĝh-*); an. *mostr* „große Menge“, als **muh-stra-* zu an. *múgr* „Haufen“, schwed. dial. *moa* „zusammenhäufen“; an. *bakstr* „das Backen, Gebäck“ (*baka*); ahd. *swistar* „schweigsam“, als **swih-stra-* zu *swīgēn*. Aus dem Lat. vgl. *lūstrum* „Sühneopfer“ zu *lūcēre* „leuchten“. Zu einer auf *-l* auslautenden Wurzel steht als Dublette neben *galtar* ahd. *galstar* „Zauberlied“.

Alsdann trat *-stra-* auch mit Zwischenvokal bzw. in sekundärer Ableitung an vokalisch auslautende Vorderstücke an; diese Bildungen sind vornehmlich Ortsbezeichnungen:

got. *hulistr* „Hülle“, dazu mit Ablaut in Wurzel und Suffix ae. *helustr*, *heoloster* „Versteck“ zu got. *huljan* „verhüllen“; ae. *gilister*, *geoloster* „Geschwür“ (= „gelbe Stelle“, zu *geolu* „gelb“); got. *awistr* „Schafstall“ (germ. **awi-* „Schaf“), desgleichen ae. *ēowestre* zu *ēowu* (daneben mit *r*-losem Suffix ahd. *ewist*). Got. *ganawistr-ōn* „begraben“ setzt ein **nawistr* „Grab“ (zu *naus* „der Tote“) voraus. Vgl. auch § 128.3.

§ 140. Suffix *-istrijō-/-astrijō-/-ustrijō-(n)-*

Für den englischen und niederländisch-niederdeutschen Raum ist ein feminine Nomina agentis bildendes *str*-Suffix charakteristisch, das im Ae. in der Form *-estre* (alt *-istræ*), im Mnd. als *-ester*, im Mnl. als *-ster* erscheint. Zugrunde liegen Substantiva und Verba:

ae. *bæcestre*, mnl. *bakster* „Bäckerin"; ae. *þēnestre*, mnd. *dienster* „Dienerin" (as. *thionon* „dienen"); mnd. *vōdester*, mnl. *voetster* „Amme" (as. *fōdian* „nähren" bzw. ae. *fōda* „Nahrung"); ae. *sēamestre* „Näherin" (*sēam* „Saum"), *webbestre* „Weberin" (*webb* „Gewebe"), *hlēapestre* „Tänzerin" (*hlēapan*), *sangestre*, *songystre* „Sängerin" (*sang*), *hearpestre* „Harfnerin", *lybbestre* „Hexe" (*lybb* „Zauber, Gift"), *wītegestre* „Prophetin" (*wītega* „Prophet", *wītegian* „weissagen"); mnd. *wegester* „Wegweiserin", mit suffixaler Weiterbildung *bindester-sche* „Kornbinderin"; mnl. *ghebiedster* „Gebieterin", *naaister* „Näherin", *wasschester* „Wäscherin".

Die Bildungen bezeichnen zumeist typisch weibliche Tätigkeiten, doch sind neben den häufigeren Femininen von Anfang auch maskuline Nomina agentis vorhanden, die im Englischen später an Häufigkeit zunehmen und die Feminina schließlich fast ganz verdrängen (ne. nur noch *spinster* „alte Jungfer", urspr. „Spinnerin"). Solche Maskulina sind: ae. *bæcestre* „Bäcker", *sēamestre* „Schneider", ne. *trickster*, nd. (brandenburg.) *bindester* „Binder"; sie stehen vermutlich in Zusammenhang mit der Übernahme weiblicher Tätigkeiten durch Männer. Normalerweise sind die entsprechenden maskulinen Nomina agentis mit Suffix *-arja-* gebildet, vgl. das Nebeneinander von ae. *songere* „Sänger" — *songystre* „Sängerin", *hlēapere* „Tänzer" — *hlēapestre* „Tänzerin". Daß es jedoch auch Bildungen mit maskulinem Suffix *-ja-* gegeben haben kann, davon zeugt got. *blōstreis* „Opferer" (**blōstrija-* zu **blōstra-* „Opfer"), das zugleich auch ein Licht auf die Entstehung des Suffixes *-strijō-* wirft: dies steht sicher in ursprünglichem Zusammenhang mit den Nomina actionis und instrumenti auf *-stra-* (§ 139), vgl. ae. *wyrt-gælstere* „Hexe, die über Heilkräuter Zauberlieder singt" als Ableitung von **gælster* = ahd. *galstar* und ae. *bæcestre*, mnl. *bakster* neben an. *bakstr* „das Backen". Nomen instrumenti auf *-astria* ist ahd. *wagastria* „Wurfgeschoß".

Das Suffix erscheint ferner in einigen Tiernamen: ae. *loppestre* „Hummer", auch „Heuschrecke" (vgl. *loppe* „Spinne" und *lopust* „Heuschrecke", auch lat. *locusta*); ae. *hulfestre*, fries. *wilster* „Regenpfeifer" (vgl. ae. *hwilpe*, nd. *wilp* „dass."; an. *hvellr* „gellender Ton"); as. *agastria*, ON *Agister-stein* (die Externsteine), ahd. *agalstra*, mhd. *agelster* „Elster" (vgl. ae. *agu* „dass."); as. *hamustra* „Kornwurm" (ahd. *hamustro* m.), *hamastra* „Hamster" (vgl. auch russ.-ksl. *chomĕstorŭ* „Hamster").

§ 141. Suffix *-aldra-/-uldra-*, Fem. *-aldrō-/-uldrō-(n)-*

Das Suffix, das von *-tro-/-trā-*Bildungen, deren Grundwort ein *l*-Suffix enthielt, ausging, ist besonders lebenskräftig in Baumnamen, wo **apal-/apul-dra-/-ō-* „Apfelbaum" (§ 138. 3) das Muster gewesen zu sein scheint.

Hierher gehören ahd. *mazzaltra*, *-oltra* < **mat-aldrō/-uldrō* „Maßholder", zu as. *mat*, ahd. *maz* „Speise" (die Blätter wurden gekocht und gegessen); der gleiche Baum heißt as. *mapulder*, ae. *mapuldor* (ae. auch *mapel-trēo*, ne. *maple*); ahd. *wechalter*, *-olter*, auch *wachalter* „Wacholder", vielleicht zu **u̯eĝ-* „lebenskräftig sein" in lat. *vegēre* (vgl. auch *l*-Bildung lat. *vigil*, ahd. *wachal*, an. *vǫkull* „rege, wachsam"); daneben stehen als jüngere Reimwörter ahd. *reckalter*, nhd. (alem.) *Reckholder* (= der seine Triebe nach allen Seiten „reckt") und ahd. *quecholder* (= der „lebenskräftige" Baum, zu ahd. *quec*); ahd. *hiufaltar*, *hiefaltra* „Hagebuttenstrauch" (*hiufa*, *hiefa* „Hagebutte").

In Konkretbezeichnungen ist das Suffix selten: an. *sjáldr* n. „Augapfel" < **sex̯ʷaldra-* (vielleicht abgeleitet von einem Adjektiv **seχʷala-* „zum Sehen disponiert"); ahd. *speihhaltra*, as. *spēkaldra* „Speichel" (neben *l*-Bildung ahd. *speihhila*), wozu got. *spaiskuldr*; ae. *læpeldre* „Schüssel" zu *lapian* „auflecken" (vgl. auch as. *lepil*, ahd. *leffil* „Löffel").

§ 142. Suffix *-þri-*

Nur in got. *wulþrs* (Gen. *wulþrais*) f. „Wert", von der gleichen Wurzel wie *wul-þu-s* „Herrlichkeit" (§ 124), möglicherweise auch von diesem mittels *-ri-* abgeleitet. Ein Suffix *-tri-* (vgl. etwa ai. *rā́-tri-* „Nacht" neben *rā-má-* „dunkelfarbig", n. „Dunkel") ist für das Idg. nicht sicher nachweisbar.

§ 143. Suffix *-þla-/-đla-*, Fem. *-þlō-* (idg. *-tlo-/-tlā-*)

Idg. *-tlo-* als Abstrakt- und Instrumentalsuffix (gr. χύτλο-ν „Gießwasser", lat. *pōculum* „Trinkbecher", air. *cétal* < **kan-tlo-m* „Gesang") verhält sich zum Nom.-Agent.-Suffix *-tel-* (§ 131) wie *-tro-* zu *-ter-*. Daneben bestand als alte Variante im Idg. die Suffixform *-dhlo-* (gr. γένεθλον „Geschlecht", čech. *mý-dlo* „Seife", lat. *fā-bula*), die in germ. *-đla-* mit enthalten sein kann (vgl. § 134). Die Bildungen sind meist Neutra.

Von offener Wurzel sind abgeleitet: ahd. *stadal* n. „das Stehen, Stand", m. „Stadel" = ae. *stađol* „Scheune", dazu ae. *stōdl* „Pfosten" (vgl. lit. *stãkles* Pl. „Webstuhl", lat. *ob-stāculum*), idg. **stā-/stə-tlo-* (zu ahd. *stal* vgl. § 134); ae. *spāđl*, *spādl*, mit Metathese *spāld*, afries. mnd. *spēdel* „Speichel" (ae. *spīwan* „speien"); ahd. *wadal* m. „Wedel" (Wz. **u̯ē-* „wehen"), als adjektiv. Nom. agent. „schweifend, unstet"; an. *ból*, ae. *botl*, *bold* n. „Haus", as. *bodlos* m. Pl. „Haus und Hof" (vgl. lit. *būklà* „Wohnung", Wz. **bhū̆-* in ahd. *būan*); ahd. *bīhal* „Beil" < **bī-þla-* zu abg. *bi-ti* „hauen, schlagen" (*h* nach I § 105), daneben as. ae. *bill*, ahd. *bil* „Haue, Streitaxt" < **bi-đla-*. Ahd. *be-cnuodelen* „ein Erkennungszeichen geben" enthält germ. **knō-þla-* (Wz. **ĝnō-*). Femininum ist got. *nē-þla*, ahd. *nādala*, ae. *nǣdl* „Nadel" (ahd. *nāian* „nähen", lat. *nē-re* „spinnen").

Bei konsonantisch schließender Wurzel erfolgt die Ableitung in der Regel mit Bindevokal (vgl. auch kymr. *cenedl* < **kenetlom* „Geschlecht", lat. *vehiculum*), wobei im

An., Ae. und And. das Suffix zu *-alda-* umgestellt ist und sich so äußerlich der *l*-Form des *tro*-Suffixes (§ 141) angenähert hat:

ae. *færeld* < **faralda-*, ursprüngl. **faradla-* „Fahrt"; an. *hafald*, as. *hefild*, ae. *hefeld* „Weberfaden" (zu got. *hafjan* „heben"); an. *sáld* „Sieb" (< **saihadla-* zu ahd. *sīhan* „seihen"); an. *þreskoldr*, ae. *þrescold*, adän. *therskild* „Schwelle" (zu ae. *þrescan* „dreschen, stampfen"); *ja*-Erweiterung dazu ist ahd. *driscufli*, *driscubli*, wo *-þl-/-đl-* zu *-fl-/-bl-* geworden ist (auch in mnd. *dreskelef* „Schwelle" und in einigen anderen Wörtern, z. B. ahd. *innuovili* neben *innōdili*, ae. *innylfe* „Eingeweide"). Femininum ist an. *hǫgld* „Holzring an einem Seil" (< **hagudlō*, zu *hagi* „Einfassung").

Femininum mit Suffix *-jō-* ist got. *hwōftuli* „das Rühmen" zu *hwōpan* (*ul* aus *l̥*, Variante von *l* vor *i̯*), mit Suffix *-jōn-* an. *snǣlda* „Spindel" (Wz. **snē-* neben **nē-* in got. *nēþla*; vgl. auch gr. νῆ-τρο-ν „Spindel" mit *-tro-*).

Über *-sla-* als möglichen Reflex von *-tlo-* bei dentalauslautender Wurzel vgl. § 90.

H. Bildungen mit Gutturalsuffix

§ 144. Suffix *-ha-/-ga-* (idg. *-ko-*, *-k̑o-*), mit Bindevokal *-aha-/-aga-*, *-iga-*, *-uga-*

a) Herkunft und Funktion des Suffixes.

In germ. *-ha-/-ga-* (westidg. *-ko-*) sind idg. *-ko-* und *-k̑o-* in nicht mehr zu trennender Weise zusammengeflossen. Bereits im Idg. war *-ko-* (= ai. *-ka-* in *sana-ká-* „alt", abg. *-kъ* in *sladъ-kъ* „süß") das häufigere Suffix gegenüber *-k̑o-*, von dem das Germ. nur in der verdunkelten Bildung got. *juggs*, ahd. *jung* anhand der ai. Entsprechung *yuvaśá-* „jugendlich" (idg. **i̯uu̯n̥-k̑o-* zu **i̯uu̯en-* „jung") einen Reflex erkennen läßt. Doch kennt das Ai. auch *yuvaka-* und variiert auch sonst die Suffixe (vgl. *babhru-ká-* und *babhru-śá-* „bräunlich": *babhrú-* „braun"), die somit von Anfang an die gleiche Funktion hatten.

Neben *-ko-* (*-k̂o-*) erscheint, besonders im Griech., Lat., und Altirischen, eine sprachgeschichtlich ältere Form des Suffixes, nämlich konsonantisch flektierendes *-k-* (*-k̂-*); vgl. lat. *senex* (nur im Nom.) neben ai. *sana-ká-*, got. *sineigs*; gr. ὄρτυξ „Wachtel" neben ai. *vártikā-*, *vartaka-*; gr. μεῖραξ neben ai. *maryaká-* „junger Mann", lat. *calix* gegenüber ai. *kaláśa-* „Topf", ferner air. *nathir*, Gen. *nathrach* „Schlange". Dieses *k*-Suffix kann auch im Germ. vorgelegen haben, doch sind die möglicherweise hierunter fallenden Bildungen in vokalische Deklinationen überführt worden: ahd. *salaha*, ae. *scalh* und *salig* „Salweide" (vgl. lat. *salix*, air. *sail*, Gen. *sailech*); ae. *welig* „Weide" (vgl. gr. ἕλιξ „Ranke", ἑλίκη „Weide"); ae. *wīđig* „Weide" (vgl. lat. *vītex*); ae. *īfig*, ahd. *ebah* „Efeu" (vgl. lat. *ibex* „Steinbock" = „Kletterer"?). Vgl. ferner ahd. *fla-h* mit gr. πλάξ „Fläche" (Wz. **pelə-*, wozu auch lat. *plā-nu-s*).

Die *k*-Suffixe dienten vorwiegend der denominalen Ableitung und Weiterbildung: sie modifizierten ein adjektivisches oder substantivisches Grundwort (ai. *arbha-ká-* und *árbha-* „klein"; ai. *avi-ká-*, Fem. *avi-kā́-*, abg. *ovь-ca*, lat. *ovicula* „Schaf" zu ai. *ávi-*, lat. *ovi-s*; lit. *antì-kė* „Entchen" zu *ánti-s*), drückten die Verkörperung einer Eigenschaft an einem Subjekt aus (lat. *senex* „der Alte": ai. *sána-* „alt", lit. *laukinýj-kas* „Landmann": *laukìni-s* „ländlich, Land-"), bildeten Kollektiva (ai. *rā́ja-ka-m* „Königsschar") sowie exozentrische Ableitungen von Substantiven, die vielfach gedehnten Zwischenvokal aufwiesen (ai. *madhū-ka-* „Biene": *mádhu-* „Honig", lat. *mendīcus* „Bettler" : *mendum* „Gebrechen", abg. *vlъčica* „Wölfin": *vlъkъ* „Wolf"). Im Germ. steht im Vordergrund die Bildung exozentrischer adjektivischer Ableitungen von substantivischen Grundwörtern, die meist Abstrakta sind (got. *mahteigs* „mächtig": *mahts* „Macht"); aber auch die erweiternde Funktion, die ihrem Charakter nach eine identifizierende ist, ist noch gut vertreten und im Deutschen sogar produktiv. Ererbte Bildungen sind ae. *sugu* „Sau" neben *sū* (vgl. lat. *sucula*), ahd.

fōh (= lat. *pau-cu-s*) „wenig" neben *fō*, got. *fawa*, und got. *ainaha* (nur schwache Form), ahd. *einag* „einzig" (vgl. abg. *inokъ*, lat. *unīcus*) zu got. *ains* (abg. *inъ*, lat. *ūnus*); weitere Beispiele an. *hǫrđugr* (*harđr*) „hart, trotzig", ahd. *gōrag* (got. *gaurs*) „betrübt", *sālīg* (got. *sēls*) „glücklich", *wirdīg* „würdig" (*werd*).

Primäre Bildungen waren in alter Zeit selten und erfolgten meist von offener Wurzel; vgl. abg. *zna-kъ* „Zeichen": *zna-ti* „kennen", lett. *spē-k-s* „Kraft": *spē-t* „vermögen". Germ. Beispiele dieser Art, als Ableitungen nicht mehr gefühlt, sind an. *laug*, ae. *lēag*, ahd. *louga* „Lauge" (zu lat. *lavāre* „waschen"); an. *bljúgr*, ae. *blēoh*, mhd. *bliuc* „schamhaft, schüchtern" (neben an. *blau-đr* „zaghaft"); ahd. *slēha*, ae. *slāh* „Schlehe" (germ. **slaihō-* zu einem Adj. **sləi-ko-* „bläulich", vgl. **slī-u̯o-* in skr. *šljȉva* „Pflaume", lat. *līvor*, *līvidus*); ferner, von einer Wurzel auf *-l*, ahd. *scelah*, ae. *sceolh*, an. *skjalgr* „schief, schielend, scheel" (zu gr. σκολιός „schief"). Wurzeln, die auf Verschlußlaut enden, bevorzugen die Suffixvariante *-sko-* (§ 147). Deverbale Bildungen mit Zwischenvokal wie lat. *medicus* „Arzt", *mordicus* „beißend" (ai. *mardaka-* „zerdrückend") und ahd. *wīzag* „sehend, ahnend", *wīzzago* „Prophet" (zu ae. *wītan* „sehen") werden jedoch im späteren Germanischen nach Mustern wie ahd. *slāfag* „schläfrig" : *slāfan* (eig. zu *slāf*) wieder produktiv; vgl. ahd. *bīzig* „bissig" (*bīzan*), *sūmig* „säumig" (*sūmen*), *gihōrig* „gehorsam" (*gihōren*).

b) *Produktive Formen und Verwendungsweisen des Suffixes im Germanischen.*

1. *-ha-/-ga-* als Adjektivsuffix.

Die Hauptformen des Suffixes sind *-aha-/-aga-*, *-uga-* und *-ĭga-*.

-aha-/-aga- beruht auf idg. *-o-ko-* und bildete ursprünglich Ableitungen von *o*-Stämmen, vgl. ahd. *eina-g* = abg. *ino-kъ* < idg. **oino-ko-s* (siehe oben), ai. *sana-ká-*: *sána-*. Infolge des weitgehenden Übertritts der mask. *u*-Stämme in die *a*-Klasse bildet *-aga-* im Westgerman., aber auch schon im Got., Ableitungen von *u*-Stämmen und verdrängt das diesen zu-

kommende Suffix *-uga-* < idg. *-u-ko-* (vgl. ai. *tánu-ka-*, abg. *tьnъ-kъ* „dünn" zu ai. *tanú-*, gr. θηλυ-κό-ς „weiblich" zu θῆλυ-ς). Nur im Nordgerm. hält sich *-uga-* und breitet sich sogar auf Kosten der anderen Varianten aus.

Die Suffixform *-ĭga-* beruht auf idg. *-i-ko-* bzw. *-ī-ko-* und gehört einesteils zu *i*-Stämmen (vgl. gr. φυσι-κό-ς zu φύσι-ς, lat. *classi-cus* zu *classi-s*, gall. VN *Are-mori-cī* „Meeranwohner" zu kelt. **mori-*, lat. *antī-cus* „der Vordere" zu *ante* < **anti*), anderenteils jedoch zu *o*-Stämmen, die nach einer archaischen Weise der Wortbildung in der Ableitung einen *i*-Stamm substituieren konnten, vgl. lit. *naujìkas* „Neuling" zu *naũja-s*, russ. *novík* zu abg. *novъ* (lat. *novīcius*: *novu-s*), lat. *lōrīca* „Küraß" zu *lōrum* „Lederriemen" sowie das § 95 über *-īna-* Gesagte. Eine ebenfalls denkbare idg. Vorform *-eiko-* (mit Vollstufe des *i*-Stammes, vgl. unten *-iuga-* < *-euko-*) ist nicht erweislich. Die kurzvokalische Variante *-iga-* ist nur in got. *gabigs* (neben *gabeigs*) „reich" sicher bezeugt, wo sie durch das Adv. *gabiga-ba* und die Ableitungen *gabig-jan* und *gabig-nan* noch zusätzlich gestützt wird; inwieweit im Ahd. noch ein alter Wechsel *-īg/-ig* vorliegt, ist unklar, da *-ig* hier auch aus *-īg* gekürzt sein kann (vgl. *-ari* neben *-āri* § 85).

Als seltene Suffixformen erscheinen je einmal got. *-ōha-* in *ainōhō* (Fem. zu *ainaha*), das, wenn nicht ein Versehen anzunehmen ist, aus idg. *-āko-* abgeleitet werden kann (etymologisch entsprechen lit. *vienokas* „einerlei", air. *óenach* „Versammlung"), und *-iuga-* in got. *ūhtiug* „zeitgemäß", das als Ableitung mit Vollstufe des Stammvokals zum *u*-Stamm in got. *ūhtw-ō* „Morgendämmerung" (vgl. ai. *aktú-*) zu erklären ist; es vergleicht sich in der Bildung der apers. PN *Vahau-ka-* neben ai. *Vasu-ka-* (zu ar. **vasu-* „gut").

Beispiele für *-aha-/-aga-*:

Von *a*-Stämmen: got. *stainahs*, ahd. *steinag*, ae. *stǣneg* „steinig"; got. *waurdahs* „wortbegabt", *un-barnahs* „kinderlos"; got. *mōdags*, as. *mōdag* „zornig"; got. *auþags*, as. *ōdag*, ahd. *ōtag*, ae.

ēadig „glücklich, reich“ (an. *auđr*, as. *ōd* „Reichtum“); ferner ahd. *zornag*, *bluotag*, *rostag*, *snēwag*.

Von *u*-Stämmen (ursprünglichen oder noch bewahrten): got. *grēdags*, as. *grādag*, ahd. *grātag* „hungrig, gierig“ (got. *grēdus* „Hunger“); got. *wulþags* „herrlich, angesehen“ (*wulþus*); ahd. *hungarag* „hungrig“ (*hungar*, vgl. got. *hūhrus*), *durstag* „durstig“ (*durst*), *dornag* „dornig“ (*dorn*, vgl. got. *þaurnus*).

Das An. kennt nur noch eine Bildung auf *-agr*, nämlich *heilagr* „heilig“ (= got. runeninschriftl. *heilag*, as. *hēlag*, ahd. *heilag*) zu *heill* (adj. *a*-St.) „heil“ und *heill* (alter neutr. *s*-St.) „Heil“; doch sind urnordisch noch einige weitere belegt: *wīlagaʀ* „listig“ (zu ae. *wīl* „Kunstgriff“), *gōđagas* (PN, Gen. Sg., zu an. *góđr* „gut“).

Beispiele für *-uga-*:

got. *handugs* „klug, geschickt“, an. *hǫndugr* „tüchtig“ (mhd. *handec* „behend“), wohl zu got. *handus* „Hand“; an. *gráđugr* „hungrig“ (*gráđr*, got. *grēdus*), *siđugr* „wohlerzogen“ (*siđr*, got. *sidus*), *máttugr* „mächtig“ (*máttr* m. *u*-St.), *hǫrđugr* „hart, trotzig“ (*harđr*, got. *hardus*), *ǫrđugr* „aufrecht“ (vgl. lat. *arduus*). Bei der Produktivität von *-ugr* im An. (vgl. von *a*-Stämmen *móđugr*, *orđugr*, *snjóugr*, ist nicht sicher, ob alle diese Beispiele alte Bildungen sind. Aus dem Ahd. hierher nur das Adv. *chūrugo* „taetrum“, sowie als Adjektivierung von *ab* (an. *af*) neben *abah* ahd. *abuh* = as. *abuh*, an. *ǫfugr* „abgewendet“.

Beispiele für *-ĭga-*:

Von *i*-Stämmen: got. *mahteigs*, ahd. *mahtīg*, as. *mahtig*, ae. *mihtig* „mächtig“ (got. *mahts* usw. „Macht“); got. *ansteigs*, ahd. *enstig* „günstig, gnädig“ (*ansts*); got. *listeigs*, ahd. *listīg* „listig“ (*lists*); got. *usbeisneigs* „langmütig“ (*usbeisns*); an. *nauđigr*, ae. *nīedig*, mnl. *nōdich*, mhd. *nœtec* „nötig, genötigt“ (got. *nauþs* „Not“); ahd. *zuhtīg*, *scultīg*, *kreftīg*, *durftīg*.

Von *a*-Stämmen, ferner von *ō*- und *ja-/jō*-Stämmen: got. *sineigs* „alt“ (vgl. ai. *sána-*, lit. *sēnas*), *witōdeigs* „gesetzmäßig“ (*witōþ*), *andanēmeigs* „gern empfangend“ (*andanēm* „das Empfangen“); ahd. *muotig*, as. *mōdig* „mutig“, an. *móđigr* „zornig“; an. *blóđigr* „blutig“, urnord. *laiþigaʀ* (vgl. *leidr* „leid“); ahd.

rihtīg (*reht*), *nīdig* „neidig“ (*nīd*), *sweizig* „schweißig“ (*sweiz*); ahd. *ginādīg* (*gināda*), *muozzīg* (*muozza*), *giloubīg* (*gilouba*); got. *gawairþeigs* „friedfertig“ (*gawairþi* „Friede“); ahd. *suntīg*, ae. *synnig* „sündig“ (ahd. *suntea*).

2. Kollektivbildungen.

Der Bedeutung nach handelt es sich zumeist um paarige Personenbezeichnungen, wobei nur der eine Teil des Paares im Grundwort genannt ist: an. *feđgar* „Vater und Sohn“ (Grundwort *fađr* „Vater“); sie erinnern an die elliptischen Dvandvas des Idg. (ai. *mātárā* Dual „Mutter und Vater“), haben andererseits auch Parallelen in den finnougrischen Sprachen.

Das Stammwort (meist ein Verwandtschaftsname auf *-r*) kann in der Ableitung Kürzung erleiden; das Suffix (*-ha-*/*-ga-* mit verschiedenen Zwischenvokalen) kann noch um ein *n*-Suffix (*-n-*, *-īna-*) erweitert werden.

Ohne *n*-Erweiterung sind: aisl. *feđgar*, aschwed. (run.) *faþrkaR* m. Pl. „Vater und Sohn (Söhne)“ < germ **fađriga-* (formal entspricht gr. πατρικός „väterlich“); aisl. *mǿđgur*, aschwed. (run.) *muþrku* f. Pl. „Mutter und Tochter“.

Mit Erweiterung durch *-īna-* (Bildungen sind Neutr. Pl.): an. *feđ(r)gin* „Eltern“, *mǿđ(r)gin* „Mutter und Sohn“, *systkin* „Bruder und Schwester“, *friđgin* „Liebespaar“.

Mit *n*-Erweiterung, doch ohne elliptische Bedeutung: got. *brōþrahans* m. Pl. „Gebrüder“, and. *gisustruhon* „Geschwister“.

§ 145. Suffix *-ahta-*/*-uhta-*/*-ihta-*

Eine schon frühgermanische Erweiterung des im Vorhergehenden besprochenen Adjektivsuffixes durch *-ta-* (idg. *-to-*) ergab das Suffixkombinat *-ahta-*/*-uhta-*/*-ihta-*, das in einer oder mehreren Varianten in allen germ. Sprachen außer dem Got. bezeugt ist:

-ahta- (beruhend auf *-aha-* in got. *stainahs* usw.): ae. *stāneht* „steinig“, *þorneht* „dornig“ (vgl. ahd. *dornag*); ahd. *hoveraht* „bucklig“ (*hovar* „Höcker“), *houbetaht* „capitalis“.

-uhta- (bes. im An. und Ahd. verbreitet): ahd. *boumoht* „baumreich“, *hornoht* „gehörnt“, *wurmoht* „wurmig“; an. *háróttr* „behaart“, *hrísóttr* „mit Sträuchern bewachsen“.

-ihta-: ae. *stǣneht*, *þyrneht*; mhd. *tœreht* > nhd. *töricht* (im übrigen ist nhd. *-icht* Schwächung aus mhd. *-eht* < ahd. *-aht*, *-oht*: *lockicht* < *lockeht*; mhd. *-eht* lebt als *-et* im Bairischen fort: *drecket* „dreckig“).

Außergerm. Anknüpfungen sind nicht sicher: hierher wohl der gall. ON *Bibracte* (= „Ort, wo es Biber gibt“; eine einfache *k*-Bildung im abrit. VN *Bibroci* = „die Biberleute“); es erinnert ferner das kelt. Abstraktsuffix *-aktā* in air. *dásacht* „Wut“ (vgl. ahd. *tusig* „toll“), *sírecht* „Sehnsucht“, das in an. *-átta* eine Parallele zu haben scheint: an. *vinátta* „Freundschaft“, *víðátta* „Weite“, *barátta* „Kampf“ (zu *berja*), *kunnátta* „Kenntnis“.

§ 146. Suffix *-ahja-*

Ausgehend von Kollektivbildungen mit Suffix *-ja-* zu Adjektiven auf *-aha-* wie ahd. *steinahi* „steiniges Gelände“ zu got. *stainahs* bildete sich *-ahja-* als selbständiges Kollektivsuffix heraus. Es wird im Ahd. vornehmlich zur Bildung von Orts- und Geländebezeichnungen auf der Basis von Pflanzennamen verwendet; vgl. z. B. ahd. *eihhahi* „Eichengehölz“, *ascahi* „Eschengehölz“, *wīdahi* „Weidicht“, *rōrahi* „Röhricht“, *boumahi* „baumreicher Ort“ usw. Zum FlN *Logana* „Lahn“ ist gebildet *Loganahi*, Name des Lahngaues. Andere Kollektiva sind ahd. *chindahi* „Kinderschar“, *aganahi*, *gifesahi*, beide „Spreu“ (Menge von Ährenteilen, Kornhülsen, zu *agana*, *gabissa*). In mhd. und nhd. Mundarten (ostfränk.) dient *-(l)ech*, *-lich* als Pluralsuffix: mhd. *ermelech* zu *ermel*, *knehtelech* „Knechte“, nhd. dial. *zähnlich*, *öhrlich*.

Das Got. bildete entsprechende Kollektiva mit *-īn-*, wie *bairgahei* „Gebirgsgegend“ (zu **bairgahs* „bergig“) zeigt.

§ 147. Suffix *-ska-*, Fem. *-skō-* (idg. *-sko-/-skā-*)

Als Variante von *-ko-* tritt *-sko-* vorzugsweise an Wurzeln, die im Idg. auf Verschlußlaut (besonders Dental und Guttural) endeten, und vergleicht sich somit hinsichtlich der fugentrennenden Funktion des *s* den primären *st*-Suffixen (§ 128). So gehört gr. δίσκος „Wurfscheibe" als **dik-s-ko-s* zu δικ-εῖν „werfen"; vgl. ferner lat. *ēsca* „Fraß" (Wz. **ed-*), air. *lasc* = an. *lǫskr* (mit *-u̯o-* erweitert) „schlaff, träge" (Wz. **lēd-/lǝd-* in got. *lētan* „lassen", *lat-s* „träge"). Die Substantiva mit *sk*-Suffix stehen vielfach neben gleichgebildeten Verbalstämmen, als deren Verbalnomina sie fungieren: ai. *pr̥cchā-* < **pr̥k̑-skā-* „Frage" neben *pr̥ccháti* = lat. *poscit* < **pr̥k̑-sk̑e-ti* wie ahd. *forsca* neben *forscōn*; ahd. *wunsc* m., an. *ósk* f. „Wunsch", vgl. ai. *vāñchā-* „Wunsch" neben *vāñchati* „wünscht" (Wz. **u̯en-*); air. *nasc* „Ring, Band" neben *nascid* „bindet" (Wz. **nedh-* in ai. *náhyati* „bindet"), wozu aus dem Germ. as. *nuskia*, mhd. *nüsche* „Spange" (vgl. die parallele *st*-Bildung agutn. *nast* § 128).

Im Germ. war das Suffix vor allem als Adjektivsuffix produktiv und erscheint vorwiegend in Wörtern der Begriffssphäre „rasch, munter, tapfer" und deren Opposita:

ahd. *rasc* „schnell, gewandt, kräftig", an. *rǫskr* „kühn, tapfer" (mit *-wa-* erweitert), wohl zu ahd. *rado*, ae. *ræđe* „schnell", got. *raþs* „leicht" (Wz. **ret-* „laufen" in air. *rethid*); an. *horskr* „klug", ahd. ae. *horsc* „munter, klug", wohl zu mhd. *hurtec* „hurtig", an. *hrađr* „schnell", lit. *kretù* „bewege mich hin und her"; an. *vaskr* „wacker, kühn" zu *vaka* „wachen" (vgl. *vakr*); an. *beiskr* „scharf, beißend" zu *beita* (vgl. got. *baitrs* „bitter"). Weitere Bildungen sind an. *karskr* „lebhaft" (vgl. ai. *jā-gr̥-vás-* „munter, eifrig"), *þroskr* „stark, kräftig"; ahd. *frisc*, ae. *fersc* „frisch, munter"; aschwed. *dulsker* „träge" (zu *dul* „dass."); as. *malsc* „stolz, übermütig", got. *untila-malsks* „unbesonnen".

Substantivische *sko*-Bildung ist an. *froskr*, ahd. *frosc* „Frosch" (= „Hüpfer", zu einer Wz. **preu-* in ai. *právate* „springt, hüpft" mit gutturaler bzw. dentaler Erweiterung in an. *fraukr*, ae. *frogga* und an. *frauđr* „Frosch").

§ 148. Suffix *-iska-* (idg. *-isko-*)

Das nur in den westlichen idg. Sprachen verbreitete Suffix *-isko-* diente ursprünglich dazu, die Art von etwas zu bezeichnen. Mit ihm sind, besonders im Germ., Baltischen und Slawischen denominale Adjektiva, im Griechischen (und auch im Slaw.) aus solchen herleitbare modifizierende Substantiva (Deminutiva, Pejorativa u. dgl.) gebildet. Vgl. got. *mannisks* „menschlich", *gudisks* „göttlich", lit. *dañgiškas* „himmlisch", abg. *zemljьskъ* „irdisch", *človečьskъ* „menschlich"; gr. ἀνθρωπίσκος, δεσποτίσκος, βασιλίσκος, Demin. zu ἄνθρωπος, δεσπότης, βασιλεύς, skr. *žènska* Adj. f. „weiblich", Subst. „Weibsbild". Im Germ. drückt es in enger Übereinstimmung mit dem Balt. und Slaw. vor allem Abstammung, Herkunft und Zugehörigkeit, speziell zu einem Kollektiv, aus und dient daher vorzugsweise zur Bezeichnung der ethnischen oder sonstigen kollektiven oder gattungsmäßigen Zugehörigkeit; vgl. got. *judaiwisks* „jüdisch", ae. *englisc* „englisch", apreuß. *prusiskan* „preußisch", abg. *rimьskъ* „römisch", *proročьskъ* „der Propheten", got. *þiudiskō* „heidnisch". In dieser Funktion entspricht es dem Suffix *-iko-* im Griech. und Lat. (gr. Περσικός, lat. *Germānicus*), zu dem es sicher formell in Beziehung steht; doch ist die Herkunft des *s* unklar.

Das Got. hat folgende Bildungen: *barnisks* „kindlich" (dazu *barniski* n. *ja*-St. „Kindheit"), *mannisks* „menschlich, der Menschen", *gudisks* „göttlich"; *funisks* „feurig", *haiþiwisks* „wild" (zu *haiþi* „Heide"); *þiudiskō* Adv. „heidnisch" (*þiudōs* „die Heiden"); *fwnikisks* „phönizisch", *judaiwisks* „jüdisch". Das *w* von *judaiwisks* ist identisch mit dem Stammauslaut von *Judaius* (*u*-St.), in *haiþiwisks* ist es eingeschobener Zwischenlaut.

Beispiele aus anderen germ. Sprachen: an. *danskr* „dänisch", *írskr* „irisch", *íslenzkr* „isländisch"; ae. *scyttisc* „schottisch", *wȳlisc* = ahd. *walhisk* „welsch, keltisch"; ahd. *diutisc* „deutsch"; an. *heimskr*, ahd. *heimisc* „heimisch" > „einfältig", mit gleicher Bedeutungsentwicklung ahd. *dorfisc* „dörfisch"; ae.

cildisc, as. *kindisk* „kindisch, jugendlich"; an. *ylfskr* „wölfisch" > „treulos"; as. *ēwisk* „ewig".

Substantivierung ist ahd. *mennisco* „Mensch". Kollektivbildungen mit Suffix *-ja-* zu Adjektiva auf *-iska-* sind as. ahd. *hīwiski*, ae. *hīwisc*, an. *hýski* „Familie", ahd. *gumisgi*, as. *gumiski* „senatus", ae. *mennisc* „Menschheit"; im An. hat sich, ausgehend von solchen Fällen wie *bernska* „Kindheit" zu *bernskr* (= got. *barnisks*), *-ska* (*-skja*) als feminines Abstraktsuffix verselbständigt, vgl. *fyrnska* „Alter, vergangene Zeit" zu *forn*, *illska* „Bosheit" zu *illr*.

§ 149. Suffix *-agjōn-/-igjōn-*

Unklar in seiner Entstehung ist ein Suffix *-agjōn-/-igjōn-*, das nur aus dem englisch-niederländischen Sprachraum, dem gleichen, in dem auch *-astrijōn-/-istrijōn-* florierte (§ 140), bekannt ist und ebenso wie dieses feminine Nomina agentis zu Verben oder Nominalstämmen bildet.

Das Ae. hat nur wenige Bildungen bewahrt:

Denominal sind *gealdricge* „Zauberin" zu *gealdor* „Zauber", *scernicge* „Gauklerin, Schauspielerin" zu ahd. as. *scern* „Scherz" (vgl. ahd. *scirno* „Schauspieler") und *drȳicge* „Zauberin" als Fem. zu *drȳ* „Zauberer" (kelt. Lehnwort, vgl. air. *druí* „Druide"), deverbal *byrdicge* „Stickerin" zu *byrdan* (dies zu *borda* „Borte"), *sealticge* „Tänzerin" zu *sealtian* (< lat. *saltāre*) und *hunticge* „Jägerin" zu *huntian* (vgl. auch *hunta* „Jäger").

Häufiger ist das Suffix im Mnl., wo es z. T. das *str*-Suffix überlagert hat (*scepsterigghe* „Kleidermacherin"). Nur einige Beispiele:

wasserigghe „Wäscherin", *wikeligghe* „Wahrsagerin", *houtmakerigghe* „Holzmacherin", *clappigghe* „Schwätzerin"; aus dem Nnl. *dievegge* „Diebin".

Die ursprüngliche Form des Suffixes dürfte *-agī/-igī* (mit Fem.-Suffix *-ī/-jō-*) gewesen sein und das Suffix selbst die substantivierte feminine Form eines Zugehörigkeitsadjektivs auf *-aga-/-iga-* (nach Art des Verhältnisses von lat. *flaminica*

„Gattin des *flamen*" zu *flamen*, ahd. *fulihha* „weibliches Füllen" zu *folo*). Da *-aga-/-iga-* im Germ. jedoch nicht Zugehörigkeit, sondern Versehensein ausdrückt (§ 144), kann die Bildungsweise aus einer vorgermanischen (aber idg.) Substratsprache adaptiert sein; vgl. illyr. PN *Ditica* zu *Nomeditus*, venet. *ne·r·ka* zu illyr. *Trita-nerus*.

§ 150. Suffix *-inga-/-unga-*

a) *Das Suffix in frühgermanischer Zeit*

-inga-/-unga- ist zusammen mit seiner Variante *-linga-* (§ 151) und seiner der Abstraktbildung dienenden femin. Form *-ingō-/-ungō-* (§ 152) wohl das gebräuchlichste und produktivste Suffix in den germ. Sprachen. Gleichwohl hat es sich erst aus relativ bescheidenen Anfängen heraus entwickelt; seine eigentliche Entfaltung beginnt erst in spätgerm. Zeit und findet ihren Höhepunkt erst in der fortgeschrittenen einzelsprachlichen Entwicklung der germ. Sprachen. Das Got. kennt an appellativischen Bildungen nur *skilliggs* „Schilling", (latinis.) *gardingus* (Lex Visigoth.) „Palastbeamter" (zu *gards* „Haus, Hof", vgl. *þiudan-gardi*) und als *l*-Bildung *gadiliggs* „Vetter" (dagegen keine Feminina), im as. Heliand finden sich nur drei, im ahd. Tatian zwei und bei Otfried vier mask. *(l)ing*-Bildungen, nämlich as. ahd. *kuning*, as. *druhting*, as. *gaduling* = ahd. *gatiling*, ahd. *ediling*, *penthing*, *silabarling* (an Bildungen auf *-unga* im Hel. nur *samnunga*, bei Otfried vier: *samanunga*, *manunga*, *zeihnunga*, *murmulunga*).

Es lassen sich daher als alt- oder spätgermanisch nur wenige mask. Bildungen nachweisen, deren Ableitungsgrundlage z. T. unklar ist. Die wichtigste davon ist die Bezeichnung *König*: as. ahd. *kuning*, ae. *cyning*, afries. *kening*, aisl. *konungr*, anorw. auch *kunungr*, adän. *kunung* sowie als Lehnwörter finn. *kuningas* „König", aslaw. **kъnęgъ*, **kъnęzь* (> russ. *knjázь* „Fürst").

Das Wort ist insofern interessant, als es nicht die altgerm. Königsbezeichnung ist; diese war ***þeuđanaz*, im Got. als *þiudans* noch im Gebrauch, in den anderen germ. Sprachen mit Ausnahme des Ahd. nur noch in poet. Texten vorkommend. Dem Got. fehlt somit das „Königs"-Wort, und auch die an. Überlieferung weiß noch von einer späten Einführung dieses Titels. Immerhin muß das Wort alt genug sein, um noch in urgerm. Lautgestalt ins Finnische entlehnt worden zu sein, und zwar mit der *i*-farbigen Variante des Suffixes, die im Norden nur in dem schwed. ON *Kyninge* erscheint. Das Wort *König* scheint ursprünglich den aus vornehmer Familie stammenden Mann bedeutet zu haben (es wird auch für männliche Verwandte des Herrschers gebraucht) und wird somit Ableitung von **kunja-* (got. *kuni*) „Geschlecht" sein.

Andere aus mehreren Sprachen bezeugte Bildungen sind die Münzbezeichnungen *Schilling* und *Pfennig* (got. *skilliggs*, an. *skillingr*, ae. *scilling*, as. ahd. *skilling*, mnd. *schildink*; an. *penningr*, ae. as. *pending*, ahd. *pfanting*, *pfenting*, *pfenning*), die vermutlich nach ihrer Form, vergleichbar einem Schild (got. *skildus*) bzw. einer Pfanne(?), benannt sind, die Maßbezeichnung an. *fjórđungr*, ahd. *fiordunc*, mnd. *vērdunc*, *vērdinc* (ae. *fēorđling*) „Viertel" (einer Mark o. dgl.), die Bezeichnung des Bastards, an. *hornungr*, ae. *hornung-sunu*, *horning*, afries. *horning*, ahd. (als Monatsname „Februar") *hornunc*, sowie der nur westgerm. Fischname *Hering* (ahd. mnd. *hāring*, ae. *hǣring*, ablaut. as. ahd. *hering*, zu nl. *haar* „Gräte"). As. *druhting* „Brautführer" hat eine Entsprechung in ahd. *truhting* (zu *truht* „Gefolgschaft"), ae. *nīđing* „Neiding" in ahd. *nīding*, an. *níđingr*. Aus der röm. Besatzungszeit stammt die Münzbezeichnung ahd. *cheisuring*, ae. *cāsering* (zu lat. *Caesar*).

Sonstige frühe Zeugnisse für *-inga-/-unga-* finden sich in der Form von Eigennamen (fast ausschließlich Stammesnamen) bei antiken Autoren und auf Inschriften. Die Bedeutung der Namen ist meist unsicher und auch ihr germ. Charakter nicht immer garantiert.

Frühester, jedoch sehr unsicherer Beleg ist der VN *Tulingi* (Caes., 1. Jh. v. Chr.), Name eines für germ. gehaltenen Alpenstammes. Mit ihm ist identisch wohl der bei Avien (4. Jh. n. Chr.) überlieferte, aber letztlich aus einer Quelle des 6. Jh. v. Chr.(!) stammende und im Zusammenhang mit ligurischen Namen genannte VN *Tylangii*. Beide Namen sind kaum als germ. anzusehen.

Es folgen bei Tac. die VN *Marsigni* und *Reudigni*, die wegen ihrer Suffixgestalt nicht als sichere germ. *inga*-Bildungen angesprochen werden können. Man betrachtet zwar das Suffix als lat. Umbildung nach dem Muster von *benignus*, *privignus*, *Paeligni*, wo -*gn*- den Lautwert -*ṅn*- hat, doch kann auch das kelt. oder ein mit diesem verwandtes Suffix -*igno*- bzw. *ikno*- vorliegen.

2. Jh.: Σιλίγγαι (Ptol.), Stamm in Ostdeutschland (fortlebend im Namen *Schlesien*); Μαρουίγγοι (Ptol.), Nachbarvolk der Markomannen; Σαβαλίγγιοι (Ptol.), auf der kimbr. Halbinsel.

3. Jh.: *Asdingi* (Jord.), später *Hasdingi*, Königsgeschlecht der Wandalen (= an. *Haddingjar*, ae. *Heardingas*, mhd. *Hartunge*, zu an. *haddr* „langes Haar"); *Iuthungi*, alemann. Volk (vgl. dazu *Euthungae* als sweb. Matronenname auf einer rhein. Inschrift und *IuþingaR* als urnord. PN); Λάκριγγοι, *Lacringes*.

3./4. Jh.: *Greutungi* (*Grutungi* und *Grauthungi*) und *Tervingi*, Beinamen der Ost- und Westgoten in Südrußland, als „Sand-" bzw. „Waldbewohner" zu an. *grjót*, ahd. *grioz* (< **greuta*-) „Sand, Grieß" (vgl. auch ahd. *gruzzi* und an. *grautr*) bzw. germ. **terwa*- „Holz, Wald" (vgl. Dat. Pl. *Ala-tervis*, frühgerm. Matronenname, an. *tjara*, finn. Lw. *terva* „Teer", an. *tyrvi* „Kienholz", lit. *dervà* „Kienholz").

5. Jh.: Θούριγγοι, *Thuringi* (älterer Name *Hermun-duri*); Αἰδόϊγγος ein Ostgermane (= lgb. PN *Aidëngo*).

Ohne zeitliche Bestimmung ist der PN (Dat.) *Rohinge* auf einer lat. Inschrift des Rheinlands.

b) *Funktion des Suffixes in den germanischen Sprachen*

Allgemeinste Funktion des Suffixes ist, individuelle Personal- und Sachbezeichnungen nach charakteristischen Merkmalen zu bilden. Die Ableitung ist meist sekundär von Adjektiven oder Substantiven, seltener primär von Verbalstämmen. Im einzelnen ergibt sich eine Vielfalt von charakteristischen Verwendungsweisen mit z. T. nach Ort und Zeit verschiedener Produktivität. Mit fortschreitender Sprachentwicklung übernimmt die Variante *-ling* mehr und mehr die Funktionen des unerweiterten Suffixes und schließt dort an, wo *-ing/-ung* nicht mehr produktiv geworden war.

1. Bildungen mit nur modifizierender Funktion des Suffixes. Hierher gehören Personen-, Tier- und Sachbezeichnungen, die auf Adjektiven beruhen und als Individualisierung bzw. Konkretisierung des ihnen inhaerenten Adjektivbegriffs zu verstehen sind, ferner Erweiterungen substantivischer Personen- und Konkretbezeichnungen, in denen das Suffix in nicht näher zu präzisierender affektischer Funktion oder anscheinend rein pleonastisch angetreten ist.

α) Personen- und Tierbezeichnungen aus Adjektiven:

ae. *earming*, ahd. *arming*, mnl. *arminc* „armer Kerl"; ae. *æðeling*, afries. *etheling*, mnl. *edelinc*, as. *ethiling*, ahd. *edeling* „Edler"; ae. *hearding*, ahd. *herting* „Held" (ae. *heard* „hart"); an. *blindingr* „Blinder", *mildingr* „freigibiger Mann", *vitringr* „kluger Mensch", *vitleysingr* „dummer Mensch" (*vitlauss*), *einføtingr* „Einbeiniger" (*einføtr*); ae. *lēasing* „falscher Mensch" (*lēas*), *lȳtling* „kleiner Kerl, Kind" (*lȳtel*); mnd. *stoltink* „Held" (*stolt* „stolz"); ahd. *muoding* „Unglücklicher" (*muode*), mhd. *grīsinc* „Greis" (*grīs* „grau").

an. *hvítingr* „weißes Pferd; Weißfisch", mnl. mnd. mhd. *wītinc* „Weißfisch"; an. *birtingr* „Forelle" (*bjartr* „glänzend"); ahd. *friscing* „Frischling", *brūning* „Maultier" (*brūn* „braun").

β) Sachbezeichnungen aus Adjektiven:

ae. *īdeling* „wertloses Ding", *brenting* „Schiffsbezeichnung (*brant* „hoch, tief"), *basing* Bez. eines Mantels (*basu* „purpurn"); mnl. *sūrinc* „Ampfer" (*suur* „sauer"), mnd. *edelinc* eine Apfelart; ahd. *breiting* „Fladen". An. nur in Ableitungen von Komposita: *sexǿringr* „sechsrudriges Boot" (*sexǿrr* „mit sechs Rudern"), *ein-*

nættingr „Zeitraum von einer Nacht" (*einnættr* „eine Nacht lang").

Als eine besondere Gruppe gehören hierher die auf Zahlwörtern beruhenden Maßbezeichnungen: an. *áttungr* „ein Achtel" (*átti* „der achte"), *fimtungr* „ein Fünftel" (*fimti*); ae. *tēođung* „ein Zehntel" (*tēođa* „der zehnte"); afries. *fiardeng* „Viertel (einer Mark)", mnl. *virdinc* „Viertel (eines Gewichts)", ahd. *fiordunc* „Viertel" (neben *vioring* „Vierzahl"); ahd. *feorzehininga* „Einheiten von 14"; mnd. *twelfink* ein Getreidemaß (*twelf* „12").

γ) Personen- und Tierbezeichnungen aus gleichbedeutenden Substantiven erweitert:

an. *gíslingr* „Geisel" (*gísl*), *niđjungr* „Verwandter" (*niđr*), *piltungr* „kleiner Junge" (*piltr*); ae. *hlāfording* „Herr" (*hlāford*); afries. *būring* „Bauer" (*būr*); mnl. *enineclinc* = mhd. *enkelinc* (neben *enikel*) „Enkel"; mnl. *crepelinc* „Krüppel" (*crepel*); ahd. *lantsideling* (= *landsidilo*), mhd. *tōring* „Narr" (*tōr*). Neben den Pluralen an. *lofđar* (= „die Gepriesenen", zu *lofa* „loben") und *bragnar* „Helden" stehen, gewissermaßen als Singulative, *lofđungr* und *bragningr* „Held".

an. *ifjungr* „Habicht" (*ifi*); mnl. *verrinc* „Stier" (*verre*); ahd. *amaring* „Goldammer" (*amaro*), *engirinc* „Engerling" (*angar*); mhd. *bersinc* „Barsch" (*bars*). Deminutivum ist an. *bolingr* „junger Ochse" (*boli* „Stier, Ochse").

δ) Erweiterte Sachbezeichnungen:

as. ahd. *kenning* „Kanne" (*kanna*), as. ahd. *scerning* „Schierling" (ahd. *scarno*); ahd. *kisiling*, mnl. *kieselinc* „Kieselstein" (ahd. *kisil*); ahd. *luning* „Achsnagel" (*lun*), mhd. *wipfelinc* „Wipfel"; mnd. *hornink* „Ecke" (*horn*); mnl. *bondinc* „Bündel" (*bont*); ae. *bȳsting* „Biestmilch" (= *bēost*), *hirsting* „Bratpfanne" (*hirsta*); an. *teinungr* „Schößling" (*teinn* „Zweig"), *brísingr* „Feuer" (*brís*), *bitlingr* „kleiner Brocken" (*bitill* „abgebissenes Stück").

2. Bildungen mit exozentrischer Suffixfunktion. Hierher gehören Personen-, Tier- und Sachbezeichnungen, die im Hinblick auf andere, in der Bedeutung nicht identische Substantivbegriffe, meist konkreter Art, benannt sind. Eine besondere Untergruppe bilden patronymische und Gentilbe-

zeichnungen und andere Bildungen, die Familien- oder Stammeszugehörigkeit bezeichnen und die vielfach als Eigennamen auftreten.

α) Personen- und Tierbezeichnungen aus Substantiven;

an. *hildingr* „Krieger, Fürst" (*hildr* „Kampf"), *gárungr* „Narr" (*gár* „Scherz"), *kotungr* „Hüttler" (*kota* „Hütte"), *sveitungr* „Angehöriger einer *sveit* (Fürstengefolgschaft)"; ae. *hōring* „Ehebrecher" (*hōr* „Ehebruch"), *nīđing* „Schurke" (*nīđ* „Haß, Neid"); afries. *hūsing* „Hausmann"; mnd. *beddinc* „Bettgenosse"; ahd. *truhting*, as. *druhting* „Brautführer" (*truht* „Gefolgschaft"); mhd. *bertinc* „Klosterbruder" (*bart*).

an. *glǫmmungr* „Knurrhahn" (*glamm* „Lärm"), *eitrungr* „Giftschlange" (*eitr*), *grunnungr* „Fisch, der sich an seichten Stellen aufhält" (*grunn*), *vetrungr* „einjähriges Tier" (*vetr* „Winter"); mhd. *höuptinc* „Kaulquappe" (*houpt*).

Aus Ortsbezeichnungen sind abgeleitet an. *hrísungr*, *hyltingr* „im Gebüsch (*hrís*) bzw. Wald (*holt*) geborene Person", *strendingr* „Strandbewohner" und Einwohnerbezeichnungen wie an. *Austfirđingar* „Bewohner des Ostfjordes", *Íslendingr* „Isländer", ae. *Lindesfarnelanding* „Bewohner von Lindesfarne", *Centingas* „Einwohner von *Cent*", mlat. *Scaldingi* „Anwohner der Schelde", *North-Albingi* „Leute an der nördlichen Elbe".

β) Sachbezeichnungen aus Substantiven:

an. *espingr*, mnd. *espinc* „Beiboot aus Espenholz" (an. *espi*); an. *byrđingr*, mnd. *bördinc* „Frachtschiff" (*byrđr*); an. *hyrningr* „Gegenstand mit einem Horn", *snoppungr* „Maulschelle" (*snoppa* „Maul"), *þumlungr* „Daumenhülle" (*þumall* „Daumen"); ae. *sylfring* „Silbermünze", *cāsering* = ahd. *cheisuring* „Kaisermünze"; ahd. *grūzinc* „Weizenbier" (*grūz* „Korn"), *zenterinc* „geräuchertes Stück Fleisch" (*zantaro* „Kohle"), *fidering* „Wurfriemen" (*fedara* „Feder"); mhd. *helsinc* „Halsstrick".

γ) Bezeichnungen der Abstammung, Familien- und Stammeszugehörigkeit:

Appellativa (Grundlage sind meist Verwandtschaftsbezeichnungen): an. *brǿđrungr* „Vaterbruderssohn", Fem. *-unga* „-tochter", *systrungr* „Sohn der Mutterschwester"; ae. *fædrunga* „Verwandter väterlicherseits", nisl. *feđrungar* kollekt. „Vater, Söhne und Sohnessöhne"; an. *sifjungr* „Sippengenosse". Hierher auch ahd. *kuning* usw. „König", wenn „Angehöriger eines (edlen) Geschlechts", und als fem. Motionsbildung an. *dróttning* „Fürstin" (zu *dróttinn*) und *kerling* „altes Weib" (zu *karl* „alter Mann").

Aus allen germ. Sprachen außer dem Got. sind Bildungen auf *-inga-* und vornehmlich auf *-unga-* belegt, die als Ableitungen von einem Personennamen die Abstammung und weitere Zugehörigkeit zu dieser Person bezeichnen. Stammes- und Dynastiennamen sind so nach einem Ahnherrn benannt. Beispiele sind an. *Skjǫldungar* = ae. *Scyldingas*, *-ungas* „Nachkommen des *Skjǫldr*, *Scyld*", an. *Buđlungar* „Nachkommen von *Buđli*" (vgl. ahd. *Botalunc*, mhd. *Botelunc*), *Gjúkungar* (*Gjúki*); ae. *Heodeningas* = an. *Hjađningar* „Stamm, Geschlecht des *Heoden*, *Heđinn*", ae. *Herelingas*, mhd. *Harlunge* (von einem PN *Harilo*), mlat. *Carolingi*, Dynastie Karls des Großen (ahd. *Kerlinga* „die Franken"), *Lithingi*, langobard. Dynastie (Nachkommen von *Leth*), *Lotharingi* (ahd. *Lutringa*, ae. *Hlođeringan*) „Lothringen" („Land und Volk des *Ludher*"). Für *Amali* (Jord., „Geschlecht des *Amala*") hat das Mhd. *Amelunge*, das Ae. *Amulingas* (*Þēodrīc wæs Amulinga*, Gen. Pl.). Die einzelnen Stammes- oder Familienangehörigen heißen an. *Skjǫldungr*, *Buđlungr*, ae. *Wælsing*, mhd. *Amelunc* usw.

Eine Spezialisierung dieses Gebrauchs ist die patronymische Verwendung des Suffixes zur Bildung von Sohnesbezeichnungen aus dem Vatersnamen. Sie ist besonders im ae. Bereich verbreitet, wo sie jedoch — ebenso wie fast überall auf dem Festland — bald abstirbt.

Beispiele aus Beow. sind *Wulf Wonrēding* (und *sunu Wonrēdes*), *Finn Folcwalding*, *Hygelāc Hređling*, *Scyld Scēfing*; aus der nordhumbr. Königsgenealogie vgl. *Eduine Aelling. Aelle Yffing. Yffi Uuscfreaing. Uuscfrea Uilgilsing* usw. bis *Uegdaeg Uodning. Uoden Frealafing* (mit dem auch andere Genealogien enden). Aus dem

Niederd. vgl. (14. Jh.) *Conrad Roleving* (= *Conrad Roleves*, mit Gen. des Vaternamens), aus dem Oberd. (12. Jh.) *Richerus Nadilinc* (= *Richerus Nadel)*, (1365) *Nesa dicta Bruningin* (= *Nesa dicta Brunin*), aus der Schweiz (1447) *Rodolphe Brünning*, (1586) *Jacob Willing.*

Aus letzterer Verwendung stammen die Familiennamen auf *-ing* wie *Brüning*, *Nölting*, *Klasing* usw., während von den älteren Sippennamen die zahlreichen Ortsnamen auf *-ing* und *-ingen* wie *Ötting*, *Schwabing*, *Tübingen*, *Sigmaringen* usw. (ahd. *Balderingen*, *Guntheringun*) ihren Ausgang genommen haben.

3. Ableitungen mit verbaler Grundlage. Diese sind nur im Nordgerm. häufiger, in den anderen Sprachen breiten sie sich nur zögernd aus und werden, z. B. im Deutschen, erst später mit *-ling* produktiv. Die Vorbilder sind umgedeutete Denominalableitungen (vgl. ae. *flȳming* „Flüchtling" zu *flēam* „Flucht", beziehbar auf *flȳman* „verbannen", *fōstring* „Pflegekind" zu *fōstor* „Pflege" bzw. *fōstrian*, mnl. *aendelinc* „Teilhaber" zu *aendeel* „Anteil" bzw. *aendelen* „Anteil haben").

Nomina agentis sind an. *beystingr* „Raufbold" (*beysta* „schlagen"), *gnǽđingr* „kalter Wind" (*gnǽđa* „kalt wehen"), *snǫttungr* „Räuber" (*snatta* „herumschnüffeln"); mnd. *greving* „Dachs", mhd. *grobinc*, *grevinc* „Igel, Kaninchen" (as. *građọn* „graben"); mnd. *rennink* „Hund"; ahd. *hintrinc* „Betrüger" (*gi-hintran* „betrügen", vielleicht auch direkt von *hintar*), mhd. *phatleitinc* „Wegweiser", *sprenzinc* „Geck" (*sprenzen* „einherstolzieren").

Den passiven Sinn des Verbums zeigen an. *blendingr* „Mischling" (*blanda*), *geldingr* „kastriertes Tier" (*gelda*), *fǿđingr* „Pflegling" (*fǿđa* „nähren"); as. ahd. *winding* „Binde"; Abstrakta sind an. *samningr* „Übereinkunft", *gildingr* „übertriebenes Lob", ahd. (Isidor) *bauhunc* m. „figura", *offerunc* m. „sacrificium".

c) *Entstehung und außergerm. Anknüpfung des Suffixes*

Das Suffix *-inga-/-unga-* ist sicher durch Ablösung von *n*-Stämmen entstanden und so dem Ursprung nach ein *k*-

Suffix (idg. *-ko-* = germ. *-ga-*, § 144); dabei repräsentiert *-inga-* idg. *-en-ko-*, *-unga-* idg. *-n̥-ko-*. Auch *-on-ko-* darf angenommen werden, vgl. lat. *homun-culus*, *latrun-culus*, doch ist die Suffixvariante *-anga-* im Germ. sehr selten; sie erscheint in ahd. *alang* (neben mhd. *aling*, as. *alung*) „ganz" (zu got. *ala-* „all") und as. *ferscang* (neben ahd. *friscing*) „Frischling".

In an. *hunang*, ahd. *honang* n. „Honig" liegt vielleicht eine erst sekundäre Nasalierung einer Bildung auf *-aga-* vor. Die *ng*-Formen kommen im Ahd. nur bei Notker vor; sonst herrschen solche auf *-ag*, *-ig* (ahd. *honag*, *honig*, as. *honig*, ae. *hunig*, aschwed. *honagh*). *Honig* gehört etymologisch zu ai. *kāñcana-* „golden", n. „Gold", gr. (dor.) κνᾱκός „gelblich", lat. *canicae* „Kleie" und ist nach der Farbe benannt.

Im Germ. tritt *-inga-/-unga-* deutlich in die Funktion des *n*-Suffixes ein; vgl. das Nebeneinander von ae. *wǣdla* und *wǣdling* „armer Mensch" (zum Adj. ahd. *wādal* „arm"), ahd. PN *Berhto* und *Berhting*, an. *goði* „Priester" = ahd. **goto* (in *tegan-goto* „decanus", *gotten* „iustificare") und ahd. *cotinc* „tribunus", an. *Hrotti* und ae. *Hrunting* (beides Schwerternamen) und die Ablösung des älteren Typs von Völkernamen mit *n*-Suffix (*Teutones*, *Semnones*, *Vangiones*, *Saxones*, *Francones*) durch den jüngeren mit *ng*-Suffix (ae. *Bāningas*, *Brondingas*, *Hælsingas*, *Myrgingas* usw.). An eine erst in germ. Zeit erfolgte Erweiterung von *n*-Stämmen durch *-ga-* ist jedoch nicht zu denken, da die Variante *-unga-* wegen ihres *-un-* aus *-n̥-*, das im Flexionsparadigma der germ. *n*-Stämme nicht mehr vertreten ist, bereits in vorgerm. Zeit entstanden sein muß. Die Ablösung von *-enko-/-n̥ko-* als selbständiges Formans ist somit bereits in voreinzelsprachlicher Zeit erfolgt, wie auch durch außergerm. Parallelen, vor allem in den z. T. nur noch in Namen faßbaren Sprachen des westidg. Bereichs, deutlich wird. Ein Suffix *-inka-* (< idg. *-enko-* oder *-n̥ko-*) besitzt das Litauische etwa in *darbininkas* „Arbeiter“, *laukininkas* „Landmann“ (zu Adjektiven auf *-ìnis*: *laukìnis* „ländlich, Land-“); daneben stehen Bildungen auf *-ýka-* wie *laukinýkas* (vgl. § 144 a). Aus dem Keltischen: air. *abac*, kymr. *afanc* „Biber“, auch „Wasserdämon“, < **abanko-* zu air. *aub*, *ab* „Fluß“ (*n*-St., also möglicherweise Ableitung mit *-ko-*); gall. (*nautae*) *Aruranci* (zum FlN *Arura*), ferner ON *Calanc-onnum* (vgl. *Cala* und *Calacon*) und die PN *Bellanco* m., *Itincu* f. (kelt. *-anko-* < idg. *-n̥ko-*). Anderen idg. Sprachen Alteuropas entstammen folgende Ortsnamen: *Aquincum* (Pannonien; heute das Thermalbad Alt-Ofen), zu lat. *aqua*, got. *ahva* „Wasser“, *Sabatinca* (Noricum; vgl. *Sabatia vada*, Hafenplatz in Ligurien, *Sabatis* Fl. in Campanien) zu **sab-* (germ. **sapa-* > ae. *sæp* „Saft“); *Acumincum* (Pannonien), wohl zu lat. *acūmen* „Spitze“ (in diesem Fall Beziehung zum *n*-St.); *Bodincus*, Βόδεγκος, der ligur. Name des Po (*Padus*); Καρουάγκας ὄρος die Karawanken, zu **kar-v-* „Stein“ (vgl. auch an. *hǫrgr* „Steinhaufen“); Ἀσάγκα (Germania Magna). Aus dem Hethitischen vgl. noch *maninku* „kurz“ (zu armen. *manr*, Gen. *manu* „klein“). Außer ai. *yuvaśá-*, lat. *iuvencus*, air. *oac*, kymr. *ieuanc*, ahd. *jung*, das eine alte *k̑o*-Bildung von einem *n*-Stamm ist (§ 144), finden sich keine mehrsprachigen Wortgleichungen; der Vergleich von *kusenkus* (wohl PN) auf einer raetischen Inschrift und ahd. *hūsinga* „penates“ kann nicht die Urverwandtschaft der betreffenden Bildungen erweisen.

Andere Suffixe, die in Form und Funktion Ähnlichkeiten mit germ. *-inga-/-unga-* zeigen, sind lit. *-ingas/-ungas*, etwa in *akìngas* „scharfsichtig“ (zu *akìs* „Auge“) und FlN. *Babrùngas* (= „biberreich“, zu *bẽbrus* „Biber“), wo *i* bzw. *u* durch den Stammauslaut des Grundworts bedingt sind, ferner *-ingis* in *klibiñgis* „schiefbeiniger Mensch“ (= *klìbis*, dies substantiviert aus *klìbas* „schief“), apreuß. *ragingis* „Hirsch“ (zu lit. *rãgas* „Horn“) sowie gall. *-ikno-* in den Patronymbildungen *Oppianicnos*, *Nantonicnos*, *Trutiknos* und in *celicnon* (entlehnt ins Got. als *kēlikn* „Turm“), frühir. *-agno-/-igno-* in (Gen.) *Mailagni*, *Ulccagni*, *Cunigni*.

§ 151. Suffix *-linga-*

Die Suffixvariante *-linga-* entstand durch falsche Ablösung des Suffixes *-inga-* von Grundwörtern, die bereits durch ein *l*-Suffix charakterisiert waren. Eine Bildung wie ahd. *sticheling*, mnd. *stekeling* „Stichling", die aus der gleichbedeutenden *l*-Bildung mnd. *stekele* erweitert ist, konnte auch auf das Verbum ahd. *stehhan*, mnd. *steken* bezogen werden, ebenso mnd. *gründling*, mhd. *grundelinc* „Gründling" statt auf gleichbedeutendes *gründel*, *grundel* auf das diesem vorausliegende Substantivum *grund*. Die Ausbildung von *-linga-* fällt noch in gemeingerm. Zeit, wie aus den Wortgleichungen got. *gadiliggs* „Vetter", ae. *gædeling*, as. *gaduling*, ahd. *gatuling*, *gatiling* „Verwandter" (zu ae. *gada*, as. *gi-gado* „Genosse", mhd. *gate* „Gatte") und an. *ynglingr*, ahd. *jungiling*, ae. *geongling*, afries. *jungeling*, as. *jungling* „Jüngling" hervorgeht; die Produktivität des allmählich an die Stelle von *-inga-/-unga-* tretenden Suffixes erreicht ihren Höhepunkt jedoch erst in späteinzelsprachlicher Zeit. Dementsprechend werden patronymische Bildungen im Westgerm. kaum noch mit *-ling* gebildet, dafür aber in zunehmendem Maße deverbale Ableitungen (ein noch heute florierender Typ, vgl. nhd. *Setzling*, *Pflegling*, *Lehrling* mit dem pass. Sinn des Verbums). In stärkerem Maße als bei *-inga-/-unga-* hat sich bei *-linga-* eine affektische Ausdrucksfunktion herausgebildet: das Suffix bildet mit Vorliebe Deminutiva und vergleichbare Bildungen und setzt so die Funktion des in ihm inkorporierten Deminutivsuffixes *-la-* fort; in der modernen Sprache sind zahlreiche Personenbezeichnungen mit verächtlich-tadelndem Nebensinn mit *-ling* gebildet (nhd. *Frömmling*, *Weichling*, *Schreiberling*, engl. *authorling*, *princeling*, *hireling*, *softling*).

Beispiele für *-linga-*:

an. *dǫglingr* „Fürst", eig. „Abkömmling des myth. Königs *Dagr*", *knytlingar* „Abkömmlinge von Knut", *freysgyðling* „Abkömmling des Freysgoden (*freysgođi*)", *Ynglingar* „das Geschlecht des *Yngvi-Freyr*" (nach Ynglinga saga c. 17 hieß der einzelne Geschlechtsgenosse *Yngvi* oder *Yngvinn*, die Gesamtheit *Ynglingar*); *systlingr* „Sohn der Mutterschwester" (= *systrungr*); *gæslingr* „Gänschen" (*gás*), *kiđlingr* „Kitzchen" (*kiđ*), *katlingr* „Kätzchen" (vgl. als Vorbilder der Deminutivfunktion noch *mýslingr* „Mäuschen", *yrmlingr* „Würmchen", die auf *mýsla*, *yrmla* sowie auf *mús*, *ormr* beziehbar sind). In den übrigen Kategorien überwiegt *-ingr*/*-ungr*.

ae. *sweartling* „Kohlmeise" (*sweart* „schwarz"), *mæstling* „Mastschwein", *fōsterling* „Pflegekind", *þēowling* „Sklave" (= *þēow*), deverbal *rǣpling* (neben *rǣping*) „Gefangener" (*rǣpan* „fesseln"). Die meisten Personenbezeichnungen sind im Ae. mit *-ling* gebildet.

afries. *ēgling* „Besitzer", *frīling* „Freier", *swesterling* „Schwesterkind", *ordling* „Rändchen" (*ord* „Spitze").

as. *frīling* „Freier", *ōstarling* „Morgenländer", *burgling* „Bürger", *speriling* „Sperling" (= ahd. *sperling*, zu *sparo*). Im Mnd. und Mnl. überwiegt bereits *-link* bei weitem das ältere Suffix: mnd. *tuēlink* „Zwilling", *mēdelinc* (älter *mēdinc*) „Mietling", *vrētlink* „Schlemmer", *vūstlink* „Fäustling"; mnl. *armelinc* (älter *arminc*) „armer Kerl", *inboorlinc* „Eingeborener", *sogelinc* „Säugling", *vagelinc* „Kehricht".

ahd. *hovelinc* „Höfling", *kamarling* „Kämmerling", *kunniling* „Verwandter", *hungerling* „Hungerleider", *amerlinc* „Goldammer" (älter *amaring*), *niuchomeling* „Neuankömmling", *huorlinc* „Hurenkind", *silbarling* „Silberling", *fircōfling* „einer, der käuflich ist", *sneitiling* „Schnittling"; mhd. *engerlinc* (älter *engerinc*) „Engerling", *tumbelinc* „törichter Mensch", *nestlinc* „Nistvogel", *hūrlinc* „Mieter", *mischelinc* „Mischkorn", *vundelinc* „Findling", *ūzwurfelinc* „Verstoßener", *pfaffling* „Domschüler" (*clericellus*). Im Mhd. haben sich die *ling*-Bildungen am stärksten auf Kosten der älteren Bildungsweise ausgebreitet; im Nhd. herrscht nur noch *-ling*.

§ 152. Suffix *-ingō-*/*-ungō-*

Die feminine Form des Suffixes *-inga-*/*-unga-* dient, abgesehen von einzelnen Fällen der Motionsbildung wie an.

dróttning, *kerling* (§ 150 b 2 γ), ausschließlich der Bildung von Abstraktbegriffen, ursprünglich auf nominaler, dann hauptsächlich auf der Grundlage schwacher Verben, im An. der 1., im Westgerm. vorwiegend der später ausschließlich noch produktiven 2. Klasse. Die Verteilung der Suffixvarianten war ursprünglich so geregelt, daß *-ingō-* den Verbalabstrakten der 1., *-ungō-* denen der *ōn*-Klasse zugeordnet war; bei den Nominalabstrakten waren beide Varianten gebräuchlich.

Der Ursprung der femininen Verwendung des Suffixes liegt im Unklaren; sie ist dem Got. noch fremd und auch im As. und frühen Ahd. noch keineswegs häufig (vgl. § 150); doch entspricht das Verhältnis von mask. *a*-St. in *-inga-/-unga-* zum fem. *ō*-St. in *-ingō-/-ungō-* dem vielfach sonst zu beobachtenden Verhältnis von Adjektiv oder persönlichem Substantiv (Nomen agentis) zu Abstraktum bzw. Nomen actionis, so daß an. *birtingr* „Glänzender" und *birting* „Glanz" etwa auf der gleichen Ebene stehen wie ahd. *foraht* „furchtsam" und *forhta* „Furcht", gr. τομός „schneidend" und τομή „Schnitt". Auch kann die beim Mask. ausgeprägte Tendenz zur suffixalen Erweiterung (an. *niðr* zu *niðjungr*) analogisch aufs Fem. übergegriffen haben, so daß ältere Abstraktbildungen wie etwa ahd. *eisca*, *freisa* zu *eiscung*, *freisung* erweitert und dann für direkte Ableitung vorbildlich werden konnten.

1. Denominale Abstrakta (Grundlage Adjektiva und Substantiva):

an. *djǫrfung* „Kühnheit" (*djarfr* „kühn"), *lausung* „Lüge, Betrug" (*lauss* „lose"), *háðung* „Beschimpfung" (*háð* „Hohn, Spott"), *hǫrmung* „Kummer, Klage" (*harmr* „Harm"), *verðung* „Leibwache" (*verð* „Wert"), *víking* „Leben als *víkingr*", *þrenning* „Dreiheit" (*þrennr* „dreifach"); ahd. *werdunga* „Würde", *kleinunga* „Kleinheit", *zehanunga* „Dekurie". Nhd. finden sich in der Mundart des badischen Frankenlands Adjektivabstrakta auf *-ing* wie *Blässing*, *Säuering*, *Kühling*, *Fäuling*.

2. Verbalabstrakta:

Zu schw. Verben 1. Kl.: an. *menning* „Erziehung" (*menna* „zum Mann machen, werden"), *dǿming* „Urteil" (*dǿma*), *kenning* „Lehre, Merkmal" (*kenna*), *sending* „Botschaft" (*senda*); ae. *rǣding* „Lehre, Lesen" (*rǣdan* „raten, lesen"), *timbring* „Gebäude" (*timbrian* „zimmern"), *bedding* „Bett, Lager" (*beddian*); ahd. *heilunga* (*heilen*), *suochunga* (*suochen*).

Zu schw. Verben 2. Kl.: ae. *leornung* „Gelehrsamkeit" (*leornian*), *miltsung* „Barmherzigkeit" (*miltsian*), *murcnung* „Klage" (*murcnian*), *blētsung* „Segnung" (*blētsian*); as. *samnunga* „Zusammenkunft" (*samnon*); ahd. *chorunga* „Versuchung" (*chorōn*), *ladunga* (*ladōn*), *manunga* (*manōn*), *scouwunga* (*scouwōn*), *warnunga* (*warnōn*) usw.; ältere Formen des Nom. Sg. zeigen *scauwunc*, *samanunc*.

Im Nhd. ist die Ableitung auf *-ung* das beliebteste Mittel, Verbalabstrakta, besonders von zusammengesetzten Verben und meist mit dem transitiven Sinn des Verbums, zu bilden: *Umgehung* (zu *etwas umgehen* gegenüber *Umgang* zu intrans. *umgehen*), *Verstoßung* (gegenüber *Verstoß*), *Beantwortung*, *Verachtung* usw. Im Englischen hat die anfangs seltenere Variante *-ing* gänzlich über *-ung* gesiegt; infolge lautlichen Zusammenfalls gehen heute jedoch auch die ursprünglich mit *nt*-Suffix (§ 129) gebildeten Participia Praes. auf *-ing* aus (ae. *gifende*, ne. *giving*).

Isoliert steht als altes Konkretum *sōdinga* (v. l. *saudinga*), Bed. wohl „Gulasch" oder „Fleischsuppe" (zu ahd. *siodan* „sieden", mhd. *sōt* „das Sieden", got. *sauþs* „Opfer"), bezeugt durch den byzantin. Arzt Anthimus (5./6. Jh.). Eigentlich Mask.?

§ 153. Suffixe mit germ. *-k-*:

-ka-, Fem. *-kō-*, mit Bindevokal *-aka-*, *-ika-*, *-uka-* usw., auch mit anderer Stammbildung (*i-*, *u-*, *ja-*/*jō*-St.) und mit *n*-Erweiterung.

Bildungen mit germ. *k* als charakteristischem Suffixkonsonant sind besonders häufig im niederd.-nl. und anglo-fries.

Raum, aber auch in den anderen germ. Sprachgebieten vertreten, wo sie jedoch nicht sehr produktiv geworden sind. Das *k*-Suffix findet sich mit Vorliebe in Tier-, Pflanzen- und sonstigen Konkretbezeichnungen, ferner in Femininbildungen, Deminutiven, Kosenamen und ähnlichen Bildungen mit gefühlsbetontem Bedeutungsinhalt. Es ist charakteristisch für eine intime Natur- und Lebenssphäre.

1. In mehreren germ. Sprachen bezeugte Bildungen:

Tiernamen: as. *haƀuc*, ahd. *habuh*, ae. *hafoc*, an. *haukr* (entlehnt finn. *havukka*) „Habicht" (aus einer Wz. **kap-* oder **kabh-*, der Lautgebärde für „fassen", vgl. § 13); ae. *cranoc*, ahd. *kranuh* „Kranich" (neben ae. *cran*, as. *krano*); ahd. *belihha*, as. *beliko* „Belche, Bläßhuhn", zu lat. *fulica* (Nebenform *fulix*) und weiter zu gr. φαλός, abg. *bělъ* „weiß, licht" (vgl. auch gr. φαλαρίς „Bläßhuhn"); as. *lēwerka*, mnd. *lēwerike*, mhd. *lēwerich*, ahd. *lērihha*, ae. *lāwerce*, an. *lǿvirki* (aus dem Westgot. entlehnt portug. *laverca*) „Lerche" (zu gr. λαίειν „tönen"; vgl. auch finn. *leivo* „Lerche"); ae. *stierc* „Kalb", mnd. *sterke* „junge Kuh", alemann. *sterchi* „Zuchtochse" zu got. *stairō* „Unfruchtbare" (vgl. auch bulgar. *sterica* „junge Kuh"); an. *mađkr* „Made", dän. *maddike*, mnd. *meddeke*, me. *maddock*, ostfries. *madūk* (unerweitert got. *maþa*, as. *matho* „Wurm, Made"); nd. *lork*, nhd. *Lurch*; in diesen Zusammenhang ferner as. *fetherac*, ahd. *fedarāh*, *fettāh* (Isid. *fethdhahha*), mhd. *vettach*, *vittich*, mnd. *vittek* „Fittich". Pflanzenname ist an. *merki*, ae. *merece*, ahd. *merch* „Sellerie"; vgl. ferner aisl. *stilkr*, aschwed. *stjælke*, ablaut. me. *stalke* „Stengel"; Konkretbezeichnung ae. *pearuc*, *pearroc*, ahd. *pfarrih*, *pferrih*, mnl. *perric*, mnd. *perk* „Pferch". Mit *k*-Suffix erweiterte Personenbezeichnung ist nordfries. *snerk*, mhd. *snurche*, nhd. dial. *snerch* „Schwiegertöchterchen" (ahd. *snur*); Personennamen sind mhd. *Gibeche* = ae. *Gifeca*, an. *Gjúki* (vgl. *Gjaf-laug*, Schwester des *Gjúki*), got. *Alica* = westgerm. *Alico*, ahd. *Alicho* (vgl. got. *Aligernus*), got. *Weduko* = as. *Widuko*, as. *Aluca*, ae. *Aluca* m., urnord. *Aluko* f. Adjektiva: got. *ibuks* „zurückgewendet", ahd. *ebuh* „sīmus" (vgl. auch *ippihhōn* „revolvere"); got. **ajuks* in *ajukdūþs* „Ewigkeit", ae. *ēce* „ewig" (zu got. *aiws* „Zeit", ae. *ā* „immer").

2. Aus dem Got., Ahd. oder An. bezeugte Bildungen:

got. *ahaks* (kons. oder *i*-St.) „Taube"; *anaks* „plötzlich", *alakjō* „insgesamt"; PN *Adica* (vgl. *Adila*, *Ada-ric*), ferner als Name eines Skiren *Edica* (vgl. got. *Edi-ulf*); fem. PN ist *Hildico*.

ahd. *altih* „alt", Subst. *altihho* „der Alte, Greis", *altihha* „anicula"; *armih* „arm", Subst. *armihha* „paupercula"; *uuīpihha* „Weiblein"; *fulihha* „weibliches Fohlen" (*folo*); *sperch* „Sperling" (nhd. dial. *sperk*), mhd. *sperche* „Sperlingsweibchen"; nhd. *Molch* (mhd. *mol*); ahd. *zittaroh* „Krätze" (zu ae. *teter*, ai. *dadrú-*, *dadru-ka-* „Ausschlag").

an. *máki* „Möwe" (neben *már*), *kráka* „Krähe", *ilki* (neben *il*) „Fußsohle", *jarki* „Fußkante"; dazu aus neunord. Sprachen schwed. dial. *kräveka* „Krebs", *räveka* „Füchsin" (*räv* „Fuchs"), *tillika* „Hündin" (nisl. *tylla*), *pullka* „Hühnchen", nisl. *brúnka* „braune Stute", *eyrna-blađkur* „Ohrläppchen" (= *eyrna-blađ*). Koseformen von PN sind an. *Sveinki* (zu *Sveinn*), *Brynki* (zu *Brynjólfr*), *Bokki* (zu *Bǫđvarr*), agutn. *Ormica*. Die Bildungsweise ist auch im Neuisländ. noch produktiv: *Runki* (zu *Runólfur*), *Ranka* (zu *Ragnhildur*) usw.

3. Bildungen aus dem Bereich des Niederd., Nl., Fries. und Englischen.

Tierbezeichnungen: ae. *wiluc*, *weoloc* „Purpurschnecke"; me. *paddok* (neben ae. *padde*) „Kröte, Frosch"; ae. *rudduc* „Rotkehlchen", me. *donek* „Grasmücke", *puttok* (ne. *puttock*) „Weih" (vgl. ae. *pyttel*); mnd. *swaleke* (mecklenburg. *swælk*), ostfries. *swalūk* „Schwalbe"; westfäl. *düwek* „Täuberich", mnd. *wedik* „Enterich", westthüring. *lüwich*, *lüch* „Gimpel", ostfries. *abīk* „Seevogel"; ae. *bulluc*, lüneburg. *bulk* „junger Bulle"; mnd. *vāleke* „fahles Pferd", osnabrück. *räutke* „rötliches Pferd".

Pflanzennamen: ae. *cassuc* „Schilfgras", *gealloc* „Gallapfel", *panic* „Hirse"; mnd. *möseke* „Waldmeister"; dazu mnd. *peddik* „Pflanzenmark" (vgl. ae. *piđa*, mnl. *pitte*).

Körperteile u. ä.: ae. *beallucas* „Hoden" (eig. „Bällchen", zu ahd. *ball*); me. *buttock* „Hinterteil" (ae. *buttuc* „Endstück", vgl. ne. *butt*); ae. *ēar-lipprica*, nordfries. *uar-lepk* „Ohrläppchen"; ostfries. *tannīk* „Vogelkralle"; ae. *pud(d)uc* „Schwellung, Warze" (= mnd. *puddek* „Klumpen, Wurst"), *swelca* „Pustel, Bläschen". Sonstige

Konkretbezeichnungen: ae. *þurruc*, mnd. *dork* „Kielraum des Schiffes"; ae. *credic* „Napf, Schale", *mattuc* „Hacke"; ne. *paddock* „Tiergehege"; ne. dial. *bannock*, ostfries. *būnīk* „Kuchen aus Gerstenmehl"; ostfries. *pūdelke* „Beutel", *slupūk* „geronnene Milch" (vgl. mnl. *slubbe* „Schlamm").

Adjektiva: as. mnl. *luttik*, fries. *litik* „klein" (dazu ae. *lyttuccas* „particulae"); mnl. *leuk*, me. *hleuce* (= *hlewe*) „lau"; nordfries. *sörkel* „ein wenig sauer" (zu *sūr*).

Deminutiva: me. *hillock* „kleiner Hügel", *polke* „small pool", *dalke* „kleines Tal" (*dale*); ne. dial. (Lowland Scotch) *wifock*, *mannock*, *laddock*, *lassock*; *bittock* „a little bit" (vgl. ostfries. *bitīk*), *whilock* „a little while", (südengl.) *scrimmock* „Bröckelchen" (*scrim*); mnd. *hoveke*, *demmeke*, *ringeke* „kleiner Hof, Damm, Ring"; nordfries. *dönk* „kleine Düne", *römk* „Böckchen" (*rōm* „Bock"), *tenk* „Tönnchen". In Niedersachsen und Holstein erscheint als Deminutivsuffix zumeist neutrales *-ken*, ebenso im Westfries. *-ke* < *-ken* < *-kīna-* (vgl. § 154). Im Nordfries. herrscht dagegen noch ein ehedem weiter verbreitetes dreigeschlechtiges Deminutivsystem, in dem die Deminutiva jeweils das Geschlecht ihres Grundwortes beibehalten und eine entsprechende Suffixform zeigen: *betj* < **bitika* m. „Bißchen", *krepk* < **kribbikę* f. „Krippchen", *swenki* < **swīnikīn* „Schweinchen"; ebenso *höntj* „Hündchen", *dörk* „Türchen", *hērki* „Härchen".

An Namen aus dem Niederrheingebiet sind zu nennen die VN *Sunuci* und *Marsaci*, der Matronenname (Dat. Pl.) *Matronis Lubicis* (Köln) und ON des 8.—10. Jh. wie *Bilici* (Bilk b. Düsseldorf), *Lieriki* (Lierich, Kr. Essen), *Armika* (Armke, Kr. Cloppenburg). *Havuca* ist Quellname bei Fulda. Altfries. PN sind *Immuko*, *Tadako*, *Dodoko* und *Dodiko*.

Gemäß den Regeln der germ. Lautverschiebung muß *-k-* als ererbter Suffixkonsonant auf idg. *-g-* beruhen. Idg. *-g-*, das sich zu *-k-* verhält wie *-d-* zu *-t-*, ist im Gegensatz zum idg. *k*-Suffix recht selten bezeugt, hauptsächlich als Erweiterung eines auf Nasal endenden Vorderstücks wie in air. *mong*, kymr. *mwng* „Mähne", dän. *manke* „Pferdenacken" zu ahd. *mana* „Mähne", ai. *śṛṅga-m* „Horn" (zu got. *haurn*), awest.

asanga- „Stein“ (neben *asan-*) bzw. in nasalierter Form (ai. *patangá-* „fliegend, Vogel“, gr. σῦριγξ „Flöte“), doch auch als Erweiterung eines vokalisch auslautenden Vorderstücks. So finden sich an Wörtern der genannten Begriffssphäre im Griech. z. B. πτέρυξ, -υγος „Flügel“, das somit in as. *fetharac* eine Bildungsparallele hat, ὄρτυξ, -υγος (neben -υκος) „Wachtel“, τέττιξ „Zikade“, κόκκυξ „Kuckuck“, φάρυξ, -υγος (später nasaliert φάρυγξ) „Luftröhre“, λάταξ, -αγος 1. „Weintropfen“, 2. „Biber“ (dagegen lat. *latex, -icis* „Flüssigkeit“ mit *k*-Suffix). Aus dem Lit. vgl. *vãnagas* „Habicht, Falke“, aus dem Ai. *árbha-ga-* (neben *arbha-ká-*) „klein“. Zu ahd. *kranuh* stellt sich, ebenfalls aus einer lautverschiebenden Sprache, armen. *krunk*. Es muß somit damit gerechnet werden, daß die germ. *k*-Suffixe — wenigstens in gewissem Umfang — idg. *g* fortsetzen.

Indizien anderer Art führen jedoch noch auf eine zweite Möglichkeit. Gerade im Kerngebiet der *k*-Bildungen, im nordseegerm. Raum, sind viele der so gebildeten Wörter, besonders der altbelegten, etymologisch undurchsichtig; und nicht selten haben solche Wörter im Anlaut *p*. Idg. *b*, auf dem dieses *p* auf Grund der germ. Lautverschiebung beruhen müßte, war jedoch ein äußerst seltener Konsonant (vgl. I § 58. 1), und aus diesem Grund ist es nicht wahrscheinlich, daß die Wörter mit *p*-Anlaut oder ihre Etyma echtgermanisches Erbe aus dem Idg. sind.

Vielmehr wird es sich — wenigstens z. T., soweit die Etyma nicht aus dem Lat. oder Roman. entlehnt sind — um unverschobene Relikte eines im nordwestlichen Mitteleuropa lokalisierten vorgermanischen Substrats handeln, das sprachlich jedoch ebenfalls idg. Charakter hatte. Dies bedeutet jedoch, daß auch das suffixale *-k-* unverschobenes idg. *k* repräsentieren kann, das — mit einer Anzahl von Wörtern ins Germ. übernommen — dort zusammen mit dem lautverschobenen idg. *g*-Suffix weiter produktiv werden konnte, am stärksten im Bereich des ehemaligen Substrats, doch (bedingt durch sprachliche Ausbreitung und Völkerbewegungen) auch außerhalb.

Gelegentlich haben Wörter mit germ. *k*-Suffix Entsprechungen oder Parallelen in anderen idg. Sprachen mit einem idg. *k*-Suffix. So verhält sich ahd. *zittaroh* zu ae. *teter* wie ai. *dadruka-* zu *dadrú-*, während ae. *mattuc* (ne. *mattock*) in russ. *motýka*, lit. *matìkas* „Hacke" eine Entsprechung hat. Dem VN *Sunuci* gleicht der oberital. PN *Sunucus*. Als Bildungsdubletten können gelten got. *audags* „glücklich" (germ. *-ga-* < idg. *-ko-*) und *Audeca*, Name eines Suebenkönigs (beide zu *auda-* in got. *auda-hafts*) sowie an. *ǫfugr*, ahd. *abuh* „rückwärts gewendet" und got. *ibuks*. Wörter mit *p*-Anlaut und *k*-Suffix, die über einen größeren Raum verbreitet sind oder waren, sind schwed. dial. *pysk* „kleiner, mißgestalteter Mensch" (< **pusika-*), schweiz. *pfosech* „Knirps" (< **pusaka-*) zu schwed. *pys*, schweiz. *pfosi* „Knirps" (ein Wort, das mit lat. *pūsus* „Knabe", *pusillus* „klein" urverwandt sein kann) und ahd. *pfarrih* usw. „Pferch", dessen Etymon in span. *parra* „Spalier", einem iberischen Wort, gesucht wird. Hierbei wird Entlehnung der germ. Sippe aus dem Vulgärlatein (**parricum* usw.) angenommen; da jedoch praehistorische Sprachbeziehungen der Rheinlande zum aquitanisch-iberischen Raum nachweisbar sind, kann die Bildung auch im Vorgermanischen auf der Grundlage einer dort vorhandenen Entsprechung von iber. *parra* erfolgt sein. Im einzelnen lassen sich, da die Substratforschung noch sehr im Fluß ist, keine präzisen Angaben zum Anteil vorgerman. Substrate an der germ. Wortbildung machen. Vgl. auch § 133. 2 zum Kollektiv-Suffix germ. *-itja-*.

§ 154. Suffix *-ikīna-*

Erweiterung des germ. *k*-Suffixes in dessen deminutiver Funktion (§ 153. 3) mit ebenfalls deminutivem neutralen

-*īna*- (§ 95) ergibt -*ikīna*-, das im Niederl. und den angrenzenden Mundarten als -*ken* u. dgl., im Mitteldeutschen und in der hochd. Schriftsprache als -*chen* erscheint, während in den oberdeutschen Mundarten -*lein* o. ä. aus germ. -*līna*- (§ 95) gilt. Das Suffix war ursprünglich auf Ableitungen aus neutralen Grundwörtern beschränkt (vgl. § 153. 3).

Die Belege fließen anfangs noch spärlich und nicht vor dem 9. Jh.: as. *skipikīn* „Schiffchen", PN *Brunikin* (10. Jh.); ahd. PN *Baldechīn* (9. Jh.), *lōrichīn* „Kaninchen" aus gleichbedeutendem *lōr* (10. Jh.) und *burdichīn* „mannus", d. h. „Pony" (12. Jh.). Anfränk. oder as. ist *creuuilikīn* „kleine dreizinkige Gabel" (zu *creuuil*). Ae. sind belegt *tyncen* „Tönnchen" und *þyrncen* „Distel".

Später sind jedoch die Belege häufiger: mnl. *manekin*, *wīvekin*, *broederkin*, *hondekin*; mnd. *vogelken*, *bergheken*, *dirncken*, *nagelken*, *blömeken*, *kindeken*; mhd. (md.) *beinichin*, *vogelchin*, *schēfichin*, *kindichin*, *hūsichin*, *glockichin*; me. *fiendekin* „Teufelchen", *maidenkin* „Mädchen", *lambkin* „Lämmchen", *bulchyn* „Bullenkalb". Die engl. Bildungsweise gilt allerdings als aus dem Niederländ. entlehnt. Aus dem Fries. vgl. noch *seilki* „Segelchen", *römki* „Räumchen", *höski* „Häuschen".

§ 155. Suffix -*inklīna*-

Gemeinwestgermanisch ist das Deminutivsuffix -*inklīna*-, das eine an *n*-Stämmen erwachsene Verbindung von germ. -*ka*-, -*la*- und -*īna*- darstellt. Bis zu einem gewissen Grad vergleichbar ist eine Bildung wie lat. *homunculus*, wonach — mit Übertragung des Suffixes auf ein nicht-*n*-stämmiges Grundwort — *avunculus*. Das erste *n* des Suffixes kann im Ahd. und As. schwinden, besonders dann, wenn das Grundwort bereits den gleichen Nasal enthielt; im Oberd. schwindet, entsprechend der Behandlung von germ. -*īna*- (§ 95), auch das zweite *n*, so daß Varianten wie *huoninchlīn*, *huonichlīn*, *huonichlī*, *hōnchlī* möglich sind.

Das Ahd. bildet hauptsächlich Deminutiva zu Tiernamen, ebenso die anderen deutschen Mundarten, während im

Ae. sachliche und persönliche Deminutiva überwiegen. Beispiele sind:

ahd. *huoninchlīn* „Hühnchen", *tūbinklīn* „Täubchen", *gensinklīn* „Gänschen", *antiklī* „Entchen", dazu von *ano* „Großvater" *eninklīn* „Enkel". Im Nhd. haben sich nur *Enkel* und *Hinkel*, dialektisch auch andere Wörter wie schweiz. *furnickel* „junge Forelle", schles. *wernickel* „Gerstenkorn" (zu bair. *wern*) gehalten.

as. *nessiklīn* „Würmchen" (= ahd. *nessinchilīn* zu *nesso*), *dūniklīn* (Vogelname); mnl. *schimminkel* „Äffchen" (zu lat. *simia*), *volencel* „faunus".

ae. *hūsincel* „Häuschen", *stānincel* „Steinchen", *scipincel* „Schiffchen", *tūnincel* „Städtchen", *rāpincel* „Schnur", *dōcincel* „Bastard" (zu *dōc* „dass."), *þēowincel*, *wȳlincel*, *hæftincel* „Sklave (-in)". Das Afries. bezeugt nur *wēsenkline* „Waise".

§ 156. Suffix *-kla-*

Kombination von germ. *-ka-* und *-la-* in got. *ainakls* „alleinstehend", aisl. *ekkill*, aschwed. *ænkill* „Witwer", schwed. nl. nd. *enkel* „einfach". Daneben steht aisl. *enka* „einzeln", *ekkja* „Witwe". Vgl. lat. *singulī* „einzeln" (zu **sem-* „eins" in *semel*).

I. Kompositionssuffixe

§ 157. Kompositionssuffixe sind solche Suffixe, die sich erst sekundär aus zweiten Kompositionsgliedern herausgebildet haben. Der Übergang vom Status eines Wortes zu dem eines Suffixes vollzieht sich durch allmähliches Verblassen der Wortbedeutung in bestimmten, als Typ produktiven kompositalen Verbindungen; am Endpunkt der Entwicklung, die bereits § 14 am Beispiel von westgerm. *-bāri-* „tragend" (nhd. *-bar*) illustriert wurde, ist das seiner Bedeutung entleerte Kompositionsglied zu einem reinen Funktionselement der Wortbildung, d. h. zu einem Formans mit dem Status eines Suffixes, geworden. Während des Verlaufs dieser Entwicklung haben die so gebildeten Wörter einen zwischen Komposition und Ableitung schwankenden Zwischenstatus. Der Übergang zum Status der Ableitung wird gewöhnlich dadurch begünstigt, daß das in der Komposition verwendete Wort aus dem freien Sprachgebrauch schwindet oder sich zwischen kompositaler und freier Verwendung isolierende Unterschiede herausbilden (vgl. engl. *-dom* in *kingdom* gegenüber *doom*).

Auf diese Weise hat sich in den germ. Sprachen eine ganze Anzahl von Kompositionssuffixen herausgebildet. Nur in vergleichsweise wenigen Fällen liegen die Anfänge der Entwicklung jedoch schon in frühgerm. Zeit (so bei *-līka-*) oder im frühen Westgerm. (*-haiđu-*); in den meisten Fällen vollzieht sich der Prozeß erst in einzelsprachlicher oder in unmittelbar vorausliegender Zeit.

Die Kompositionssuffixe bilden entweder Adjektiva oder Substantiva.

1. Substantivbildende Kompositionssuffixe

§ 158. *-dōma-*

-dōma- tritt im West- und Nordgerm. an Adjektiva und Substantiva, die eine persönliche Eigenschaft bzw. eine soziale Stellung bezeichnen. Germ. **dōma-* bezeichnete ursprünglich den persönlichen (gegenwärtigen oder künftigen) Zustand, die soziale Stellung: got. *dōms* „Art, Bestimmung, Geschick", an. *dómr*, ae. *dōm*, ahd. *tuom* „Urteil" (über jem., vgl. got. *dōmjan*), „Ruhm, Macht, Würde" usw. Ein Großteil der älteren Bildungen ist somit noch als Komposita aufzufassen: ahd. *frī-tuam*, afries. *frī-dōm*, mnd. *vrī-dōm*, ae. *frēo-dōm* ist zu verstehen als der „persönliche Zustand des Frei-Seins", an. *vís-dómr*, ae. as. *wīs-dōm*, ahd. *wīs-tuom* „Weisheit" als „weises Urteil", an. *sjúk-dómr*, ahd. *sioh-tuom* „Zustand des Krank-Seins", as. *rīki-dōm*, ae. *rīce-dōm* „königliche Macht" als „Königswürde", usw. Unzweifelhaftes Suffix ist erst nhd. *-tum* (*Alter-tum*, *Eigen-tum*, *Her-*

zog-tum) und engl. *-dom* (*duke-dom, king-dom*); die früheren Bildungen bewegen sich im Zwischenfeld zwischen Komposition und Ableitung (§ 157), doch zeigen Weiterbildungen wie ae. *þēowdōm-hād* „Dienst", *ealdordōm-scipe* „Amt des *alderman*", daß ae. *-dōm* bereits weitgehend verblaßt war.

Weitere Bildungen sind: ahd. *heilag-tuom*, ae. *hālig-dōm* „Heiligtum", afries. *rīke-dōm*, ahd. *rīch-tuom* „Reichtum", ahd. *irri-tuom* „Irrtum"; ahd. *keisar-tuom*, as. *kēsur-dōm*, ae. *cāser-dōm* „Kaisertum"; as. *kuning-dōm* „Königswürde"; ahd. *meistar-tuom* „Meisterwürde", *diornu-tuom* „Jungfrauschaft", *scalch-tuom* „Knechtschaft"; ae. *biscop-dōm*; an. *jarl-dómr* „Jarlswürde".

§ 159. *-haiđu-* (*-haiđi-*)

Ahd. *heit* m. f., as. *hēd* m., ae. *hād*, *hǣd* m. bedeutet „(persönliche) Art, Stand, Würde, Rang", got. *haidus* „Art, Weise". Das Wort, dem ai. *ketú-* „Erscheinung" entspricht, lebt nhd. noch mundartlich in Wendungen wie rheinhess. *lediger heit* „ledigen Standes", bair. *von bloßer hait* „aus freien Stücken", *von junger hait* „von Jugend auf". Westgerm. *-haiđu-* (*-haiđi-*) hat den gleichen Anwendungsbereich wie *-dōma-*, mit dem es weitgehend konkurriert, tritt somit an Personenbezeichnungen und an Adjektive, an letztere allerdings nur im Deutschen. Dort bildet sich in der Verbindung mit Adjektiven auf *-ag*, *-ig* (mhd. *-ec*) das neue Suffix *-keit* heraus (vgl. § 59). Die ae. Bildungen sind Maskulina, die ahd. infolge Übertritts von *haiđu-* zur *i*-Flexion Feminina. Auch hier sind frühe Bildungen wie ae. *mægden-hād*, ahd. *magad-heit* „Mädchenstand", ae. *ciric-hād*, *woruld-hād* „kirchlicher, weltlicher Rang" noch durchaus Komposita; der Übergang zum abstraktbildenden Suffix vollzieht sich jedoch rasch (vgl. ae. *camp-hād*, ahd. *kampf-heit* „Krieg" mit bedeutungsentleertem Suffix).

Weitere Beispiele sind ahd. *man-heit*, *wīb-heit*, *kind-heit*, *scalc-heit*; ae. *cild-hād* „childhood", *kniht-hād* „Jugend" (= ahd. *kneht-*

heit), *biscop-hād*; von Adjektiven as. *lēf-hēd* „Gebrechlichkeit", *spā-hēd* „Klugheit", ahd. *dump-heit*, *tola-heit*, *bōs-heit*, *snel-heit*, *giwona-heit* (ae. nur von Partizipien *druncen-hād*, *wǣpned-hād*, erst seit dem Mittelengl. auch von anderen Adjektiven). Abstrakta liegen zugrunde in ahd. *maht-heit* „Majestät", *durft-heit* „Armut", *tugent-heit*; as. *jugud-hēd* „Jugend", ae. *nēad-hād* „Gewalt".

§ 160. *-skapi-*; *-skafti-*

Gemeingerm. außer Got. sind Bildungen mit *-skapi-*, neben denen im Westgerm. solche mit *-skafti-* stehen. Zugrunde liegen (als Verbalnomina von got. *skapjan* „schaffen") an. *skap*, ahd. *scaf*, ae. *ge-sceap* n. „Beschaffenheit, Form" (vgl. auch ahd. *scafa-lōs* „ungestalt") bzw. das *ti*-Abstraktum mhd. *schaft* „Gestalt, Eigenschaft", got. *ga-skafts*, ahd. *gi-scaft* „Erschaffung". Die ursprünglichen Zusammensetzungen mit *-skapi-* sind Mask. im An. und Ae., Mask. oder Neutr. im As. und Fem. im Ahd.; sie fungieren als Abstrakt- und Kollektivbildungen.

Frühgerm. Bildungen sind an. *fjánd-skapr*, ahd. *fīant-scaf*, mnl. *viant-schap*, as. *fīund-skepi*, ae. *fēond-scipe* „Feindschaft"; an. *vin-skapr*, ahd. *wini-scaf*, ae. *wine-scipe* „Freundschaft"; ae. *frēond-scipe*, as. *friund-skepi*, afries. *friond-skip*, ahd. *friunt-scaf* „Freundschaft"; an. *bod-skapr*, ahd. *bota-scaf*, ae. *bod-scipe*, as. *bod-skepi* „Gebot, Botschaft" (zu an. *bod*, ahd. *gi-bot* „Gebot"; vgl. auch as. *gibod-skepi*, ae. *gebod-scipe*); westgerm. sind as. *druht-skepi*, ae. *dryht-scipe* „Gefolgschaft"; ae. *gesīd-scipe*, as. *gisīd-skepi*, ahd. *kisint-scaf* „Gefolge, Gesellschaft"; as. *land-skepi*, ahd. *lant-scaf*; ae. *gemǣn-scipe*, ahd. *gimein-scaf* „Gemeinschaft". Vgl. ferner ahd. *heri-scaf* „Menge", *ginōz-scaf* „Gesellschaft", as. *folk-skepi*, ae. *þēod-scipe* „Völkerschaft", an. *blīd-skapr* „Freundlichkeit".

Bildungen mit *-skafti-* sind ahd. *frumi-scaft*, ae. *frum-sceaft* „Anfang", ae. *wan-sceaft*, as. *wana-scefti* (Pl.) „Leere, Elend", as. *hugi-skaft*, ae. *hyge-sceaft* „Sinn". Im Ahd. wird *-scaft* erst später produktiv und ersetzt dann die in älterer Zeit fast allein herrschende Bildungsweise mit *-scaf*: *bota-scaft*, *fīant-scaft*, *bruoder-scaft*.

§ 161. *-laika-*

An. *leikr*, ae. *lāc*, ahd. *leih* ist Verbalnomen von got. *laikan*, ae. *lācan* „springen, tanzen, spielen" und erscheint in abgeblaßter, aber noch durchsichtiger Bedeutung in alten Komposita wie ae. *headu-lāc*, *beadu-lāc*, an. *hildi-leikr* „Schlacht" (= „Kampfspiel"), ae. *scīn-lāc* = ahd. *scīn-leih* „Zauberei" (eig. „Schein-, Trugspiel"), mhd. *weter-leich*, mnl. *weder-lijk*, norw. dial. *veleik* „Blitz (ohne Donner), Wetterleuchten" (eig. „Wetterspiel"). Als Suffix ist es nur im An. und Ae. produktiv geworden; in den Bildungen des Ae. schimmert mehrfach die alte Bedeutung noch durch.

Beispiele aus dem An. (Adjektivabstrakta): *kǽr-leikr* „Liebe", *sann-leikr* „Wahrheit", *stór-leikr* „Stolz", *beisk-leikr* „Bitterkeit", *fríđ-leikr* „Schönheit", *hag-leikr* „Geschicklichkeit"; aus dem Ae.: *rēaf-lāc* „Raub", *wīte-lāc* „Strafe", *wed-lāc* (ne. *wedlock*) „Ehe", *lyb-lāc* „Hexerei", *word-lāc* „Rede", *hǣmed-lāc* „geschlechtlicher Verkehr". Vgl. ferner noch ahd. *hī-leih*, mnl. *hiwelek* „Hochzeit".

§ 162. *-stađi-*

An. *stafr*, ae. *stæf*, ahd. *stab* „Stab" entwickelte sich in Zusammensetzungen, die eine bestimmte Art von Runenstäben bezeichneten, schon in germ. Zeit zum (meist nur pleonastischen) Abstraktsuffix. Seine volle Bedeutung hat das Kompositionsglied noch in an. *dreyr-stafir* „Blutrunen", *hel-stafir* „Todrunen", *bǫl-stafir* „Unheilrunen"; verblaßt ist es bereits in an. *eiđ-stafr*, ae. *ǣđ-stæf*, as. *ēđ-staf*, ahd. *eid-stab* „Eid" (vgl. *den Eid staben*). Andere alte Bildungen mit Suffixfunktion des Hintergliedes sind an. *feikn-stafir*, ae. *fācen-stæf* „Betrug", ae. *wrōht-stæf*, ahd. *ruog-stab* (mit Anlehnung an *ruogan* „anklagen") „Anklage".

Weitere Bildungen sind ae. *edwit-stæf* „Vorwurf", *ende-stæf* „Ende", *glīw-stæf* „Melodie", *hearm-stæf* „Harm, Sorge", *sorg-stæf* „Sorge", *wyrd-stæf* „Schicksalsspruch"; an. (immer im Plur.) *lasta-stafir* „Lästerungen", *leiđ-stafir* „Verbrechen", *līkn-stafir* „Gunst", *kvein-stafir* „Sorge, Trauer", *mein-stafir* „Beleidigungen".

§ 163. *-daga-*, *-dagan-*

Das Wort für „Tag" entwickelte sich in der Verwendung in Komposita mit Zeitbedeutung wie an. *enda-dagr*, ae. *ende-dæg*, ahd. *endi-dago* „letzter Tag", an. *ein-dagi*, as. *ēn-dago*, ae. *ān-daga* „bestimmter Tag" zum Suffix („letzter Tag" > „Ende" usw.).

Im Ahd. kommen vor *nackot-tag(o)* „Nacktheit", *sieh-tago* „Siechtum", dazu mhd. *lam-tac* „Lähmung", *irre-tac* „Irrtum", *wē-tac* „Schmerz"; aus dem An. vgl. *mál-dagi* „Übereinkunft, Vertrag", *skil-dagi* „Bedingung" (zu *skil* „Entscheidung, Vergleich" oder *skilja* „entscheiden") und als Verbalabstrakta *bar-dagi* „Kampf" (*berja*), *spurdagi* „Frage" (*spyrja*), *svardagi* „Eid" (*sverja*).

§ 164. *-warja-*

-warja- ist Kompositionsglied mit der Bedeutung „bewohnend"; es erscheint mehrfach als solches in altgerm. VN wie *Chasuarii* „Anwohner der Hase", *Angri-varii* „Bewohner von Engern", *Ampsi-varii* „Anwohner der Ems" (*Amisia*); aus dem Ae. vgl. *Cent-ware*, *Wiht-ware* „Einwohner von Kent, Wight", *burg-ware* „Stadtbewohner", aus dem An. *Man-verjar* „Einwohner der Insel Man". Das Kompositionsglied wird jedoch im Ahd., z. T. auch schon im Ae., durch den Schwund des *w* verdunkelt und fällt somit mit dem Suffix *-arja-* (§ 85) zusammen: ahd. *burgari* „Bürger" (= ae. *burg-ware*), *Rōmari* „Römer" (= ae. *Rōm-ware*), *Costinzare* „Einwohner von Konstanz", *Elisāzzare* „Elsäßer". Vgl. ferner mlat. *Baiuarii*, ahd. *Beiera*, ae. *Moabitare*, *Elamitare*. Auch in ahd. *Cyu-ware* „Ziu-Leute" ist das Hinterglied bereits Suffix.

§ 165. *-apa*

Erwähnenswert ist auch das Flußnamensuffix *-apa* (and. *-apa*, ahd. *-affa* mit verschiedenen lautlichen Varianten), das mit einer Anzahl von alten aus einem vorgerm. Substrat stammenden Namen wie *Alpe* (alt *Alapa*), *Wispe* < **Visapa*,

Sarpe < **Sarapa* ins Germ. übernommen und dort mit germ. Bestimmungswörtern produktiv wurde: ahd. *Askaffa* (heute *Aschaff*) zu *asc* „Esche“, *Brūnafa* zu *brūn* „braun“ usw. Die Namen mit *-apa*, das ursprüngliches Kompositionsglied mit der Bedeutung „Wasser, Fluß“ war (vgl. ai. *ắp-* „Wasser“, apreuß. *ape* „kleiner Fluß“) und auch im Niederrheingebiet noch selbständig vorkommt (*Ape* f., *Ap* n. als Fluß- oder Flurname), sind besonders im niederd.-nl. Raum beheimatet (*Hunnepe*, *Linepe*, *Elsapha*, *Vallepe*, *Hesapa*, *Villipe*); südwärts reichen sie in Ausläufern bis ins Maingebiet (*Aschaff* b. Aschaffenburg). Gleichwertig ist das Suffix ahd. *-aha* (= got. *ahva*, lat. *aqua*) in *Asch-aha*, *Brūnaha* usw. Beide Suffixe, die auf idg. Varianten eines Wasserwortes (**apā*/**aqᵘā*) zurückgehen, wechseln im Namen der *Jossa* (Nfl. der Fulda), die alt sowohl *Jassaffa* als auch *Jazaha* heißt.

§ 166. Mehrfach sind substantivbildende Kompositionssuffixe auf eine einzige germ. Sprache beschränkt.

an. *-ingi*, ursprünglich identisch mit ae. *-genga*, got. *-gaggja*, vgl. an. *for-ingi* „Führer“ = got. *faura-gaggja*, ae. *fore-genga*, an. *heiđ-ingi* „Wolf“ (vgl. ae. *hǣđ-stapa*), erscheint noch mit mehr oder weniger fühlbarer Restbedeutung in *braut-ingi* „Wanderer“ (zu *braut* „Weg“), *band-ingi* „Gefangener“, *laus-ingi* „Freigelassener“, ist aber sonst hinsichtlich der Funktion nicht von dem Suffix *-inga-* (§ 150) zu unterscheiden; vgl. *arm-ingi* „Armer“ (neben *armingr*), *aum-ingi* „elender Mensch“, *hǫfđingi* „Häuptling“.

an. *orđ* „Wort“, mit fühlbarer Bedeutung in *heit-orđ* „Versprechen“, *lof-orđ* „Erlaubnis“, ist Suffix in *gođ-orđ* „Priesteramt“, *met-orđ* „Schätzung“, *leg-orđ* „Beischlaf“.

ae. *-rǣden* (= got. *ga-raideins*) „Anordnung, Verhältnis“ erscheint in Bildungen wie *frēond-*, *fēond-rǣden* „Freund-, Feindschaft“, *hīw-rǣden* „Haushalt, Familie“, *comp-rǣden* „Kampf“ usw. mit z. T. noch durchsichtiger Bedeutung. Neben *hīw-rǣden* steht *hī-rēd* = ahd. *hī-rāt* „Heirat“ zu ahd. *rātan*.

mnd. *-tal* (zu ahd. *zellen*, ae. *tellan* „zählen, erzählen, berichten") ist Suffix in *ēn-tal* „Einmütigkeit", *dinc-tal* „Gerichtstermin", *börge-tal* „Bürgschaft", *wech-tal* „Wegstrecke".

§ 167. Hinterglieder von Personennamen als Suffixe

Mehrfach erzeugen charakteristische PN-Typen auf dem Weg über eine Analogie der Form und der Bedeutung gleichgebildete appellativische Personenbezeichnungen, in denen das ursprüngliche Namensglied zum bedeutungsschwachen, dann bedeutungslosen Ableitungsmittel geworden ist.

Ein bereits im Westgerm. angelegter Bildungstyp ist der auf ahd. *-olf* (ae. *-ulf*), der von PN mit dem Hinterglied „Wolf" (ahd. *Heriolf*, *Ludolf*, *Rātolf*) ausgegangen ist und Personenbezeichnungen mit negativem Beiklang bildet. Die lat. Götternamen *Nocturnus* und *Consus* übersetzt Notker mit *nahtolf* und *willolf*; *rīhholf* ist der Reiche, der in die Hölle muß; aus dem Mhd. *triegolf* „Betrüger", *wānolf* „Leichtgläubiger". Das Ae. hat nur *fēond-ulf* „Galgenvogel", das Afries. *friudelf* (umgestaltet aus *friudel* „Liebhaber").

Ebenfalls westgerm. ist ahd. *-rīh*, ae. *-rīc* aus Namen mit *-rīk-* „König" (*Theudo-rīcus*, *Athala-rīcus*, ahd. *Adal-rīh* usw.), das in ahd. *wuot-rīh*, mhd. *wüeterich* „Wüterich" und in gleichbedeutendem ae. *gās-rīc*, ferner in mhd. *sudrich* „Garkoch", nhd. *Fähnrich*, auch im Pflanzennamen ahd. *wegerīh* erscheint. Dagegen haben Bezeichnungen für Tiermännchen wie nhd. *Gänserich*, *Täuberich* ihr Vorbild in *Enterich*, ahd. *anutrehho*, dessen Hinterglied mit nd. *drake* „Enterich" identisch ist.

Von PN auf *-walda(n)-* „waltend, Walter" (germ. *Dag-valdus*, ahd. *Sigi-walt*, *Fride-wald*, *Arn-wald* > *Arnold*) gehen aus ahd. *rāt-olt* „Pharisäer", mnd. *egisgrīm-olt* „Dämon" und an. Bildungen auf *-aldi* wie *digr-aldi* „dicker Mann", *glóp-aldi* „Idiot", *þumb-aldi* „Dummkopf".

Mhd. *-hart*, mnd. *-ert*, mnl. *-aert* in derogativen Personenbezeichnungen stammt von Namen auf *-hart* (ahd. *Regin-hart*): mhd.

nīt-hart „neidischer Mensch" (auch PN), *lügen-hart* „Lügner", *banc-hart* „Bankert", mnd. *gabbert* „Schwätzer", mnl. *beggaert* „Bettler" (engl. *beggart*), *leckaert*, *slabbaert* „Schlecker", *dullaert* „Narr".

Namen auf -*bald* „kühn" (ahd. *Diet-bald*, *Sigi-bald* > nhd. *Siebold*, *Seibolt*) sind die Quelle von -*bolt* in ahd. *kurzi-bold* „Knirps" (auch „kurzes Gewand"), mhd. *hetze-bolt* „Jagdhund", *trunken-bolt*, *wankel-bolt*, nhd. *Raufbold*, *Witzbold*.

Als ursprünglicher Bestandteil femin. PN auf *-*hild* (ahd. *Brun-hild*) erscheint -*ild* in ae. *nēahgebȳr-ild* „Nachbarin", me. *fostr-ild* „Amme", *begg-ild* „Bettlerin", *sunjild* „Sünderin".

2. *Adjektivbildende Kompositionssuffixe*

§ 168. -*līka*-

Germ. **līka*- „Leib, Körper" (= got. *leik*, an. *lík*, ahd. *līh*) bildete ursprünglich mit Adjektiven, Adverbien und persönlichen Substantiven Bahuvrīhi-Komposita; so läßt sich got. *ibna-leiks* „gleich" im Sinne eines solchen Kompositums interpretieren als „gleichen Körper habend". Sehr früh muß -*līka*- in der Komposition jedoch in allgemeinerer Weise materielle Beschaffenheit und qualitative Art bezeichnet haben, womit der Übergang zur Suffixfunktion angebahnt war.

Im Got. erscheinen die Bildungen auf -*leiks* oft als Adverbien oder mit adverbiellem Vorderglied: *alja-leikō*, *anþar-leikō* „anders", *ana-leikō* „ähnlich", *laþa-leikō* „sehr gern", *waira-leikō* „männlich", *sama-leiks* „gleich", *ƕi-leiks* „qualis", *swa-leiks* „talis"; dazu noch *liuba-leiks* „lieblich", *silda-leiks* „wunderbar". In Bildungen wie *sama-leiks* steht -*leiks* in Opposition zu -*lauþs*, das die Menge bezeichnet: *sama-leiks* „von gleicher Art" — *sama-lauþs* „von gleicher Menge"; entsprechend *sva-lauþs* „tantus", *ƕē-lauþs* „quantus".

Bildungen des Nordgerm. sind an. *kvenn-ligr* „fraulich", *víg-ligr* „kriegerisch", *fagr-ligr* „schön, hübsch", *aum-ligr* „ärmlich, elend", solche des Westgerm. ae. *frēo-līc*, as. *frī-līc* „freigeboren, edel" (wohl altes Komp. mit *līk* = „Körper"); as. *diur-līk*, ae. *dēor-līc*, ahd. *tiur-līh* „wertvoll, kostbar, preiswürdig"; as. *gōd-līk*, ae. *gōd-līc*, ahd. *guot-līh* „von guter Art". Vgl. ferner ae. *gēomor-līc* „jämmerlich", *sceand-līc* „schändlich", *glæd-līc* „freudig" (ne. *glad-ly*), ahd. *ē-līh* „gesetzlich", *fridu-līh* „friedlich", *bōs-līh* „bös-lich", *leid-līh*. Gemeingerm. ist got. *liuba-leiks* „lieblich" (= ae. *lēof-līc*, afries. *liaf-līk*, as. *liob-līk*, ahd. *liup-līh*, an. *ljúf-ligr*).

§ 169. -*sama*- (-*suma*-)

Schon frühgerm. hat auf nicht näher erkennbare Weise das mit an. *samr*, got. *sama* „derselbe", ahd. *sama* „ebenso", got. *sums* „irgendeiner" verwandte bzw. identische Element -*sama*- (-*suma*-) suffixale Funktion erlangt. Es bildet im wesentlichen Adjektiva der Neigung.

Gemeingerm. Bildung ist got. *lustu-sams* „ersehnt", as. ahd. *lust-sam* „erfreulich, angenehm" (mit Weiterbildung ae. *lustsum-līc*, an. *lystisam-ligr*); nord- und westgerm. bezeugt ist an. *friđ-samr*, ahd. *fridu-sam* „friedlich"; aus dem Westgerm. stammen as. ahd. *lang-sam*, ae. *lang-sum* „langwierig", ahd. *ginuht-sam*, ae. *genyht-sum* „genügsam", ahd. *fruma-sam*, ae. *frem-sum* „freundlich", ae. *lof-sum*, ahd. *lobo-sam*. Weitere Bildungen aus dem Ahd. sind *ēr-sam*, *situ-sam*, *gihōr-sam*, *ein-sam*, *heil-sam*, *gimein-sam*; aus dem Ae. *ang-sum* „ängstlich", *hȳr-sum* „gehorsam", aus dem An. *gaman-samr* „fröhlich", *kvitt-samr* „verleumderisch".

§ 170. -*kunđa*-

Mit -*kunđa*- als altem Verbaladjektiv von idg. **ĝen*- „erzeugen, hervorbringen" sind Adjektiva der Art und Abstammung gebildet, die eine Stellung zwischen Komposition und Ableitung einnehmen: got. *guma-kunds*, *qina-kunds* „männlich, weiblich", *himina-kunds* „himmlisch", *airþa-kunds* „irdisch", *inna-kunds* „zum Hause gehörig" (eig. „eingeboren"), urnord. *ragina-ku(n)dō*, an. *regin-kunnr* „von den göttlichen Mächten stammend", ahd. *got-chund* „göttlich", ae. *hell-cund* „höllisch". Nur im Ae. hat sich die volle

Suffixfunktion entwickelt; vgl. etwa *yfel-cund* „böse", *gāst-cund* „geistlich", *sāwol-cund* „seelisch", *met-cund* „metrisch".

§ 171. *-hafta-*

Germ. **hafta-* ist altes Verbaladjektiv der Wz. **kap-* (lat. *capiō*, got. *hafjan*) und bedeutet somit ursprünglich „erfaßt" oder „behaftet". Mit nur wenig verminderter Bedeutung erscheint es in got. *auda-hafts* „beglückt" und *qiþu-haftō* „Schwangere" (ἐν γαστρὶ ἔχουσα); im Ahd. dagegen ist die Entwicklung zum Suffix zu Ende geführt. Vgl. außer Ableitungen von Substantiven wie *sigi-haft* „siegreich", *ēo-haft* „gesetzlich", *ellen-haft* „kühn", *sunt-haft* „sündig" solche von Adjektiven wie *hrain-haft* „rein", *wār-haft*, *sālic-haft* „glücklich", mhd. *zage-haft*, nhd. *bos-haft*. Das As. hat nur *treu-haft* (= ahd. *triu-haft*) „treu" und *stedi-haft* „fest" (= „am Boden haftend"). Dem An. und Ae. ist die Bildungsweise fremd; im Ae. gilt dafür *-fæst* (§ 172).

§ 172. *-fasta-*

Germ. *-fasta-* hatte in Zusammensetzungen die Bedeutung „fest, befestigt", vgl. an. *jarđ-fastr*, ae. *eorđ-fæst*, mnd. *erd-fast*, frühnhd. *erd-fest* „in der Erde befestigt"; ähnlich an. *stađ-fastr*, ae. *stede-fæst* (vgl. as. *stedi-haft*), *stađol-fæst* „standfest". Abgeschwächt erscheint es in ae. *hūs-fæst* „ein Haus habend", *heorđ-fæst* „einen Herd habend", der Funktion eines Suffixes nähert es sich in Bildungen wie ae. *sōđ-fæst* = as. *sōđ-fast* „wahrhaftig", ae. *wǣr-fæst* = as. *wār-fast* „treu" (eig. „vertragsfest"), ae. *wīs-fæst* „weise", *līf-fæst* „lebendig" (vgl. ahd. *lībfestīgōn* „zum Leben bringen"), erreicht ist sie in ae. *wlitig-fæst* „schön", *gin-fæst* „großzügig". In an. *griđ-fastr* „friedvoll", *vin-fastr* „beständig in Freundschaft" schimmert die ursprüngliche Bedeutung noch durch. Im Ahd. ist die Bildungsweise nicht produktiv geworden (vgl. § 171).

§ 173. -*wandja*-

Germ. -*wandja*- ist Verbaladjektiv von got. *wandjan* „wenden" und hatte daher in Komposita ursprünglich etwa die Bedeutung „(zu)wendend, -gewendet". Es ist als Suffix in historischer Zeit nur im Ae. noch produktiv; im Deutschen und An. lebt es in Weiterbildung auf -*īg* bzw. in Abstraktbildungen noch fort.

Eine alte Bildung ist ae. *hāl-wende* „heilsam" = ahd. *heilanti*, wozu an. *heilyndi* „Heil"; ebenso ae. *lāđ-wende* „feindlich", an. *leiđindr* „unangenehm", wozu ahd. *leidentigī* „calamitas"; vgl. ferner ae. *hwīl(w)ende* „zeitlich" und ahd. *wīlwentigī* „fortuna". Weitere Bildungen sind ae. *lēof-wende* „freundlich", *hāt-wende* „heiß", mhd. *nōt-wendec* „nötig", *nāch-wendec* „benachbart", as. *mānuth-wendig* „mondsüchtig", ahd. *argwentigī* „Sünde"; aus dem An., wo z. T. sekundärer Suffixablaut (-*indr*/-*yndr*) eingetreten ist, vgl. noch *jafnyndr* „unparteiisch" und Abstrakta wie *harđindi* (-*yndi*) „Härte", *sannindi* (-*yndi*) „Wahrheit", auch „Beweis", *sárindi* „Schmerz". Es ist jedoch mit der Möglichkeit zu rechnen, daß in der Bildungsweise auf -*wandja*- eine ältere mit *nt*-Suffix (§ 129) aufgegangen ist, auf die einige der Beispiele zurückgehen können.

§ 174. An einzelsprachlichen adjektivbildenden Kompositionssuffixen seien noch erwähnt:

ahd. -*bāri*, mhd. -*bære* (ursprünglich „tragend" wie noch in ae. *æppel*-, *corn-bǣre*, vgl. § 14): ahd. *danc-bāri* „dankbar", *lastar-bāri*, mhd. *laster-bære* „schimpflich", ahd. *liut-bāri* „öffentlich".

ahd. -*luomi* in *gast-luomi* „gastlich", *scato-luomi* „schattig", *suht-luomi* „verpestet" (eig. „häufig besucht von Gästen" usw., vgl. ahd. *gi-luomo*, ae. *ge-lōme* „häufig");

ae. -*wielle*, ursprünglich „(über)quellend" (zu *weallan* „wallen, sieden"), mit noch wahrnehmbarer Bedeutung in *fisc-wielle*, *fugol-wielle* „reich an Fischen, Vögeln", *rūm-wielle* „geräumig", verblaßt in *dēad-wielle* „unfruchtbar";

ae. *heald*, als selbständ. Adj. „geneigt", in *frēond-heald* „freundlich", *scyte-heald* „abschüssig".

Zu got. -*lauþs* vgl. § 168; substantiviert erscheint es in *jugga-lauþs* „Jüngling".

II. Verbale Stammbildung

1. Charakter der Verbalstammbildung und der verbalen Ableitung

§ 175. Die verbale Stammbildung erfolgt, soweit es sich nicht um Wurzelverba handelt, ebenfalls mit Hilfe von Suffixen; daneben spielte — wenigstens im Idg. — auch ein der Wurzel infigiertes *-n-* eine Rolle.

Die verbale Stammbildung, d. h. die Bildung von Tempus- und Modusstämmen, betrifft weitgehend die Formenlehre und ist daher in den Grundzügen bereits in Bd. II dargestellt. Vgl. im Einzelnen die dortigen §§ : 69—71 Praesensbildung des starken Verbums (bindevokal. Bildung, Suffixe idg. *-i̯e/-i̯o-*, *-ne-/-no-*, *n*-Infix); 73—75 Bildung des starken Praeteritums (mit und ohne Reduplikation); 76 Stammbildung des Optativs (Suffix idg. *-i̯ē-/-ī-*); 84 Stammklassen des schwachen Verbums (Kl. 1: Suffix idg. *-i̯e-/-i̯o-* bzw. *-ei̯e-/-ei̯o-*; Kl. 2: Suffix idg. *-ā-*; Kl. 3: Suffix idg. *-ēi-* bzw. *-ē-*; Kl. 4: Suffix idg. *-nā-/-nə-*); 90 Bildung des schwachen Praeteritums. Die folgende systematische Darstellung der Verbalbildung knüpft nach Möglichkeit an das in Band II Gesagte an und ergänzt es durch weitere Beispiele aus den germ. Sprachen sowie durch außergerm. Vergleichsmaterial. Nicht berücksichtigt sind jedoch Praeterital- und Modalstammbildung, so daß die Darstellung sich im wesentlichen auf die Praesens- bzw. (beim schwachen Verbum) auf die allgemeine Verbalstammbildung konzentriert; dabei steht aus Gründen der Zitierung vielfach der Infinitiv (eigentlich eine Nominalbildung, vgl. § 94) stellvertretend für den Praesens- bzw. Verbalstamm.

§ 176. Die Bildung neuer Verben erfolgt entweder deverbal, d. h. durch Ableitung von bereits vorhandenen Verbalstämmen oder -wurzeln, oder denominal durch Ableitung von Nominalstämmen. So ist das Kausativum got. *satjan* „setzen“ eine Ableitung vom Grundverbum *sitan* „sitzen“, also deverbal gebildet, während in *hailjan* „heilen“ zu *hails* „gesund“ denominale Ableitung vorliegt. Verben wie *sitan*, denen kein anderes Verbum vorausliegt, sondern die primär aus der Wurzel abgeleitet sind, nennt man Primärverben. In diese Kategorie gehören im Germ. vornehmlich die starken Verben. Diese sind in ihren verschiedenen Typen altererbt, unterliegen zwar mannigfacher ablautbedingter Umgestaltung, sind jedoch nur selten Muster für Neubildungen. Die eigentliche Produktivität der Verbalbildung liegt im Bereich des schwachen Verbums, in historischer Zeit vor allem bei der 2. Klasse (Infinitiv auf *-ōn*) und ihren Untergruppen. Mit fortschreitender einzelsprachlicher Entwicklung verwischen sich zunehmend die Unterschiede zwischen den schwachen Verbalklassen; Klasse 3 ist im nordseegerm., Klasse 4 im ganzen westgerm. Bereich nicht mehr produktiv; im Mhd. sind Kl. 2 und 3 zusammengefallen, die sich bereits im Ahd. vielfach überschneiden.

2. Semantische Typen der verbalen Stammbildung

§ 177. Wie bei der nominalen Stammbildung, so sind auch bei der Verbalbildung die Suffixe Träger bestimmter charakteristischer Funktionen. Diese sind entweder *grammatisch*, d. h. sie dienen der Tempus- und Modusbildung, oder sie sind *semantischer* Art und dienen dem Ausdruck objektiver, in der Bedeutung des Verbums fundierter Gestaltqualitäten der Verbalhandlung, der sogenannten Aktionsarten.

Die fundamentalen Aktionsarten sind durativ (andauernde Verbalhandlung) und punktuell (einmalige Verbalhandlung); mit ihnen läuft parallel der grammatische Gegensatz von *imperfektivem* und *perfektivem Aspekt*, auf dem im Idg. der Gegensatz von Präsens und Aorist beruhte (vgl. gr. φεύγω „ich bin auf der Flucht": ἔφυγον „ich entfloh").

Ursprünglich gab es zu einem Verbum mit durativer Bedeutung keinen Aorist und zu einem Verbum mit punktueller Bedeutung kein Praesens, so daß sich Bildungen aus verschiedenen Wurzeln so wie gr. Praes. ἔρχομαι „ich gehe (einher)" und Aor. ἦλυθον „ich ging (weg), kam (an)" einander ergänzten. Da die Verbalaspekte jedoch auf der subjektiven Einstellung des Sprechers zur Verbalhandlung beruhen, konnten sekundär dann auch durative Verben perfektiviert und punktuelle Verben durch imperfektive Auffassung mit einem Praesens versehen werden. Die so sekundär gebildeten Verbalstämme sind gegenüber den primären, die nur aus der Wurzel (und eventuell einem thematischen Vokal) bestehen, durch besondere Suffixe charakterisiert. So ist zum griech. Wurzelaorist ἔ-γνω-ν „ich erkannte" das Praesens γνώ-σκω (bzw. γι-γνώ-σκω) mit Suffix *-sk̑e-/-sk̑o-* (und Reduplikation) hinzugebildet. Im Germ. wird der perfektive Aspekt, da der Aorist als besondere Verbalkategorie untergegangen ist, mittels Praefigierung (*ga-* und andere Verbalpraefixe, vgl. § 44) ausgedrückt (vgl. got. *stōþ* „stand": *ga-stōþ* „kam zum Stehen", *þahan* „schweigen": *ga-þahan* „verstummen"); gleiches gilt für das Lat. (*tacēre: con-ticere*) und besonders für die slaw. Sprachen.

§ 178. Der Hauptunterscheidung von *durativ* und *punktuell* sind eine Reihe von spezifischen Aktionsarten untergeordnet, die vielfach an bestimmte Verbalbildungen geknüpft sind. So lassen sich etwa unterscheiden Verba mit *iterativer*, *intensiver*, *desiderativer*, *deminutiver*, *inkohativer*, *kausativer* und *faktitiver* Bedeutung, und auch der Gegensatz von *transitiv* — *intransitiv* kann sich in der Verbalbildung ausdrücken. So sind die Verba der *ē*-Klasse (germ. 3. schw. Kl.) meist intransitive Zustandsverba (lat. *tacēre*, got. *þahan* „schweigen").

Iterativa bezeichnen eine *wiederholte Einzelhandlung* oder eine *in kontinuierlichen Teilakten verlaufende Gesamthandlung*: lat. *cursāre* „hin- und herlaufen" (gegenüber *currere* „laufen"), skr. *kupòvati* „öfter, regelmäßig kaufen" (*kúpiti* perfekt. „kaufen"), got. *wlaitōn* „umherblicken" (ae. *wlītan* „den Blick auf etwas richten"), ahd. *flogarōn* „flattern". Von ihnen sind oft die Intensiva nicht streng zu unterscheiden, die eine größere Intensität der Handlung (die ebenfalls auf Wiederholung beruhen kann) ausdrücken: ahd. *zocchōn*, me. *tucken* „zerren, raffen" (got. *tiuhan* „ziehen"), gr. τρομεῖν „(heftig) zittern" (τρέμειν „zittern"). Die iterative Aktionsart kann auch einen deminutiven Nebensinn haben, so etwa in nhd. *hüsteln*, *frösteln*, *streicheln*, lat. *cantillāre* „trällern".

Desiderativa drücken den *Wunsch nach einem Geschehen* aus; sie hatten im Idg. als quasi-modale Bildungen ein *s*-Formans. Im Germ. sind sie nicht mehr produktiv; ein Rest mit verblaßter Bedeutung ist got. *ga-weisōn*, ahd. *wīsōn* „besuchen", eig. „zu sehen wünschen" (zu lat. *vidēre* „sehen", got. *witan* „wissen"); vgl. auch lat. *vīsere* „besuchen", ai. *vi-vit-s-ati* „er wünscht kennenzulernen".

Inkohativa sind Verba mit perfektivem Aspekt, die den *Beginn einer Handlung* oder den *Eintritt eines Zustandes* bezeichnen. Im Lat. ist dafür *-sc-* ein typisches Suffix (*rubēscō* „ich erröte"), im Germ. das Suffix der 4. schw. Kl. (*-na-/-nō-*): an. *vakna*, got. *ga-waknan* „wach werden", got. *af-blindnan* „erblinden".

Kausativa drücken aus, daß die Handlung von einem Agens *veranlaßt* wird: *die Pferde tränken* meint, sie dazu oder dahin bringen, daß sie trinken. Vgl. ferner got. *lagjan*, abg. *ložiti* „legen", got. *satjan* „setzen", ai. *sādáyati* „er setzt". Typisches Suffix ist *-e̯ie-/-e̯io-*. Nahe verwandt sind die Faktitiva, die von Nominalbegriffen ausgehen und angeben, daß ein Subjekt zu etwas gemacht wird: got. *hailjan* „gesund machen, heilen", abg. *cěljǫ* „ich heile" (zu *hails* bzw. *cělъ* „gesund, ganz").

3. *Formale Typen der verbalen Stammbildung*

§ 179. Das Idg. besaß eine größere Anzahl verschiedener Praesens- und sonstiger Verbalstammbildungen, die sich indes nur teilweise in die Einzelsprachen vererbt haben. Während die traditionelle Sanskritgrammatik noch 10 Klassen primärer Verba und fünf sekundäre Formationen unterscheidet, haben sich im Germ. nur noch Reste des einst vielfach differenzierten Systems erhalten. Vor allem hat beim starken Verbum die altererbte themavokalische Bildungsweise (idg. **bher-e-ti*, **bher-o-nti* „er trägt, sie tragen“ > ai. *bhár-a-ti*, *bhár-a-nti*; got. *bair-i-þ*, *bair-a-nd*) völlig über alle anderen Arten der Praesensstammbildung gesiegt, die nur noch in Spuren greifbar sind und z. T. Verwischung ihres Bildungsmittels zeigen, das — der Wurzel zugeschlagen — auch in den außerpraesentischen Formationen erscheint; so in ahd. *flehtan*, Praet. *flaht* gegenüber lat. *plec-t-ō*, Perf. *plexī* (= *plec-sī*). Einige der alten Bildungstypen sind jedoch beim schwachen Verbum produktiv geworden, so die Bildung mit *-i̯e-/-i̯o-* und die mit *-nā-/-nə-*. Es empfiehlt sich somit nicht, in der nun folgenden Übersicht die starke von den schwachen Klassen zu trennen.

§ 180. Verba ohne stammbildendes Suffix

Diese athematischen Wurzelverba nach Art von gr. εἶ-μι = ai. *é-mi* „ich gehe“, ai. *ád-mi* „ich esse“, lit. *sniẽk-ti* „es schneit“, ai. Aor. *á-dhā-t* „er setzte“, die einer archaischen Schicht des Idg. entstammen und in fast allen Einzelsprachen selten geworden oder ganz verschwunden sind, haben im Germ. nur noch vier Vertreter, nämlich die geläufigen Verba *sein*, *gehen*, *stehen* und *tun*:

„sein“ (II § 98): Praes. 3. Sg. got. *is-t* = ai. *ás-ti*, gr. ἐσ-τί, lat. *es-t* (idg. **es-ti*), 3. Pl. (mit Stammabstufung) *s-ind* = ai. *s-ánti* (idg. **s-enti*); „gehen“ (II § 100): ahd. *gā-t* (vgl. ai. Aor. *á-hā-t* „er verließ“, gr. κί-χη-μι „ich erreiche“); „stehen“ (II

§ 100): ahd. *stā-t* (vgl. ai. Aor. *á-sthā-t*, abg. Aor. *s'a* < idg. **s'ā-t*); „tun" (II § 99): as. *dō-d*, ae. *dē-đ* < **dhō-ti* zur idg. Wz. **dhē-* „setzen" (vgl. ai. Aor. *á-dhā-t*, lit. *pa-dě́* < **-dhē-t* „er helfe"). Außer **es-* handelt es sich sämtlich um aoristische Wurzeln, die im Germ. praesentische Flexion angenommen haben (sog. Aoristpraesentien).

§ 181. Verba mit Praesensreduplikation

Bildungen nach Art von τί-τρη-μι „ich bohre", ai. *ví-vak-ti* „spricht" hat das Germ. ebenfalls nur noch in wenigen Resten bewahrt. Abgesehen von dem Praet. ahd. *teta*, Pl. *tātun* (zu *tuon*), das seinem Ursprung nach ein Imperfekt, genauer ein Injunktiv vom idg. Praesensstamm ist (vgl. ai. Praes. *dá-dhā-ti*, Imperf. *á-da-dhā-t*), finden sich nur Verben der Bedeutung „zittern, beben", in denen die Reduplikation ursprünglich lautsymbolisch war:

an. *titra*, ahd. *zittarōn* „zittern, zwinkern": ahd. 1. Sg. Praes. *zittarōm* < germ. **ti-trō-mi* < idg. **di-drā-mi* (vielleicht zu ai. *drā́-ti* „läuft", gr. ἀπο-διδράσκω „laufe weg"); as. *biƀon*, ahd. *bibēn* „beben" zu ai. *bi-bhé-ti* „fürchtet sich", wie dieses wohl umgebildet aus einem Perfekt mit praesentischer Bedeutung (ai. *bi-bhā́y-a*); ferner got. *reiran* (schw. Verb. 3. Kl.) „zittern, beben" (vgl. ai. *le-lāy-á-ti* „schwankt, zittert").

§ 182. Bildungen mit thematischem Vokal idg. *-e-/-o-*

Zu diesem auch in den anderen idg. Sprachen häufigen Typus gehören in den germ. Sprachen die meisten Praesentien der starken Verbalklasse, sei es von alters her oder infolge von Umbildung und analogischer Angleichung. Der Themavokal *-e-/-o-* (vgl. gr. φέρ-ο-μες, φέρ-ε-τε) erscheint im Germ. als *i* bzw. *a* (vgl. II § 69).

Bezüglich des Wurzelvokalismus und der ehemaligen Betonung sind zwei Hauptgruppen zu unterscheiden:

1. Praesensbildungen mit *e*-farbiger Vollstufe der Wurzel, die seit alters her betont war. Es ist dies der

Typus von ai. *várt-a-te* „dreht sich", lat. *vertere*, ahd. *werdan* „werden", lat. *dūcere* = got. *tiuhan*, ahd. *ziohan*, gr. στείχω = ahd. *stīgan*, air. *rethid* „läuft" usw., dem im Ai. die 1. Praesensklasse entspricht. Ihm gehören im Germ. die meisten Praesentien der Ablautreihen 1—5 an:

1. Ablautreihe: got. *steigan*, ahd. *stīgan* „steigen" (gr. στείχω, air. *tíagu* „ich gehe"); got. *ga-teihan* „anzeigen", ahd. *zīhan*, ae. *tēon*, an. *tjá* (alat. *deicō* > kl. *dīcō*); got. *leihvan*, ahd. *līhan* „leihen" (gr. λείπω, lit. *liekù* „ich lasse").

2. Ablautreihe: got. *kiusan*, an. *kjósa*, ae. *cēosan*, ahd. *kiosan* „prüfen, wählen" (gr. γεύω „lasse kosten"); got. *giutan*, as. *giotan* „gießen" (Wz. **ĝheu-d-*, erweitert aus **ĝheu-*, vgl. gr. χέω und lat. *fu-n-d-ō*, Perf. *fūd-ī*); got. *liudan*, ae. *lēodan*, as. *liodan* „wachsen" (ai. *ródh-a-ti*).

3. Ablautreihe: got. *wairþan*, an. *verđa* usw. „werden" (s. o.); ahd. *melkan* „melken" (gr. ἀμέλγω); got. *bindan*, an. *binda* usw. „binden"; ae. *grindan* „reiben, scheuern" (lat. *frendō*, lit. *gréndu*).

4. Ablautreihe: got. *niman*, ahd. *neman* „nehmen" (gr. νέμω „teile zu"); got. *bairan*, ahd. *beran* „tragen" (ai. *bhár-a-ti*, air. *berid* „trägt"); ahd. *helan* „verbergen" (air. *celid*).

5. Ablautreihe: got. *ga-wigan*, ahd. *wegan* „bewegen" (ai. *váhati* = lat. *vehit* „fährt"); got. *wisan*, an. *vesa*, ahd. *wesan* „sein, bleiben" (ai. *vásati*); ae. *swefan* „schlafen" (ai. *svápati*).

Vielfach zeigen die verwandten Sprachen andere Praesensbildungen, ein Zeichen, daß im Germ. eine starke Systematisierung stattgefunden hat. Vgl. got. *itan*, ahd. *ezzan* gegenüber ai. *ád-mi*, lat. *ēst* (athemat. Bildung), got. *beitan* „beißen", *weihan* „kämpfen", *giutan* „gießen" gegenüber lat. *fi-n-d-ō*, *vi-n-c-ō*, *fu-n-d-ō*, got. *qiman*, ahd. *queman* „kommen" gegenüber lat. *ven-iō*, gr. βαίνω. Die Neubildungen sind im Wesentlichen vom Perfekt ausgegangen, zu dem ein neues Praesens analogisch hinzugebildet wurde (got. *giuta* zu *gaut* nach dem Verhältnis von *biuda* zu *bauþ*).

2. Praesensbildungen mit Schwundstufe der Wurzel und ehemaliger Suffixbetonung, die sich im Germ.

durch den grammat. Wechsel verrät. Es ist dies der Typ, der der ai. 6. Praesensklasse entspricht; vgl. ai. *tud-á-ti* „stößt“, *spr̥ś-á-ti* „berührt“, *sr̥j-á-ti* „läßt los“ usw. Man bezeichnet diese Bildungen als Aoristpraesentien, da sie die Wurzelform zeigen, die für den Aorist der thematischen Praesentien mit Vollstufe der Wurzel charakteristisch ist (gr. ἔ-φυγο-ν, ἔ-στιχο-ν zu φεύγω, στείχω). Es sind somit in praesentische Flexion und imperfektiven Aspekt übergeführte ehemalige Aoristformen (vgl. aus dem Ai. das Aoristpraesens *vid-á-nti* „sie finden“ neben Aor. *á-vid-a-t* „er fand“). Jedoch konnte auch aus einem ursprünglich ablautenden athematischen Praesensparadigma wie idg. 1. Sg. **mélĝ-mi*, 1. Pl. **ml̥ĝ-més* durch Verallgemeinerung und Thematisierung der Schwundstufe eine solche Praesensbildung entstehen: ai. *mr̥j-á-ti* „streift ab“, air. *mligid* „melkt“; an. *molka* ist schwach. Verbum.

Die germ. Bildungen dieses Typs sind nicht sehr zahlreich:

Aoristpraes. der 1. Ablautreihe, jedoch analogisch in Kl. 5 überführt, ist an. *vega* „kämpfen, töten, gewinnen“ = ae. *ge-wegen* „kämpfen“, ahd. *ubar-wehan* „überwinden“ (mit *h* nach *wīhan*, got. *weihan* „kämpfen“, wie umgekehrt ahd. *wīgant* „Kämpfer“ sein *g* vom Aoristpraes. bezogen hat). Es entspricht genau air. *fichid* „kämpft“; vgl. auch lat. *vi-n-c-ō*. Ebenfalls zur 1. Ablautreihe gehören got. *digan* „bilden, kneten“, das umgebildetes athemat. Verbum sein kann (vgl. ai. *déh-mi* „ich beschmiere“) und mit lat. *fingere* (Nasalpraes.) verwandt ist, und as. *stekan*, ahd. *stehhan* „stechen“, mit dem lat. *in-stīg-ā-re* „aufstacheln“ zu vergleichen ist.

Zu ae. as. *tredan*, ahd. *tretan* gehört got. *trudan*, an. *troða* (mit *ru* bzw. *ro* für *ur* aus *r̥*), desgleichen zu ae. *cnedan*, ahd. *knetan* awschwed. *knodha* (aisl. *knoða* ist zum schwach. Verb. umgebildet). Got. *wulands* „siedend“ ist verwandt mit an. *vella* „kochen, sprudeln“, *hulundi* „Höhle“ setzt ein Verbum *hulan* voraus, das zu ahd. *helan* in Ablaut steht.

Keine Aoristpraesentien sind dagegen die Verben der 2. Ablautreihe mit langem *ū* im Praesensstamm, die besonders im Westgerm. häufig sind: got. *ga-lūkan* „verschließen", an. *lúka*, ae. *lūcan*; ae. *brūcan*, ahd. *brūchan* „brauchen"; ae. *scūfan* (gegenüber ahd. *scioban*) „schieben", ae. *būgan* (gegenüber got. *biugan*) „sich biegen", usw. Es handelt sich um spätgerm. Analogiebildungen nach der 1. Ablautreihe, wo idg. *ei* bereits zu ī geworden war (ī : *ai* : *i* = *ū* : *au* : *u*, mit *ū* für *eu*).

Eine Sonderstellung hinsichtlich ihrer Wurzelstruktur nehmen die Verben der 6. Ablautreihe ein, deren *a*-Vokal im Praesens aus verschiedenen Quellen stammt (idg. *ə*, *a* und *o*). Soweit *a* auf *ə* zurückgeht, also Schwundstufe eines ursprünglich langen Vokals ist wie in an. *taka* „nehmen" (gegenüber got. *tēkan*), können auch hier Aoristpraesentien vorliegen. Die übrigen Bildungen wie an. *aka* „fahren" (= lat. *ago*, ai. *ájati* mit idg. *a*) oder ahd. *graban* „graben" (zu abg. *grebǫ*) sind Umbildungen des ersten Typs (vgl. auch air. *rethid* „läuft", Praet. *ráith* mit ursprünglichem Ablaut idg. *e*/*ō*). Ähnliches kann für die 7. (redupl.) Klasse gelten, deren Vertreter (II §§ 74. 75) schwer zu beurteilen sind.

§ 183. Verba mit stammbildendem *-ō-* (idg. *-ā-*)

ō in Verbindung mit einer Mischung von athematischer und *i̯o*- Flexion (letztere deutlich nur noch im nordwestgerm. Bereich bewahrt, vgl. II § 86) ist Kennzeichen der besonders im Westgerm. stark produktiven 2. schwachen Verbalklasse. Die hierzu gehörigen Verben fallen typusmäßig in zwei Hauptgruppen: 1. denominale und 2. deverbale Ableitungen, und entsprechend dieser bereits in idg. Zeit angelegten Unterscheidung sind auch Herkunft und ursprünglicher Charakter des stammbildenden *-ō-* (< idg. *-ā-*) in beiden Fällen verschieden.

1. Denominale Ableitungen

Das Suffix *-ō-* bzw. *-ō-ja-* (idg. *-ā-i̯o-*) der Denominativa wie got. *fisk-ō-n*, lat. *pisc-ā-rī* „fischen" (zu got. *fisk-s*, lat. *pisc-*

is) ist übertragen von fem. *ō*-Stämmen (idg. *ā*-Stämmen), von denen auf die im Idg. übliche Weise (vgl. § 185. 2 b *γ*) verbale Ableitungen mit -*i̯e*-/-*i̯o*- gebildet waren. Die ursprünglich reguläre Bildungsweise, entsprechend der von ai. *pr̥tanā-yáti* „er kämpft" zu *pŕ̥tanā-* „Kampf", gr. τιμάω „ich ehre" < *τιμᾱ-i̯ω zu dor. τιμά „Ehre", abg. *vonja-ję* „ich rieche" zu *vonja* „Geruch", lit. *dovanó-ju* „ich schenke" zu *dovanà* „Geschenk", lat. *multō* „ich strafe < **multā-i̯ō* zu *multa* „Strafe" liegt somit vor in Ableitungen von *ō*-Stämmen wie ae. *sealfie* < **salƀō-jō* „ich salbe" zu *sealf* < **salƀō* „Salbe" (Infinitiv ae. *sealfian*, afries. *salvia* < **salƀō-ja-n*; mit Unterdrückung des *j* as. *salbon*, got. ahd. *salbōn*).

Ableitungen von *ō*-Stämmen sind ferner: got. *ga-paidōn* „bekleiden" (*paida* „Gewand"), *swiglōn* „pfeifen" (ahd. *swegala* „Pfeife"), *fairinōn* „beschuldigen" (*fairina*), *karōn* „sich kümmern" (*kara* „Sorge") = ahd. *charōn*, as. *karon*, ae. *cearian*; ahd. *klagōn* (*klaga*), *ahtōn* „beachten" (*ahta*) = ae. *eahtian*, *minnōn* „lieben" (*minna*) = as. *minnion* (*minnia*); as. *fratahon* „schmücken" (*frataha* „Schmuck").

Durch eine falsche Ablösung wurde -*ā*-*i̯o*- dann auch zur Bildung von Ableitungen aus anderen Stämmen verwendet. Die Anfänge dieser Entwicklung liegen wohl bereits in voreinzelsprachlicher Zeit, wie durch die Übereinstimmung von got. *fiskōn* und lat. *piscāri*, ahd. *irrōn* und lat. *errāre*, ahd. *niuwōn* und lat. *novāre* nahegelegt wird.

Ableitungen von *o*-Stämmen: got. *ga-hamōn* „sich bekleiden" (an. *hamr*), *þiudanōn* „herrschen, König sein" (*þiudans*), ahd. *gi-lastarōn* „schmähen" (*lastar*), *badōn* „baden" (*bad*), *dingōn* „unterhandeln" (*ding*), as. *thankon* „danken"; von *i̯o*-Stämmen: an. *herja* „verheeren" (*herr* „Heer") = ae. *hergian*, as. *endion* „enden"; von *u*-Stämmen: got. *grēdōn* „hungern" (*grēdus*), *lustōn* „begehren" (*lustus*), *sidōn* „üben" (*sidus*), an. *lita* „färben" (*litr*); von *n*-Stämmen: ahd. *namnōn* „nennen" (vgl. lat. *nōmināre*), got. *gudjinōn* „Priester sein" (*gudja*, St. *gudjin-*); von *s*-Stämmen: got. *hatizōn* „hassen" (*hatis*), ahd. *sigirōn* „triumphare" (got. *sigis*, ai. *sáhas-*), vgl. lat. *vulnerāre* zu *vulnus*. Die beiden letzten Typen haben ihrerseits Ableger erzeugt, vgl. § 187 und § 197 zu *-isōn* und *-inōn*.

Ableitungen von adjektivischen Stämmen sind: got. *ga-leikōn* „gleichstellen, vergleichen" (*ga-leiks*); got. *ga-wundōn*, ae. *wundian*, ahd. *wuntōn* „verwunden" (got. *wunds*); got. *wairþōn*, ae. *weorđian*, ahd. *werdōn* „würdigen" (ahd. *werd* „wert"); ahd. *ebanōn* „gleichstellen" (*eban*), *mērōn* „mehren" (*mēr*), *reinōn* „reinigen" (*rein*); as. *wanon* „abnehmen" (*wan* „fehlend"), *hafton* „haften" (*haft*); ae. *gearwian* „bereiten" (*gearu*). Häufig sind Bildungen zu Adjektiven auf *-aga-/-iga-* wie ae. *hālgian*, ahd. *heilagōn* „heiligen" zu ahd. *heilag*, ae. *wergian* „ermüden", *metegian* „mäßigen", ahd. *rostagōn* „rosten, *sculdigōn*" „beschuldigen", die dann im Mhd. und Nhd. zur Herausbildung des Suffixes *-igen* (nhd. *ver-gewalt-igen* zu *Gewalt*) führen.

Vielfach tritt im Ahd. und As. die produktivere *ōn*-Bildung an die Stelle älterer *jan*-Bildungen; vgl. ahd. *steinōn* „steinigen" gegenüber got. *stainjan*, ahd. *zimbarōn*, as. *timbron* gegenüber got. *timrjan*, ahd. *mālōn* „schreiben, malen" gegenüber got. *mēljan*, ahd. *reinōn* gegenüber got. *hrainjan*. Im nordwestgerm. Bereich tritt die *ō*-Bildung auch anstelle der nur noch in Resten weiterlebenden *ē*-Bildung (§ 185.3), vgl. ae. *ārian* gegenüber ahd. *ērēn* „ehren", as. *tharbon* „entbehren" gegenüber got. *þarban*, ahd. *darbēn*.

2. Deverbale Ableitungen

Neben den starken Verben mit Suffix idg. *-e-/-o-* stehen im Germ. wie auch in anderen verwandten Sprachen abgeleitete Verba mit Suffix *-ā-* (germ. *-ō-*) mit vorwiegend intensiver oder iterativer Bedeutung. Ablautmäßig unterscheiden sich diese Bildungen von den Grundverben in der Regel durch die *o-* oder Schwundstufe der Wurzel, vgl. lett. *vadāju* „ich führe hin und her": *vedu*, ahd. *zeigōn*: *zīhan*, *zogōn*: *ziohan* = lat. *ē-duc-ā-re*: *dūc-ere*; doch kommen auch andere Ablautstufen (*e*-Stufe, Dehnstufe, vorgerm. *a* als Schwundstufenersatz) vor. Ursprünglich war jedoch die Schwundstufe, an die *-ā-* als Wurzelerweiterung antrat. Ein altidg. Beispiel dafür ist das Verbum ai. *yā́-ti* „er geht, reitet" = lett. *jâ-ju*, lit. *jó-ju* „ich reite", dessen Stamm idg. **i̯-ā-* eine Erweiterung der Wz. **ei-*, Schwundstufe **i-*, „gehen" (gr. εἶ-μι, ἴ-μεν) ist. Vgl. ferner ai. *damā-yá-ti* „bändigt", lat. *domāre*, ahd. *zamōn* „zähmen" neben gr. δάμ-νᾱ-μι (§ 186), ἐ-δάμασα (**damə-*) zu ahd. *zeman* „geziemen, passen", gr. δέμω „ich baue" (Perf. dor. δέ-δμᾱ-μαι), ai. *gr̥bhā-yá-ti* „er ergreift" neben Nasalpraesens *gr̥h-ṇā́-ti* und Aor. *a-grabh-am* sowie ai. *priyā-yá-te* „freundet sich an" (neben *prī-ṇā́-tī* „stimmt freundlich, macht geneigt"), abg. *prija-ję* „ich stehe bei, begünstige" (Inf. *prija-ti*) = got. *frijōn*, ae. *frēogean*, as. *friehan* „lieben" (Vollstufe in ai. *pré-man-* „Freundschaft", *práyas-* „Genuß, Freude"). Von solchen Fällen ausgehend wurde *-ā-* auch zur Ableitung von sekundären Verben aus Wurzeln verwendet, die in der Regel keine *ā*-Erweiterung aufweisen.

Ableitungen von der *o*-Stufe der Wurzel (gr. ποτάομαι „ich fliege, flattere": πέτομαι, lat. *vocāre* „rufen": Wz. **u̯eqᵘ̯-*; besonders häufig im Baltischen): ahd. *greifōn*, ae. *grāpian* „greifen" zu ae. *grīpan*, ahd. *grīfan*, vgl. lit. *graibaũ* „ich greife" (Infin. *graibýti*) zu *griebiù* „ich ergreife"; ahd. *dansōn* „ziehen" (*dinsan* „ziehen, dehnen") = lit. *tąsaũ*, *tąsýti* „umherzerren" (*tęsiù*, *tę̃sti* „dehnen"); ahd. *drangōn* „sich drängen" (*dringan*) = lit. *trankaũ*, *trankýti* (Iterat. zu *treñkti* „dröhnend stoßen"); got. *bi-laigōn* „belecken" = lit. *laižaũ*, *laižýti* (zu *liežiù*, *liẽžti*); got. *ƕarbōn*, an. *hvarfa*, ae. *hwearfian*, as. *hwarƀon*, ahd. *hwarbōn* „wandeln, umherwandern" (as. *hwerƀan*, ahd. *hwerban* „sich wenden"); got. *wlaitōn* „umherblicken", an. *leita*, ae. *wlātian* „sich umschauen, ausschauen" (ae. *wlītan* „schauen, blicken", an. *líta* „erblicken"); an. *braka*, as. *brakon* „krachen" (got. *brikan*, as. *brekan* „brechen"); an. *vaga* „hin- und herbewegen", ae. *wagian*, ahd. *wagōn* „sich bewegen" (got. *ga-wigan*, an. *vega* „bewegen"); ae. *fandian*, as. *fandon*, ahd. *fantōn* „suchen, fahnden" (got. *finþan*, ahd. *findan* „finden"); ae. *warian* „bleiben", as. *waron* „dauern" (ae. *wesan* „sein"); an. *spraka* „krachen, knistern" (ae. *sprecan* „sprechen"); ahd. *sneitōn* „beschneiden" (*snīdan*).

Mit Schwundstufe der Wurzel (lat. *dicāre* „weihen": *dīcere*, *ē-duc-āre*: *dūcere*, *labāre* „wanken": *lābī* „gleiten): an. *biđa* „ein wenig warten", ae. *on-bidian* „erwarten", as. *bidon* „bleiben" (an. *bíđa*, ae. *bīdan* „warten, verweilen"); an. *skota* „schieben, stoßen", ae. *scotian*, as. *scoton* „schießen, hervorschießen" (an. *skjóta*, ae. *scēotan* „schießen"); an. *toga*, ae. *togian* „ziehen, zerren, schleppen" (got. *tiuhan* „ziehen"); ae. *flotian* intr. „treiben" (an. *fljóta* „fließen, schwimmen"), *worpian* „werfen, bewerfen" (*weorpan*); an. *molka* „melken" (ae. *melcan*), *gniđa* „reiben" (ahd. *gnītan*); ahd. *korōn* „kosten, proben" (*kiosan*), *tribōn* „agitare" (*trīban*); as. *liđon* „bringen, sich begeben" (*līđan* „gehen"); got. *lutōn* „täuschen" (vgl. *liuts* „heuchlerisch"), *wiþōn* „schütteln" (vgl. ai. *vyáthate* „schwankt").

Mit *e*-Stufe der Wurzel (vgl. lat. *secāre* = ahd. *segōn*): got. *mitōn* „bedenken, überlegen", ahd. *mezzōn* „mäßigen" (got. *mitan*, ae. *metan* „messen"); got. *wizōn* „schwelgen" (*waila wisan*); as. *fergon*, ahd. *fergōn* „bitten" (got. *fraihnan*, Praet. *frah* „fragen"); ahd. *spehōn*, mnd. *spēen* „erforschen, erkunden", vgl. lat. *suspicāri* „argwöhnen" zu *specere* „schauen"; ahd. *wegōn*, afries. *wegia* „eintreten für jemanden, beistehen, helfen" (an. *vega* „bewegen", ahd. *wegan* „wiegen", mhd. *ge-wegen* „ins Gewicht fallen").

Bildungen mit dehnstufiger Wurzel. Gedehnte *e*-Stufe (wie gr. ληκάω „ich tanze" = lett. *lēkāju* „hüpfe hin und her" zu lit. *lekiù*, *lèkti*; lat. *cēlāre*: ahd. *helan*) haben ahd. *gi-bārōn* „sich betragen" (zu *beran*), an. *fága* „schmücken, putzen" (neben as. *fegon*, zu got. *fagrs* „passend", an. *fagr* „schön"); die meisten Verba dieser Art sind jedoch Denominativa (ahd. *lāgōn* „im Hinterhalt liegen" zu *lāgā* „Hinterhalt"); *ō*-Stufe (wie in gr. τρωχάω „ich laufe (hin und her)": τρέχω, τρωπάω „ich wende hin und her": τρέπω) findet sich in an. *sprόga* „springen, rennen" (zu gr. σπέρχεσθαι „sich schnell bewegen, laufen, eilen", nasaliert ahd. *springan*).

§ 184. *ō*-Verba mit geminiertem Wurzelauslaut

Eine besondere, sich im Nord- und Westgerm. entwickelnde Untergruppe der deverbativen *ō*-Verba bilden die gewöhnlich schwundstufigen *ō*-Verben mit expressiver Verdoppelung und z. T. (bei Wurzeln mit stimmhafter Spirans aus idg. Med. Asp. oder mit grammat. Wechsel) Verschärfung (z.B. *đ* > *tt*) des konsonantischen Wurzelauslauts: ahd. *zockōn* und *zucchōn*, me. *tucken* „ziehen, zerren, zucken" (zu ahd. *ziohan* „ziehen"); ae. *droppian*, mnl. *droppen*, *druppen*, ahd. *tropfōn* „tropfen" (zu an. *drjúpa*, ahd. *triofan* „triefen"); mnd. *bucken*, afries. *buckia* „sich bücken" (zu got. *biugan*); an. *ruppa* „rauben, plündern", mnd. *roppen* „rupfen", ahd. *ropfōn* (zu an. *rjúfa* „zerreißen, zerbrechen"); an. *hnippa* „stoßen" (zu mnl. *nīpen* „kneifen"); ae. *liccian*, as. *liccon*, *leccon*, ahd. *lecchōn* „lecken" (vgl. got. *bi-laigōn*). Die gleiche Erscheinung findet sich im Keltischen, vgl. air. *gataid* „stiehlt" < **gaddā-ti* (zu ae. *getan* „to get"); *slacaid* „schlägt" (zu ahd. *slahan*).

Über den expressiven Charakter der Gemination vgl. oben § 12 und I § 111. Die Expressivität dieser Bildungen ist jedoch möglicherweise eine sekundäre Folge analogischer Strukturveränderungen, ausgelöst von Fällen, in denen eine im Praesensstamm regelrecht eingetretene Assimilation von *ln* zu *ll* analogisch auch auf die deverbalen Ableitungen übertragen wurde; etwa in ahd. *scellan* „tönen" (vgl. an. *skjal* „Gerede" < **skela-* als Verbalnomen eines älteren Primärverbums **skelan*): *scallōn* „schallen" (als Ersatz von **scalōn*, vgl. das Verhältnis von ahd. *hellan* „tönen, rufen" und *halōn* „durch Rufen holen", lat. *calāre* „ausrufen"), wonach analogisch Ersatz von **tugōn* (an. *toga*) durch **tukkōn* (ahd. *zockōn*), das nun als expressive Variante empfunden wurde. Ohne rechte Stütze ist die ältere Anschauung, *-kk-* usw. seien durch regelrechte Assimilation von Verschlußlaut + *n* und die betreffenden Verba somit aus idg. Nasalpraesentien (also etwa as. *liccon* „lecken" < idg. **liĝh-nā-*) entstanden.

§ 185. Verbalbildungen mit *j*-Suffix

Im Germ. wie auch in anderen idg. Sprachen gibt es mehrere semantische und formale Typen von *j*-Bildungen. So lassen sich folgende Hauptgruppen unterscheiden:

1. starke Verba mit praesensbildendem Suffix *-i̯e-/-i̯o-*: got. *hafja* „ich hebe", Praet. *hōf*, vgl. lat. *capiō*, Perf. *cēpī* (II § 70);
2. schwache Verba 1. Kl. (II § 85):
   a) Kausativa und verwandte Bildungen mit Suffix idg. *-ei̯e-/-ei̯o-* und normalerweise *o*-Stufe der Wurzel: got. *hnaiwjan* „erniedrigen" (zu *hneiwan* „sich neigen"), lat. *moneō* „ich ermahne" (zu lit. *menù* „ich gedenke");
   b) denominative Verba: got. *bleiþjan* „gütig sein" (*bleiþs*), ai. *amitra-yá-ti* „ist feindlich" (*ámitra-* „Feind");
3. schwache Verba 3. Kl. mit Suffix *-ēi̯e-/-ēi̯o-* oder ähnlich: got. *þahan* (2. Sg. *þahai-s*), ahd. *dagēn* „schweigen" = lat. *tacēre* (II § 87).

Gemeinsame formantische Grundlage dieser Bildungsweisen ist eine Suffixbasis *-ei̯e-/-ei̯o-* mit ablautbedingten Varianten *-i̯e-/-i̯o*, *-ĭ-*, *-ēi-/-ēi̯e-/-ēi̯o-*, deren ursprüngliche Verteilung durch mannigfache analogische Tendenzen gestört ist. So fallen *-i̯e-/-i̯o-* (nach langer Silbe *-ii̯e-/-ii̯o-*) und *-ei̯e-/-ei̯o-* im Germ. zusammen (vgl. II § 85), während im Lat. Bildungen mit *-ei̯e-* und *-ēi̯e-* sich in einer Flexion zusammengefunden haben (*monēre*, *moneō* wie *tacēre*, *taceō*). Daß der *ē*-Typus, der sich im Germ. in Übereinstimmung mit dem Balt.-Slaw. herausgebildet hat, zu dem einfachen *i̯o*-Typus in Beziehung steht, zeigt einerseits die diesen Sprachen eigentümliche Mischflexion, andererseits die Tatsache, daß die semantisch entsprechende 4. ai. Praesensklasse durchgehend das Suffix *-ya-* (idg. *-i̯e-/-i̯o-*) zeigt; vgl. ai. *lúbh-ya-ti* „hat Verlangen": lat. *lubēre*, *lubet* „es beliebt", got. *lubains* „Hoffnung" (von **luban*), ai. *búdh-ya-te* „wacht": lit. *budė́ti*, abg. *bъděti* „wachen", ai. *mán-ya-te* „meint": lit. *minė́ti* „glauben, meinen", got. *munan* „gedenken" (2. Sg. *munais*). Auch im Germ. findet sich gelegentlich die einfache *i̯o*-Bildung anstelle derer mit -*ē*-, so in got. *þaursjan* „dürsten" = ai. *tŕ̥ṣ-ya-ti* „dürstet" gegenüber lat. *torrēre* intr. „austrocknen, dorren" < *tr̥s-ē- (aber *torrēre* „dörren" = an. *þerra* < *tors-ei̯e-), ferner in an. *sitja*, ahd. *sitzen* gegenüber lat. *sedēre*.

Auch die ō-Verba (ahd. *zamōn* = lat. *domāre*) hatten von Hause aus *i̯o*-Flexion; vgl. § 183.

1. Starke Verba mit praesensbildendem Suffix -*i̯e-/-i̯o-* (vgl. noch ai. *páś-ya-ti* „er sieht", lat. *spec-iō*, gr. τείνω „ich dehne" < *τέν-i̯ω, lit. *verk-iù* „ich weine", Infin. *veȓk-ti*, abg. *sten-ję* „ich seufze").

Aus dem Germ. stellen sich hierher verschiedene Praesensbildungen der Ablautreihen 5 und 6: an. *liggja*, as. *liggian*, ae. *licgan*, ahd. *liccen* „liegen" (vgl. abg. *ležę* < *leg-i̯ō „ich liege"); an. *sitja*, as. *sittian*, ae. *sittan*, ahd. *sitzen* „sitzen" (vgl. lit. *sė́džiu* „ich sitze", Inf. *sė́dė́ti*); got. *bidjan*, an. *biđja*, ae. *biddan*, as. *biddian*, ahd. *bitten* (schwundstuf. Bildung zu gr. πείθω „ich überrede", folglich aus Kl. 1 überführt); an. *þiggja*, ae. *þicgan* „empfangen"; ae. *fricgan* „fragen"; got. *hafjan*, an. *hefja*, ae. *hebban*, as. *hebbian*, ahd. *heffen* „heben" (lat. *capiō*); got. *hlahjan*, an. *hlœ́ja*, ae. *hliehhan* „lachen; got. *skapjan*, an. *skepja*, ae. *scieppan*, as. *skeppian*, ahd. *scephen* „schaffen"; an. *sverja*, ae. as. *swerian*, ahd. *swerien* „schwören"; got. *fraþjan* „verstehen", *skaþjan* „schaden", *wahsjan* „wachsen"; an. *deyja* „sterben", *geyja* „bellen"; as. *af-sebbian* „wahrnehmen", ahd. *int-seffen* (lat. *sapere*, *sapiō*).

Mehrfach begegnet im Got. oder in einer anderen germ. Sprache statt der *j*-Bildung die einfache thematische Bildung: got. *sitan*, *ligan*, *bidan* (neben *bidjan*), ahd. *hlahhan*. Diese ist eine vereinfachende Neuerung; das gleiche Nebeneinander findet sich auch im Balt.-Slaw., vgl. lit. *káuju* „ich schlage": abg. *kovę* „ich schmiede", lett. *kašu* „ich harke": lit. *kasù* „ich grabe", abg. *kolję*: lit. *kalù* „ich schlachte". Auch Übergang in die 1. schw. Klasse ist möglich, so bei got. *arjan* „pflügen" (zu lit. *ariù*, *árti*) und vor allem bei den Bildungen von langvokalisch oder diphthongisch auslautenden Wurzeln, die ursprünglich in die 7. (redupl.) Klasse gehörten, ahd. *sāian* „säen", *blāian* „blähen", *wāian* „wehen" usw. Starkes Verbum ist noch got. *saian* „säen" (Praet. *saisō*); vgl. lit. *sė́ju*, Inf. *sė́ti* (entsprechend *waian* „wehen" = abg. *věję*).

2. Schwache Verba 1. Kl. Zu unterscheiden sind Kausativa und andere deverbale Ableitungen, meist mit intensiv-iterativer Bedeutung, und denominale Bildungen. Die Kausativa und gleichgebildeten Intensiv-Iterativa hatten im Idg. betontes Suffix *-éi̯e-/-éi̯o-* und *o*-Abtönung der Wurzel, d. h. kurzes *o* bzw. *o*-farbiger Diphthong (germ. *a*, *ai*, *au*) in den Ablautreihen 1—5, *ō* bei Verben der 6. und 7. Ablautreihe; die Deverbalbildungen mit anderer Ablautstufe waren ursprünglich mit Suffix *-i̯e-/-i̯o-* gebildet. Bei den denominalen Bildungen vom Typ got. *bleiþjan*, lat. *salveō* „bin gesund", gr. φιλέω „liebe" gehört das erste *e* des Suffixes an sich zum Grundwort (*salveō* < **salve-i̯ō* zu *salvo-s* *e*/*o*-St.); ursprünglich ist sogar *-ei̯-e/o-* zu analysieren, d. h. es liegt eine thematische Ableitung von der Vollstufe des für den *e*/*o*-Stamm in Ableitungen eintretenden *i*-Stammes (vgl. § 95) vor.

a) deverbale Bildungen

α) Kausativa und Intensiv-Iterativa mit *o*-Abtönung der Wurzel.

Beispiele für Kausativa sind: got. *dragkjan*, an. *drekkja*, ae. *drencean*, as. *drenkian*, ahd. *trenken* „tränken" (zu ahd. *trinkan*); got. *lagjan*, an. *leggja*, ae. *lecgan*, as. *leggian*, ahd. *leggen* „legen" (got. *ligan* „liegen"); got. *nasjan*, ae. as. ahd. *nerian* „retten" (got. *ga-nisan* „genesen, gerettet werden"); got. *sandjan*, an. *senda*, ae. *sendan*, as. *sendian* „senden" (ahd. *sinnan* „reisen"); got. *ga-baidjan* „zwingen, nötigen" (*ga-beidan* „dulden, ertragen"); got. *uf-hlōhjan*, an. *hløgja* „lachen machen" (got. *hlahjan*); ahd. *fuoren*, as. *fōrian*, afries. *fēra*, an. *føra* „führen" (*faran* „fahren"), vgl. ai. *pāráyati* „führt hinüber"; an. *þerra*, ahd. *derren* „dörren" = ai. *tr̥ṣáyati* „läßt dürsten", lat. *torreō* (trans.) „dörre" (zu got. *ga-þairsan* „verdorren", gr. τέρσομαι „werde trocken"). Vgl. ferner lat. *doceō* „ich lehre" (zu *decet* „es schickt sich"), abg. *buditi* „wecken", ai. *bodháyati* (zu ai. *bódhati* „wacht"); air. *suidid* „setzt" (= got. *satjan*).

Intensiv-iterative Bedeutung haben: got. *draibjan* „treiben, bemühen" (*dreiban* „treiben"), *kausjan* „kosten, schmecken" (*kiusan* „prüfen"), *wrakjan* „verfolgen" (*wrikan*), *gōljan* „grüßen" (zu ahd. *galan* „singen"). Dieser semantische Typus ist außerhalb des Germ. häufiger: gr. φορέω neben φέρω, ai. *patáyati*, gr. ποτεῖται „fliegt umher" (ai. *pátati*, gr. πέτεται „fliegt"), lat. *spondeō* „verpflichte mich, gelobe" (zu gr. σπένδω „verspreche"), abg. *nositi* (neben *nesti*) „tragen".

β) Bildungen mit anderer Ablautstufe:

e-Stufe der Wurzel haben got. *hleibjan* „schonen" (zu ahd. *hlīban* „schonen"), *fair-weitjan* „umherspähen" (ahd. *fir-wīzan* „tadelnd vorwerfen", got. *fra-weitan* „rächen"), Schwundstufe got. *huljan* „hüllen" (ahd. *helan* „verbergen"), ahd. *gi-burjen* „sich ereignen, zutragen" (zu *beran*), *gripfen* „greifen, fassen" (*grīfan*), got. *waurkjan* „wirken" (= awest. *vərəzyeiti* „wirkt"). Mit Vokal *a* zu Verben der 6. Ablautreihe got. *af-agjan* „ängstigen, schrekken" (*ōg* „fürchte mich"), *aljan* „aufziehen, mästen" (*alan* „wachsen"), *farjan* „fahren" (neben *faran*). Vokal *ō* = idg. *ā* hat got. *sōkjan*, an. *sǿkja*, ahd. *suohhen* „suchen" (neben *sakan* „streiten"), vgl. lat. *sāgiō*, *sāgīre* „nachspüren", gr. ἡγέομαι „ich führe". Es entspricht hier im Wesentlichen die 4. ai. Praesensklasse (vgl. oben zu got. *þaursjan*).

b) denominale Ableitungen.

α) Faktitiva zu Adjektiven (bedeutungsmäßig den Kausativen nahestehend):

got. *dauþjan*, an. *deyđa*, ae. *dȳdan*, afries. *dēda*, ahd. *tōten* „töten" (got. *dauþs* „tot"); got. *drōbjan*, ae. *drēfan* „aufrühren", ahd. *truoben* „trüben" (ae. *drōf* „verwirrt, trübe"); got. *gramjan*, an. *gremja*, ae. *gremian*, ahd. *gremman* „erzürnen" (an. *gramr* „zornig"); got. *lausjan* „retten", an. *leysa*, ae. *līesan*, as. *lōsian*, ahd. *lōsen* „lösen" (got. *laus* „los"); got. *warmjan*, ahd. *wermen* „wärmen", ahd. *kurzen* „abkürzen", *suazen* „angenehm machen" (*suazi*). Vgl. ai. *jīváyati* „macht lebendig", abg. *živiti* „lebendig machen" (= got. *ga-qiujan*), abg. *cěliti* „heil machen" (= got. *hailjan*, ahd. *heilen*), *na-plŏniti* „füllen" (= got. *fulljan*).

β) Ableitungen von Adjektiven, die eine **Eigenschaft** des verbalen Subjekts bezeichnen:

got. *balþjan* „kühn sein, wagen" (ahd. *bald*), *bleiþjan* „barmherzig, gütig sein" (*bleiþs*), *faurhtjan sik* „sich fürchten" (*faurhts* „furchtsam"), *flautjan* „prahlen" (*flauts* „prahlerisch"); ahd. *liuhten* „leuchten (*lioht* „hell"), *sciuhen* „scheuen" (ae. *scēoh* „furchtsam"), ae. *swǣsan* „lieb sein" (*swǣs*). Vgl. lat. *salveō* „bin gesund" (*salvos*), *albeō* „bin weiß" (*albus*), *audeō* „ich wage" (*avidus* „begierig").

γ) Ableitungen von Substantiven, meist mit dem Sinn der Objektverwirklichung und somit den Faktitiven nahestehend (got. *hunsljan* „opfern", d. h. „ein Opfer machen", zu *hunsl*), gelegentlich auch mit subjektivem Sinn (got. *sipōnjan* „Jünger sein", von *sipōneis*):

got. *dōmjan*, an. *dǿma*, ae. *dēman*, ahd. *tuomen* „urteilen" (got. *dōms* „Urteil"); got. *dailjan*, an. *deila*, ae. *dǣlan*, ahd. *teilen* „teilen" (got. *dails* „Teil"); got. *ga-wargjan* „ächtẹn", ae. *wiergan* „verfluchen", ahd. *for-wergen* „als Verbrecher strafen" (an. *vargr* „Wolf, Friedloser", ahd. *warg* „Verbrecher"); got. *huzdjan* „Schätze sammeln", aschwed. *hydda* „verbergen" (got. *huzd*, an. *hodd* „Schatz"); got. *haurnjan* „ins Horn stoßen", *dulþjan* „feiern" (*dulþs* „Fest"), an. *kelfa* „kalben", *hegla* „hageln"; ae. *byldan* „bauen" (*bold* „Haus"); ahd. *āhten* „ächten" (*āhta* „Acht"), *fluhten* „vertreiben", *hegen* „umzäunen", *drewen* „drohen" (*drawa* „Drohung"). Das Grundwort ist Subjekt der Verbalhandlung in got. *weitwōdjan* „Zeuge sein, bezeugen" (*weitwōþs*) und *andbahtjan* „Knecht sein, dienen" (*andbahts*). Die Bildungsweise ist schon grundsprachlich; vgl. ai. *namas-yá-ti* „verehrt" (*námas-* „Verehrung"), gr. ὀνομαίνω „ich nenne" < *-mn̥-i̯ō* zu ὄνομα „Name" (vgl. got. *namnjan* „nennen"), ai. *deva-yá-ti* „er verehrt die Götter" (*devá-* Gott"), *gātu-yá-ti* „schafft Zugang" (*gātú-*), *jani-yá-ti* „verlangt ein Weib" (*jáni-*), lat. *fīniō* (*fīnis*) usw. Die Ableitungen von *ā*-Stämmen (vgl. ai. *pr̥tanā-yá-ti* „kämpft" zu *pŕ̥tanā-* „Kampf", gr. τιμάω „ehre" zu τιμᾱ́) sind im Germ. in die 2. schwache Klasse eingegangen (got. *salbōn*, ae. *sealfian* „salben" usw., vgl. § 183.1).

3. Schwache Verba 3. Kl. Die im Westidg. zu einem besonderen Typ entwickelte verbale *ē*-Klasse, deren Suffix in der Flexion zwischen *-i̯e-/-i̯o-* und *-ēi̯e-/-ēi̯o-* variierte und einzelsprachlich verschiedene Sonderentwicklungen zeigt, enthält vorwiegend Verba mit *intransitiv-zuständlicher Bedeutung*, die neben anderen primären Verben stehen bzw. von einer verbalen Wurzel abgeleitet sind. Daneben existieren denominale Ableitungen von Adjektiven, seltener Substantiven mit *ingręssiv-inkohativer Bedeutung*, die besonders im Ahd. eine starke Produktivität zeigen. Außerhalb des Ahd. lebt der Typ am besten noch im Got. und An., während sich im Ae. und As. nur noch einzelne Reste erhalten haben, da hier die *ē*-Verba in die 2. schw. Klasse überführt worden sind.

a) deverbale (bzw. von Verbalwurzeln abgeleitete) *ē*-Verba (vielfach alte Erbwörter).

Regulär ist von alters her hier die Schwundstufe der Wurzel (vgl. ahd. *dorrēn* gegenüber got. *ga-þairsan*, ai. *tṛ̥ṣ-ya-ti* „dürstet" gegenüber Kaus. *tarṣ-áya-ti*, lit. *švitė́ti* „hell glänzen" gegenüber *šveĩsti* „reinigen"), doch kommt — quasi als Schwundstufenersatz — auch vorgerm. *a*-Vokalismus vor (lat. *manēre* „bleiben" zu gr. μένειν, *tacēre* = got. *þahan*).

Beispiele sind: got. *haban*, an. *hafa*, ae. *habban*, as. *hebbian*, ahd. *habēn* „haben" (Paradigma II § 87) zu got. *hafjan* „heben", lat. *capiō* (gleichbedeutend und -gebildet ist lat. *habēre*, das jedoch im Wurzelkonsonantismus abweicht; vgl. § 6); got. *liban*, an. *lifa*, as. *libbian*, ae. *libban*, ahd. *lebēn* „leben" (zu got. *bi-leiban*, ahd. *bi-līban* „bleiben"); got. *witan*, an. *vita* „beobachten", ahd. *gi-wizzēn* „achtgeben", zu got. *wait* (vgl. lat. *vidēre*, abg. *viděti* „sehen", lit. *pa-vydė́ti* „mißgönnen"); got. *trauan*, an. *trúa*, ahd. *trūwēn* „glauben, vertrauen" (= apreuß. *druwīt* „glauben"); got. *fijan*, an. *fjá*, ae. *fēogean* „hassen"; an. *una* „zufrieden sein", got. *un-wunands* „betrübt", ahd. *wonēn* „gewohnt sein, wohnen"; an. *vaka*, ahd. *wahhēn* „wachen" (vgl. lat. *vegēre* „munter sein"); got. *þahan*, an. *þegja*, ahd. *dagēn* „schweigen" (= lat. *tacēre*); got. *ana-*

silan „verstummen" (= lat. *silēre* „ruhig sein"); ahd. *hlosēn* „lauschen" (vgl. mit abweichender Wurzelstufe apreuß. *klausēmai* „wir hören"; zu ai. *śróṣati* „hört, gehorcht"); ae. *secgean*, an. *segja*, ahd. *sagēn* „sagen"; ahd. *fragēn* „fragen" (neben got. *fraihnan* § 186); ferner ahd. *werēn* „währen" (neben *wesan* „sein"), *hangēn* (neben *hāhan*), an. *lođa* „festhängen", *holfa* „gewölbt sein" u. a.

b) denominale Ableitungen.

α) Von Adjektiven sind abgeleitet mit inkohativer Bedeutung ahd. *altēn* „altern", *siohēn* „krank werden", *muodēn* „müde werden", *bōsēn* „böse werden", *warmēn*, *kaltēn* „warm, kalt werden", *fūlēn* „faul werden", *gruonēn* „grünen", *rīfēn* „reifen" usw. Die Anfänge dieses nur im Ahd. produktiven Typs liegen bereits in vorgerm. Zeit, vgl. ahd. *rotēn* „erröten" = russ.-ksl. *rъděti sę* „rot werden", lett. *rudēt* „rötlich werden", lat. *rubēre*, ahd. *heilēn* = abg. *cěléti* „heil werden" (gegenüber got. *hailjan*, abg. *cěliti* „heil machen") und Bildungen wie lit. *seněti* „alt werden", abg. *blěděti* „bleich werden" (1. Pers. Sg. Praes. *seněju*, *blěděję*). Faktitive Bedeutung haben got. *swēran* „ehren, achten" (zu *swērs* „geehrt"), *weihan* „weihen" (ahd. *wīhen*, schw. V. 1.Kl.), durativ sind got. *fastan* „festhalten, halten", ahd. *fastēn* „fasten" (zu ahd. *festi* „fest"), an. *stara*, ahd. *starēn* „starren" (zu ahd. *star* „starr"). Ableitungen mit inkohativer Bedeutung werden im Got. mittels *-nan* gebildet (§ 186).

β) Ableitungen von Substantiven sind ahd. *rostēn* „rosten", *hornēn* „Hörner bekommen", *tagēn*, *nahtēn*, *abandēn* „Tag, Nacht, Abend werden"; got. *ga-þiwan* „dienstbar machen" (*þius* „Knecht"); an. *mara* „tief im Wasser liegen" (zu *marr* „Meer, See"). Vgl. abg. *uměti* „verstehen" (zu *umъ* „Verstand", *o-syrěti* „zu Käse werden" (*syrъ*), lit. *kerěti* „in Stauden wachsen" (*kēras* „Staude").

§ 186. Bildungen mit Nasalformans

Eine geläufige Weise der Bildung von Praesentien mit punktueller (meist ingressiver) Aktionsart war im Idg. mittels eines nasalen Infixes oder Suffixes. Dabei sind verschiedene, im Germ. ungleichmäßig vertretene Typen zu unterscheiden:

1. Praesentien mit Nasalinfix.

Die ursprüngliche Flexionsweise war athematisch und in die reduzierte Wurzel wurde das Element *-ne-* infigiert, und zwar im Sg. des Akt. in vollstufiger, sonst schwundstufiger Gestalt (d. h. als *-n-*). Von der Wurzel **i̯eug-* „anschirren“ (lat. *iugum*) lautete im Idg. das Praesens Sg. 1. **i̯u-né-g-mi*, 3. **i̯u-né-k-ti*, Pl. 1. **i̯u-n-g-més*, 3. **i̯u-n-g-énti*, vgl. ai. *yunájmi*, *yunákti*, *yuñjmás*, *yuñjánti*. Doch erfolgte einzelsprachlich meist Überführung in die thematische Flexion: im Ai. wurde nach der 3. Pl. eine themat. 3. Sg. *yuñjáti* gebildet, und im Lat. ist das entsprechende Verbum vollthematisch: *iungō*, *iungis* usw. (desgleichen *findō* „ich spalte“ gegenüber ai. *bhi-ná-d-mi*). Das ursprünglich nur auf das Praesens beschränkte *n*-Infix wird vielfach auch in außerpraesentische Tempora übertragen, so in lat. *iunxī* gegenüber *rūpī* zu *rumpō*.

Das einzige noch durchsichtige Beispiel für ein praesentisches *n*-Infix im Germ. ist got. ae. as. *standan*, an. *standa*, ahd. *stantan* „stehen, stillstehen, sich stellen“, vgl. Praes. Sg. 1. got. *standa*, Praet. *stōþ* (idg. **stə-n-t-/stā̆-t-*, Erweiterung der Wz. **stā-/stə-* „stehen“). Das hohe Alter dieser Bildung wird durch hethit. *ištantanu-* „zögern“ verbürgt.

Andere ursprünglich gleichartige Bildungen sind durch Nasalschwund undurchsichtig geworden, so got. as. ahd. *fāhan* „fangen“ (zu lat. *pangō* „befestige“, Perf. *pepigī*) und möglicherweise got. *weiha* „ich kämpfe“, *leihva* „ich leihe“, falls = lat. *vincō*, *linquō* (vgl. aber gr. λείπω!). Verallgemeinerung des Nasals liegt vor in got. *siggan* (Praet. *sagq*) „sinken“ gegenüber lit. *senkù*, Infin. *sèk-ti* „versiegen“ sowie schon vorgerm. in got. *windan* (Praet. *wand*) gegenüber *ga-widan* „verbinden“ (Wz. **u̯edh-/u̯e-n-dh-*). Da Nasalierung der Wurzel seit eh und je auch lautsymbolisches Mittel zur semantischen Differenzierung ist (vgl. ahd. *stapfōn* —

stampfōn, nhd. *platschen* — *plantschen*), müssen nasalierte Wurzeln neben unnasalierten nicht in jedem Fall auf alte Nasalpraesentien hinweisen.

2. Bildungen mit Nasalsuffix idg. *-nā-/-nə-* (germ. *-nō-/-na-*), mit thematischer Umbildung *-ne-/-no-*.

Der Typus, der entstehungsgeschichtlich ebenfalls ein infigierender (in zweisilbige Wurzeln oder Basen auf *-ā-/-ə-*) war, wird veranschaulicht durch Bildungen wie gr. δάμ-νᾱ-μι (att. δάμ-νη-μι) „ich bändige", 1. Pl. δάμ-νᾰ-μεν, ai. *krī̆-ṇā́-ti* „kauft", 1. Pl. *krī̆-ṇī-más*, die alten Flexionsablaut *-nā-/-nə-* bei athematischer Bildungsweise zeigen. Einzelsprachlich wird jedoch meist eine der beiden Ablautformen, normalerweise die schwundstufige, verallgemeinert, und es erfolgt auf lautmechanischem oder analogischem Weg Übergang in die thematische Flexion; vgl. ai. *mṛṇáti* „zermalmt" neben *mṛṇā́ti*, lat. *sternō* gegenüber ai. *stṛṇā́mi*, gr. δάμνω neben δάμνᾱμι usw.

Auch im Germ. wurden Ablaut und Flexion vereinfacht. Das volle Suffix *-nō-* erscheint außer in einigen schwachen Verben 2. Kl. nur im sekundär gebildeten schwachen Praeteritum der Verben auf *-nan* (got. *ga-wak-nan*, an. *vakna*), die im Praes. im Got. wie starke Verba, im An. nach der 2. schw. Klasse flektieren (vgl. II § 88).

Reste der ausschließlich praesensbildenden Funktion des Suffixes finden sich noch in Gestalt von got. *fraihnan*, an. *fregna* „fragen", Praet. got. *frah*, an. *frá* (Wz. **prek̑-* in lat. *prec-ā-rī*) und got. *us-keinan* „hervorkeimen", Part. Praet. *us-kijans*. Doch veranschaulicht bei letzterem Verbum das Praet. *us-keinōda* bereits den Übergang zur schwachen Flexion.

Einige andere stark flektierende Verben haben das Nasalformans durch das Verbalsystem durchgeführt und daraufhin ihren Wurzelablaut neu ausgerichtet: ahd. *klenan* „schmieren, kleben" (neugebild. Praet. *klan*), vgl. air. *glenaid* „bleibt hängen" (zu gr.

γλία „Leim"); an. *gína* „gähnen", ae. *tō-gīnan* „klaffen", daneben schwach. Verbum in ahd. *ginōn* (vgl. abg. *zinǫ, zinǫti*) und *ginēn* (vgl. nasallos ahd. *gīēn* „gähnen"); got. *skeinan*, an. *skína*, ahd. *scīnan* „scheinen" (vgl. got. *skei-rs* „klar"); as. ahd. *spurnan* „treten" (vgl. lat. *spernere*, Perf. *sprēvī*), daneben schwache Bildung in ahd. *spornōn*, an. *sporna* „mit dem Fuß treten" (vgl. lat. *aspernāri*), zu ai. *sphuráti* „stößt mit dem Fuß, zappelt". Assimiliert ist der Nasal in ahd. *wellan* „wälzen, rollen" (vgl. lit. *vilnìs* „Welle") und ähnlichen Bildungen.

Produktiv blieb die Bildungsweise im Germ. nur im Rahmen der 4. schw. Klasse, die als lebendiger Typus nur noch im Got., erstarrt auch noch im An. existiert. Die betreffenden Bildungen bezeichnen den *Übergang in einen Zustand* und stehen vielfach im Sinne eines unpersönlichen Passivs.

a) Ableitungen von Verbalwurzeln. Diese zeigen gegenüber dem verwandten starken Verbum nach Möglichkeit schwundstufige Bildung: got. *us-bruknan* „abgebrochen werden" (*brikan* „brechen"), *and-bundnan* „gelöst werden, sich lösen" (*bindan*), vgl. ai. *badhnā́ti* < **bhn̥dh-nā́-ti* „bindet", *us-gutnan* „ausgegossen werden, ausfließen" (*giutan*), *dis-hnupnan* intrans. „zerreißen" (*dis-hniupan* trans. „zerreißen"), *af-lifnan* „übrigbleiben, verbleiben" (*bi-leiban*), *fra-lusnan* „verloren gehen" (*fraliusan*); ohne Ablaut *auknan* „sich mehren" (*aukan*). Aus dem An.: *visna* „verwelken" (vgl. *visinn* „welk, verwelkt"), *sofna* „einschlafen" (*sofa*, ae. *swefan* „schlafen"), vgl. auch abg. *u-sъnǫti* „einschlafen"; *dofna* „stumpf, kraftlos werden" (vgl. *dofinn* „stumpf, schlaff"), *drukkna* „ertrinken", *þagna* „verstummen". Auch *rođna* „erröten" zu *rjóđr* „rot" bzw. *rjóđa* „röten" und *sortna* „schwarz werden" zu *svartr* „schwarz" zeigen Schwundstufe der Wurzel.

b) Ableitungen von Adjektiven: got. *ga-blindnan* „erblinden" (*blinds*), *af-daubnan* „taub werden" (*daufs*), *af-dumbnan* „verstummen" (*dumbs*), *fullnan* „voll werden", *ga-hailnan* „geheilt werden" (*hails*), *us-hauhnan* „erhöht werden", *managnan* „sich mehren" (*manags*), *swinþnan* „stark werden" (*swinþs*), *weihnan* „geheiligt werden" (*weihs*); an. *harđna* „hart werden", *stirđna* „steif werden" (*stirđr*), *fǫlna* „fahl werden" (*fǫlr*), *blána*, *grána* „blau, grau werden", *vesna* „schlechter werden" (*verri*) usw.

Einige Fortsetzer alter Nasalverben gehen im Germ. nach der *ō*- bzw. *ē*-Klasse.

Schwache Verben auf *-nōn* sind: got. *gaunōn* „klagen" (zu ae. *gōian* „seufzen", an. *geyja* „heulen, bellen", lit. *gaũsti* „heulen"); got. *ufar-munnōn* „vergessen" (zu *man* „ich meine"); an. *gana* „sich öffnen, schnappen" (zur Wz. **ghē-* „gähnen, klaffen"); an. *flana* „blindlings auf etwas losstürzen", norw. *flana* „umherstreifen" (vgl. gr. πλανάομαι „ich irre umher"; zur Wz. **pelə-* „breit, flach"); an. *dvína* „erschlaffen, an Kraft abnehmen" (Wz. **dhu̯ī-* in air. *díth* „Ende, Tod", Erweit. von **dheu-* in got. *diwans* „sterblich"); ahd. *spornōn*, an. *sporna* (s. o.).

Der 3. schw. Klasse gehören an: got. *ga-kunnan*, Praet. *-kunnaida* „kennen lernen, erkennen", ahd. *kunnēn* „kennen" (vgl. ai. *jānā́ti* „er weiß", lit. *žinóti* „wissen"); ahd. *ginēn* „gähnen", *hlinēn* „lehnen" (vgl. gr. κλί̄νω, lat. *in-clīnāre*); ahd. *lirnēn* = ae. *liornian* „lernen" (zu got. *lais* „ich weiß") u. a. Der Grund für ihren Übertritt in die *ē*-Klasse ist unklar (*-nan*: *-naida* nach *-an*: *-aida* für *-nan*: *-nōda*?).

3. Praesentien mit Nasalsuffix idg. *-neu-/-nu-*.

Die durch ai. *r̥-ṇó-mi* „ich errege", 1. Pl. *r̥-ṇu-más* = gr. ὄρνῡ-μι, ὄρνῠμεν (idg. **r̥-néu-mi*, **r̥-nu-més*), veranschaulichte Bildungsweise, bei der der Nasal ursprünglich ebenfalls, und zwar in eine mit *u* erweiterte Wurzel infigiert wurde (vgl. **u̯eru-/*u̯r̥-ne-u-* in gr. ἔρυ-μαι „ich beschütze", ai. *vr̥ṇóti* „wehrt"), wird im Germ. noch durch einige Verben mit durchgehendem *-nn-* (< *-nu̯-*) reflektiert:

got. ahd. *rinnan* „laufen, rinnen" (vgl. ai. 3. Pl. Imperf. *a-riṇvan* neben *rī́yate* „gerät ins Fließen"; vgl. auch lat. *rīvus* „Bach" < **rei-u̯o-s*); got. *af-linnan* „vergehen, weichen", ahd. *bi-linnan* „weichen" (vgl. gr. ἐλινύω „raste, zögere" und mit *nā*-Bildung ai. *vi-lināti* „zergeht, löst sich auf"); got. *du-ginnan*, ae. *be-ginnan*, as. ahd. *bi-ginnan* „beginnen" (vgl. ai. *hinóti*, thematisiert *hínvati* „treibt an"); ae. ahd. *winnan* „streiten, sich abmühen", an. *vinna* „leisten, gewinnen" (zu ai. *vé-ti* „bekämpft, sucht zu gewinnen"); ahd. *bannan* „befehlen, unter Strafandrohung gebieten" (wohl aus **bhə-nu̯-ō-* zu gr. φᾱ-μί „ich sage", Pl. φα-μέν, lat. *fā-rī*).

§ 187. Bildungen mit *s*-Suffix

Das Element *s* fungiert im Idg. vor allem in der Tempus- und Modusbildung (*s*-Aorist, Konjunktiv, Desiderativ, Futur; vgl. gr. δείξω, ἔ-δειξα = lat. *dīxī*; ai. *vi-vit-sa-ti* „wünscht kennenzulernen" u. dgl.). Daneben erscheint es jedoch in einer Reihe von Fällen als Wurzelerweiterung, wohl mit intensiv-iterativer oder faktitiver Funktion, vgl. etwa ai. *bhā́sati* „scheint, leuchtet" neben *bhā́-ti* „leuchtet", gr. ἀλέξω „wehre ab", ai. *rákṣati* „schützt" neben gr. ἀλ-αλκεῖν „abwehren", ae. *ealgian* „schützen". Einige solche Bildungen sind auch im Germ. erhalten:

got. *at-þinsan* „heranziehen"; ahd. *dinsan* „ziehen, reißen" = ai. *taṃsati*„ zerrt", lit. *tęsiù, tę́sti* „durch Ziehen dehnen" (Erweit. von **ten-* „dehnen" in gr. τείνω, ai. Aor. *a-tan*); ahd. *wahsan*, got. *wahsjan* „wachsen", vgl. ai. *úkṣati* „wächst heran, erstarkt", gr. ἀέξω, αὔξω „mehre" (zu got. *aukan*, lat. *augēre* „sich mehren"); ahd. *hlosēn* „lauschen", vgl. ai. *śróṣati* „horcht", Wz. **k̑leu-s-* (neben *k̑leu-* in ai. *śru-dhí* „höre!", lat. *clueō*, gr. κλυ-τός „berühmt"); got. *uf-blēsan* „aufblasen", ahd. *blāsan*, an. *blása* (neben ahd. *blāen* „blähen, blasen"); got. *fra-liusan*, ahd. *far-liosan* „verlieren" (vgl. gr. λύω „ich löse", got. *lun* „Lösegeld").

Zur desiderativen Bedeutung in got. *ga-weisōn*, lat. *vīsere* „besuchen" vgl. § 177.

Produktiv wurde das Suffix im Germ. nur in schwacher Form. Im An. gehen eine Reihe von Verben, besonders solche, die ein *Raffen* u. dgl. bezeichnen, auf *-sa* (< *-sōn*) aus:

an. *glepsa, glefsa* „schnappen, beißen" (vgl. auch norw. *glufsa* „schnappen, schlucken"), zu norw. *glap* „Loch", *glapa* „offen sein"; *tafsa* „kratzen", *rifsa* „an sich reißen" (vgl. auch *rifs* „Raub") zu *rífa* „reißen"; *hremsa* „mit Klauen greifen", schwed. dial. *rammsa* „reißen", zu an. *hrammr* „Klaue"; *gemsa* „ausgelassen sein", norw. *gamsa* „scherzen"; *glensa* „scherzen", *hugsa* „denken, bedenken" (vgl. *huga* „überlegen"), *kallsa* „verlangen, bitten, schmähen" (*kalla* „nennen, sagen"). Vgl. auch nhd. *grapsen*, engl. *grasp* (gegenüber *grab*).

Von diesen Bildungen nicht immer klar zu trennen ist ein besonders im Ahd. lebendiger Typ auf *-isōn*, der seinen Ausgang von *s*-Stämmen und anderen Nomina mit *s*-Suffix genommen hat; vgl. got. *hatiz-ōn* „zürnen" zu *hatis* „Haß", ahd. *egis-ōn* „erschrecken" zu got. *agis* „Schrecken", *sigirōn* „triumphare" mit gramm. Wechsel zu got. *sigis* „Sieg" (vgl. auch lat. *onerāre* zu *onus*, *-eris*, *scelerāre* zu *scelus*). Abgelöst erscheint das Suffix bereits in got. *walwisōn* „sich wälzen" (zu *walwjan* „wälzen").

Bildungen aus dem Westgerm. sind: ahd. *rīchisōn*, ae. *rīcsian* „herrschen" (zu got. *reiks* „Vornehmer", ahd. *rīhhi* „reich, mächtig"); ahd. *grimmisōn*, ae. *grimsian* „wüten" (ahd. *grim*); ahd. *michilisōn* „verherrlichen" (*michel* „groß"), *harmisōn* „schmähen" (*harm*), *lustisōn* „sich ergötzen", *grūwisōn* „grausen"; ae. *miltsian* „sich erbarmen", *mǣrsian* „bekanntmachen", *gītsian* „begehren" = mhd. *gītesen* „geizen" (zu *gīten* und *gīt*). Neben starken Verben stehen ahd. *hriuwisōn*, ae. *hrēowsian* „bereuen" (ahd. *hriuwan*), ahd. *klingisōn* „klingen" (*klingan*), *waltisōn* „walten" (*waltan*), mhd. *brunsen* (ahd. *brinnan* „brennen").

§ 188. Bildungen mit *sk*-Suffix

Das idg. Praesenssuffix *-sk̑e-/-sk̑o-* (bzw. *-ske-/-sko-*), vertreten in gr. βάσκω „ich gehe", ai. *gácchati* „er geht" < **g$^{u̯}$m̥-sk̑e-ti* (Wz. **g$^{u̯}$em-* in got. *qiman* „kommen", ai. Aor. *á-gam-am*), gr. φάσκω „ich sage" (neben φη-μί, dor. φᾱ-μί), gr. γνώ-σκω, lat. *(g)nōscō* (vgl. *nō-tus*), lat. *crē-scō* „ich wachse" (Perf. *crēvī*), air. *nascid* „bindet", erscheint im Germ. nur noch in wenigen resthaften Bildungen. Das Suffix ist nicht mehr auf das Praes. beschränkt; z. T. handelt es sich um schwach flektierende Verben.

Stark flektieren ahd. *ir-leskan* „erlöschen" (eig. „sich legen" zur Wz. **legh-* in got. *ligan*); ahd. *wascan*, Praet. *wuosc* (an. *vaska* schw. Verb.) „waschen" (zu got. *watō* „Wasser"); got. *þriskan*, ahd. *drescan* „dreschen". Schwache Verba sind ahd. *forscōn* „forschen, fragen" (*forsca* „Frage"), vgl. ai. *pr̥ccháti*

„fragt“ (*pṛcchá-* „Frage“), lat. *poscō* „ich fordere“; ahd. *eiscōn*, as. *ēskon*, ae. *āscian* „fragen, bitten“ (nhd. *heischen*), vgl. lit. *ieškóti*, abg. *iskati* „suchen“ (ebenfalls *ā*-Verben), ai. *icchắti* „sucht“ (vgl. auch ai. *icchắ-* „Verlangen, Wunsch“, ahd. *eisca* „Forderung“); ahd. *wunscen*, ae. *wȳscan*, an. *øskja* „wünschen“ (ahd. *wunsc* m., an. *ósk* f. „Wunsch“), vgl. ai. *vāñchati* „wünscht“ (Wz. **u̯en-* „verlangen“, vgl. lat. *venus*, ahd. *wunna* „Wonne“); mhd. *krīschen* „kreischen“ (neben mnd. *krīten*); mnd. *rūsken*, mhd. *rūschen* „rauschen“; got. *and-hruskan* „erforschen, untersuchen“.

§ 189. Verben mit *t*-Erweiterung

Praesensstammbildendes Suffix ist *-te-/-to-* in lat. *pec-tō* (Perf. *pexī*), gr. πέκ-τω „ich kämme“ (neben πέκ-ω), ebenso in lat. *nec-tō* „ich knüpfe“, *plec-tō* „ich flechte“. Im Germ. haben *plectere* und *pectere* Entsprechungen in ahd. *flehtan*, an. *flétta* (schw. Verb.) und ahd. *fehtan*, ae. *feohtan* „fechten“ (gemeinsame Grundbed. von *pectere* und *fehtan* wohl „raufen“), doch ist im Germ. das *t* Bestandteil der Wurzel geworden.

Weitere Bildungen dieser Art sind: got. *falþan*, ahd. *faldan*, an. *falda* „falten“ (neben got. *ain-falþs* usw. „einfach“), zu gr. ἁ-πλός, lat. *sim-plus* „einfach“; ahd. *sceltan* „schelten, tadeln“ (zu ahd. *scellan* „schallen“, an. *skella* „lärmen, schelten“); got. *us-alþans* „veraltet“ (Infin. **alþan*) zu *alan* „aufwachsen“ (vgl. auch *alþeis* „alt“); got. *af-hlaþan* „überbürden“, an. *hlaða*, ahd. *hladan* „laden“ (vgl. lit. *klóju*, *klóti* „hinbreiten“); got. *ga-leiþan*, ahd. *līdan* „gehen“ (vgl. an. *li-m-r* und got. *li-þu-s* „Glied“ § 124).

Die verbalen *to*-Bildungen stehen in engem Zusammenhang mit gleichartigen nominalen Bildungen, vgl. lat. *plec-tō*, ahd. *flehtan*: gr. πλεκ-τός „geflochten“, got. **alþan*: ahd. *alt*, usw. So kann auch ein Zusammenhang des german. Praeteritalsuffixes in got. *munda*, *kunda*, *wissa*, *nasida* usw. mit den entsprechenden Verbaladjektiven got. *munds*, *kunþs*, got. *un-wiss* usw. (§ 118. 1) bestehen. Vgl. allerdings auch § 42.

§ 190. Verben mit *-st-*

-st- erscheint im Germ. vor allem in Schallverben: ahd. *brestan*, an. *bresta* „bersten" (vgl. air. *brissid* „bricht"), got. *kriustan* „knirschen", mhd. *kristen* „scharf schreien" (vgl. mnd. *krīten*, mhd. *krīzen* und mhd. *krīschen* § 186), an. *gnesta* „krachen, knallen", nhd. *knistern* (mhd. **knisten*, vgl. *knistunge* „Knirschen"). In diesen Bildungen hat *st* lautsymbolischen Charakter; entstanden ist es z. T. auch durch *t*-Erweiterung von *s*-Wurzeln; vgl. an. *hrista* „schütteln", air. *cressaid* „schüttelt" gegenüber got. *af-hrisjan* „abschütteln".

§ 191. Idg. *-dh-* als Wurzelerweiterung

Eine Erweiterung der Wurzel mit determinativischem *dh*-Suffix zeigen einige Verben des Germanischen, so vor allem got. *waldan*, an. *valda*, ahd. *waltan* „walten" in Übereinstimmung mit lit. *valdýti* „herrschen", abg. *vladǫ*, *vlasti* gegenüber lat. *valēre* „stark sein, gelten"; ferner got. *ga-rēdan* „bedacht sein", ahd. *rātan*, an. *ráđa* mit ai. Aor. *á-rādh-a-t* „machte zurecht" gegenüber lat. *reor*, *rēri* „meinen"; got. *mundōn* „das Augenmerk richten auf", an. *munda* „richten, zielen" (vgl. gr. μανθάνω, Aor. ἔ-μαθ-ον „lernen", alb. *mund* „ich kann", abg. *mǫdrъ* „weise") zur Wz. **men-* in got. *man* „ich meine", Infin. *munan*. Wegen des Zusammenfalls von idg. *dh* mit *t* unter Verners Gesetz in germ. *đ* (*d*) lassen sich weitere Bildungen nicht mit Sicherheit der einen oder anderen Gruppe zuordnen.

§ 192. Idg. *-d-* als Wurzelerweiterung

Idg. *d* ist relativ häufig erweiternder Bestandteil einer germ. Verbalwurzel. Seine ursprüngliche Funktion ist unklar; in einigen Beispielen scheint sie kausativ-faktitiv oder terminativ zu sein.

ae. *meltan*, an. *melta* „schmelzen, sich auflösen", ahd. *smelzan*, mit gr. μέλδομαι „werde weich, schmelze" zu gr. μαλακός

„weich“; got. *swiltan* „hinsterben“, ahd. *swelzan* „sich verzehren“ zu ae. *swelan* „schwelen“; got. *saltan*, lat. *sallo* < **saldō* (vgl. *salsus* < **sald-to-s*) zu lat. *sāl*, *sal-is*, abg. *solь* „Salz“; ahd. *sliozan* mit lat. *claudō* zu lat. *clāvis* „Schlüssel“; ahd. *sciozan*, an. *skjóta* „schießen“ mit lit. *šáudau* „ich schieße“ zu lit. *šáuju*, *šáuti* „schießen“; got. *giutan*, lat. *fundere* zu gr. χέω „ich gieße“; ahd. *fliozan*, an. *fljóta* „schwimmen, fließen“, lit. *plústu*, *plúdau*, *plústi* „ins Schwimmen geraten“ zu gr. πλέω „ich schwimme“, lit. *pláuju*, *pláuti* „spülen“; ahd. *wāzan* „wehen, blasen“ zu *wāian* „wehen“, ai. *vā́-ti* „weht“. Got. *aistan* „sich scheuen“ zu ahd. *ēra* „Ehre“ kann die gleiche *d*-Bildung wie ai. *īḍate* „verehrt, preist“ oder *t*-Suffix enthalten; gleichfalls unsicher ist das Verhältnis von an. *freista* „versuchen“ zu got. *fraisan*.

§ 193. Suffix *-atja-/-itja-*

Das Verbalsuffix germ. *-atja-/-itja-* in got. *lauhatjan*, ahd. *lohazzen* „blitzen, leuchten“ usw. entspricht dem Suffix der griech. Verba auf -άζω, -ίζω (λιθάζω „ich steinige“, ἐλπίζω „ich hoffe, erwarte“), doch läßt sich der gemeinsame Ursprung der Suffixe in beiden Sprachen nicht durch überzeugende Wortgleichungen erhärten. Ausgangsbasis des Suffixes waren verbale *i̯o*-Ableitungen von nominalen Stämmen auf *-d-* (bzw. thematisiert *-do-*), wobei *-d-* (ähnlich wie paralleles *-t-*, § 117) der Wurzel- oder Stammerweiterung diente. So geht gr. -αδ- zumeist auf schwundstufiges *-əd-* zurück, das seinem Ursprung nach zu einer Vollstufe auf *-ā-* in Beziehung steht: παρα-στάς, Gen. -άδ-ος „Pfeiler“, Adv. στά-δ-ην „stehend“ < **stə-d-*, Erweiterung der Wz. **stā-* „stehen“; φυγάς, Gen. -άδ-ος „Flüchtling“ < **bhugə-d-*, Ableit. von **bhugā-* = gr. φυγή, lat. *fuga* (vgl. auch lat. *trans-fuga* „Überläufer“). Infolge der Verwandtschaft der *o*- und *ā*-Stämme konnte -αδ- und -άζω auch zu ersteren in Beziehung gesetzt werden, so λιθάς „Steinschauer“ und λιθάζω zu λίθος „Stein“. Analog ist gr. -ιδ- ursprünglich Erweiterung eines *i*-Stammes (ἐλπί-ς „Hoffnung, Erwartung“, obliqu. St.

ἐλπί-δ-). Germ. *-atja-* kann außer auf *-əd-io-* auch auf idg. *-od-i̯o-* zurückgehen, mit *-o-d-* als formantischer Erweiterung eines *o*-Stammes und Variante von *-o-t-* in got. *liuhaþ* „Licht" (§ 117). Auch das Lat. hat eine Verbalbildung auf *-d-i̯o-*, nämlich das Schallverbum *grundiō*, *grundīre* „grunzen" (verwandt mit gr. γρύζειν, ae. *grunettan*, mhd. *grunzen*).

Im Germ. hat sich *-atja-/-itja-* schon völlig von seinem Ursprung gelöst und bildet als komplexes Suffix denominale und deverbale Bildungen mit intensiv-iterativer Bedeutung. Das Suffix ist besonders im Westgerm. produktiv; das Got. kennt nur wenige Bildungen, das An. keine. Mit Vorliebe sind Geräusch-, Bewegungs- und Witterungsverben so gebildet.

Im Got. sind überliefert: *swōgatjan* „seufzen" (zu *uf-swōgjan* „aufseufzen"), *kaupatjan* „ohrfeigen" (aus gr. κόλαφος „Ohrfeige" über vulgärlat. *colpus*, **coupus* und somit die got. Parallele zu κολαφίζειν der Vorlage) und *lauhatjan* „leuchten" (vom Blitz); ferner ist aus *ahmateins* „Inspiration" ein Verbum **ahmatjan* zu erschließen. Der etymologische Wert des *au* in *lauhatjan* ist unsicher (germ. *au* oder *u*); vergleichbar sind ahd. *lohazzen* „flammen, flammend zittern" und *lohēn* (mit *o* < *u*), ahd. *lougazzen* (Ableitung von *loug* „Flamme") und ae. *līeget* „Blitz" (mit *ou* bzw. *īe* aus *au*).

Westgerm. Bildungen sind: ae. *lāđettan*, ahd. *leidazzen* „hassen, verwünschen"; ae. *fallettan*, ahd. *fallezzen* „fallen"; ae. *hālettan*, ahd. *heilazzen* „begrüßen"; ae. *droppettan*, ahd. *tropfezen* „tröpfeln", ae. *flogettan*, ahd. *flogazzen* „flattern"; ae. *grunettan*, mhd. *grunzen* „grunzen"; ae. *spīgettan*, mhd. *spiutzen* „speien". Auch hier besteht gewöhnlich ein Ablautverhältnis zu verwandten starken Verben: ae. *sprangettan* „zucken, zittern", ahd. *sprungezen* „exultare" (beide zu *springan*), ahd. *worphozen* „hin- und herwerfen" (zu *werfan*).

Weitere Bildungen aus dem Ahd. und Mhd.: ahd. *slagazen* „klatschen" (zu *slahan*, *slag* und *slagōn*), *muckazen* „mucksen", *ātumezen* „atmen", *bleckatzen* „leuchten, blitzen", *rūnazen* „raunen, flüstern", *krockezzan* (mhd. *krochzen*, nhd. *kröchzen*) „krächzen" (zu *krachōn*), *gackazzen* (mhd. *gagzen*) „gackern", *gickazzen* „gicksen", mhd. *blebzen* „plappern", *sluchzen* „schluchzen", *smackezen* „schmatzen", *swanzen, swenzen* „schwanken". Nhd. ist das Suffix im Bair.-Österr. noch in der Form *-itzen* erhalten: *himmelitzen* „wetterleuchten", *krachitzen, achitzen* (= *krächzen, ächzen*).

Bei einigen Verben ist Übergang in die ō-Flexion zu beobachten: ahd. *gramizzōn, gremizzōn* „zürnen" gegenüber ae. *gremettan*, *sprungezōn* neben *sprungezen*, *roffazōn* neben *roffazen* „rülpsen"; vgl. ferner as. *raskiton* „funkeln".

§ 194. Verba mit germ. *k*-Suffix

Ein verbales *k*-Suffix, gewöhnlich mit *o*-Flexion, bildet besonders im Nord- und Nordwestgerm. Ableitungen von Adjektiven und Substantiven sowie deverbale Iterativa mit mehr oder minder starkem affektivischem Beiklang. Das verbale *k*-Suffix hängt aufs engste mit dem nominalen *k*-Suffix zusammen, für das teils Herkunft aus idg. *g*, teils aus idg. *k* (auf dem Wege über ein vorgerm. Substrat) angenommen werden kann (vgl. § 153). Beispiel für germ. *k* < idg. *g* ist an. *valka* „etwas von Ort zu Ort ziehen", ae. *wealcan* trans. „rollen", *wealcian* intrans. „rollen" (ne. *walk* „zu Fuß gehen"), ahd. *walchan* „kneten, Teig auswalzen" (nhd. *walken*), das als Erweiterung der Wurzel **u̯el-* in ahd. *wellan* „wälzen, rollen" eine Entsprechung in ai. *válgati* „springt" hat. Das Lat. hat Bildungen wie *fodicāre* „wühlen" (zu *fodere*) und *vellicāre* „rupfen" (zu *vellere*) neben solchen auf *-igāre* wie *lītigāre* „streiten", *flammigāre* „Flammen treiben".

1. Denominale Ableitungen

a) Ableitungen von Adjektiven sind besonders häufig im An.: *dýrka* „verehren" (*dýrr* „teuer"), *bliđka* „erfreuen" (*bliđr*), *minnka* „vermindern, weniger werden" (*minnr*), *seinka* „verzögern, aufschieben" (*seinn* „langsam, spät"), *víđka* „weit werden", *þurka* „trocknen“ (*þúrr* „trocken, dürr“, vgl. auch *þurkr* „trockenes Wetter“), *samka* „sammeln“. Aus anderen germ. Sprachen stammen ae. *gearcian* „bereiten“ (*gearu* „bereit“), *ieldcian, elcian* „zögern“ (vgl. ahd. *altih*), ahd. *ippihhōn* „revolvere“ (vgl. got. *ibuks*), *rutichōn* „rutilare“, westfries. *leafke* „liebkosen“.

b) Ableitungen von Substantiven sind zahlreicher nur im Fries. (westfries. *briefkje* „Briefwechsel führen“, *buorkje* „Bauer sein“), sonst selten (an. *þrǽlka* „zum Knecht machen“ zu *þrǽll* „Knecht, Sklave“, mhd. *smirchen* „nach Fett riechen“ zu *smer* „Fett, Schmer“).

2. Deverbale Ableitungen. Sie sind besonders im nordseegerm. Raum häufig; alte Bildungen haben im Verhältnis zu dem zugehörigen starken Verbum *o*-Stufe oder Schwundstufe der Wurzel; vgl. ae. *be-stealcian* neben *be-stelan* „verstohlen gehen“, an. *stanka* „stöhnen“ gegenüber ae. *stenan* (dagegen ae. *stenecian* mit gleicher Vokalstufe wie *stenan*), ne. *whinnock* „wimmern, winseln“ gegenüber *whine* (ae. *hwīnan*), nordfries. *söngki* „singen“ u. a. Normalerweise stehen die *k*-Verben jedoch in Beziehung zu schwachen Verben.

Weitere Beispiele sind: ahd. *hōrechen*, mnd. mnl. *horken*, afries. *herkia*, me. *herken* „horchen“ (zu ahd. *hōren* „hören“); mhd. *snarchen*, schwed. *snarka*, ablaut. norw. dial. *snerka*, nd.nl. *snorken* „schnarchen“ (zu mhd. *snarren* „schnarren“, engl. *snore* „schnarchen“); ahd. *lustrihhōn* (Umbild. von lat. *lustrāre*); ae. *bedecian* „betteln“, fries. *bēdagi* „beten“ (zu got. *bidjan*, ahd. *betōn* „beten“, *betalōn* „betteln“), vgl. auch got. *bidagwa* (meist geändert in *bidaga*) „Bettler“; ae. *fercian* „bringen“ (*ferian* „dass.“), *fiđercian* „flattern“ (*fiđerian*), *smearkian* „lächeln“ (*bi-smerian* „verspotten“), *gruncian* „wünschen, verlangen“, aschwed. *grunka* (zu mnd. *gronen* „begehren“, ahd. *griuna* „Begierde, Heftigkeit“); me. *granken* „stöhnen“ (zu ae. *grānian*, ne. *groan*); mnd. *flebbeken* (neben *flabben*) „küssen“, *grenneken* (neben *grīnen*) „grinsen“, *rūneken* (= *rūnen*) „raunen“, *sniddeken* „schnitzen“; an. *kveinka* (neben *kveina*) „klagen, jammern“, *spradka* „zappeln“, *vafka* „schwanken, hin- und herlaufen“.

Modernere Bildungen haben, besonders im Fries. und Nd., vielfach deminutiven Charakter: westfäl. *eteken* (Demin. von *eten* „essen"), ostfries. *lōpken* (zu *lōpen* „laufen"), westfries. *priuwkje* „in kleinen Mengen probieren" (*priuwe* „probieren"), *dripkje* „langsam tröpfeln", *roeikje* „langsam rudern". Auch diese Bildungen sind jedoch zugleich Iterativa.

§ 195. Verba mit *l*-Suffix

Mit einem *l*-Suffix (ahd. *-alōn*, *-ilōn* usw.) werden ebenfalls Iterativa gebildet, die z. T. zugleich dem Grundverbum gegenüber als Deminutiva gelten können (vgl. z. B. nhd. *husten* — *hüsteln*, *spotten* — *spötteln*). In Form und Funktion ist dieses Suffix von entsprechenden nominalen *l*-Bildungen (vgl. *-ala-*, *-ila-* § 87) abstrahiert; so ist ahd. *wortalōn* „Worte machen" Ableitung von *wortal* „gesprächig", konnte jedoch auch auf *wort* bezogen und so Muster für andere denominative Ableitungen wie z. B. *mundalōn* „gern sprechen" von *mund* werden. Gleichartige Fälle sind ahd. *stammalōn* „stammeln" und *hamalōn* „verstümmeln" (zu *stammal* bzw. *stam* „stammelnd" und *hamal* bzw. *ham* „verstümmelt"). Charakteristisch für viele der in Beziehung zu starken Verben stehenden Bildungen ist die Schwundstufe oder *o*-Stufe der Wurzel, vgl. z. B. ahd. *grubilōn* „grübeln" zu *graban*, mhd. *sudeln* (wie *sudel* „Koch") zu *sieden*, an. *hvarfla* „einherfahren" zu *hverfa* „sich wenden", *sǫngla* „mit den Zähnen singen" zu *syngva*, ae. *corflian* „zerkleinern" zu *ceorfan* „schneiden"; die meisten Verba auf *-lōn* sind jedoch Modifikationen schwacher Verben. Dem Got. fehlt *-lōn* als selbständiges Verbalsuffix noch ganz.

Weitere Beispiele für denominale Ableitungen sind an. *hǫndla* (< **handu-lōn*), ahd. *hantalōn*, *hantolōn*, ae. *handlian* „anfassen, in die Hand nehmen", ae. *cnēowlian* „knien" (ne. *kneel*), an. *vátla* „tröpfeln" (*vátr* „nass"), ahd. *rammalōn* „rammeln" (zu *ram* „Widder"), mhd. *öugeln* (*ouge*), nhd. *frösteln* (zu *Frost*); neben Verben stehen ahd. *klingilōn* „klingeln" (*klingan*), *quitilōn* „besprechen" (*quedan*), *swintilōn* „schwindeln" (*swintan*), *betalōn* „betteln" (*bitten, betōn*), *miscelōn* „mischen" (*misken*), mhd. *rücheln* „röcheln" (ahd. *rohōn* „grunzen, brüllen"); an. *fipla* „berühren, befingern" (*fipa* „stören"), *brutla* „vergeuden, in kleinen Mengen ausgeben" (*brytja* „verteilen", *brjóta* „brechen"), *ruggla* „verwirren" (*rugga* „schütteln") = ne. dial. *ruggle* „an etwas zerren".

§ 196. Verba mit *r*-Suffix

In gleicher Weise wurde von Bildungen wie ahd. *wacharōn* „vigilare" zu *wachar* „wachsam" (vgl. got. *wakan*, ahd. *wachēn*) ein verbales *r*-Suffix (ahd. *-arōn*, *-irōn* usw.) abgelöst, das ebenfalls zur Bildung von Iterativen (besonders Verben mit der Bedeutung einer wiederholten kurzphasigen Bewegung) verwendet wurde. Hinsichtlich des Wurzelvokalismus gilt das Gleiche wie bei den *l*-Bildungen; vgl. an. *glitra*, engl. *glitter*, mhd. *glitzern* zu mhd. *glīzen*.

Weitere Beispiele sind: ahd. *flogarōn*, *flockorōn* „flattern" (zu *fliogan*); mhd. *slummern*, mnd. *slummeren*, ae. *slumerian* (zu mhd. *slummen* „schlummern"); ahd. *zwizzirōn*, engl. *twitter* „zwitschern"; ae. *hwisprian*, nhd. *wispern* (neben ahd. *hwispalōn*, schwed. *hviska*); schwed. *hvigra* „wiehern" (vgl. ahd. *wihōn*); an. *klifra* „klettern" (*klífa* „dass."), *haltra* „hinken, lahmen" (*haltr* „lahm"); mhd. *slenkern* „schlenkern" (zu *slingan* „schlingen" bzw. *slenken*), *slipfern* (zu *slīfan* bzw. *slipfen*); nhd. *stottern* (zu ahd. *stōzan*), *zögern* (ahd. *ziohan*); ahd. *fledarōn* „flattern", *gangarōn* „umherwandeln" (*gangan*), mhd. *vlittern*, ne. *flitter* „flüstern, kichern"; ae. *flicorian* (ne. *flicker*) „flackern, flimmern", ne. *shiver* „schaudern", *quiver* „beben", *fritter* „zerstückeln".

Ahd. *sigirōn* „triumphare" (got. *sigis*, an. *sigr*), *uoberōn* „exercere" (vgl. lat. *opus* „Werk") und mhd. *demeren* „dämmern" (ahd. *demar* „Finsternis", ai. *támas-*) enthalten *r* aus *s* (dem Stammauslaut der zugrunde liegenden ehemaligen *s*-Stämme). Vgl. § 187.

§ 197. Suffix -(*i*)*nōn*

Das Suffix *-inōn* geht im Got. von Bildungen aus, die von *n*-Stämmen abgeleitet sind: *fraujin-ōn* „herrschen" zu *frauja*,

St. *fraujin-* „Herr“, ebenso *gudjin-ōn* „Priester sein“ (*gudja*); danach dann *lēkinōn* = an. *lǽkna*, ae. *lācnian*, as. *lāknon*, ahd. *lāhhinōn* „heilen“ (*lēkeis* „Arzt“), *reikinōn* „herrschen“ (*reiks*), *skalkinōn* „Diener sein“ (*skalks*), *hōrinōn* „huren“. Im Westgerm. liegen auch andere *n*-Bildungen zugrunde, vgl. ahd. *firina* „Verbrechen“ — *firinōn* „freveln“; in anderen Fällen sind die danebenstehenden *n*-Nomina oft erst sekundär dazugebildet.

Weitere Beispiele sind ahd. *festinōn*, ae. *fæstnian* „befestigen“ (ahd. *festina* und *festi*), ahd. *luginōn* „lügen“ (*lugina* bzw. *lugi* „Lüge“, *liogan* „lügen“), *redinōn* „darlegen, erzählen“ (*redina*, *redea* „Darlegung“), *waltinōn* „walten“, *wīzinōn* (neben *wīzan*) „strafen“, ae. *for-sætnian* „bedrängen“ (*for-settan*). Eine alte Bildung ohne Zwischenvokal ist an. *þjóna*, as. *thionon*, ahd. *dionōn* „dienen“ (zu got. *þius*, ahd. *deo*).

Sachindex

Die Zahlen beziehen sich auf Seiten. Suffixe sind, soweit nicht besonders gekennzeichnet, in germanischer Form angeführt.

Friedrich Kluge

Etymologisches Wörterbuch der deutschen Sprache

19. Auflage
bearbeitet von Walther Mitzka
Lexikon-Oktav. XVI, 917 Seiten. 1963.
Ganzleinen DM 35,—

Die Etymologie ist innerhalb der Sprachwissenschaft von jeher auch ein Feld hemmungsloser Spekulationen gewesen. Darum ist ein Handbuch, das besonnen und zuverlässig das Gesicherte zusammenfaßt, hier von besonderer Wichtigkeit. Die Etymologie ist zugleich die Grundlage aller Wortgeschichte und als Bedeutungsgeschichte von größtem kulturgeschichtlichem Interesse. Nicht nur dem sprachwissenschaftlichen Laien fällt es bei der zuweilen geradezu spannenden Lektüre immer wieder wie Schuppen von den Augen; aber gerade auch er freut sich an dem tiefen und vielfältigen Einblick, den die Sprache in das Leben vergangener Jahrhunderte erörtert. *Kluges „Etymologisches Wörterbuch der Deutschen Sprache“* hat seine Unentbehrlichkeit schon mehreren Generationen von Germanisten an Schule und Hochschule bewiesen und ist längst zum vertrauten Freund der Vielen geworden, die ihre deutsche Muttersprache lieben und in Mußestunden den Geheimnissen ihrer Ursprünge nachgehen wollen.

Walter de Gruyter & Co · Berlin 30

Kolibri 360 GmbH
Ferdinand-Jühlke-Straße 7
99095 Erfurt, Deutschland
produktsicherheit@kolibri360.de